辉格 著

第三牧场

社会结构如何塑造人性与文化

山西出版传媒集团
山西人民出版社

图书在版编目（CIP）数据

第三牧场：社会结构如何塑造人性与文化 / 辉格著. —— 太原：山西人民出版社，2023.3
ISBN 978-7-203-12762-8

Ⅰ.①第… Ⅱ.①辉… Ⅲ.①社会人类学－研究 Ⅳ.① C912.4

中国国家版本馆CIP数据核字（2023）第041082号

第三牧场：社会结构如何塑造人性与文化

著　　者：	辉　格
责任编辑：	郭向南
复　　审：	高　雷
终　　审：	梁晋华
装帧设计：	陆红强
出 版 者：	山西出版传媒集团·山西人民出版社
地　　址：	太原市建设南路21号
邮　　编：	030012
发行营销：	0351-4922220　4955996　4956039　4922127（传真）
天猫官网：	https://sxrmcbs.tmall.com　电话：0351-4922159
E-mail：	sxskcb@163.com　发行部
	sxskcb@126.com　总编室
网　　址：	www.sxskcb.com
经 销 者：	山西出版传媒集团·山西人民出版社
承 印 厂：	唐山玺诚印务有限公司
开　　本：	880mm×1230mm　1/32
印　　张：	15.75
字　　数：	360千字
版　　次：	2023年3月　第1版
印　　次：	2023年3月　第1次印刷
书　　号：	ISBN 978-7-203-12762-8
定　　价：	78.00元

如有印装质量问题请与本社联系调换

序

生物是在不断适应环境的过程中得以进化的。最初的生命面对的是地球的物理/化学环境，在适应环境的同时，它们的活动也在改变着这一环境（比如大气成分）。随着生物数量的增长，它们逐渐充斥了地表的每个角落，于是进化转入了一种全新的局面，自那时起，每个生物所面对的环境中，其他生物构成了重要乃至最关键的成分。

而且它们之间出现了许多不同类型的关系，对于一个生物体，其他生物既可能是它的食物，也可能是以它为食的天敌，或者是竞争同一类食物的对手，既可能是它可以寄生于其上的宿主，也可能是以它为宿主的寄生物，或者和它形成合作互惠的共生关系，即便它们之间没有直接互动，也可能因共同参与某种化学循环而相互影响和依赖。

这些关系为生物提供了众多全新的谋生机会，而不像最初的生命那样，只能是从无生命世界摄取能量的初级生产者，于是，不同生物被不同机会所吸引而走上了不同的进化道路，由此形成多级食物链、多重寄生关系，以及错综复杂的共生关系和生化循环，最终创造一个层次丰厚的生态系统，数以千万计的物种各自占据着自己所适应的生态位。

人类这个物种的奇妙之处是，通过组织起大型社会，我们为自己创造了一个新的生态系统，其中同样有着多样化的谋生手段，对应着众多生态位，也形成了多级食物链和错综复杂的互惠共生关系，而且这些分化都是在单一物种甚至单一种群内实现的，生存策略和生态位的分异，并未将我们撕裂为不同的物种，相反，随时都有众多个体在生态位之间迁跃，或沿食物链爬升，或变换互惠合作关系。

这个生态系统为人性与文化的进化搭建了一个全新舞台，从中涌现的新元素丰富着整个生命世界。假如我们将环境视为上帝驯养生命的牧场，那么，最初孕育生命的那个物理化学环境，是他的第一个牧场，此后出现的多层次生态系统是第二个牧场，而如今我们活跃于其中的，则是第三牧场。

在上一本书《群居的艺术》中，我解释了这个牧场是如何产生并得以维系的，而在本书中，我将考察，在这个新牧场上，个体间的竞争与合作将如何展开，出现了哪些新策略，驱动人类行为的动力机制与以往有何不同，它们带来的进化后果是什么，会创造哪些新元素和新结构，以及在此过程中，人类自身的生物与文化特性会经历何种改变。

自从上本书完成之后，又过去了三年，随着年龄的增长，我好像变得越来越有耐心了，所以这本写得比较长，但愿你不会觉得太啰唆。相比以往，这次我举了更多例子，罗列了更多事实，还加了不少脚注，给出了一些参考资料。这些举动，或许会让这本书显得更专业，更有学术气。但那只是一种假象，和过去一样，我并未试图按学术标准写作，也不自认为是所谈论话题的专家，当我举例或列举事实时,并不是在论证我的观点,而只是为了澄清我的意思,因为抽象概念只有在被反复运用于具体事情之后,才能让人明白那究竟指的是什么。

有关脚注和参考资料还有几点需要说明:(1)并非所有事实性陈述都给出了出处,许多陈述基于我长期阅读所形成的印象,来源已无从追溯;(2)那些给出了来源的地方,也并不暗示所援引参考资料具有何种程度的代表性、权威性,或体现了学界共识,那只是我恰好在近几年读到因而还记得出处的东西,或者是我为了举个例子而临时找来的;(3)脚注中以"Wikipedia"开头的引用指向维基百科的相关词条;(4)脚注中状如"HS: 1234"的引用指向我的博客文章,对应的网址为 https://headsalon.org/archives/1234.html;(5)书末的参考书目只汇集了正文引用的书,而未列出文章等其他参考资料。

对我来说,写作原本只是一个整理思路的过程,当你持续留心观察人类社会这个复杂而有趣的东西,经年累月,总会有那么一些时刻,依稀看到一些模式从纷杂凌乱的现实中凸显出来,但这种感觉经常是靠不住的,你以为看到了一种模式,但它可能只是你过于敏感的认知系统所生成的假象,就像你在云朵中看到的那张笑脸,经不起细察,便很快烟消云散了。

很多人都有过在睡梦中或半梦半醒之间获得某种灵感的经历,可是除了极少数例外,这些所谓灵感通常都是空洞无物或琐碎无稽的,当你感觉梦境似乎还很生动清晰,并试图将它用语言表达出来的时候,却立刻发现那其实啥也不是。所以,要分辨一个灵感或洞见里面是否真的有东西,最好的办法莫过于试着把它写下来。

  不过，既然要出版卖钱，就必须写得让读者容易理解，这也是我这些年来一直在尝试改进的地方，至于做到了何种程度，就只能留给你们来判断了。

辉格
2020 年 3 月

I 分化

1 平等的松动

原始平等主义 3
合作狩猎 7
战争领袖 10
财　产 15
宗　族 18
几点概述 22

2 权贵的上升

土豪与渣男 24
追逐声望 29
继承性的诞生 39

3 阶层的分化

生计之分异 44
贵族的事业 49
祭司的角色 55
平民的机会 61
专业的兴起 63
沦落的途径 65

4 鸿沟的加深

地位的神化 71
种姓的隔离 75
身份的标识 80
文化的分异 84

5 阶梯的构造

封建金字塔 90
帝国之伞 96
官僚叠床 100
士族的兴衰 103
种姓阶序 108
神圣阶梯 113

II 交互

6 屏障种种

生　态 119
语　言 127
职　业 129
人造藩篱 132

7 扩张与征服

拓　殖 140

劫掠与扫荡 146
　　精英替换 148
　　秩序扩展 153

8　压力与动荡

　　边疆的消失 156
　　压力的释放 161
　　贵族制的韧性 164
　　集权的脆弱 167
　　动荡的代价 171

9　流动与迁徙

　　产业的扩散 176
　　劳力的丰缺 180
　　经商民族 185
　　模式的变迁 191
　　精英的抽吸 195

10　隔离与类聚

　　乡村与城镇 200
　　城市化 205
　　郊区化 211
　　大分拣 217

III 选择

11 全新的牧场

- 作为资本的社会地位 ... 228
- 投资的远期化 ... 231
- 选择的机制 ... 235
- 进化的潜力 ... 242
- 策略的差异 ... 245
- 模式的分化 ... 249

12 蒙择的禀赋

- 温良与恭顺 ... 253
- 耐心和远见 ... 259
- 智力 ... 266

13 价值的阶梯

- 有偏的传播 ... 277
- 声望与地位 ... 280
- 价值的体系化 ... 282
- 追求卓越 ... 285
- 阶梯的集成 ... 289
- 岔路与盲端 ... 293
- 文化帝国主义 ... 298

14 等级的开放

枢纽的松解 302
事业的纵深 305
舞台的拓宽 308
电梯的提速 318
"老钱"的贬值 323

15 维多利亚秩序

现代社会的创生 328
奇特的帝国 340
全球化 343
尴尬的效仿者 348

IV 转向

16 人口转型

少生的理由 356
中产焦虑 364
瀑布的枯竭 370
可能的未来 373

17 福利社会

不安的良心 378
济贫院 383

无尽的苦难 387
进步时代 391
福利国家 397
伟大社会 401

18　道德弃儿

慈祥的"奶妈" 409
且勿评判 412
都怪他们 416
丧壳的寄居蟹 418

19　断裂的阶梯

锋芒向内 429
叛逆英雄 434
精英气泡 435
歧路滋蔓 441

20　美丽新世界

文明的退潮 445
平克式乐观主义 448
本笃选项 450
退行的挡板 453
从历史中学习？ 457
文化再适应 458

社群还是个人？ 462
孤独的星球 464

参考书目 468

I 分化

1 平等的松动

阶层①是大型社会中最为明显的一个特征,任何称得上文明的社会都存在阶层分化,有些人类学家甚至将它列为文明的定义性特征之一。②它如此普遍,盖因其乃支撑复杂社会的一个重要结构元素,均质而平等的状态只有在结构简单的小型社会中才能看到。

然而,阶层分化并非随群体规模扩大而水到渠成,其创生过程曾面临巨大阻力,人类在其历史的多数时期可能都生活在高度平等的社会中,并且出于合作互惠的需要而刻意维持群体内的平等状态。用人类学家迈克尔·古尔文(Michael Gurven)的话说,多数狩猎采集者都是强硬平等主义者(fierce egalitarians),会激烈抵制任何个体谋求特殊地位的企图。③

只有当这种平等主义伦理被打破之后,阶层才得以浮现。

原始平等主义

狩猎采集者高度依赖于合作互惠,尤其强调食物分享,因为

---

① 我在本书中将不对阶层(stratum)和阶级(class)做严格区分,而一律使用前一个术语来涵盖其他学者用这两个术语所表达的意思。
② 布鲁斯·G. 崔格尔:《理解早期文明》,北京大学出版社,2014,第3章。
③ Nancy Howell, *Life Histories of the Dobe! Kung* (University of California Press, 2010), p.193.

狩猎是一项收益极不稳定的高风险活动,即便一位好猎手也常连续几天甚至几周空手而归,只有通过肉食分享来集体分担这一风险,狩猎才能成为一种可依靠的生计。同时,成功捕获一头大型猎物可带来数百甚至数千公斤肉食,个体家庭根本来不及吃(毕竟我们不像狮子那样可以一次吞下几十公斤肉,然后一两周不吃东西),所以分享的机会成本很低。

根深蒂固的分享传统使得任何私人财富积累都难以发生,每当某人拥有超出其日常所需的物品时,就会面临强大的社会压力,被迫拿出来分享,不然就会招来嫉恨目光甚至公开羞辱,近乎强制性的分享也常表现为蹭讨(scrounging)或受容忍的偷窃(tolerated theft),匮乏者从宽裕者那里讨要甚至擅取东西被认为是理所当然的(所以"偷窃"一词其实并不恰当),在采猎群体中做田野调查的人类学家常为如何保存给养而大伤脑筋,而对于没有如此切身体验的我们,回忆一下小学年代同学之间的讨要行为或许有些帮助。[①]

原始平等主义还表现为对出众者的压制,自我夸耀是不受鼓励的,居高临下更是不可容忍,人们拒绝给予成功者任何优越感,当一位好猎手将一头大猎物带回营地时,人们一边享用分得的好肉,一边却用轻蔑之词贬低其成就,"这么坨皮包骨你也好意思叫它鹿","也就够塞个牙缝的","早知道就这么点肉我才不

---

① Frank Marlowe, *The Hadza* (University of California Press, 2010), ch.9; Nancy Howell, *Life Histories of the Dobe! Kung* (University of California Press, 2010), ch.8.

会来帮你搬呢",诸如此类。①

因为分享和索取是理所当然的,哈扎人(Hadza)在向人索要食物后不会表达谢意,他们的语言中可能根本没有"感谢"一词,因为感激会给施予者带来某种优越感,而这是不可接受的。相反,他们会毫不脸红地贬低所得礼物的价值,就像贬低他人成就一样。②

为了遏制优秀猎手的优越感,昆桑人(!Kung San)将每次成功狩猎的荣誉归于首先射中猎物的那支箭的主人,而非射出箭的猎手,而每位猎手都会在自己箭筒里放上五六位伙伴所制作的箭,每个人制作的箭都有独特风格可供辨认,箭主将赢得主持切割分配猎物的荣耀,虽然他并不会因此得到更大份额。实际上,昆桑人完全明白谁是群体中的真正好猎手,这在他们的择偶和择友偏好中都有体现,可见上述习俗并非出于对箭之神秘力量的迷信,而只是为了压制优越感。③

考虑到人类的自利本能,采猎群体能够奉行如此严厉的平等主义,也是因为,首先,游动性生活使得他们原本就不可能积累多少私人财富,绝大多数采猎者每年都会数次搬迁营地,温暖地带的群体平均每年迁移8.5次,寒冷地带迁移次数相对较少;④ 搬

---

① Kent Flannery & Joyce Marcus, *The Creation of Inequality* (Harvard University Press, 2012), ch.2.
② Frank Marlowe, *The Hadza* (University of California Press, 2010), p.250.
③ Nancy Howell, *Life Histories of the Dobe! Kung* (University of California Press, 2010), ch.8; Kent Flannery & Joyce Marcus, *The Creation of Inequality* (Harvard University Press, 2012), ch.2.
④ Frank Marlowe, *The Hadza* (University of California Press, 2010), p.35, 41, 263.

迁时，每位成年人最多负重15~18公斤（包括婴儿），[1]超出这一携带上限的财富积累，对游动者显然是没意义的。

其次，数十人规模的小群体不太需要领袖或权威人物，因为没有多少公共事务需要处理，即便有也很容易集体协商，因为若只算各家庭的家长的话，总共没几个人需要参与决策；熟人小社会的秩序也很容易通过互惠关系和声誉机制而自发维持，纠纷可依习俗自行解决，当恩怨果真闹到不可收拾，通常的出路也只是其中一方出走，加入其他群体或自成一群。由于邻近群体间经由婚姻和亲属纽带有着广泛联系，对于个人和家庭，变换群体不存在太大障碍，也随时都在发生。

采猎者普遍奉行平等主义，是出于合作互惠的强烈需求，非如此难以生存，而不是因为他们对地位竞争没有兴趣，或缺乏利用个人优势支配他人的倾向。相反，这种倾向从来都很强烈，而且有着古老渊源，至少可追溯到我们的大猿（great ape）祖先。大型灵长类很少是平等主义的，雄性黑猩猩热衷于争当老大和排定啄序（pecking order），首领们更以暴虐霸道而著称。[2]

实际上，原始平等主义是由人们对群体内出众冒尖者的持续约束和压制而勉力维持的。那些优秀个体以其狩猎能力，或战斗力，或智慧，而给群体带来好处，因而得到更多尊重，其意见也

---

[1] Kristen J. Gremillion, "Central Place Foraging and Food Production on the Cumberland Plateau, Eastern Kentucky," in Douglas J. Kennett & Bruce Winterhalder (eds.), *Behavioral Ecology and the Transition to Agriculture* (University of California Press, 2006), pp.53–54.

[2] 弗朗斯·德瓦尔：《黑猩猩的政治》，上海译文出版社，2009。

更有分量，人们也乐意让他们在诸如战争、对外交往、营地搬迁等重大事务上扮演领袖角色，但同时他们也要求这些显要人物表现出格外的慷慨、谦逊和低调，对他们的傲慢和支配他人的倾向随时保持警惕，稍有越界便施以惩罚，包括嘲讽、社会孤立、放逐，甚至处决。人类学家克里斯托弗·博姆（Christopher Boehm）将这种关系称为"逆向支配等级制"（Reverse Dominance Hierarchy），即才能出众者被允许拥有较高地位，但群体其他人（至少成年男性）保留对其地位乃至命运的最终支配权。[1]

合作狩猎

事实上，并非所有狩猎采集社会都这么平等主义。两万多年前生活在东北欧苔原的格拉维特人（Gravettians）便有了明显的地位分化；[2] 北美西北海岸印第安人贫富悬殊，不少富豪甚至蓄奴；[3] 加州努米克人（Numic）发展出了私人财产权和货币经济，并形成巨大贫富差距，以随葬品价值计算的基尼系数常高达0.8~0.9；[4] 大平原印第安人（Plains Indians）更建立了酋长和议事会等权力等级结构。[5]

---

[1] Christopher Boehm, *Hierarchy in the Forest* (Harvard University Press, 2001), ch.1, 2, 4.
[2] Brian Fagan, *Cro-Magnon* (Bloomsbury Press, 2010), ch.9.
[3] Kent Flannery & Joyce Marcus, *The Creation of Inequality* (Harvard University Press, 2012), ch.2.
[4] Robert L. Bettinger, *Orderly Anarchy* (University of California Press, 2015), ch.4, 6, 8.
[5] George B. Grinnell, *The Cheyenne Indians* (World Wisdom, 2008), ch.6.

当上一节提到的促成平等主义的诸条件改变时，地位分化便出现了。打破平等主义的最初突破口，是对卓越的容忍，即容许一些社会成员因其能力、品行和成就而获得更多尊重，拥有更高权威。之所以愿意做出这一妥协，是因为人们需要一位（或几位）领袖，而这往往发生在集体行动的需要变得日益迫切之际。

一类集体行动是合作狩猎。哈扎人和昆桑人的狩猎都是分散行动，或单独，或两位猎手协作，因纽特人捕猎海豹时通常也单独行动，只有当猎物太大时才会喊人帮忙。缺乏合作狩猎可能是这些社会如此极端平等主义的一大原因，他们不需要领袖人物来谋划、协调和指挥大型集体狩猎。

但这并非普遍情形，有很多需要集体协作的捕猎形式，例如绝境驱赶、设陷围猎、兽群跟踪，还有捕鲸。鲸鱼显然不是一两个人能对付的，楚科奇半岛（Chukchi Peninsula）的亚洲爱斯基摩人（Asiatic Eskimos）的捕鲸团队通常由3~4条船组成，每条船上有4~6位成年男性，外加几位少年学徒，每位团队成员的职责和地位预先都有明确规定，他们的群体规模因而也比一般的采猎游团大。①

印尼隆巴塔岛（Lembata Island）的拉马勒拉人（Lamalerans）的捕鲸团队更大，每船8~14人，也经常几条船一起出动，每条船都有主人，成员全部来自船主所在的父系家族，不仅其职责、地位有明确规定，捕猎成功后鲸肉如何分配也预先按习俗严格确

---

① Igor Krupnik & Marcia Levenson, *Arctic Adaptations* (University Press of New England, 1993), pp.44–49.

定。很明显，这些船主和父系家族的家长将在群体中享有某种领袖地位。相应的，基于这种更为紧密的社会组织，拉马勒拉人的村庄规模达两千多人，比邓巴数（Dunbar's Number）[1]高出了一个数量级。[2]

在末次冰期的欧亚大陆，绝境驱赶曾是许多群体的主流捕猎方式。绝境可以是天然的悬崖或山谷死胡同，也可以用石垒、寨栅、沟渠、火堆等设施在适宜地貌上人为构造。格拉维特人大幅改进了围猎技术，他们改进了投掷矛（throwing spear）和设陷技术，还发明了猎网，这是非常有用的围猎工具，它大大降低了围猎对地貌的要求。[3]

猎网的发明可能得益于格拉维特人为缝制厚实衣物以应对严寒而发展的纤维处理、制绳和编织技术，所以并非巧合，他们也是带孔针的发明者，可能也是最早的编篮者。网猎技术的广泛采用也体现在猎物种类上，有些格拉维特遗址中，野兔、狐狸、鸟类等小型动物占了骨骼化石数的70%以上，这些小动物若没有猎网或弓箭是很难大量捕杀的（格拉维特人尚没有弓箭，那还要过几千年才出现），而用绊套索（snare）只能少量捕获。[4]

另外，格拉维特人（特别是生活在东部苔原的群体）十分倚重猛犸象，而且善于跟踪成群迁徙的象群，这两点都对集体行动

---

[1] 有关邓巴数，参见 Wikipedia: Dunbar's number, 或辉格：《群居的艺术》，山西人民出版社，2017，第 1 章。
[2] Lee Cronk & Beth L. Leech, *Meeting at Grand Central* (Princeton University Press, 2012), pp.141–143; NHK, 人間は何を食べてきたか (1992), S03E01.
[3] Brian Fagan, *Cro-Magnon* (Bloomsbury Press, 2010), ch.10.
[4] Sarunas Milisauskas (ed.), *European Prehistory* (Springer, 2011), pp.80–91.

提出了很高要求。猛犸很难以传统的伏击方式捕杀，对遗骨的年龄统计也显示了它们要么是被天灾成群消灭的，要么是被成群猎杀的，若是后者，无疑需要大规模集体行动。[1]

或许正是因为其独特的狩猎方式，格拉维特人才有了显著的地位分化。重要的是，像格拉维特人这种情况在前农业时代会比后来更普遍，冰期之后，大型动物大批消失，此后随着农牧业扩张，狩猎采集者逐渐被取代和吸纳，剩下的被排挤到少数边缘生态位，大型围猎的条件已不复存在，所以人类学家在现存采猎社会观察到的强硬平等主义，在以往（特别是高纬度地区）未必是主流。

战争领袖

另一类集体行动是战争，战争比围猎更需要领袖，因为它带来的组织协调问题更严重。平等主义群体在战争中表现出的最大弱点就是缺乏战斗纪律和无法贯彻稍稍复杂的战术，例如战斗中一个常见问题是：战士们总是过早投掷武器，往往在刚刚到达有效射程的上限时便匆忙投掷，而不是等逼近最佳距离时再投，这是因为在双方武器效力对等的条件下（在技术发展缓慢的前文明时代，这一条件通常都成立），到达最佳投掷位置也就意味着自己将暴露在对方的最佳杀伤范围内，克服这一弱点需要严格督战

---

[1] Olga Soffer & N.D. Praslov (eds.), *From Kostenki to Clovis* (Springer Science+Business Media, 1993), ch.4.

或事后严厉惩罚以确保纪律，而在平等主义社会中，对个人的这种强制性是不可接受的。①

所以平等主义群体很不擅长阵地战，而更多采用伏击和偷袭（特别是黎明偷袭）战术。这种偷袭往往是一次性打击，若偷袭得手，结果可能是一场大屠杀，反之则迅速逃离，没有多阶段战术，后者需要严密的策划、组织和指挥，并以纪律为执行保障。在无权威社会，这些组织条件都不存在。②

当资源压力提升、领地排他性增强、领地竞争加剧时，战争频度和重要性便会提高，此时平等主义也将松动。大平原印第安人的权力结构便是出于战争需要而形成。这些印第安部落极为好战，相互间冲突不断，多半起于盗马突袭和领地竞争，和东非畜牧部落之间的争斗十分相似。大平原战争升级的一个重要原因，是印第安人在16世纪从西班牙人那里引入了马匹，这极大提升了野牛捕猎效率，继而造成资源压力加大，而马匹也提高了其作战机动能力，后来又加上枪支，这一系列因素彻底改变了他们的社会政治结构，其中包括地位分化。③

例如在基奥瓦（Kiowa）部落中，男性被分为四个等级，地位最高的是高级武士（Onde），比例不超过10%，部落的所有重大决定都由他们做出；其次是正在努力且有望成为高级武士的新

---

① Lawrence H. Keeley, *War Before Civilization* (Oxford University Press, 1996), ch.3.
② Azar Gat, *War in Human Civilization* (Oxford University Press, 2006), ch.6; Lawrence H. Keeley, *War Before Civilization* (Oxford University Press, 1996), ch.3.
③ Jason Hook, *The American Plains Indians* (Osprey Publishing, 1993); George B. Grinnell, *The Fighting Cheyennes* (University of Oklahoma Press, 1983).

秀武士（Ondegupta）；然后是普通男性；底层是没有独立谋生能力的渣滓（Dapom），被武士们当作随意使唤的跟班。①

类似例子并不鲜见。澳大利亚土著也以好战闻名，激烈的领地竞争和掳掠女人的风气使得战争成为头号公共事务，对擅入领地的外人会毫不犹豫地武力相向。②与连绵冲突相应的，是对平等主义的偏离。虽然澳大利亚人没有酋长和部落结构，却有着独特的老人寡头专制（gerontocracy），对年轻人实施高压，比如澳大利亚流行的极为严格的半偶群（moiety）和对偶婚制度，极大限制了年轻人合法结婚对象的范围，违反者会遭严厉惩罚。③背离平等主义的另一个表现是广泛且高程度的多妻，许多群体中40岁以上的老人常拥有多至十几位妻子，几乎垄断了全部结婚机会，④这些压制性安排所需的规范执行力也为更多社会控制建立了基础。

更鲜明的例子是亚马孙丛林的雅诺马米人（Yanomami），他们极为凶悍好斗，生活中充满暴力，用以迎接访客的通常是一排拉开的弓[就像安达曼人（Andamanese）]，争斗的主要动机也是领地和女人。他们以狩猎和园艺农业（horticulture）为生，定居于村庄，因而领地性更强，领地竞争更激烈，所有这些方面都和

---

① David D. Friedman, Peter T. Leeson & David Skarbek, *Legal Systems Very Different from Ours* (Self-published, 2019), ch.13.
② Azar Gat, *War in Human Civilization* (Oxford University Press, 2006), ch.2.
③ Monty Minyjun Hale, *Kurlumarniny* (Aboriginal Studies Press, 2012), ch.6; Wikipedia: Moity.
④ C.W.M. Hart et al., *The Tiwi of North Australia* (Holt, Rinehart and Winston, 1988), ch.2; Wikipedia: Tiwi people.

新几内亚高地部落很像，后者同样热衷于战争。

雅诺马米人很好地演示了战争是如何催生强势领袖的。他们的社会规模还很小，多数村庄只有数十人规模，由于缺乏多层政治结构，其领袖还只能算头人（headman），称不上酋长（chief）。但是，有些雅诺马米头人却拥有类似酋长的权威和权力，能指使他人做事，或强迫他人遵守他所认定的规则，必要时施加惩罚，这些在平等主义社会都是不可接受的。

这些强势头人之所以能这么做，是因为他们在维持群体的战争优势上起了关键作用。这首先体现在他们自身强健勇敢善战，更有能力带领同伴取胜，但更重要的是，他们有足够的威望和社会技能，能够在群体增长到较大规模时仍维持内部和谐而不分裂。我们知道，超出邓巴数规模的群体是很难维持和谐的，平等主义社会的规模通常只有三五十人，但雅诺马米的大村庄可达两三百人，在原始战争中，这样的规模优势是压倒性的。[1]

值得注意的是，强势领袖的这两方面能力是相互强化的：一位勇敢善战的首领会给伙伴带来安全感，因而他们会更珍惜留在群体中的机会，并为此而克制纠纷，或在纠纷发生时更愿意服从首领的裁决，不再像以往那样以出走分裂来解决问题，这就加强了首领扩张群体规模的能力，而规模扩张继而又带来了更高安全感，如此循环。

"二战"后的文化人类学著作常把生活在小型简单社会的原住民描绘为和平主义者，现实远非如此。这些浪漫化描绘既有出

---

[1] Napoleon Chagnon, *Noble Savages* (Simon & Schuster, 2013), ch.1, 3, 8, 9, 12, 13.

于意识形态偏见而故意忽略不愉快事实的成分，也是时代错位所致。① 这些群体的早期接触者记录的是一幅截然不同的面貌，从亚马孙丛林、波利尼西亚诸岛、安达曼群岛，到澳大利亚大陆、新几内亚高地、阿拉伯沙漠，广泛分布着好战多争的前部落社会（前部落意味着缺乏政治结构）；在新几内亚低地、吕宋山区、缅甸高地、阿萨姆，还盛行着令人生畏的猎头风俗（headhunting）。②

劳伦斯·基利（Lawrence H. Keeley）全面检查了有关前文明社会暴力与战争的人类学材料，发现90%~95%的简单社会存在经常性战争活动，那些被记录为"很少或没有"战争活动的，通常是不久前被优势群体打败后逃避到边缘孤绝生态位的群体，比如被班图大扩张（Bantu expansion）③ 所排挤的桑人和姆布提俾格米人（Mbuti Pygmies），马来西亚塞芒人（Semangs）和加拿大红铜因纽特人（Copper Iniut）。战后人类学家所看到的相对和平景象，很大程度上也是欧洲殖民政府大力压制暴力活动的结果。④

现代人类学家已没有机会直接观察霍布斯世界中的小社会，不过一些灾难幸存者在避难荒岛组成的临时小社会，提供了一种颇有参考价值的近似模拟。社会学家尼古拉斯·克里斯塔基斯（Nicholas Christakis）研究了1500—1900年间的众多海难，挑出

---

① Napoleon Chagnon, *Noble Savages* (Simon & Schuster, 2013), ch.1.
② 关于猎头风俗，参见：Wikipedia: headhunting; Albert Jenks, *The Bontoc Igorot* (Johnson Reprint Corporation, 1970), ch.6; Kent Flannery & Joyce Marcus, *The Creation of Inequality* (Harvard University Press, 2012), ch.6, 7, 8, 10。
③ Wikipedia: Bantu expansion; David Reich, *Who We Are and How We Got Here* (Pantheon Books, 2018), ch.9.
④ Lawrence H. Keeley, *War Before Civilization* (Oxford University Press, 1996), ch.2.

其中20多个符合"灾后求生小社会"特征的案例（挑选标准是至少19位遇难者幸存并找到临时避难地，且至少生存了两个月，并且通过笔记、事后回忆或考古遗存等方式留下了足够多记录可供分析），发现他们的最终命运十分不同，有些陷入分歧和争吵，争抢资源，甚至相互残杀并吃掉对方，但也有一些团结互助，精诚合作，分工组织有序，并最终脱险。克里斯塔基斯发现，那些在灾后求生自救上表现最好的遇难群体有个共同特点：拥有一位出色的领袖，并且群体内存在程度适中的地位分化。[1]

可以想象，霍布斯世界的小群体时刻处于险境求生的状态，而考虑到战争与权威的关系，人类社会恐怕从很早起（或许自我们爬到食物链顶端以来）就已经不那么平等了，哈扎人和昆桑人的极端平等主义只是特例。

财 产

打破平等主义的另一个因素是食物保存技术。存储的可能性提高了分享的机会成本，同时也降低了因狩猎失败而挨饿的风险，因而从两方面削弱了人们依靠互惠关系来抵御风险的需要。努米克人之所以摆脱集体互惠，变得高度个人主义，甚至有了货币经济，便是因为他们的主食（松子）容易保存，同时弓箭的引入也大幅提高了狩猎成功率，于是不再那么需要互惠安全网了。[2]

---

[1] Nicholas A. Christakis, *Blueprint* (Little, Brown Spark, 2019), ch.2.
[2] Robert L. Bettinger, *Orderly Anarchy* (University of California Press, 2015), ch.3, 4, 8, 9.

存储与分享的替代关系，也可从约拉人（Yora）和施维阿尔人（Shiwiar）的对比中看出。这是亚马孙丛林中两个以狩猎兼园艺农业为生的群体，他们在各方面都很相似，但有个重要差别：约拉人分享全部肉食，大型猎物全村分配，小猎物（包括鱼）在近亲家庭间分享，而施维阿尔人从不分享小型猎物，即便像美洲貘这样的大猎物（每头重几百磅）也仅在近亲家庭间分享。这是因为施维阿尔人掌握了肉类烟熏技术，并且拥有枪支和毒箭吹射器，更多捕猎中小型动物，成功率也更高，因而从两方面降低了挨饿风险。①

保存技术使得财富积累成为可能，而决定财富积累上限的，则是游动性，对于那些每隔几周或一两个月就要搬迁营地的高游动性群体，携带能力便是上限。高纬度地区的采猎者通常每年只做几次季节性搬迁，因而可以囤积整个冬季或旱季的食物，还有不少游动群体采用中心辐射式漫游，每次短暂外游后又很快回到中心营地，长期延续的中心营地可以积累起一些建筑物和沟渠石垒等设施。冰期欧洲广泛利用洞穴的克罗马侬人（Cro-Magnon），在苔原以猛犸象骨构筑半地下房屋的格拉维特人，在北极以石块、鲸骨、木材和草皮建造半地下房屋的爱斯基摩人，积累物质财富的潜力都远高于低纬度采猎者。②

---

① Lawrence S. Sugiyama & Richard Chacon, "Effects of Illness and Injury on Foraging among the Yora and Shiwiar," in Lee Cronk et al. (eds.), *Adaptation and Human Behavior* (Aldine de Gruyter, 2000), pp.374–375.
② Brian Fagan, *Cro-Magnon* (Bloomsbury Press, 2010), ch.7; Sarunas Milisauskas (ed.), *European Prehistory* (Springer, 2011), pp.87–89; Molly Lee & Gregory A. Reinhardt, *Eskimo Architecture* (University of Alaska Press, 2003).

随着工具制造技术的进步，不少季节性搬迁者借助运输工具提升携带上限，因纽特人的狗拉雪橇、[1]西伯利亚涅涅茨人（Nenets）和汉特人（Khanty）的驯鹿雪橇、[2]大平原夏延人（Cheyennes）的马拉草撬，[3]都可将上限提至数百公斤；汉特人的独木舟，以及西北海岸的萨利希人（Coast Salish）的木板小舟（plank canoe），[4]更可载运数吨物资。

以捕鱼兼采猎为生的海岸萨利希人生动演示了游动性与财富积累之间的矛盾，以及人们是如何努力克服它的。他们每年在主营地和夏季捕鱼营地之间做季节性迁移，主营地的木板房屋十分宽敞讲究，夏季营地则小而简陋。有意思的是，其豪华大木屋的墙体和房顶木板都不用榫接结构，而是用绳子绑在梁柱上，搬迁时，所有木板都被卸下，用板舟载至夏季营地搭成简易棚屋，只有空荡荡的梁柱框架留在主营地。

得益于较低的游动性、板舟的载运能力和长期使用的主营地，萨利希家庭可积累起相当多财富，包括生产设施与工具、房屋家具、服饰被褥、各种红铜器皿。承认私人财产权的习俗也让他们将一些捕鱼采猎地盘划分给私人，而且产权可沿男性家系继

---

[1] Molly Lee & Gregory A. Reinhardt, *Eskimo Architecture* (University of Alaska Press, 2003), p.5; Igor Krupnik & Marcia Levenson, *Arctic Adaptations* (University Press of New England, 1993), p.51, 244.

[2] Robert McGhee, *The Last Imaginary Place* (Oxford University Press, 2005), pp.59–60; Peter D. Jordan, *Technology as Human Social Tradition* (University of California Press, 2015), ch.3.

[3] George B. Grinnell, *The Cheyenne Indians* (World Wisdom, 2008), pp.68–69.

[4] Peter D. Jordan, *Technology as Human Social Tradition* (University of California Press, 2015), ch.3, 4.

承，结果是，萨利希人中出现了鲜明的贫富分化，以及富人对财富的大肆炫耀。同时也需看到，游动性仍限制了其积累能力，大量财富都在夸富宴（potlatch）中被挥霍掉。[①]

私人财产权的出现从根本上动摇了原始平等主义的伦理基础，这种伦理要求个人将任何超出当前需要的东西都拿出来分享。这既让财富积累变得不可能，也消除了人们为长远收益而工作的动力，行为变得极为短视，只为眼前需求而努力。而人们之所以愿意遵循这样的规范，并非天生短视，只是为了留在平等主义所维持的那张互惠安全网中，一旦条件允许，个人就会打起自己的小算盘。

宗　族

动摇上述伦理基础的另一个趋势，是宗族的兴起。宗族也是一种互惠安全网，亲属间相互接济，过继收养孤儿，在纠纷对抗中相互支持，相互承担复仇义务以保障人身安全，等等；[②]但族内互惠和熟人间一般互惠（generalized reciprocity）有着根本不同，它会随亲缘关系远近而区别对待，更贴近亲选择（kin selection）这一生物学法则，而一旦亲疏有别的交往原则流行起来，就会破坏一般互惠原则，类似于裙带主义（cronyism）对公共规范的破坏。

而且宗族组织有着制造不平等的内在倾向，表现在三个

[①] Peter D. Jordan, *Technology as Human Social Tradition* (University of California Press, 2015), ch.4.
[②] 有关复仇作为一种共同安全机制的逻辑，见辉格：《群居的艺术》，山西人民出版社，2017，第 II 部分第 7 章。

方面：

（1）同一群体内各族的繁衍效率总会出现差异，其中一些变得更大，而一旦一般互惠原则被破坏，相互间竞争乃至冲突时，规模大的那些便有了天然优势，因而可能压服对方，将其置于从属地位。当竞争日益激烈，各宗族便努力扩大规模，这也是为何父系宗族发达的地区往往更重男轻女，更多选择性溺杀女婴（以及当代的选择性堕胎），因为高度对抗性局面中，男性成员将更有价值。①

（2）同样原理也适用于同一宗族的不同支系之间，香火旺盛、俊杰辈出的支系，可能将欠旺支系置于从属地位。

（3）宗族为领袖人物的诞生创造了更好的组织基础，因为长辈和家长天然在族内拥有更多权威和影响力，实际上正是他们对这些能力的运用才建立和维持了宗族。假如一位足够长寿、辈分足够高的大家长恰好又是位杰出人物，便很可能脱颖而出成为领袖。同时，由于族内辈分越高亲缘越近，长辈们有很好的机会建立类似长老议事会的政治机构，获得在群体中执行规范和决定集体行动所需的强制力。

正是最后一点赋予了宗族组织在集体行动上的优势（反过来也可以说，宗族的兴起正是对集体行动的需要变得日益迫切的一种反映），这一优势将让强宗大族获得群体中的支配地位。如此一来，其

---

① Wikipedia: Infanticide, Sex-selective abortion; Siobhan M. Mattison et al., "Offspring sex preferences among patrilineal and matrilineal Mosuo in Southwest China revealed by differences in parity progression," in *R Soc Open Sci*, 2016 Sep, 3 (9): 160526.

他群体成员要么甘居从属地位，要么分裂出去，结果，原本较为松散而流动的各相邻群体将重组为若干单系群（unilineal group）。

相比传统游团，这些聚族而居的群体组织更紧密，更具排他性。以往像哈扎人那样在游团间随意"跳槽"的自由将不复存在，而这种自由曾是原始平等主义的重要基础，它使得群体很难强制其成员，强势人物也无法随意指使他人，互惠关系中若出现任何不对等的苗头，感觉被压制受委屈的一方便可出走另立门户。可是宗族化重组之后，这一选择越来越不可行了，无论"跳槽"还是另立门户，都会自陷于大族林立格局中的散户或弱势小族地位。

然而上述转变过程不会平滑顺畅，大族支配地位确立之前，必有一番激烈争斗，即便在此之后，各支系仍将就族内支配地位展开永不停息的争夺。一个有趣的例子可让我们对此类争夺的早期形式管窥一斑。

马楠布人（Manambu）是新几内亚东北沿岸低地的美拉尼西亚部落，其社会骨架由一个三级父系宗族构成，包含16个二级支系，政治首领从宗族长老中产生；各支系为谋取支配地位而激烈竞争。原本竞争可通过财富积累和对外发动猎头袭击而展开，可是马楠布人太穷，哪个支系都积累不起可观财富，而猎头袭击则已被殖民政府禁止，于是竞争焦点便落在了人口与名分上。

那些人丁兴旺的支系自然会借此取得些优势，但这还不够，他们还要证明自己向来就是强枝大宗，所以祖上历代才俊辈出。为做到这一点，他们争相篡改谱系以便将那些在部落神话中留下大名的祖先说成是出自自己这一支。由于神话（连同谱系）都是口述的，因而篡改并非不可能，需要的是杰出的记忆力、口才和声势，常为名分而斗嘴的人需要记住上千个祖先的名字及相应的事迹与关系。

当然，竞相篡改谱系难免会引发支系间的争议。实际上，这一名分之争在马楠布人中会以非常正式而隆重的方式进行，不妨称为仪式性斗嘴：双方各派出一组辩论者，面对面排成两列，各将一只独木舟倒扣在面前用作战鼓，女人们则在一旁舞蹈助威，一些其他支系的人也会在场围观。

斗嘴过程中，辩者每表达一个论点便将一片树叶扔在地上，每位被提及的祖先则由一根木签或一支箭代表；因为没有仲裁者，许多斗嘴不了了之，但也有些决出了胜负，一方被说得哑口无言只好认输，放弃对争议中的名号和相应巫术的权利，这通常意味着需要给孩子改名，因为马楠布人喜欢用这些名号为孩子取名。[1]

这一习俗看似奇特，但类似的与家族血统相关的名分之争在有着宗族组织的社会中其实相当普遍，时常会闹到杀人甚至打仗的地步。萨摩亚族长们在名为福努（fono）的政治集会上会逐一吟诵每位到场族长的法阿鲁派加（fa'alupega），即记录其高贵身世的一套口诀，其中包含各种头衔及其来历。每位族长到达会场时，其他在场族长都要吟诵新到者的法阿鲁派加，然后新到者吟诵对方的，会议结束时该仪式又重复一遍，可见他们多么看重宗谱和名分。[2]

---

[1] Simon J. Harrison, *Stealing People's Names* (Cambridge University Press, 2006), ch.6-8.
[2] 德里克·弗里曼:《玛格丽特·米德与萨摩亚》，商务印书馆，2008，第8章。

1　平等的松动

几点概述

我们大致可以相信,在一段相当漫长的时期内,当人类还生活在缺乏紧密组织的小型采猎游团中时,社会规范是相当平等的。但我们无法确定这究竟从何时开始,毕竟,大猿社会是完全谈不上平等的。

同样无法确定的是,像战后人类学文献所描绘的昆桑人和哈扎人那样的极端平等主义在历史上有多普遍。有许多理由令人怀疑这两个群体的代表性,比如:

(1)在政府权力覆盖到那里之前,昆桑人和邻近群体之间的关系并不那么和平,因而其社会也可能并不那么平等。[1]

(2)昆桑人和哈扎人都是孤立孑遗的古老分支,前者和其他人类已经分开至少二三十万年了,后者也已分离七万多年,从他们的情况推出普遍结论是很危险的。[2]

(3)这两个群体都缺乏大型围猎或其他集体行动,没有食物保存技术和运输工具,也没有长期营地,而历史上许多采猎群体显然并非如此。

无论原始平等主义在早期采猎者中有多普遍和极端,如我在前文所试图阐明的,它看来并不是一种十分鲁棒(robust)的均衡,当某些条件出现时,平等就很容易松动。考虑到人类在历史上所

---

[1] Lawrence H. Keeley, *War Before Civilization* (Oxford University Press, 1996), p.29.
[2] David Reich, *Who We Are and How We Got Here* (Pantheon Books, 2018), ch.9.

面临条件的多样性，包括生态差异和时代差异、狩猎模式和安全压力的不同，即便在简单社会中，平等主义的程度也会千差万别。

大约从旧石器时代晚期（Upper Paleolithic）起，一系列生态与技术条件开始导向一个不可逆的过程。伴随定居倾向的日益增强和社会复杂度的提升，等级分明的社会阶层开始涌现。这是朝向大型社会的组织进化过程的重要一环，也将是下一章的主题。

2　权贵的上升

平等主义的瓦解，为个体追逐成就打开了天地。作为生物，人类向来不乏自利动机，只是在一段时期，由于安全（包括食物和人身安全）成为压倒性的需要，个体利益只好通过小群体这个"集体合伙企业"来追求，而一旦安全条件改变，行为模式便开始向个人主义回归。

不过这并未让人类退回黑猩猩的状态，毕竟我们在社会性的进化道路上已走了那么远，已变得如此善于合作与联盟，也有了婚姻与亲属系统。而且，虽然个人已不再被迫分享一切，但互惠原则仍在很长时期内规范着社会行为。所以，重新开启的个体间竞争，将在全新的舞台上进行，其中的布景和道具都是黑猩猩闻所未闻的，而表演之精彩纷呈，更是它们无从想象的。

土豪与渣男

首先登场的是一些"大人物"（Big Man），或者叫土豪可能更贴切。他们并没有制度化的权力（authority），但拥有巨大的权势（power），即，凭其能力、财富与声望而在群体中取得较高地位和较大影响力，乃至吸引一批亲信和追随者，因而能够按其意愿主导公共事务。

土豪获得这一特殊地位的关键，是对互惠关系中对称性的破坏。施受平衡是互惠机制的核心原则，要么（个人主义版本中）在每对两两关系中实现平衡，要么（集体主义版本中）每个人给出和接受的帮助大致上相当。这种平衡未必是实际给出和接受的帮助在价值上完全相等，而是体现了一种社会预期，人们期待得到帮助的人在未来（当需要出现时或他有富余资源时）做出与所得相称的回报。

然而土豪打破了平衡，他们提供的帮助过于慷慨乃至接受者无以回报，或者他们对群体做出的贡献太大，其他人无法与之相比。这可能表现为几种形式：

（1）他特别富有，总是在穷困者一出现需要时就给予接济，而后者因为穷往往不能回报，于是便积累了大量人情债，这让他能够在未来某些重大事情上，比如在他所卷入的纠纷中、他所推动的公共事务中，或他竞争首领地位时，要求欠他人情者提供支持、配合或协助。很明显，这种情况只有当财富可大量积累，贫富已显著分化时才可能出现。

（2）富有者也可能成为一些公共项目的主要捐助者，甚至独力负担者，比如公共祭祀或庆典、仪式用建筑、道路、水渠、防御设施、招待贵客的宴席等。这一能力很自然让他们成为公共事务的主导者。类似情形在当代的民间协会和俱乐部里也容易观察到，主要赞助者的意愿和取向总是会得到尊重，因为他们随时可以撤回赞助来迫使群体顺从。

（3）他是杰出的集体行动（围猎或战争）的组织者，若失去其领导，群体将生计堪忧或战争失败（那可能会给所有人带来灭顶之灾）。想象一群海难后孤岛求生的难民，其中有位受过野外生存训练的前海豹突击队员,他无疑会成为强有力的领袖;在前文明的霍布斯世界,无论食物还是安全境况,都或多或少和灾难求生相似,差别只是,在自然选择的严格约束下,简单社会中多数成年人在狩猎与战争技能上都大同小异,但随着武器技术和战争组织日益复杂化,个体间差异便会拉大,于是为豪杰的脱颖而出创造了机会。

在妇女是重要甚至主要生产者的社会,财富带来的权势可由多妻制而得以强化,此时,多妻实际上成了富人将剩余物资投资于婚姻而扩大生产规模的手段。以特罗布里恩德(Trobriand)群岛从事园艺农业的美拉尼西亚人为例,其村庄头人常拥有十几位妻子,其中特别夸张的一位曾拥有40位妻子,而绝大多数男性则只有一位或没有妻子;其大家庭的甘薯产量占全村的30%~50%,庞大的甘薯储备让他能够出资举办各种大型活动,由此拥有巨大权势。[1]

宗族是另一个权势放大器。假如一位土豪同时也是位大家长或族长,能成功地将宗族财富汇聚在一起,控制其使用权,或者能成功说服宗族成员参与他所组织的集体行动(例如盗牛袭击),支持他所推动的公共议题,财富或才能带给他的权威就会成倍放大。只要宗族组织存在,这一点不难做到,因为让他在群体中拥有权威的那些条件,同样可以让他在宗族内获得权威,而宗族成员会更乐意接受这一权威,毕竟一位来自本族的首领更可能让自己沾光。

不难看出,在土豪时代,平等虽已瓦解,但互惠规范(而不

---

[1] 马凌诺斯基:《西太平洋的航海者》,华夏出版社,2002,第55—60页,作者将这些头人称为酋长,但从对其权力的具体描述看,他们更接近于 Big Man 而非严格意义上的酋长。

是强制性权力）仍主导着人际关系，土豪们只是在互惠中额外慷慨，努力胜人一筹，使之难以回报，只好以顺从、支持、协助和追随来恢复平衡。但是群体中有潜力这么做的常不止一个人，于是便会引发一种逐步升级的馈赠竞赛，这一现象在前部落的小型定居社会中十分普遍。①

新几内亚哈根山区（Mount Hagen）诸部落中流行的莫卡交换（Moka exchange）是一个著名例子。和许多其他族群一样，哈根人在婚礼、丧礼、出生礼等宴庆场合会向主人送礼，此时，一位土豪或有志成为土豪者可能会在常规礼物之外附加一份大礼，后者即为莫卡。受礼者被期待回礼，假如他甘于普通人地位，只需回赠等额礼物；如果连这都做不到，便从此沦为备受蔑视欺辱的渣男（Rubbish Man）；②假如他想维持或争取土豪地位，则需加额回礼，然后最初送礼者再加额回礼，于是一次轮番升级的莫卡竞赛开始，直到其中一人落败蒙羞。

莫卡风俗中最有意思的是它和战争的关系，从中可看出土豪权势的性质。以往，哈根土豪取得权势的主要途径是充当战争领袖，由于近邻部落③众多，彼此间存在复杂联盟关系，处理这些关系需要声望、技能和财富。哈根人将近邻群体归为三类：宿敌、

---

① Kent Flannery & Joyce Marcus, *The Creation of Inequality* (Harvard University Press, 2012), ch.6.
② 渣男不仅丧失了受尊重的资格，还时常在凶手不明的投毒案中被当作替罪羊杀死，见 Brian Hayden, *The Power of Feasts* (Cambridge University Press, 2014), ch.7。
③ 部落（tribe）一词有宽窄两种用法，宽义指一个高度同质的语言/文化群，无论是否有任何政治结构将其联结在一起，而窄义需要存在这种（至少二级）政治结构，在本书中，我通常使用窄义，例如"前部落的"（pre-tribal）即指缺乏二级政治结构的状态，但本节是个例外，此类例外只会在引述材料时出现。

铁杆盟友和介于两者之间的可敌可友者。第三种关系让情况变得十分微妙，他们之间时而发生冲突，但通常限于容易妥协媾和的有限战争，停战后会为给对方造成的伤亡支付赔偿金，同时，协助参战的友方战士阵亡时，主战一方也有义务支付抚恤金。

正是在这种复杂的情况下，土豪的资源派上了用场。首先，土豪更有能力动员盟友共同作战。因为联盟群体在战争中相互支持并不是一种很强的集体义务，相反，家族、婚姻纽带和礼物交换关系所带来的个人义务则要强得多，所以当战争爆发时，盟友群体中首先应召前来助战的，总是那些对主战方土豪负有个人义务的表兄弟、姻亲和朋友，有时土豪甚至直接花重金雇用刺客诱杀重点敌人。

其次，由于他们有财力代表群体支付战争赔偿金和抚恤金，因而往往主导着结盟与媾和谈判，财力还可让他们以调解人身份介入其他群体的纠纷，比如当争议双方无法就偿命金数额达成一致时，主动掏钱补足差额以平息冲突，这无疑将带给他们超越群体的更高声望与权势。

或许是为了表达友好，偿命金的支付也以赠礼形式进行，于是便成了一种启动莫卡竞争的机会，实际上多数莫卡是由此发起的。所以研究者认为，莫卡之所以在当代变得那么流行和夸张，正是因为战争被禁止后，土豪们失去了竞争权势的主要手段，但纠纷冲突仍会发生，于是竞相以大笔掏钱安抚的方式来平息纠纷，让莫卡成了新的竞争手段。[①]

---

① Andrew Strathern, *The Rope of Moka* (Cambridge University Press, 2007), ch.4–10.

类似的赠礼竞赛也以夸富宴的形式广泛流行于北美西北海岸印第安人中。土豪们竞相在宴席上向宾客大肆分发贵重礼物,差别在于,莫卡是一对一的决斗,而夸富宴则更像是由评委打分的体操比赛。并非巧合的是,同样是在欧洲殖民者压制了战争之后,夸富宴才变得盛行狂热起来,成为地位竞争的主要手段,最终发展到当众烧毁大堆值钱物品的地步。[1]

追逐声望

当土豪地位逐渐稳固,其角色便开始向头人和酋长转变,这表现在几个方面:

(1) 动员战争资源和主导战争事务与结盟关系的能力,让他们可以根据自己的利益需要而选择战争的对象与时机,以及与谁为敌,与谁结盟,比如哈根土豪能在一位友邻被杀时按自己意愿认定是否值得为此发起一次报复行动。[2]

(2) 这一点构成了一种威慑,使得别人不敢挑战其地位,或侵犯其利益,也构成了一种强制力,迫使群体成员跟从他们的选择并接受其后果。

(3) 对战争的支配权让他们能进一步扩大自己的资源优势,包括获取战利品和更多妻子。

这些转变的结果是,虽然他们仍时常大宴宾客,慷慨散财,

---

[1] Wikipedia: potlatch; Kent Flannery & Joyce Marcus, *The Creation of Inequality* (Harvard University Press, 2012), pp.55-56.
[2] Andrew Strathern, *The Rope of Moka* (Cambridge University Press, 2007), ch.4.

但其动机不再是互惠,而是提高自己的声望(prestige),同时也是对群体内追随出力者支付报酬;只有在与群体外与他地位相当者的交往中,才仍然保持着传统互惠关系。

追逐声望是一种博弈策略,它基于权势争夺中的一种集体信念自我实现机制:如果你能设法让更多人相信你比竞争对手拥有更大权势,那么你就会因此吸引更多盟友和追随者,结果真的拥有了更大权势,这继而让更多人相信你确实拥有更大权势,继而吸引更多盟友和追随者……如此循环,最终你将以压倒性权势胜出,即便你和竞争对手之间起初并没有显著的实力差距。

这一机制能生效,是因为,当人们不得不选边站队时,会倾向于挑选他们相信会最终获胜的那一方。当然,他们这么做的前提是:不存在多方权力制衡与共存机制,因而合理的预期是必定有一方会最终胜出,成为霸主,而且届时他很可能秋后算账,打击那些曾拒绝支持他的人。从历史经验看,这是个容易满足的前提。

博取声望的手段很多,下面是政治功能较为显著的几种:

宴飨 将设宴聚餐变成一项经常性活动,可实现多项政治功能:展示财力;展示慷慨,这意味着为他提供支持与服务有望获得丰厚回报;将自家厅堂变成公共事务的集中处理场所,从而更好地掌控公共事务;通过差别化待遇来操纵群体内等级结构;迫使人们对是否接受主人通过席位安排所认定的等级秩序做出表态,假如你出席宴会并乐享酒肉,就表示至少默认了这一秩序,反之,若拒绝出席,或拒绝在主人安排的位置就座,你的反对立场也就公开化了。

宴席也被用来招待来自其他群体的贵客，将主人厅堂变成超越本群体的地区社交中心，从而让主人能够主导外交事务，在更大范围内获得声望。

因为有着这些功能，宴飨广泛流行于前国家等级社会，[①]和门客制（patronage）紧密联系在一起，成为早期政权的主要政治平台。对照另一项传统可帮助我们理解这一点：在许多政治组织已开始发育（以便协调集体行动）但仍维持着平等主义的小型社会，普遍存在着一种被人类学家称为男人屋（men's house）的场所，通常只有已通过成人礼考验的合格战士才被允许进入，公共活动主要在那里展开，包括祭祀、成人礼和集体议事，然而随着等级分化和实权首领的产生，男人屋消失了，神庙成为主要仪式场所，而政治活动的中心则移到了首领的厅堂和宴席上。[②]

头领间为角逐声望而进行的豪宴攀比常发展到极度铺张奢侈的地步。现代婚礼上的巨型蛋糕和香槟塔颇具奢华感，但在毛利（Maoli）酋长眼里简直一文不值，他们在盛宴上常搭起30多米高的木塔，层层堆放食物和礼品，1862年在一位汤加（Tonga）酋长的豪宴上杀掉了7000多只猪；[③]豪宴传统也延续到了早期国家，迈锡尼国王定期举办大型宴会，数千人聚集在王宫与海滩之间的坡地上，按地位高低排定座次，享用巨量酒肉。[④]

[①] Brian Hayden, *The Power of Feasts* (Cambridge University Press, 2014), ch.7.
[②] Kent Flannery & Joyce Marcus, *The Creation of Inequality* (Harvard University Press, 2012), ch.7, 8, 12.
[③] Martin Jones, *Feast* (Oxford University Press, 2007), ch.8.
[④] Brian Hayden, *The Power of Feasts* (Cambridge University Press, 2014), pp.245–251.

工程 组织大型工程项目可显示一位头领大规模动员人力和调动资源的能力。在互惠原则尚在的土豪时代，他可能选择惠及群体的道路、引水渠、拦水坝等基础设施。然而在等级地位确立，竞争焦点转向豪强寡头间的权势较量之后，更受青睐的是那些高大醒目，引人仰视、赞叹和敬畏的东西，而且最好和某种神圣仪式联系在一起，诸如神庙、神像、高碑巨柱，或像中美洲的金字塔形大土台。

以工程博取声望的要点在于难度和工作量。复活节岛上的数百个摩艾石像（Moai）中，最大的几个高10米，重80多吨（一个未完工石像更重达270吨），竖立之前需移动几公里，需要出动几百人搬运，这差不多相当于整个部族的全体成年男性（复活节岛岛民以宗族组织社会）。对照类似案例，这明显是岛上几大部族首领之间声望竞争的产物。①

可能因为这是容易想到的大挑战，搬运和树立巨石的活动在古代十分流行，特别是新石器时代的西欧，那里已发现5万多个此类样本。② 布列塔尼的一块巨石高达20米，重330吨；③ 威塞克斯的著名巨石阵（Stonehenge）每块重数十吨，多数从几十公里外运来，其中第三期的82块大青石更是从210公里外的威尔士运来，有些巨石作为横梁架在其他竖石上，难度又提高了一等。除

---

① Jared Diamond, *Collapse* (Penguin Books, 2005), ch.2; Wikipedia: Moai.
② Wikipedia: Menhir.
③ Wikipedia: Locmariaquer megaliths.

了巨型竖石和巨石阵，还有巨石冢，流行范围相似。①

这些倾巢而动的艰巨工程显然没什么实用价值，有些甚至连审美和仪式上的考虑都没有，就像比特币挖矿一样，是纯粹的工作量证明；阿萨姆的安嘎米·那加族（Angami Naga）头领有多种途径赢得声誉，包括猎头袭击和摆设豪宴，但最高声誉却来自搬石头，发起人需要动员合族男性从数十公里外拖来数十吨重的巨石，为此他要花费12头公牛、8只猪和上千斤大米酿的米酒来设宴招待他们。②

战利品 将战争中获取的重要战利品展示在显眼场所，是提高声望的另一常见做法。在后来的国家间战争中，受欢迎的武功纪念品是敌人军旗、王冠、权杖等仪式性器物，例如爱德华一世（Edward I）征服苏格兰后将象征苏格兰王权的斯昆石（Stone of Scone）带回威斯敏斯特用作其御座坐垫。然而在早期，更受青睐的纪念品是敌人的身体部位。

在猎头风俗盛行的地区，人们常将猎得的人头挂在村口显眼处，或仪式性场所，比如男人屋或公共长屋（long house）。③毛利战士则喜欢将最近赢得的敌人首级挂在独木舟两侧。④当社会

---

① 麦金托什：《探寻史前欧洲文明》，商务印书馆，2010，第 7 章；Wikipedia: Stonehenge。
② Kent Flannery & Joyce Marcus, *The Creation of Inequality* (Harvard University Press, 2012), ch.6.
③ Albert Jenks, *The Bontoc Igorot* (Johnson Reprint Corporation, 1970), ch.3; Kent Flannery & Joyce Marcus, *The Creation of Inequality* (Harvard University Press, 2012), ch.7.
④ Richard J. Chacon & David H. Dye (eds.), *The Taking and Displaying of Human Body Parts as Trophies by Amerindians* (Springer, 2007), p.17.

组织化程度提高，战争规模扩大，人头多得挂不下，还可堆成骷髅山，砌成骷髅墙，或串成中美洲那种骷髅架（Tzompantli）。① 对于游动性群体，携带一堆骷髅就太累赘了，但可以像斯基泰人（Scythians）那样做成饮器。② 最便携的形式则是文身，伊戈洛特男人（Igorot men）只有在成功猎获人头后才有资格在胸前纹上特定图样，③ 与俄罗斯黑手党那一大套文身图样中的骷髅纹类似。④

在这方面最具创造力的是美洲人：割下敌人头皮或耳朵，鞣制后串在仪仗上，或用来装点战服和马鞍，⑤ 用敌人牙齿、指节骨或带指甲的末段指节，甚至熏干的整根手指做成项链，将连带整套牙齿的腭骨做成挂饰，将两块天灵盖缝合后做成响铃，还有将整个头部剔除骨头后用类似制作木乃伊的技术做成肉干。⑥

战利品收藏与展示的动机首先是夸耀武功，让人知道自己有多少次成功战斗记录，在缺乏公共传媒和历史学家的时代，这可能是唯一可信且能见度够高的广告手段；其次也有震慑潜在敌人的意思，旨在建立一种好战、凶狠、残忍、令人畏惧的声望，让别人轻易不敢招惹，也警告合作伙伴小心背叛的后果。

远交 头领要显示其地位与权势，便需广交远朋，不能整天只和本群体成员混在一起。拥有一群远朋可同时传达多个信息：

---

① Wikipedia: Tzompantli.
② Wikipedia: Skull cup.
③ Albert Jenks, *The Bontoc Igorot* (Johnson Reprint Corporation, 1970), ch.6.
④ Wikipedia: Russian criminal tattoos.
⑤ George B. Grinnell, *The Cheyenne Indians* (World Wisdom, 2008).
⑥ Richard J. Chacon & David H. Dye (eds.), *The Taking and Displaying of Human Body Parts as Trophies by Amerindians* (Springer, 2007).

我有一张覆盖广泛的关系网，必要时可从中寻求支持；假如这些远朋中不少也是土豪或头领，那么我与之称兄道弟的事实印证了我本人的高地位；这些远交将带给我灵通信息和贸易机会，从而增强我的权势。

基于这样的动机，早期等级社会的头领表现出几种倾向：（1）慷慨好客，其大宅中常留出许多房间留宿客人，有些可能长期化而转变为门客；（2）热情垂顾或赞助流浪艺人、吟游诗人、游动工匠、长途商贩等游动性职业者，这些人不仅带来消遣、服务和商品，还带来更宝贵的知识和情报；（3）对异域风情和舶来品兴趣盎然。

在婚姻上，头领更倾向于外婚（exogamy），因为按他们试图证明的自身地位，群内已经没有般配亲家了，只能在群外寻找地位相当者，而且地位越高结亲对象越远。雅诺马米人以父系宗族组织社会，从夫居，但并不严格外婚，堂兄妹结婚并不少见（尽管交表婚才是他们的理想模式），原因之一是女孩不愿外嫁，因为雅诺马米丈夫特别暴虐，只有当姻亲在场时才有所收敛，可是，雅诺马米头领却总是倾向于将女儿嫁给外村头领。①

通过安排政治婚姻而建立广泛的上层姻亲网络，其效果和广交远朋相似，但关系更牢固，相互协助义务更强；假如婚姻联盟长期持续，甚至可以强过宗族，因为血缘不可避免地随代际更替而逐渐疏远，而姻亲却可通过两个家族之间的持续交表婚而不断刷新。

---

① Napoleon Chagnon, *Noble Savages* (Simon & Schuster, 2013), ch.2, 8.

上层关系网络的发展是阶层分化的关键一步,不同地位的人开始形成各自的通婚和交往圈子,并在各自圈子内发展出消费习惯、娱乐趣味、交往礼仪、行为规范,最终形成不同的亚文化,使得阶层之间的区分变得日益鲜明,等级鸿沟越来越难以跨越。

珍异 奇珍异宝首先当然可展示主人的财力,但其声望功能远不止于此,它至少还可证明:主人有着广泛而通达的远途贸易关系,因为奇珍往往是来自远方的舶来品。这种贸易关系对建立权势十分重要,因为不像现代成熟市场,早期商人出于安全和信任的考虑,只和少数长期顾客做交易,而且那时值得长途贩运的也都是贵重商品,买得起的人本来就有限,因而能够建立远途贸易关系本身就是权势的证明。

在许多案例中,从远途贸易中获取某些战略物资,构成了首领的重要权力基础。丹麦青铜时代的日耳曼土豪武士便因控制铜料贸易而上升为酋长,铜料来自不列颠、爱尔兰和中欧,用于制造青铜武器,替代燧石,而他们的主要出口商品琥珀,则是一种在远离波罗的海琥珀产区的地中海世界广受青睐的声望品(prestige goods);[1] 类似的,玛雅贵族以控制黑曜石贸易增强其权势,他们进口的黑曜石多来自四五百公里之外,有些高产采石场更在一千多公里外的墨西哥中部高地。[2]

---

[1] Timothy K. Earle, *How Chiefs Come to Power* (Stanford University Press, 1997), pp.18–33.
[2] 布鲁斯·G. 崔格尔:《理解早期文明》,北京大学出版社,2014,第246—257 页;Raymond Sidrys, "Mass Distance Measures for the Maya Obsidian Trade," in Timothy K. Earle & Jon Ericson (eds.), *Exchange Systems in Prehistory* (Academic Press, 1977).

珍异物品的另一项功能是用于见识竞赛，而见多识广则是上层关系网的一种佐证。设想一位土豪在宴席上夸口自己什么稀罕物没见过、什么珍馐没尝过，此时与之争风头的另一位土豪最有力的反击手段，莫过于掏出一件对方从未见过、说不出名字和来历，也不懂如何把玩欣赏，同时又足够有趣的东西了。

见识竞赛自然不限于有形物，异域风情、新奇娱乐、新式游戏，都可成为争锋焦点，在文化更复杂的社会，还要加上艺术和高雅知识。围绕声望品展开的竞争推动了早期的远途贸易、奢侈品消费和艺术繁荣，并且在所有等级社会始终延续着，花样虽不断翻新，基本动机却从未改变，当今世人对此当不会陌生。

傍大款 当周边存在一个无可置疑的优势文化时，与该文化的特殊关系是取得声望的另一条途径，因为从优势文化中获得帮助（无论是武力、财力，还是技术）将大幅提升一位头领在权势竞争中胜出的可能性。这是上层关系网的非对称版本，有时其影响是压倒性的。

缅甸北部克钦族（Kachin）在高地以游耕为业，邻近低地居住着以种植水稻为生的掸族（Shan），后者是更加发达的定居社会，已形成一批小土邦，其君主称为召帕（Saopha）。[①] 克钦村庄的头人称为督瓦（Duwa），拥有向其所辖山民索取贡奉的权力，比如山民每杀一头猪需贡上一条后腿，所以他们也被称为食腿督瓦。

但克钦督瓦们的地位很不稳固，常丧失权力而令社会退回平等无政府状态。不难想象，这些督瓦势必面临激烈的权势与声望

---

① Wikipedia: Shan States.

竞争，而他们加强声望的一种办法就是与掸族召帕结亲，至少娶掸邦贵族女性为妻。事实表明，这个办法卓有成效，近代好几位强势督瓦都凭借与掸族贵族缔结婚姻联盟而确立地位。①

当年大英帝国如日中天之际，众多小型等级社会的头领们皆以沾上点英国气为荣。1810年夏威夷大酋长卡美哈梅哈一世（Kamehameha I）统一夏威夷建立王国之后，将一面大英红船旗（Red Ensign）用作国旗，至今米字旗（Union Jack）仍留在夏威夷州旗的左上角，就像澳大利亚和新西兰国旗一样，尽管夏威夷和英国从未有过任何从属关系。②

汤加大酋长乔治·图普一世（George Topou I）在1831年汤加统一战争进行期间受洗成为基督徒，并仿效他所知道的英王乔治三世（George Ⅲ），自名为乔治，当时汤加与英国也没有从属关系（直到1900年汤加才成为英国保护国，但始终维持自治）。③

最激烈的声望竞争往往出现在土豪们竞相谋求垄断性权力而成为头人，相邻村庄的头人们试图控制对方而上升为酋长，进而酋长们角逐霸权而创建酋邦（chiefdom）的过程中。而一旦尘埃落定，强者胜出，权力巩固，竞赛热情便开始冷却，因为对于已建立起多级权力结构、其地位已难以撼动的首领，这种表演已没那么必要，它失去了多数目标观众，因为在普通大众的视野中，已不存在可供比较权势高低的对象，他们也不再有挑边站队的选择，声望竞赛仍将继续，但不再像以往那样以面向公众的狂欢形

---

① 埃德蒙·R.利奇：《缅甸高地诸政治体系》，商务印书馆，2010，第5、7章。
② Wikipedia: Flag of Hawaii.
③ Wikipedia: George Tupou I.

式进行，而更多发生在权贵圈子内和首领的私家厅堂上。

夏威夷酋长建立声望的方式之一，是建造一种名为海伊阿奥（heiau）的圣殿，其主体是一个由石块砌成的大型平台，非常耗费劳力，其中较大的需要数万个工日。通过分析这些工程的劳动时间分布，考古学家发现毛伊岛上的海伊阿奥建造活动在15世纪曾经历一次爆发性增长，每年投入的工日上升了两个数量级，此时正是岛上各酋长为争夺全岛统治权而频繁征战的时期；而一旦胜负决出，酋邦建立，工程热潮便开始消退。[1]

继承性的诞生

地位分化和权势人物的崛起并未直接导致阶层的产生，阶层结构的持久存在需要权势与地位的可继承性，假如每代权贵大多来自普通家庭，文化就不会随地位高低而分异，土豪就永远是土豪而不会成为贵族。

然而继承并不容易实现。先看财富，虽然私人财产权通常从诞生之时起就伴随着某种程度的可继承性，但在互惠规范遗风尚存的时代，首领的财力很大部分是由他人因亲属或盟友关系而对他所承担的义务构成，这些是无法传承的。例如特罗布里恩德头人的财富，一部分由其众多妻子所生产，另一部分是由妻方家族按习俗在每季收成后赠送的甘薯，在此习俗下，一个人只要妻子

---

[1] Timothy K. Earle, *How Chiefs Come to Power* (Stanford University Press, 1997), pp.169–184.

数多于姐妹数，就会占便宜，但这一优势显然无法传给下一代。①

　　类似的，哈根土豪在参与莫卡竞赛时，大部分赠礼并非出自他家的预先囤货，而是从宗族成员中临时募集而来，后者依习俗负有鼎力相助的义务，所以头人所在宗族人丁越旺就越有权势，当然，其子女可以继承这一优势，但分享该优势的是全体族人，而头人的子女未必仍是头人。②

　　而且早期权贵将大量财力花费在赠礼竞赛和声望角逐上，留不下太多财富给后代，加上他们往往因多妻而生育众多子女，分到每人头上的更少得多。其实也可以这么理解：他们倾向于将权势直接迅速兑现成当期的遗传收益，而不太考虑如何将权势地位传给后代，假如成功传承的可能性高度不确定，那么选择这样的短期策略便是合理的。

　　再看地位，早期首领的领袖地位很大程度上来自其个人禀赋，包括强壮体格、知识与经验、人格魅力、可信赖、慷慨大方、口才等等。③尽管这些禀赋相当程度上是可遗传的，④但疾病、感染、事故和早期经历等环境或偶然因素也有很大影响，而且若只考虑父亲一方，遗传影响就要大打折扣，所以，虽然首领的儿子们在竞逐首领地位上有不少优势（包括家族势力、亲属数量、父亲提携、继承自父亲的禀赋），但远非确定可靠。

---

① 马凌诺斯基：《西太平洋的航海者》，华夏出版社，2002，第 2 章。
② Andrew Strathern, *The Rope of Moka* (Cambridge University Press, 2007), ch. 9–10.
③ Christopher von Rueden et al., "Leadership in an Egalitarian Society," in *Human Nature*, Dec 2014, Volume 25, Issue 4, pp.538–566.
④ Robert Plomin, *Blueprint* (Allen Lane, 2018).

这些妨碍权势继承的因素是相互强化的：财富越是难以传承，土豪就越热衷于赠礼竞赛和夸富宴；地位越难以传承，首领就越倾向于追求当期遗传收益的短期策略，越少为将权势长期保持在其家系内而努力，于是继承就越发难以实现。

然而继承权毕竟还是出现并稳固了下来，突破上述障碍的关键，是上层关系网的发育。当友邻权贵之间通过持续通婚而构建起一个姻亲同盟，便造成了一种全新的博弈格局：其中各方都希望友方地位能在其家系中稳定传承，否则他们通过多代政治婚姻所积累的盟友资源可能毁于一旦。

如此一来，当一位首领去世时，他所选定的儿子继承权位的胜算便大幅提升，因为希望其继位的父亲会一早就帮他安排政治婚姻，以便其在日后继位争夺中获得盟友首领的支持，以及必要时的强力干预。这些首领往往是继位者的岳父、妻兄、外公、舅舅、姑父、姐夫或表兄弟，他们不仅因亲属关系而对其负有义务，而且自身也可从其继位中获益。这也是为何习俗总是倾向于承认出身权贵家庭的正妻所生嫡子为优先继承人，因为她们的儿子有望从母方亲属得到更多支援。

相似但有所不同的情形也发生在群体内。首领为巩固其家系地位，常与群内权势较高的家庭结亲，或娶其女儿为庶妻，或为自己地位稍低的子女（例如次子或次女）安排与这些家庭之间的婚姻，或将禀赋优秀但出身较低的青年招为女婿或养子，这些人虽然未必支持他所选定的继承人，但至少都会倾向于将首领地位保留在他家庭中，因为他们在这一点上都拥有既得利益。

早期首领（特别是那些靠武力崛起者）常拥有一批亲信随从

（retinue），以此增强和施展其权势。基于同样原理，这些随从也会倾向于权位在首领家系中延续，否则就要另找主人投奔，结果是好是坏全然未知。

总之，当一位首领将自身地位安置于一个网络化的权力结构之中，其中多数权贵的地位都依赖于该结构之存续，那么继承权就变得牢靠安全了，因为在多方博弈中要重新达成类似的均衡极为困难，所以该体系的既得利益者都不愿打破它，尽管他们仍有利益纷争，仍会钩心斗角，但轻易不会撕破脸皮掀翻桌子。

这就像一个错综复杂的国际条约体系，一旦瓦解，各方需重新谈判妥协，重新寻找盟友，重新确立效忠关系，这些都并非易事，且结果难料。很多时候，甚至你的敌人也希望他将面临的是一群老对手，好让他继续在熟悉的框架下玩弄他早已稔熟的旧把戏。当然不时仍会出现一些篡位者，可是"篡位"一词的出现本身就表明，一种权位继承规范已悄然成形。

3　阶层的分化

阶层差异不仅是经济状况和政治权力上的不平等（尽管这两方面总是最受关注），在一个成熟的等级社会中，不同阶层的人在生活方式、穿着打扮、举止谈吐、交往圈子、娱乐内容、知识结构、价值取向和所遵循的社会规范上，都有着鲜明差异，[1]甚至口音、身高[2]、头颅形状[3]，也都可能迥然有别，概言之，他们就像是来自不同文化，甚至不同种族。

之所以能形成如此差异，是因为阶层具有结构上的稳定性。社会互动随地位不同而产生某种持续强化的内聚倾向，最终形成一种隔离机制，每个高度内聚的局部成为一个阶层；阶层之间仍会发生流动，但新进者会模仿和采纳他所进入阶层的习惯、规范与价值，从而完成文化复制；间或会有一些可称为社会革命的大变动，然而在文明历史的多数时期，我们看到的更多是阶层结构的连续性。

这一结构的形成经历了线索繁多的进化过程，各大文明的进

---

[1] 保罗·福塞尔:《格调》，中国社会科学出版社，1998。
[2] Carles Boix & Frances Rosenbluth, "Bones of Contention: The Political Economy of Height Inequality," in *American Political Science Review*, Volume 108, Issue 1, February 2014, pp.1–22.
[3] Chris White, "Head Space: Behind 10,000 Years of Artificial Cranial Modification," *Atlas Obscura*, 26 May 2015.

化路径也不尽相同，不过最终它们都产生了一些颇为相似的结构元素，算得上文化层面的趋同进化，且让我先谈论一些普遍趋势，而将差异留到后面。

生计之分异

生物学家在研究一种动物的生理与习性时，食性总是首选的切入点，因为作为一个枢纽因素，以何为食、如何获取，决定着其他许多特性，诸如肢体结构、消化器官与代谢特征、行为模式、认知能力、群居还是独居，乃至交配模式；同样，人类学家在考察小型社会时，也往往从生计模式（subsistence pattern）——如何获取主要食物——入手，后者很大程度上决定着人们发展哪些技术、使用哪些工具和器物、如何分工与合作，乃至如何组织社会。

从食物类型和获取方式也可推测哪些特性会帮助个体取得成功，例如许多以花蜜为食的昆虫和蜂鸟，其摄食器官的形状和其偏爱植物的花萼形状几近完美匹配。[1]反之亦然，假如我们看到一只母猎豹生了一大窝豹仔且一只只喂胖养大，它无疑是位好猎手，有着一副好爪牙。

然而对于大型等级社会中的个体，此等推断不再有效，一个以小麦、牛奶为主食的社会中，最成功的个体极可能对种植小麦

---

[1] Richard Dawkins, The Greatest Show on Earth (Free Press, 2009), ch.3, color page 5.

或饲养奶牛一无所知,相反,某人越是谙于此道,其社会地位越可能接近底层(至少在现代商品化农业兴起之前)。之所以发生如此颠倒,是因为谋生方式出现了分化,一些人不再以自己或其家庭生产的食物为生,而是将生计建立在经营和维护一种权力系统上,以此迫使他人向他提供生存物资,以及超出生存所需的更多物品与服务。

这是一种物种内的食物链构造,它可以是金字塔形的:地区小头领迫使他所控制的群体向他纳贡,大头领迫使臣服于他的小头领向他纳贡;可以是伞状的:一个统治集团从一大片地区收取贡赋,除了满足自己所需,还(通过雇佣或购买)养活了一批脱离食物生产的专门职业者。在较大型的等级社会,通常两者兼具。

当然,生计分化也可能以非强制的方式发生,[1]比如在现代自由市场中,谋生手段不计其数,多数人都不以食物生产为生,但脱离食物生产者通过自由交换获得生存物资,未必拥有更高地位。然而不幸的是,人类最初的生计分化无不基于强制,这大概是因为,市场化分工需要以可靠的私人财产权为基础,而在一个财产与人身安全皆无保障的霍布斯世界,唯有强者才能捍卫其财产权,可是既然他足够强大,强到能在权势角逐中胜出,拥有稳固权力,能够强制他人,那么凭此权力直接索取贡赋,显然是更方便的做法。

---

[1] 学界一般用"分工"(division of labour)来指称这里说的情况,但该术语往往暗示了一种自愿性质,而这是我在此处特别需要避免的,所以我决定采用"生计分化"这一新术语。

3 阶层的分化

有一种观点认为,动植物驯化和农业的发明提高了生产率,令食物产量超出生产者生存所需,使得部分人口得以脱离食物生产而从事其他专门职业,因而推动了专业分工和市场交易,而专业分工是知识积累和技术创新的强大催化剂,由此引发的创新浪潮最终导致文明的诞生。[1]

这种说法既没有事实依据,理论上也经不起推敲。首先,导致生产率提升的技术进步必须以非常快的节奏不断发生才会带来可持久的食物剩余,否则短暂出现的剩余很快会被人口增长所耗尽(除非有某种机制能阻止获得剩余的生产者用它来养活更多孩子,稍后我会讨论这一可能性)。而我们知道,从人们懂得农作物种植到以农业为主要生计方式,之间经历了数千年的过渡期,[2] 其间的人口增长足以耗尽农业带来的任何可能剩余。美洲的历史为我们演示了,当食物数量不构成限制时,人口会以何种速度增长:最初进入美洲的几批移民规模不过百来人,小几千年后即已遍布整个大陆。[3]

其次,农业虽提高了土地生产率,却降低了劳动生产率,而只有劳动生产率提高才会带来剩余(虽然也只是短期的),因为那意味着生产自己(和家人)生存所需食物的劳动时间更少,因

---

[1] 持这一观点的学者极多,仅举一例:Jared Diamond, *Guns, Germs, and Steel* (W W. Norton & Co., 1997), ch.12–14。

[2] Bruce Winterhalder & Douglas J. Kennett, "Behavioral Ecology and the Transition from Hunting and Gathering to Agriculture," in Douglas J. Kennett & Bruce Winterhalder (eds.), *Behavioral Ecology and the Transition to Agriculture* (University of California Press, 2006), ch.1.

[3] 彼得·沃森:《大分离》,格致出版社,2015,第 4 章。

而可能花更多时间生产额外食物。可是种植谷物远比采集同类野生谷物耗时费力,有实验显示,在野生小麦繁盛的地区,每小时可采集2.5公斤,一个家庭只需在成熟季忙上十几天,就够吃一年了,省掉了收获之前的全部劳动。[1]

实际上,在末次冰川期之后到农业起源之前,人类经历了一段劳动生产率持续下降的时期,这是因为旧石器晚期以弓箭为代表的一系列技术进步大幅提升了狩猎效率,导致人口加速增长,众多大型动物消失或种群萎缩,[2]迫使人类更多转向小型动物和植物,并将越来越多需耗费大量劳动的动植物纳入食谱,小颗粒种子(谷物)是其中的典型,这些食物的单位劳动卡路里回报通常比大型动物低两三个数量级。[3]

人类学家将上述进程称为广谱革命(broad spectrum revolution),农业起源只是这一大趋势的自然延伸。[4]用经济学术语说,这是一种马尔萨斯型增长,即通过不断提升劳动密集程度增加产量,同时劳动生产率下降,通俗地说就是,一些技术创新让人类能够在人口持续增长的同时,以付出越来越多血汗的方式,从日益稀缺的自然资源中多榨出一点卡路里,这显然不是产

---

[1] Alan H. Simmons, *The Neolithic Revolution in the Near East* (University of Arizona Press, 2007), pp.15-16.
[2] 该时期大型动物的大批消失跟气候变化和人类狩猎活动可能都有关系,各占多大份量尚无定论,可参考: Gary Haynes (ed.), *American Megafaunal Extinctions at the End of the Pleistocene* (Springer, 2009)。
[3] Douglas J. Kennett & Bruce Winterhalder (eds.), *Behavioral Ecology and the Transition to Agriculture* (University of California Press, 2006), ch.5-7.
[4] Alan H. Simmons, *The Neolithic Revolution in the Near East* (University of Arizona Press, 2007), ch.2; Wikipedia: broad spectrum revolution.

生剩余的途径。

真正让剩余和生计分化成为可能的，是对土地的私人控制。随着人口压力渐增，资源日益稀缺，人们不断加强对本地小型动物和植物资源的开发，游动性降低，领地性增强，领地冲突加剧，生存竞争的重点逐渐从如何应付自然环境转向如何对付其他人类，以捍卫自己赖以为生的领地。①

如前两章所述，正是在领地冲突导致的战争升级中，领袖人物开始崛起，继而首领之间展开权势竞争，一些最强者胜出，赢得特权地位和强制性权力。起初他们带领所在群体对抗其他群体，可一旦其权位稳固，便可能用它谋取自身利益，比如在通过战争压服其他群体后，将索取的贡赋大部分控制在自己手中，当若干相邻群体间的支配—臣服关系稳定下来，这一财源可能固化为某种类似地租或税赋的东西。

如此以武力优势建立的霸权结构可扩展至多级，随着结构扩展、层级加深，位高权重者与普通人之间的社会距离不断拉大，进而通过前章所述以通婚网络为核心的机制，形成日益封闭的上层精英圈，或曰贵族，他们专以经营权力系统、控制领地、索取贡赋为业，同时，贵族对消费品和服务的特殊需求也创造了一批同样脱离食物生产的专门职业，阶层分化过程由此展开。

从经济学角度讲，由于贵族（无论以贡赋、税收，还是以地租的形式）从食物生产者手中拿走了部分产出，阻止了后者用这

---

① 有关食谱拓展、技术创新、人口增长、游动性和领地化这几个因素之间的关系，我在题为"食物与人类"的系列文章中曾有更细致的讨论，见其中第6篇《向下开拓》(HS: 7954)。

些产出养活更多孩子,从而人为压低了食物生产者的人口规模和相应投入食物生产的总劳动量,结果(相对于马尔萨斯极限水平)总产出有所降低,但边际劳动生产率提高了,而人口比潜在极限水平更低,因而人均产量也提高了,于是带来了剩余,后者供养了脱离食物生产的专门职业者,包括贵族阶层本身。①

贵族的事业

酋邦之类早期政权的建立都伴随着相互征伐和部落组织的军事化,拥有一支听从其号令的武装,是首领取得统治权的关键。②理由是明显的:要从食物生产者手中拿走部分原本可养活更多孩子的生存资料,必定遭遇激烈反抗,要知道前文明时代的人类个个桀骜不驯、自视甚高(因为他们都是霍布斯世界的幸存者),将赋税视为不可避免、天经地义,是后来国家所创造的顺民的想法;况且,控制领地收取贡赋的利益如此诱人,无疑会引来众多跃跃欲试的竞争者。

甚至在更大规模政体建立之后,早期国家的统治者仍高度依赖赤裸裸的恐怖高压政策。阅读有关早期文明的文献,你会闻到一股浓烈的血腥味,大量屠杀战俘用作人牲献祭或陪葬的做法极为常见,更优雅的统治方式需等到国家的存在被普遍接受,政权

---

① 这段逻辑的更详细叙述可见我的博客文章《马尔萨斯弹簧》(HS: 6798)。
② Timothy K. Earle, *How Chiefs Come to Power* (Stanford University Press, 1997), ch.4; Kent Flannery & Joyce Marcus, *The Creation of Inequality* (Harvard University Press, 2012), part.4.

有了相当安全感之后才开始流行。①

所以并不奇怪,最初的贵族都是武士,他们专以战争为业。②武士有多种来源,地位也有所不同,首先自然是权力竞争中胜出的王者,然后是他们的亲兵扈从,扈从是早期君主的主要统治工具,规模从数十人到小几百人不等,那时尚没有足以维持一支更大规模常备军队的后勤系统,重大战斗中虽可投入数千乃至上万战士,但那都是临时召集,要么自带给养,因而战斗只能持续几天,要么靠沿路劫掠勒索获得补给。③

在最初的多层级政体中,每位首领都拥有一支扈从队伍,战争时集合起来便成为一支军队,而君主那支扈从队伍的首要政治功能是控制下级首领,不服就打,有点像宪兵队,反过来也可以说,君主之所以能够称王,正是因为他拥有最强大的扈从团队,足以压服任何一位有异心的下级首领(至少在他们未能联合起来时)。这一统治模式要求君主持续巡视领地,时时嗅探任何异动迹象,领地巡视恰好也是均匀分配统治负担的方便办法,因为即便数百人的队伍,后勤负担也不小,在运输效率低下也没有流通

---

① Wikipedia: Human sacrifice;布鲁斯·G. 崔格尔:《理解早期文明》,北京大学出版社,2014,第12、21章;彼得·沃森:《大分离》,格致出版社,2015,第21章。
② 马克·布洛赫:《封建社会》,商务印书馆,2004,第21—22章。
③ 有关早期首领或君主对扈从的依赖,可参考:马克·布洛赫:《封建社会》,商务印书馆,2004,第11章;Peter Heather, *The Fall of the Roman Empire* (Oxford University Press, 2007), ch.2; Timothy K. Earle, *How Chiefs Come to Power* (Stanford University Press, 1997), ch.4。

市场的时代，集中在一地会让当地人不堪重压。①

这样的统治并不十分牢靠，背叛、篡位、串通谋反、势力重组时有发生，对君主个人能力要求很高，特别是招贤纳士的能力；门客与扈从在其中的关键作用令其备受优遇，君主间竞争越激烈，其地位越高，每日好酒好肉伺候，待之如兄弟，分享战利品，将王族内出身高贵的女性许之为妻，都是常见笼络手段，早期君主的慷慨表现延续了其前辈的声望竞赛，但目标观众不再是大众，而是武士精英。考古发现，当高卢的凯尔特部落和莱茵河沿线的日耳曼部落向酋邦发展时，都从希腊罗马世界进口了大量葡萄酒，它们大多是在此类宴席上喝掉的。②

扈从之外，次级首领是贵族的另一个来源。在缺乏官僚行政系统的时代，大领地只能采取层层分权的治理模式，分治者或是因势力消长而降至附属地位的前盟友（例如建立周王朝的姬姜联盟中的姜姓诸侯），或是被打败而沦为附庸的前对手，或是弱小难以自保而主动归附者，或是裂土封疆的王族成员，或是最初以君主代理人身份管辖某地日后势力坐大将辖地变成世袭采邑者（例如加洛林王朝的伯爵们）。

作为职业武士，贵族（特别是低级贵族）的地位当然来自其战斗力，然而在早期社会，几乎所有成年男性都是战士，在霍布

---

① 马克·布洛赫：《封建社会》，商务印书馆，2004，第4章；Kent Flannery & Joyce Marcus, *The Creation of Inequality* (Harvard University Press, 2012), ch.16。
② Michael Dietler, "Driven by Drink: The Role of Drinking in the Political Economy and the Case of Early Iron Age France," *Journal of Anthropological Archaeology*, 352-406(1990); Peter Heather, *The Fall of the Roman Empire* (Oxford University Press, 2007), ch.2.

3 阶层的分化　　51

斯世界的严酷选择压力之下,战斗力的个体差异不会太大,武士贵族又如何维持且传承其地位呢?

答案或许是单兵装备的重型化。进入金属时代之后,武器重型化有了长足发展,青铜剑、盾牌、盔甲、复合弓、十字弓都价值不菲,14世纪初英格兰骑士的整套装备(不含马与马具)价值约10英镑,而当时许多雇工的年收入不足2英镑,到该世纪末,由于盔甲防护覆盖率大幅提升,部件日益繁多,加上黑死病导致的劳动成本上涨,装备费用暴涨至80英镑。不过影响更大的是马匹的引入,用于重骑兵的战马非常昂贵,1300年前后英格兰一匹战马的价格约8.5英镑,加上整套鞍辔和护具,需十几英镑,而且战马很娇贵,其维护成本也远高于其他役畜,中世纪欧洲骑士一般至少有两匹战马,出行时需要一两位仆从照料马匹和整套装备,这显然不是普通家庭能负担得起的。①

装备的高成本为武士这一职业设置了高门槛,也约束了君主的战士来源:他们要么从富贵家庭中招募,要求其自备武装和仆从,并以承认其贵族地位和领地权利作为回报;要么自己掏钱雇佣优秀却贫穷的战士,为其提供装备。但后一种做法只能以很小规模进行,否则君主就需要一套财政系统来筹集和分配资金,这在早期政权中是不存在的,更常见的办法是向贫穷武士授予一块土地作为其采邑,令其自给自足,以此换取其效忠和服役。

---

① Christopher Dyer, *Standards of Living in the Later Middle Ages* (Cambridge University Press, 1998), ch.3, 5, pp.278–283; Ian Mortimer, *The Time Traveler's Guide to Medieval England* (Simon & Schuster, 2010), ch.5; 马克·布洛赫:《封建社会》,商务印书馆,2004,第11章。

所以，无论以何种方式，武士身份都与土地权利联系在了一起，因而武士贵族同时也是土地贵族，日后当贵族身份的军事性质逐渐淡化后，其与土地的关系却得以长期延续；在定居农业社会，土地权是非常可靠的生活保障，一个经营得当的庄园可成为五脏俱全、相当程度上自给自足的袖珍王国，这是贵族保有财政自主性和政治独立性的基础。

不过，要稳固其地位，他们还有个问题需要解决：如何避免领地随继承而过细分割。任何领地分割都会削弱后代的贵族地位，假如分割后的领地小到不足以供养一位武士（连同其必需的装备和仆从），继承者便丧失了贵族身份。在诺曼封建系统中，维持武士地位的最小采邑称为骑士领（knight's fee），大约是一个可自足的庄园，规模至少为五六百英亩熟地，或几千英亩新开垦的生地。①

丧失武士地位的结果很可能是连土地本身也保不住，因为在尚没有强有力的司法系统为产权提供普遍保护的时代，土地权利是需要主人亲身捍卫的，即便寻求援助也有赖于与地位相关的相互义务，所以贵族总是努力避免地产过度分割；而另一方面，领主也不愿看到附庸武士的地位因遗产分割而沦丧，那意味着他将失去一位效忠服役者。所以为确保领主附庸间义务（封建契约）的跨代延续，对继承权的某些限制是必须的，例如英格兰的限嗣继承（fee tail），领主对未成年或单身女继承人的监护权，还有绝嗣封地的复归权（escheat）。②

---

① Murray Johnston, *The Watford Knight's Fee* (Salem Publishing Solutions, 2018).
② F.W. 梅特兰：《英格兰宪政史》，中国政法大学出版社，2010，第 1.B 章。

3 阶层的分化

可是分割遗产的需求又很强烈，因为贵族往往多子，考虑到其权势和财富，这很自然，而且也是他们奋力拼争地位的终极动机所在（无论他们是否意识到）。对英格兰遗嘱档案的分析发现，大致上，最富有者平均比穷人多生一半孩子，且儿童死亡率更低，平均留下近四个成年子女，而穷人不到两个，低于替代水平[1]。除了黑死病低谷期，世袭贵族平均约留下1.8个成年儿子，同样近两倍于普通人。[2]

父母不忍看到孩子从贵族地位向下跌落，而无望继承遗产的儿子们往往是个祸根，许多阴谋、通敌乃至手足相残的悲剧皆由此而起；不过，若引导得当也可成为一股进取力量，他们往往比其他武士更热衷于战争，希望能以战功加官晋爵，尤其是那些有望开疆拓土的征服战争，更可能为自己赢得一份领地，所以封建君主们总是每隔几年就要发起战争，他们知道那些躁动不安的贵族子弟若长年没仗可打就会给自己惹麻烦。

另一条出路是受教育后从事各种较为体面的专门职业，这样至少可维持一种绅士地位。在西欧最常见的是律师和教会神职，还有些替其他贵族做管家，或为王家做行政官僚（他们起初也就是君主的各种不同职能的管家）。随着文明程度提高和货币经济

---

[1] 替代水平生育率（replacement-level fertility）是指保持人口水平在代际不下降所需要的最低生育率，其值取决于育龄前死亡率、不育率等因素，当代发达国家约为2.1，全球平均约为2.3，前现代社会可高达4.0。
[2] Gregory Clark, *A Farewell to Alms* (Princeton University Press, 2007), ch.6. 需注意的是，这里说的穷人只是相对而言，是遗嘱金额分组中最低两组，绝非底层潦倒者，他们至少能留下几英镑遗产且值得为此专门订立书面遗嘱并在遗嘱法庭备案。

的繁荣，出现了更多军事和行政以外的进取机会，这些方向的发展产生了一个日益壮大的绅士阶层（gentry），日后成为上层中产阶级的一部分。

祭司的角色

除了武力之外，早期权力的另一个来源是对超自然力的信仰，人们相信一些神秘力量在左右着自然现象和人类命运，而且一些人或多或少有能力影响甚至操纵这些神秘力量，将其引向对特定个体或群体有利或不利的方向。

和武力一样，巫术（被认为）既可为群体带来利益，比如给敌人施咒、影响兽群的迁徙路线、为农耕者求得久盼不至的春雨，也可用作加害他人的手段，所以，在早期平等主义社会中，自称或被认为掌握巫术的人，和狩猎高手或优秀战士一样，既是其他群体成员经常求助和依靠的能人，也是他们时刻警惕防范的对象。[①]

伴随着等级结构的发育，巫师的角色也发生了变化。在平等主义社会，每个人都可以宣称自己拥有法力（影响或操纵超自然力的能力），没有任何资格门槛或认定程序，施展法术的方法也各有一套，并无定规，一个人的萨满（shaman）身份是否得到认可，全看其他人是否相信他有这能力，而信与不信也完全由每个

[①] Christopher Boehm, *Hierarchy in the Forest* (Harvard University Press, 2001), ch.1–4.

人自行判断。

然而，导致权贵上升和等级分化的那些力量从多个方面改变了这一点：当宗族成为权势的重要基础，一些祖先神开始被赋予超自然力，[①]从而获得自然神的地位，于是记忆和背诵家族谱系和祖先神话便成了一种接近和取悦神灵、获得其眷顾的手段，重要的是，这一转变竖立了一个门槛，背诵结构复杂的长篇故事并非人人皆可做到的事情，需要一些天分和训练，还要有人传授，这就让巫师身份有了一种排他性。

一旦某些个体赢得这种排他性地位，他们会不断努力加高门槛，建立新门槛，以便阻止其他人分享或取代其地位。方式之一是仪式的烦琐化，他们提出各种取悦神灵的做法，例如歌舞、颂祷和献祭，并宣称必须严格遵循特定仪轨方能奏效，其要点是，非经专门传授和长期训练无法学会。

其二是发明各种圣所和圣器，宣称神圣仪式必须在特定场所使用特定器物执行才能起效，这就意味着只有控制这些器物与场所的人才可能操办仪式，而这种控制权——如同史诗和仪轨的传授一样——是可以按特定程序移交或按某种规则继承的，这极大提升了祭司（priest）资格的排他性。正因此，神殿和礼器在考古遗存中的出现往往伴随着社会地位分化的其他迹象。[②]

那么，为何其他人愿意相信这些仪轨和圣器的功效呢？关键

[①] 我在《群居的艺术》中曾解释了宗族内的合作需要如何创造了祖先神，见辉格：《群居的艺术》，山西人民出版社，2017，第 II.8 章。

[②] Kent Flannery & Joyce Marcus, *The Creation of Inequality* (Harvard University Press, 2012), ch.8, 9.

在于引入时机。当人们面临一些涉及重大利益的命运关口时，会非常急切地寻找任何可能的因果关系，此时他们会将一种因果信念的鉴别标准降得很低，常常愿意相信任何听起来有点道理的说法。这并不是因为他们突然丧失了理智，而是因为此类选择的得失比严重不对称，信对了，可能因此保住了性命，或打赢了战争，或发了笔大财，信错了，则可能只是白烧了一炷香、白磕了几个头而已（因为这些仪式通常并不要求当事人放弃其他努力）。这一原理，我们从股民、赌客、球员等经常面临大输赢抉择的人身上可以看得很清楚，他们会源源不断地创造各种稀奇古怪的迷信。

所以，在一场战争之前引入一项新的排他性元素（仪轨或圣器），一旦战胜便可赢得巨大声誉，更保险的做法是，在战败或灾难之后暗中污损一件候选圣器，并归咎于此，也很容易说服人们相信。奇妙的是，一项新元素只要挺过最初几次有效性考验，便有望确立其尊崇地位，因为数次应验之后，人们会将其中因果关系视为定律，此后每当不应验时，他们会努力寻找其他缘由：上香前没有沐浴更衣？捧起圣物前没有洗手？宰杀牺牲的手法不对？——从而创造新的仪轨元素，让仪式变得更复杂，而这正是祭司们乐意看到的。

若是和财力结合起来，门槛还可进一步加高，例如使用贵重材料制作圣器、装饰神庙，用大量牲畜献祭神灵，都是普通人难以负担的；或者与武力相结合，像阿兹特克贵族那样，宣称必须用大批战俘献祭方可取悦神灵，而这一需求只有一支强势武装才能满足。

从萨满、巫师到祭司，与超自然力打交道的工作逐渐成为一项专门职业。推动这一转变的关键是，从事者所需掌握的知识、技能和器物日益复杂昂贵，普通人难以负担，也无力在养家糊口之余兼任，因而必须由脱离食物生产的专职者从事，并且随着资格门槛的抬高而封闭为一个阶层，这一点和单兵装备重型化推动武士阶层的出现十分相似。

由于祭司的工作成效被认为对共同体命运至关重要，因而其获得了十分尊崇的地位，这一点在印欧语民族中显得特别突出，例如凯尔特文化中的德鲁伊（Druids）和雅利安文化中的婆罗门（Brahmins）都是地位高贵的祭司，他们连同武士与平民一起，构成了一种广泛存在于早期文明社会的三元等级结构。[1]

祭司与武士贵族之间既有合作，也有竞争。祭司需要贵族的财力和武力支持，以建造恢宏的神庙，制作贵重的礼器，获取大量献祭用的牺牲，从而抬高自身职业的排他性。而贵族需要借助祭司的工作加强其权势与声望，他们有关谱系、血统、与神话英雄和自然神的关系、自身及其祖先在世界秩序中的位置等方面的主张，都需要祭司的配合与认可，通过赞助祭司，他们试图向公众传递这样的信息：挑战贵族阶层的任何尝试都将是徒劳的，所以最好打消此等念头，因为贵族得到了威力无穷的最高神灵的庇佑，其地位来自其高贵血统，其英雄祖先的奇功伟业印证了这一点。

---

[1] 布鲁斯·G. 崔格尔：《理解早期文明》，北京大学出版社，2014，第 21、22 章；Wikipedia: Trifunctional hypothesis。

另一方面，两者在具体的支持对象上都有一定选择余地：贵族可以重点赞助供奉某位神灵的神庙，因而抬升相关祭司的地位；祭司可以认定某位贵族拥有更高贵的血统，甚至宣称他是某个自然神的直系后裔。

对于文明发展而言，重要的是，祭司职业的业务组成，让他们在以此谋生的同时，无意间扮演了为群体维护一个知识系统之人的角色。作为自称能够影响自然力的中介，他们需要向人们解释每个自然神的功力和性情，而且为了防范潜在的竞争对手，他们必须为每一种可能引发困惑的现象做出解释，将其纳入自己的神灵系统，以免人们因困惑难解而寻找和发明其他神灵。

这就迫使他们建立一套有关世界秩序的全面理论，以便在认识上对世界与生活进行合理化：世界何以如此，各种自然力分别由哪些神灵掌管，他们喜欢何种祭品，因何而发怒，我们又从何而来，为何这样过日子，为何需要遵守这些或那些规范，等等；同时，用来支持高贵血统的家族神话也会被编织进这套叙事之中：某位英雄祖先如何展示出惊人天赋，如何击败恶神，拯救人类于水火，最终化身为某个自然神。

当信仰体系朝道德化方向转变，自然神转变为道德神，祭司又开始扮演一个新角色：为共同体阐释道德规范——何种行为是被神灵所禁止的，某项具体行为是否触犯了这些禁律。这是一个重大转变，它赋予了祭司类似于法官的地位，不过在古人眼里，这或许并不十分突兀，在他们看来，这仍是一项沟通人神的工作，只是人们对待神灵的方式发生了微妙变化，以往的神灵和凡人一样，是可以贿赂、讨好、哄骗、愚弄，甚至恐吓的，然而在成熟的信仰体系中,他们变得越来越铁面无私,在行动上遵守他们的律令,逐渐成为获得其眷顾的唯一办法。①

上述种种,让祭司成为共同体文化传统的专职维护者,他们往往身兼哲学家(解释世界秩序)、历史学家(传诵谱系、典故与传统)、诗人和表演艺术家(编写唱诵史诗)、法学家(解释习俗和习惯法)、仪式专家、占卜师、预言家等多重角色。总之,除日常生产生活和战争经验之外的所有知识的维护,皆在其职业范围之内。

由于文化传统具有群体内的一致性并且可以跨越个体生命而持久存续,因而成为群体内身份认同和群体间相互区隔的依据:我们对世界有着相近或相容的认识,享受着共同神灵的庇佑,遵循着相似的规范,被同样的神话和史诗所感动,故而是同类,他们则相反,想法常离奇,行事多乖谬,祭拜着来路不明的偶像,必属异类无疑。

这一点更加强化了祭司的政治权力,因为任何想得到共同体成员认可的君王,都将宣称自己是传统的继承与捍卫者,而这一宣称是否成立,作为传统维护者与代言人的祭司们当然拥有分量最重的发言权,他们主持的涂油加冕或类似仪式于是成为对君权合法性的最终确认。

---

① 对这一转变的更多分析,见辉格:《群居的艺术》,山西人民出版社,2017,第II.8章。

平民的机会

并非所有文明都发展出了像日耳曼封建制这样的等级结构，许多社会有一个较为纤薄的贵族阶层，或不那么贵族的官僚精英阶层，同时自耕农和自由佃农构成人口绝大部分。在一些希腊城邦，自耕农甚至取得了支配性政治权力，建立了古代世界罕见的民主政体和相对平等的社会结构。这些差异的根源，起初是军事与后勤，后来是财政与行政。

希腊城邦间战争的主要形式是由重装步兵（hoplite）组成密集方阵（phalanx）对决，重装步兵的整套装备价值不菲，但仍可由一个殷实自耕农家庭独立负担。这是个十分凑巧的特例，假如他们像青铜时代的人那样倚重二轮战车，或者像中世纪欧洲人那样依靠重装骑兵，或者像一些帝国那样采用人海战术，用大量装备简陋、缺乏训练的步兵充当炮灰，那么希腊式民主恐怕都不会出现。

这一点我们从海军的例子中可以看得更清楚。希腊也有更重型的装备，比如二列桨（bireme）或三列桨战船（trireme），但那不是单兵装备，战船由城邦政府建造，以税收负担，一艘战船可载数百位桨手兼战士，他们多来自没有地产的雇工阶层（thetes），无力自我装备而只能贡献蛮力，因而没有完整的公民权。[1]

---

[1] Brian A. Pavlac, *A Concise Survey of Western Civilization*, 2nd Edition (Rowman & Littlefield, 2015), vol.1, ch.4; 奥斯温·默里：《早期希腊》，上海人民出版社，2008，第8、10章。

所以希腊的平等结构也只是相对而言，它能够维持，也得益于其广泛而经常性的殖民活动。每当一个城邦内人口压力上升到一定程度，便开始筹划一次海外殖民，那些土地紧缺的家庭会让儿子们抽签，抽中者加入殖民队伍，凑齐数百人后，打点装备，坐上战船，去殖民地为自己取得一份地产。若非如此，必定会有越来越多人沦为贫民，并因此丧失政治地位，平等结构将不可避免地被打破。①

希腊和罗马的例子都表明，在农业社会，只要你成功保有一份足以养家的地产，便可维持自由民身份。罗马时代的日耳曼部落中一般存在四个阶层，顶层是首领及其扈从武士组成的贵族，底层是通常源自战俘的奴隶，其上是已获自由的前奴隶（freedman），但他们的自由是不充分的，不能作为独立战士参战（当然也无缘分得战利品），也没有资格在司法程序中充当证人，再往上是自由民（freeman），占人口的1/5到1/4，他们有足够财产供养家庭和装备，总是在需要时随首领参战，有做证资格，甚至拥有一些前奴隶充当仆从，等级之间界线颇为分明，任何晋升领经特定仪式方得认可。②

日耳曼部落之所以拥有相当比例的自由民，可能是因为当时骑兵（特别是重装骑兵）尚在少数，未成为战斗主力，而步兵装备自耕农即可负担，此后的封建化过程中，这一阶层似乎缩小了。中世纪英格兰，小份地产（小于骑士领）保有者被称为土地绅士（landed

---

① 奥斯温·默里：《早期希腊》，上海人民出版社，2008，第7章。
② Peter Heather, *Empires and Barbarians* (Oxford University Press, 2009), ch.2.

gentry）^①，地产更小的则是约曼自耕农（yeoman），两者的土地规模都不大，但他们也须为其所保有的地产而服役，通常充当站岗哨兵、步兵和弓箭手，或者在郡内担任警官、狱长、执达吏等低级官职；然而到中世纪晚期，随着骑兵地位下降，以及相关制度环境的改善，这两个阶层大为壮大，^②成为下院议员的重要来源，并构成了日后新教运动的主力，也是最初殖民北美的清教徒的主要成分。^③

不过步兵的影响也不可高估，政权对大规模步兵（特别是轻装步兵）的倚重固然会削弱贵族势力（特别是中下层武士贵族），却未必会让平民获得更高地位或更多权利，有此效果的近代国家，通常此前已经建立宪政，君主没有任意征用人员和物资的自由，而秦国的步兵就看不出有何优遇，沙俄士兵更是苦不堪言，那些已经拥有可靠社会控制手段的专制君主，并不一定非要用政治让步来换取炮灰。

专业的兴起

武士和祭司是等级社会的创始阶层，他们追逐和加固权势的努力创造了最初的三元等级结构，但等级结构的持久存在推动了

---

① landed gentry 是个分类而非实际采用的头衔，包括两种特定绅士：纹章绅士（esquire）和一般绅士（gentleman），前者有资格拥有自己的纹章，大约是因为他们有着贵族血统，参见 Ian Mortimer, *The Time Traveler's Guide to Medieval England* (Simon & Schuster, 2010), ch.2。
② Christopher Dyer, *Everyday Life in Medieval England* (Hambledon and London, 2000), ch.1.
③ 大卫·哈克特·费舍尔：《阿尔比恩的种子》，广西师范大学出版社，2018，第 1 部。

专业分工，因而创造更多职业阶层。

这一过程大致分为两个阶段。最初的专业化源自贵族的强大财力和旺盛需求，他们不仅有能力在满足生存需要之外消费大量奢侈品，维持地位的努力本身也产生了对一些特殊物品的需求，例如武器、车舆、宫殿、神庙、礼器，招待门客、随从和客人的美酒珍馐，各种用于装点身份的声望品，以及宴席和节庆上的歌舞表演，等等。

这些产品常因其较高的工艺要求而需要由专业工匠制造，或由商人长途贩运而来，于是其从业者便脱离了食物生产。不过，在这些职业出现的早期，由于消费群体过于狭窄，从业者的生计常完全依赖于个别主顾的需求，结果往往与后者形成某种依附关系，有时甚至陷于奴役地位。另外，有些贵族则索性将这些行当作为一门生意来经营，其御用作坊的产出在满足自家需求之余，也向外销售。

当贵族建立的秩序逐渐扩展，财产和交易安全有了一定保障之后，分工体系才开始延伸进更多领域，生产工具、日用器具、金属制品、纺织品陆续成为流通商品。在乡村，它们起初常以副业形式由农民利用季节性闲暇兼营，而在城镇，则更多发展为专门职业。大众商品市场的形成，使得工商业者不再依赖少数主顾，因而变得更独立更自由。

另一类专业分工源于祭司角色的分化，这一方面是因为祭司维护的知识体系日益庞大，单一个体很难再全面掌握，但更重要的是文字的出现改变了传播方式。口述传统是完全依赖面对面传授的，可是知识一旦被书写下来，变成经文，它们被垄断独占的可能性就大大降低了，不仅抄写经文要比口授—背诵容易得多，而且经文可以自行研读，虽然难懂之处也常需要前辈讲解，但讲解本身也可以注释的方式记录下来，不必对每位学生再重复一遍。

这样一来，从事知识性工作的门槛便降低了，衣食无忧且有闲暇者皆可参与其中，而且文字极大提升了知识的可积累性，加上参与群体的扩大，社会的知识总量呈指数级增长，于是众多原本局限于祭司阶层的工作都分化而成为新专业，宗教的与世俗的，仪式的和神学的，历史与文学，医药与巫术，皆发生了分离。

上述职业分化让平民中条件较好的那些获得了上升机会。因为相比于技术变化缓慢的农业，这些新生职业对知识技能的要求往往更高，因而报酬也更丰厚，从事这些职业的平民构成了最初的中产阶级，虽然在整个古代这一阶层始终非常纤薄，但他们在社会事务和创造性活动中占据的分量却不容小觑。

中产职业也为那些未能继承父辈地位的贵族子弟提供了一条次优出路，使其免于跌落到更低的位置，而贵族家庭背景对他们在这些行业立足大有助益：良好的教育让他们更能胜任知识性职业，家族的财富和社会资本（social capital）则可帮助他们开始一门生意。

沦落的途径

部落和前部落社会主要以血缘亲属纽带和文化同质性为凝聚力，在朝向等级社会发展的过程中，一些其他组织元素被创造出来，首领—扈从关系，与之相若的门客制，基于封建契约的领主—附庸关系，庇护—纳贡关系，霸权结构，以及后来的编制化军队和官僚行政机器，这些元素让社会结构更具扩展性，令其能够容纳非同源群体和异质文化，社会乃得以大型化。

然而，上述过程的武力基础和强制性质决定了多元化并不是以对等方式发生的，极少出现若干小社会以完全平等关系对等合并的情况，即便盟友之间也会随实力消长而分出主从高低，那些主导这一过程的强势群体及其权贵，仍然携带着其原有文化特质和族群背景，并经由上层关系网络的发育而令其精英化，这就构成了一个未来更大社会的文化内核。[1]

于是，与这一权力/文化内核之间的距离和关系便成了地位差异的一大来源，主动归附并承担纳贡义务的群体常能保持自由民身份，顽强抵抗而最终失败者常沦为奴隶，因安全或生计无着而零散归附者则可能委身为类似维兰[2]这样的农奴。

当优势群体向外殖民扩张时，常将一个精英层强加在当地原有社会结构之上，而土著常丧失部分自由。当扩张跨越显著的生态边界时，地位落差会更加明显，因为边界两侧的生计模式极为不同，农牧对采猎，农耕者对牧民，定居农民对游耕者，谷物种植者对园艺农业者，文化隔膜都很深，往往分属不同语系，弱势

---

[1] Azar Gat & Alexander Yakobson, *Nations* (Cambridge University Press, 2013), ch.1, 4.
[2] 维兰（Villein）是中世纪欧洲封建制度下的农奴，他们依附于特定庄园，没有完全人身自由，受庄园法庭管辖，持有公簿地产（copyhold）而非自由保有地产，每年需在领主自留地（demesne）上服劳役若干日。

一方很难在优势群体带来的新生计中有良好表现。①

当班图农牧民跨越热带雨林屏障向南部非洲扩张时,桑人采猎者的生存空间大受挤迫,许多桑人只能以受雇为班图农民放牛谋生,沦于依附地位;中非丛林的俾格米人处境类似,出于生计需要,他们常主动认附近班图村庄的一位农民为"主人",与之建立一种依附性的交换和互惠关系。虽然这两种关系都并非真正的奴役,但一个关键事实揭示了其不对等性:许多班图农民娶了桑人或俾格米女孩,或私下和她们生了孩子,但几乎没有反过来的情况。②

这种不对称的性关系和基因流动普遍存在于族群间的非平等接触中,甚至可用作辨认此类不平等关系的标志。和班图人一样,印欧人在欧洲和南亚的扩张中,对男系基因的替代要比女系彻底得多,蒙古大征服中传播的也主要是男系基因,美洲的种族混血关系中,同样也是欧洲男性与土著或非洲女性的结合占绝对优势。③

以上是扩张融合期的情况,当等级社会既已成形之后,地位分化将更多以内生的方式进行(尽管扩张融合仍时有发生)。理解内生性分化的核心要点是社会规范,有两种情况会让一个人沦入社会底层,它们都和规范有关。

---

① David W. Anthony, *The Horse, the Wheel, and Language* (Princeton University Press, 2007), ch.6.
② Nancy Howell, *Life Histories of the Dobe! Kung* (University of California Press, 2010), ch.2; Kevin Duffy, *Children of the Forest* (Waveland Press, 2013), ch.4.
③ David Reich, *Who We Are and How We Got Here* (Pantheon Books, 2018), ch.10.

第一种较容易理解。有些人出于生计需要，不得不漠视某种既已确立的规范，例如黑社会直接挑战了主流社会秩序，乞丐则破坏了互惠或对等交换原则，还有娼妓，其生意和社会有关婚姻、性关系排他性和女性贞洁的规范直接冲突，因而不可避免地被归为贱业。在特别看重贞操并以闺禁严加防范的社会，任何需要女性抛头露面因而与陌生男性有大量接触机会的职业，都可能成为贱业，例如古代中国的乐户。

有些妓女和黑帮头目相当富有，但无论他们多有钱，衣着多豪华，举止多高雅，都不会被视为社会上流。类似的，在印度，一些职业的从业者之所以被视为贱民（untouchables），正是因为这些职业迫使他们不得不违背主流社会的某些禁忌，比如有关杀生和洁净的禁忌。实际上，不只在印度，屠夫，刽子手，处理垃圾、粪便、尸体、兽皮等"不洁物"的职业，在许多社会都列于贱业。

第二种情况更微妙，一个人能否维持体面地位将取决于：当他因违反规范而对他人造成损害时，受损者有多大可能追究其责任并获得补偿。难以追责和索偿的原因可能有很多，比如过于贫穷，杀人后付不起偿命金，但贫穷既不是其充分条件，也非必要条件，假如一个穷人身处大家族之中，而习俗要求家族为其行为承担连带责任，他就有了一份担保，因而地位也不会很低贱。

在定居社会，追责与索偿困难的一大原因是游动性，一个人若是来路不明或居无定所，受其侵犯者就很难追责，所以人们对游动群体总是持一种怀疑和疏远的态度，默认他们不可信任，不值得与之发展严肃关系，因而更少给予尊重。这种刻板印象一旦成为公共态度，就成了决定社会地位的一股重要力量，所以历史上很多游动性职业都属于贱业，比如在中国的明代（和清前期），挑个担子走街串巷兜售小商品，理发，收废品，或提供缝补之类服务，还有婚丧仪式上替人吹打的人，都被归入"堕民"一类，属贱民之一种。①

这些职业内容和欧洲吉卜赛人的很像，他们以住在大篷车里四处游动而闻名，实际上欧洲的几个贱民群体都是游动者，包括日耳曼裔的叶尼什人（Yenish）和爱尔兰裔的帕维人（Pavees）；中国的疍民和九姓渔户则是水上游动者，捕鱼只是其收入的一小部分来源，更多以向沿岸居民兜售小商品和提供各种低技能服务为生。②这些群体当然都十分贫穷，但不少农民同样贫穷，甚至更穷，却因其与土地的关系而保持了平民身份。

另一个影响地位的因素是财产性质，差别也在于追责可能性。同样是财产，房屋和土地这样的不动产增强其主人地位的功能远远强过动产，因为不动产容易被扣押，并且能产生稳定可期的收入流，因而是其主人信誉的可靠担保，相反，动产（特别是现金）很容易卷了跑路。所以在古代，同为有产者，商人地位远低于拥有同等财富的地主，并且往往背负污名，即便在希腊这样十分倚重贸易的社会，商人也备受歧视。③

---

① 经君健：《清代社会的贱民等级》，中国人民大学出版社，2009，第8章。
② Isabel Fonseca, *Bury Me Standing* (Vintage, 1996); Wikipedia: Yenish, Irish Travellers; 经君健：《清代社会的贱民等级》，中国人民大学出版社，2009，第8章。
③ 奥斯温·默里：《早期希腊》，上海人民出版社，2008，第13章；Robert Garland, *Daily Life of the Ancient Greeks* (Greenwood, 2008), ch.6。

农业时代的商人可以非常富有，但要跻身上流，就必须将财富转变为地产。在等级森严、土地流通极为受限的贵族社会，这只能通过高攀婚（hypergamy）一步步实现，先找财务窘迫的低级土地绅士联姻，然后凭财力积极为领主效劳，争取获封骑士，或由其安排与某位骑士的女继承人结婚，经过多代努力，逐渐爬升至贵族阶层。

大离散后进入欧洲的犹太人以手工业、商业和金融业为生，有些相当富有，可是因为宗教障碍，无缘经由上述婚姻渠道向上爬升，因而长期处于受歧视和欺辱的地位。他们的职业构成清楚地展示了中世纪欧洲人对职业与地位之间关系的看法，正是因为这些职业受歧视，它们才被留给了地位低下的犹太人，反过来，犹太人也正是因为长期从事这些职业，才更加容易受欺凌，这是一个相互强化的过程。

4 鸿沟的加深

阶层结构一旦形成，底层之上的各阶层就会竭力阻止其他人进入自己的阶层，这是因为每个阶层都是一组生态位，每组生态位对应一种特定谋生手段，已经占据某一生态位的人，当然希望竞争者越少越好，新人的涌入会让他们为适应该生态位而积累的资产——包括有形资产、知识技能等人力资本、声誉和关系等社会资本，还有借以索贡征税的权力资本——贬值。在这一点上，阶层隔离的努力和现代工会或中世纪行会设置各种壁垒阻止竞争的进入，动机并无不同。

问题是怎么做到。现代工会有着良好的组织，以及借助现代通信和传媒工具而获得的强大动员能力，有些甚至还有武装纠察队，可是这些条件在古代都是不存在的。此外还难以避免搭便车的问题，即便同一阶层的人都意识到树立壁垒的好处，谁会有动力去做这件事情，而不是等着别人去做，自己坐享其成呢？况且就算有人愿意，阶层只是个特征群体，而不是个具有执行力的组织，又如何让壁垒真正起到隔离效果呢？

地位的神化

对于社会顶层，上述问题并不严重，因为他们人数很少，容易协调行动,并拥有执行隔离措施所需要的强制力(也正因此他们才成为统治者)。例如,他们可以将那些王家或贵族用来彰显地位的仪式、名号、器物、服饰、发型、车舆、建筑式样,甚至颜色,划为禁脔,禁止他人使用;也可禁止平民携带武器、供奉某些神灵、进入神庙的核心区域,或祭祀若干代以上的祖先。

为拉开与平民的距离,一种常见做法是编织一个有关其祖先和家系的起源神话,把他们自己描绘成某位主要神灵或神话英雄的直系后裔,从而将其贵族血统神圣化,或至少抬高所在家系在口述传统中的地位,以便和普通人区分开来。①

这项工作无须从空白开始,几乎所有人类群体都拥有一套起源神话,解释世界秩序如何创生,人类由何而来,以及从始祖到在世者的大略谱系。当不同族群融合成更大社会时,那些主导融合过程的优势群体,自然会将本族神灵放到神谱中的更高位置,将本族血统与更高神灵联系起来,将更多更重要的英雄纳入本族家谱。之前介绍的马楠布人的仪式性斗嘴(见第1章),已为我们展示了此类努力的一种早期形式。

贵族对其地位的神化是上述过程的自然延续,只是受益者从氏族或部落转向了贵族阶层,同时,由于贵族实力之雄厚,其中所涉及利益之重大,以及首领之间竞争之激烈,这些努力的规模和力度都有了巨大提升。

首先是抬升特定神灵的地位,其指导思想和凡界雷同:假如

---

① Kent Flannery & Joyce Marcus, *The Creation of Inequality* (Harvard University Press, 2012), ch.10, 16.

你想让自家孩子（或宠物）显得高贵，就给他吃最好的食物，穿金戴银，住最豪华的房子，以及迫使（或用好处诱使）旁人表现出恭敬，这些在神界分别对应着祭品和牺牲、神像、神庙，以及崇拜仪式；要产生最佳效果，为神准备的消费活动须给人深刻印象，具有震撼力，令人心生敬畏，恢宏建筑、威严塑像、大量屠杀牺牲的血腥场面，以及使用致幻剂诱发的狂迷状态，都是常用手法，唯有这些日常生活中见不到、似乎违背了自然律的事情，方可摄人魂魄，让观众不得不相信某种神秘力量在起作用。

其次是修家谱。在无文字时代，家谱（至少其中重要环节）需要在公开场合反复重申。这就迫使在场者表态，要么默认，要么冒着被打击的风险提出挑战。此时贵族权势又派上了用场，他们有能力经常举办宴会和仪式，而出席者或碍于传统互惠义务（吃了人家的嘴短），或出于讨好巴结动机，或慑于其权势，更可能选择默认或附和。

记录和展示家族历史的另一种形式是为祖先修建有着显著地面结构的坟墓，比如金字塔，或欧洲流行的巨石墓，最好组成排列有序、标记分明的家族墓园，或在宗庙里保存祖先的颅骨，或者像西北海岸努特卡人（Nootka）[①]那样，将摹刻祖先形象的木雕陈列在祠堂中。[②] 若是多得放不下，也可简化成中国式牌位。当然，这些都需要与口传家谱相配合。

再次是编故事。初民的口述传统有很强的自发性，内容经由

[①] Nootka 又称 Nuu-chah-nulth。
[②] Kent Flannery & Joyce Marcus, *The Creation of Inequality* (Harvard University Press, 2012), ch.5.

历代口耳相传零星添补逐渐积累而成，因其分散且非专业性质，单个人加以操纵的余地并不大，但君主和贵族的财力让他们能够雇佣或赞助有这方面才华的人，编写史诗，谱成乐曲，成为类似吟游诗人的职业讲故事者，如此方可将自发的口述传统改造成一套系统化的、用意明确的经典，将贵族的血统来历、祖先的英雄事迹、庇护神灵的无边威力，编织进一个结构宏大、秩序井然、悦耳动听的叙事之中。

这些努力的结果，是一种可称为血统论的观念，该观念认为，高地位并不是靠个人努力挣来的，或任何竞争性过程的产物，而是一种可遗传的高贵性（nobleness），继承了高贵性的人，便是贵族地位的当然拥有者。换句话说，血统是地位合法性的根本来源，就像有些人相信镇国九鼎或传国玉玺中包含着王权的本质，谁得到它谁就是王位的合法拥有者，只不过玉玺可以用手传递，而血统只能用生殖器传递。

血统论被广泛接受，是因为它迎合了人类思维模式中根深蒂固的本质主义（essentialism）倾向：以为任何可被识别和命名的类别、特性、功能，背后都隐藏着一个光溜溜、硬邦邦的"本质"（essence）。人有人性，神有神性，兽有兽性，水有湿性，燃料有火性，具体到人类，许多重要的品质，勇敢、忠诚、智慧、虔诚、艺术天赋等等，也被认为对应着一个个本质，而且可经由生育而代际传承。

而且这种朴素遗传学理论似乎得到了经验支持，确实有许多个体特性有相当高的遗传率，依此类推，等级结构确立之后，权势和地位事实上也往往可以继承，既如此，有何理由不相信血统论呢？实际上，即便在当代受过良好教育的人群中，也充斥着对遗传学的本质主义理解，比如对所谓"艺术细胞""暴力基因""聪明基因""同性恋基因"之类"神奇本质"的好奇和执着。

当然，血统论的流行也离不开贵族的维护和宣扬，作为这一观念的受益群体，他们有足够动机这么做，而且他们也正是说话最有分量、最有能力影响传播渠道的人群。即便那些地位已经跌落的贵族后裔（例如英格兰的纹章绅士），也希望借此与其他平民拉开距离，他们在这一点上甚至比贵族更起劲，因为他们已没有其他东西可以夸耀了。

种姓的隔离

在缺乏组织能力的时代，血缘和婚姻纽带是人们建立封闭小群体、强化排他性的最常见手段，特别是婚姻，只要父母有能力控制子女的择偶决定，严格执行门当户对的般配婚（assortive marriage）策略，那么这些分散的个体婚姻选择便会自发造成一种集体隔离效果，形成一个个地位相当的内婚群（endogamous group）。实际上，贵族地位的可继承性最初正是基于排他性通婚网络而产生的。（见第2章）

般配婚和某种程度的阶层内婚极为普遍，即便在没有包办婚姻、择偶完全自主的社会，例如当代美国，多数婚姻也发生于社会地位相当的男女之间。问题是，一个内婚群如何才能独占一个职业生态位，从而发展为种姓（caste）呢？顶层统治者固然可以凭借强力做到，其他阶层却没这条件。

而且至少从经济利益考虑，顶层显然不希望其他生态位被封闭群体独占，因为那会削弱该领域的竞争，降低服务质量，抬高价格。例如，武器制造业若被某个内婚集团垄断，统治者便可能因竞争强度不足而得不到质优价廉的武器，或因垄断压制创新而导致技术落伍，这一原理同样适用于书吏、行政官僚、建筑、工具制造、奢侈品、演艺等众多行业。即便那些顶层很少消费，或对上述某一行业的质量价格不甚敏感，他们作为征税者的利益也会因垄断而受损。

另外，尽管许多社会都存在贱民阶层（例如日本的秽多和欧洲的吉卜赛人），并且将某些职业留给他们，但这些职业都是其他人出于各种理由不愿意从事的，像印度那种广泛覆盖各阶层众多职业的种姓制度并不普遍，后者是在一组相当特殊的文化与政治条件下产生的。

印度种姓最初似乎是关乎种族的，次大陆的种族成分极为复杂，而且因其源自截然不同的生态区，相互间文化隔膜很深。最初的居民是狩猎采集者（安达曼岛民是该群体的孑遗分支），然后是来自近东冲积平原的灌溉农耕者，他们创造了印度河谷文明（Indus Valley Civilisation），接着是来自大草原以畜牧为主的雅利安人，还有从东面过来的南亚语系和汉藏语系的稻米种植者。

由于次大陆的特殊地理形状，加上热带屏障的阻挡（后一点我会在第 6 章展开细说），一波波移民只进不出，每一波新来者既未将原住民消灭或挤走，也未能将其同化，形成了百衲衣般的多元文化混居杂处格局。而且印度的政治整合度历来很低，国家机器发育不充分，从未有一个王朝有能力像集权官僚帝国那样强力推行单一文化和官方意识形态。

　　交错杂处的文化群体之间之所以相互隔离，不仅是因为文化隔膜，也是出于洁净焦虑，即一些群体将其他群体视为不洁而避免与之接触。洁净焦虑，或者说对污秽的嫌恶感，原本是帮助人类远离污染源和传染病的一种心理适应器，但由于各群体携带病原体的频率和种类不同，卫生习惯不同，因而也成为族群间相互排斥的一大动机。

　　这种排斥倾向在不同生态区交界的地方尤为显著，因为相邻生态区的卫生风险十分不同，例如定居农耕社会人口密度高，容易积累垃圾，污染水源，以及滋生老鼠、蟑螂等病原传播媒介，因而病原体更富集而多样，相比之下，畜牧区人口密度低，定期迁移让他们可以避免积累垃圾，也容易避开污染源，不过他们也有自己的风险，容易发生人畜传染，也更可能因其游动性而制造大跨度传播。

　　闪族（Semites）和雅利安人是历史上食物禁忌最烦琐的两个民族，而他们都是侵入农耕区的畜牧者，这或许并非巧合。犹太经文《利未记》和《申命记》详尽罗列了哪些类型的食物是不洁因而不可吃的，还给出了一系列与洁净有关的规范，涉及排泄物、尸体、皮肤病、衣物、沐浴、月经、分娩等等与卫生相关的方面。①

　　雅利安人更是将洁净观念发展到了极致，饮食禁忌和对不洁

---

① 有关洁净焦虑和食物禁忌的关系，以及它在人类道德心理机制中扮演的角色，我在系列博客《食物与人类》第10篇（HS: 7963）中有更多讨论。

4　鸿沟的加深

的焦虑可谓弥漫于其生活的所有方面,对哪些东西可以吃、谁可以和谁一起吃饭、谁可以接受谁递给的食物、谁可以吃谁吃剩的东西,他们的习俗中都有着严格而烦琐的规定。

不仅如此,这些规范还上升到了价值优劣的高度,形成了一套围绕洁净观念而构造的意识形态。人类族群、动植物、身体部位、食物、代谢物、金属、纺织物、山川、职业、行为……总之世间万物皆被排列进一个从至洁到至秽的等级序列中,人人心里都有一本洁净账目,一举一动,每次交往,每项关系,皆影响着账本上的余额,一有赤字便须赶紧补足,弥补办法是各种净化仪式,包括清洗、沐浴、斋戒、禁欲、遁世苦修,或触摸各种高洁之物,功效各有不同。①

之所以能够将洁净观念如此广泛地延伸到各种与卫生无关的事情上,是因为人类的嫌恶感是高度可塑的。发育心理学家发现,两三岁的幼儿似乎没有嫌恶反应(disgust),会把任何东西往嘴里塞,他们从父母的反馈中逐渐学会哪些东西可以吃,哪些需要避免,但是对特定事物牢固的嫌恶反应,要到七岁左右才形成。②

可见,人类拥有一套帮助我们避开某些事物的心理机制,但躲避对象的清单起初可能是空白的,在童年早中期才经由教化过程而被填充。这引出了两个后果:其一,嫌恶感不仅服务于卫生需要,也成为文化工具,被用于群体认同和区分;其二,由于嫌恶对象高度可塑,各族群的清单可以十分不同,假如相邻族群的

---

① 路易·杜蒙:《阶序人》,浙江大学出版社,2017,第2、3、4、6章。
② Joshua Rottman, "Evolution, Development, and the Emergence of Disgust," *Evolutionary Psychology*, Volume 12, Issue 2, April 1, 2014.

洁净焦虑程度很高，因而拥有一份长长的禁忌清单，相互隔离的倾向就会很强烈。

正是在此背景下，出现了许多职业被内婚群垄断的情况，这是因为，无论作为消费者、生意人，还是雇主，我们在生活中都不可避免地会与各种人打交道，这些交往对象的组成并不是随机的，而是由一系列职业组成，分别满足各方面需要：买菜—摊贩，买肉—屠夫，理发—理发师，农具—铁匠，衣服—裁缝，首饰—金匠，看病—医生……由于每次交往都面临着"污染"风险，为最大限度降低焦虑，人们希望满足每种日常需求的接触对象都有着明确可知的风险等级，以便采取相应级别的防范措施，并且知道在接触之后应如何恢复洁净账户的平衡，这就好比现代企业都希望自己的业务伙伴有个明确可靠的信用评级，以便采用适当的合约安排和风控措施一样。

满足这一需要的简单方式，就是每个职业分别由一个内婚群垄断。由于内婚群成员共享同一血统，且遵循相同的洁净规范，因而确保了相应职业的从业者具有相同的洁净度指数。具体哪个种姓垄断哪个职业，将取决于几个因素：（1）从事该职业对遵守洁净规范的可能性的影响；（2）该职业主要客户群对供应/服务商的洁净敏感度；（3）各种姓因其历史背景而获得的公认洁净度指数。

基于上述原理，只要一个社会的洁净焦虑足够强烈，强到宁愿为规避洁净风险而承受一些效率损失（更少选择、更高价格、更少创新），那么即便没有集体行动所需要的强制力，种姓隔离也可从众多个体选择中自发涌现；同时，若没有一个强有力的集权政府出于效率考虑（更质优价廉的服务和更多税收）而打破这一隔离局面，它就会持续下去，而印度恰好同时符合这些条件。

身份的标识

贵族（或其他地位较高者）会用各种易于辨别的信号来标明自己的身份，从服饰、发型、车马，到仪仗、旗帜、徽章，处处提醒旁人注意地位差别。这不仅仅是为了心理上的满足，还有着切实的社会功能，其要点在于降低人际互动的成本，让互动双方从见面第一眼起便对彼此的相对地位有清晰的认识，进而对各种举措可能引起的反应与后果形成适当预期，以避免无谓冲突。

地位悬殊的双方若起冲突，胜负其实早已由实力差距决定，争斗除了给双方带来成本，并不会与势弱一方直接投降有任何差别。假如弱方事先明了这一差距，就会避免冲突；而地位相当者，若不明就里地企图以势压人，也可能引起无端冲突，或原本无关紧要的小事因触及荣誉尊严问题而激化成恶斗，以至两方结下怨仇。

博弈理论中将此类情境称为信号博弈（signaling game），生物界有很多例子，比如跳羚（springbok）以幅度夸张的蹦跳（stotting）展示其速度与敏捷性，似乎在对虎视眈眈的食肉动物说：劝你还是别在我身上浪费精力了，去追别人吧；许多有毒动植物体表都有鲜艳醒目的警告斑纹；动物在与同类争斗时，通常会先经历一个对峙阶段，通过各种信号——鼓起气囊、竖起鬃毛、挺直身板、张大躯体、发出低沉吼叫（浑厚低音是判断体型的一个线索）——来展示实力，多数争斗会在对峙之后分出高下，很少真刀真枪厮杀。①

创造信号的同时，同一阶层内的个体会就以何种信号标示其地位进行协调，这种协调是自发的，无须集中讨论决定，而且很容易完成，因为一旦某种信号的效果得到展示，很快会通过模仿而流行，就像有毒生物警戒斑纹的穆氏拟态（Müllerian mimicry）；模仿身份信号对于新近爬升到某一较高阶层的人尤为重要，因为他们只有得到同侪（peers）的认可，地位才能确立，才能充分享受该阶层的好处，特别是通婚的机会。

标示身份的做法会从上层扩展到社会各阶层，因为首先，复杂等级社会中，阶层繁多，每个都要和下层拉开距离；其次，那些安于平凡地位的人，往往也不愿被误认为更高阶层，这会给他们带来过多社会义务，亲戚朋友会来借钱或求援，并理所当然地认为彼此间互惠关系不必对称，邻居们会期待他们在公共事务中贡献更多，所以除非他们已决心向上爬升，还是低调为妙，这方面将表现出个体间策略差异，是野心勃勃，还是安于现状。

更一般而言，即便与权势高低无关，人际交往中也存在降低互动成本的需要，这是为了解决一个协调博弈问题：交往双方在开始接触时，如何就即将发生的互动应适用何种规范迅速达成一致。因为不同阶层内部，以及不同社交情境中，都有着不同的规范，哪些言辞举动是妥当的，哪些话题或倡议是合适的，哪些是不受欢迎甚至不可接受的，皆随双方地位和当前情境不同而不

---

① Wikipedia: Signaling game; Signaling theory; Aposematism; Agonistic behaviour.

同，若协调不顺，会带来尴尬、羞辱和冲突。

街头揽客的妓女常会采用特定的穿着打扮，告诉路人她正在营业；乞丐哪怕很有钱，上班时也得穿得寒酸破烂些，否则当他把帽子伸出去时别人就不知道他意图何在；帮派分子看一眼对方的文身，交换几句切口，便知道是不是道上兄弟；许多聚会的主办者都会告知客人该穿正装还是便装，或是沙滩裤比基尼，也说明他们都意识到服饰有着设定社交情境的功能。

有信号就有仿冒者。警戒斑纹一旦开始生效，捕食者学会避开带此斑纹者，便对仿冒构成了激励，一些无毒生物也长出相似斑纹，生物学家称之为贝氏拟态（Batesian mimicry）。同样，当标示高地位的身份信号普遍引来尊敬、友善、奉承、顺从、忍让时，仿冒的诱惑就显而易见了，所以向来不乏以明显超出其实际地位的标记装点其身份者，这能带来切实利益，而不仅仅是虚荣。

大跨度仿冒相对少见，那需要高超的社交天赋和心理承压能力，方能出入豪门、穿梭名流而不穿帮，同时还能躲避随地位而来的各种义务。更常见的是小跨度向上靠拢，那些在地位爬升上较为积极进取的，会踮起脚尖往上够，将不成比例的财力投入身份装点，往往把自家财务之弦绷得过紧，不过这也为奋斗拼搏提供了强大动力。

向上靠拢的努力会引起上层的不满，担心其高贵性将被稀释，于是被迫寻找更难模仿的标识以便继续保持距离，这将引发一轮又一轮逐步升级的军备竞赛，标识信号将变得越来越稀罕而昂贵，并逐渐从易于复制的有形物向难以摹状的情趣、品味、格调和玄谈发展。

这场模仿与反模仿的竞逐游戏促成了上层文化的高雅化。高雅的要点是，非经长期熏陶难以把握其细节，不是从小品尝把玩就不能体味其妙处，它不仅竖起了一个高门槛，也是一种地位爬升的减速和延迟机制：即便你的权势已够得上你意欲证明的地位，可因为你是新来的，所以不能立即得到认可，须等到你的财富变成"老钱"（old money），你的家族变成世家才行。

"军备竞赛"的另一个结果是，身份信号演变成了两类：明码与暗号。明码是显著可见的，用于告诉其他阶层：我们和你们不一样；暗号则微妙而深晦，用于阶层内部的资格鉴定。这样，一个熟悉明码因而自信已懂得如何装点身份的冒入者，一旦开始圈内交往便很快露馅，处处尴尬难堪，只好夹起尾巴，低头认输。

资格鉴定也可以更正式的方式进行。例如英国的纹章院（College of Arms）以授权使用纹章的形式对贵族地位给予确认，同时收集保存各贵族世系的谱牒，以便在需要时核实特定个人的贵族血统。类似制度广泛存在于欧洲，这实际上是对阶层流动性提高的一种反应，说明财富、教育和生活方式等其他方面的表现已不足以区分贵族与平民。

中国魏晋南北朝时期的世族门阀不同于欧洲贵族，并非以世袭爵位确立贵族地位，而是以努力让族内持续产生高官的方式壮大宗族势力，因而更加依赖家族谱牒和高质量教育。

文化的分异

等级结构的长期存在，使得阶层之间产生了显著的文化差异，程度不亚于不同民族之间，甚至更大，这里仅举数点聊做演示。有些差异是由生计模式的不同造成的，就像现代市场中的行业文化差异，各阶层依靠各自所拥有的不同资源要素、专长和商业模式吃饭，自然会形成不同的价值取向、处世态度和行事风格。

武士贵族靠打仗吃饭，理所当然地会推崇尚武、勇敢、忠诚、荣誉等价值；在技术、知识和观念方面，武士倾向于持一种实用主义态度，对新事物较为开放，任何能帮助他们打赢战争的东西都是受欢迎的，而他们从来不缺机会来检验它究竟有无帮助；武士也更爱开拓和冒险，特别是其中无望继承家业的幼子们；作为权力系统的运营者，即便地位稳固的贵族也须对各种新机会保持灵敏嗅觉，因为任何开创性活动都可能打破原有势力均衡，而反应迟钝者将会失势。

在所有这些方面，祭司阶层（无论是早期祭司，还是后来的罗马教会和中国士大夫）都与武士形成了鲜明对照：他们靠经营意识形态吃饭，讲究的是条理分明、体系完备、自圆其说；在行动上，他们注重规矩、合范性和正统性，最容不得挪来动去，生怕哪里捅出窟窿，至于那套意识形态正确与否，鲜有机会验证，所以他们总是致力于堵塞漏洞，消灭异端，压制新奇事物。

下层农民的情况较为多样，在国家权力持久稳固的腹地，农民一般比较顺从，这是长期严酷选择的结果，一代代桀骜不驯的刺头要么发迹上升，要么被消灭；不过，当社会秩序全面崩溃时，特别是当底层大众被某种弥赛亚信仰（Messianism）动员起来时，农民也可以成为一股巨大的破坏性力量，出现这种情况的可能性，主要取决于精英阶层维持政治结构稳固性的能力。

农民一般也较为功利主义，例如在宗教信仰方面，更注重现世功效与回报（也就是所谓灵验性），富裕阶层才更看重来世拯救，原因很简单：富人的现世福利已有了保障，故有余力可从容地为像来世这么遥远的远期回报做投入；至于将教义视为不可妥协的道德律令，是更晚近的观念，更多出现在下层贵族和中产阶级之中，这或许是因为，恪守道德规范对这些阶层维持体面地位和取得成就更为重要。

在远离腹地的边缘地带，包括边疆和深山，下层文化有所不同：无论国家权力还是贵族领地权，在那里都以较为浅表的方式存在，以征收贡赋和防范叛乱为主，较少直接治理，那里的农民尚未被深度驯化，更像前国家社会的人民，保留了较多桀骜不驯和尚武传统，更多依靠宗族组织自保，因而亲属关系更紧密，父权主义更盛行，更重男轻女，更重视家族声誉，常流行着血仇循环。

另一类阶层间差异是由社会关系网络的广度所决定，大致上，阶层越高，关系网的广度越大，无论是通婚与社交对象、亲属关系，还是旅行和职业活动，上层关系网在地理上都更加广阔，结果是，无论从村镇、地区、国家、帝国、文明等哪个社会组织层次观察，上层的文化同质性都远高于下层，实际上，也正是因为上层文化的同质性,大型社会才得以组织在一起。

多数下层农民可能一辈子活动半径只有几十公里,到过的最繁华地方就是离家最近的那个镇,通婚和交往范围只是附近几个村庄,因为他们缺乏长途旅行能力,没有车马舟船,住不起客栈,备不起盘缠,出门基本靠步行,境况稍好的农民可能有头驴或有辆牛车,但并不比步行快,而且离家稍远饲料便成问题,也正因此,传统农业社会的基层集镇分布密度总是和农民步行当天的往返距离相匹配,任何农户离最近集镇的距离通常不到十公里,人口密集地区只有三公里左右,缺乏流动性使得下层文化不可避免地高度碎片化。①

贵族的活动范围则大得多。首先他们有能力负担昂贵旅费,并能在盗贼出没的旅途上保护自己;其次他们也需要旅行,四处征战、参与地方公共事务、出席国会、出入宫廷、随国王巡视、受命出使、担任巡回法官,都需要他们在自家城堡庄园、附近城市、首都、国王驻地,以及各种任务地点之间频繁旅行。历史学家芭芭拉·塔奇曼(Barbara Tuchman)挑选了颇具代表性的法国贵族昂盖朗·德库西(Enguerrand de Coucy)的生平,作为其描绘14世纪宏大历史画卷的主线,从中可看出,库西的成年人生几乎完全由永不停歇的奔波征战和外交活动所组成,从佛兰德、意大利、英格兰,到瑞士、巴尔干、土耳其。②

---

① Ian Mortimer, *The Time Traveler's Guide to Medieval England* (Simon & Schuster, 2010), ch.1; 施坚雅:《中国农村的市场和社会结构》,中国社会科学出版社,1998,第4章。
② 巴巴拉·W.塔奇曼:《远方之镜》,中信出版社,2016。

传统上，西欧贵族会将年轻子女送到其他贵族家庭充当侍从，以学习贵族礼仪和家业经营，或者聘请家庭教师传授各种被认为贵族应掌握的知识和举止规范；贵族中还流行着让青年子弟游学列国的传统，财力雄厚者会重金延请名师相伴。亚当·斯密（Adam Smith）因发表《道德情操论》（*The Theory of Moral Sentiments*）而声名大噪之后，便被巴克勒公爵（Duke of Buccleugh）的继父聘为导师，带着年方十七的公爵游学欧洲。①

上层能够形成高度同质的文化，也是因为其人数较少。中世纪英格兰拥有世袭爵位的大贵族（国王一级封臣，tenants in chief，包括公爵、伯爵、男爵等）只有50~80位，少于邓巴数，还有约1100位骑士，连同其家庭，贵族阶层规模不过数千，恰好相当于游动性狩猎采集者的一个同语言群体的典型规模，若再加上约10000名土地绅士，则相当于前文明定居者的一个语言群规模。②

阶层间文化差异和上层文化的同质性，也因文字的使用而强化。书面内容能以相当高的保真度在空间和时间上大跨度传播，因而相比口语和口述传统，书面语和它所记录的文化信息更可能在大范围内具有持久的一致性，而且基于书面语的文化有着几乎无限的存储容量，可以积累起庞大的文化传统，相比之下，由一小群祭司和说唱者依靠个人记忆力所能传承的内容就十分有限。

---

① John Rae, *Life of Adam Smith* (MacMillan & Co., 1895), ch.11.
② Ian Mortimer, *The Time Traveler's Guide to Medieval England* (Simon & Schuster, 2010), ch.2; 有关语言群规模，见 Jared Diamond, *The World Until Yesterday* (Viking Press, 2012), ch.10。

书面语的内在保守性也让有文字语言更有能力抗拒语言的自然流变和裂变倾向，从而在时间和空间上保持相对稳定。历史上所有能在大陆或文明这一级别上成为通用语（lingua franca）的语言，都是有文字语言，而有机会掌握这门通用语及其书写方法的，都是社会中上层，这让他们能在广大地域内顺畅交流，并共享一个有着丰富积累的书面传统，其文化也因此而与下层形成鲜明差异；另一方面，当人们谈论地方的、民间的、通俗的文化类别（无论是文学、艺术、歌舞，还是宗教）时，总是更多联想到社会下层。

当然，下层文化的生长空间也不会仅限于村镇范围，虽然下层社会多数人的活动半径很小，但也有一些流动性较高的成员，诸如商贩、艺人、牧羊人、托钵僧、游动工匠、运输业从业者，而且下层社区中也会居住着一些地位相对较高的个体，以及从中上层跌落的人，他们有着较宽的文化视野，会将上层的文化元素带进下层。

例如一位落魄失意的文人可能会面向底层大众创作，将高雅文化中的内容改写成通俗形式，因而带动文化向下渗透。在古代中国，每当仕途爬升通道被系统性打断时，便会有一批士大夫转向市井，造就一个通俗文学繁荣期，比如金代北方、元代前期和明末清初，都产生了大批面向大众的戏剧作品。

这种渗透会让地区间的下层文化获得不少共同元素，为较大范围的文化认同提供一些着力点，但这并不会拉近阶层间的文化距离，因为对下层来说，上层生活遥远而陌生，两者的知识背景和审美情趣皆大相径庭，高雅文化中的故事若原样照搬，前者根本无从理解和欣赏,所以通俗化必定是个激烈的改造过程,故事主角(往往是上层大人物)被剔除血肉而脸谱化,主线情节被抹掉细节而刻板化为固定程式,生动活泼、有血有肉的内容则被留给配角和副线。

如此改造而成的脸谱和刻板程式,并非大众努力认识和理解上层生活的结果,而是他们用来表达价值观和道德期望的工具;脸谱化再往前一步便是神化,实际上,许多大人物在民间最后都变成了神,好神或恶神,成为求拜、恐惧、安抚或唾骂的对象。

5 阶梯的构造

等级结构的稳固并未终止社会流动，人们仍有各种机会向上爬升，同时也有人向下跌落，结构稳固只是让爬升的目标和路径变得更清晰，将社会流动变成结构自我更新延续并保持活力的一种代谢机制，而非破坏性力量。不过，在不同社会之间，爬升路径与可能性有着极大差异，而正是这些差异，为我们理解这些社会的不同走向提供了线索。

封建金字塔

封建制发源于军事需要，因而在其初始形态中，所有制度安排都围绕着一个目标：维护一支技艺精专、装备良好的军队，平时有着持久可靠的财政保障，需要时可迅速动员起来投入战斗。所以每块封地都是用来供养战士的军事采邑，其持有者须随时准备好带上装备给养随从应召参战，如果采邑足够大，还要带上一支人马。

与此相应，社会地位的决定机制也是高度军事导向的。要在权力结构中占得一席之地，要么有幸出身于已经取得地位的家庭，要么自己拉起一支队伍并在竞技场上站稳脚跟，要么投靠一位首领，展现出才华和勇气，赢得其赏识与信任。军事导向对社会流动构成了相当大阻碍，一个人积累的资源或拥有的才华若与赢得战争不存在明显关系，或关系过于间接而难以辨认，他向上爬升的空间便极为有限。

但这个障碍随着封建制的成熟而逐渐松动了，采邑保有者找出各种变通办法来履行军役义务，例如花钱雇人替自己上战场，或直接付钱给领主代替军役，当领主花钱即可招募到战士时，后一做法便逐渐流行而成为惯例，即用数额固定的免役金（scutage）免除军役。

这是关键一步，假如军役不可用钱代替，那么它既不可分割（你不能让半位骑士骑着半匹马上战场），也难以转让（因为受让者可能不是合格战士，或不被领主信任），而且继承也会有困难（因为保有者死亡时可能没有成年男性继承人，或者继承人不是合格战士），可是既然保有采邑所产生的义务可以折算成钱，那么这些困难就都消除了，于是采邑就逐渐转变为一种财产权，封建系统的军事性质陆续被剥离，财政与司法性质则日益凸显。

对照一个没有完成上述转变的例子可以帮助我们理解这一转变的意义。奥斯曼帝国从拜占庭那里学到了以军事采邑供养骑兵的做法，这种采邑（timar）只是用益权而不是财产权，持有者必须亲自服兵役才可继续保有，因而只能是男性，而且苏丹或其代理人只要愿意随时可以将其收回；采邑的继承权也是不完整的，如果持有者死在战场上，那么他的前三个儿子（若是合格骑兵的话）有资格获得三份小采邑，总价值约相当于原先的一半，如果死在家里，那就只有两个儿子有此资格，且总价值打更大折扣，这种安排下，采邑显然是无法被当作一份财产来处置的。[1]

---

[1] Colin Imber, *The Ottoman Empire, 1300–1650* (Palgrave Macmillan, 2002), ch.5.

随着王权扩张，财政与司法系统成熟，骑兵地位下降，商品经济繁荣，到中世纪后期，英格兰的封建制度已被金钱"腐蚀"得面目全非，变成了史家所称的"异态封建"（Bastard feudalism），封地的司法功能也逐渐消失，变成纯粹的地产，贵族爵位只对应着社会地位和政治特权，不再包含封建义务，而只要足够有钱，迟早都能买到，这样一来，社会流动的大门就完全敞开了。

不过，上升机会的开放并不意味着封建制的作用就此消失，即便到中世纪晚期乃至近代早期，其影响依然清晰可辨：（1）层层分封产生的金字塔结构保留了下来，仍在塑造着社会的分层模式，引导着人们的攀爬方向；（2）源自采邑的地产权仍是确立上层地位的核心要素，其他资源虽有助于爬升，但最终还是需要变成地产；（3）通往贵族之路的关键一步，往往仍需要通过婚姻来实现，这就限定了爬升的节奏与速度。

让我们以英格兰为例看看这个结构的具体组成。

首先是占人口多数的农民，他们的地位主要取决于保有的土地量，假如其土地足够养活家庭且有余，还能雇佣几位帮工和仆役，而且地产属自由保有（freehold），那他们就是富裕自耕农，即约曼或富兰克林（franklins），在14世纪前期（黑死病爆发前夕），他们约占农民的1/5；若保有的地产仅够维生，则是稷夫（husbandmen），占1/3；另有约2/5农民靠土地不足以维生，须以出卖劳力补充，即所谓茅舍农（cottars）；余下的则是完全没有土地的农业雇工或仆役。[①]

[①] Jeffrey L. Forgeng & Will Mclean, *Daily Life in Chaucer's England* (Greenwood, 2008), ch.2.

所以农民并非单一阶层,而是一个局部的小阶梯,爬升的手段就是积累地产。类似的,城市工商业是另一部小阶梯,在其中确立地位的关键,是在某个有着行会控制的行业成为有独立从业资格的师傅,有了这一资格,他便可顺着行会内的层级往上爬。得益于自由市镇制度,这一爬升机会相当可观,那些经营成功、积累了上千英镑资产的商人,有机会以行会领袖身份进入所在市镇的市议会,成为市议员(alderman),乃至出任市长,或代表所在市镇出任下院议员;对于财富水平达到这一级别的商人,找一位穷骑士联姻并非难事,因而其后代将有机会在贵族阶层内继续爬升。[1]

不过,进入这条通路首先要越过一个门槛:找到一位愿意收你为徒的师傅,这样才有望在熬过学徒期后成为师傅。对于同业子弟,这自然不是个障碍,但其他人就不同了,不仅需要点运气,还要表现出潜质,那些不得其门而入者,就只能打散工。可是在劳动市场发展壮大之前,这是个完全没有保障的行当,随时可能因需求波动而丧失生计,而且散工也没有什么上升空间,因为在中世纪城市,几乎所有需要专业知识与技能的工种都由行会师傅及其学徒所占据,只有那些无需技能、随时可换人的工作才会留给雇工。

他们的另一条出路是进入那些没有行会控制的行业,例如游走于行会垄断所不及的乡村集市,成为替人修修补补的游动小工

---

[1] Ian Mortimer, *The Time Traveler's Guide to Medieval England* (Simon & Schuster, 2010), ch.2.

匠或游动小商贩（pedlar）。这些被挑剩下的行当往往既辛苦又收入微薄。不过，假如你足够精明能干，加上好运气，由小商贩发达而成大富豪也并非完全不可能。11世纪芬查尔的圣戈德里基（St. Godric of Finchale）出身贫寒，早年以捡拾兜售被冲上岸的失事船货为生，小有所成后加入一个商队，合伙经营海上贸易，最终拥有了自己的船队，并一度以运送耶路撒冷国王鲍德温一世（Baldwin I of Jerusalem）的十字军队伍前往圣地而闻名。①

与商人相比，工匠的上升空间要小得多，因为手工活需要一件件亲手做，无法像商品贸易那样形成规模，虽然表现出色者也能获得体面身份，但也只是殷实而非大富。中世纪英格兰最伟大的建筑师亨利·耶维尔（Henry Yevele）在其事业巅峰期也只是位低级纹章绅士，1360年受聘为爱德华三世（Edward III）扩建威斯敏斯特宫时，日薪仅为一先令，相当于当时普通建筑大工平均日薪的3.4倍、小工的6倍。②

那些经营奢侈品的商人，因有机会直接服务于国王和大贵族，乃至成为其专职采办商，爬升速度会快得多，甚至可以免去婚姻桥梁而直接获封骑士。埃蒂安·马塞尔（Etienne Marcel）是14世纪50年代的巴黎纺织品商人，凭其财富担任商会会长，在普瓦捷会战前后的财政困境中，法王为筹钱而召集三级会议，马塞

---

① 亨利·皮雷纳:《中世纪的城市》，商务印书馆，2006，第5章；Wikipedia: Godric of Finchale。
② Wikipedia: Henry Yevele；当时的一般工资水平，见 Christopher Dyer, *Standards of Living in the Later Middle Ages* (Cambridge University Press, 1998), ch.8, Table 18。

尔被推为第三等级发言人,权盛一时,其家族跻身贵族,便是因为其父辈和岳父家作为王室代理人为其采办奢侈品并出钱出力为王家办事而获封爵位。①

大诗人杰弗里·乔叟(Geoffrey Chaucer)家族的腾达之路是另一个颇有启示的生动案例。乔叟祖上是鞋匠(由其姓氏可推知),祖父是伦敦葡萄酒商,父亲约翰通过成功婚姻继承了一笔丰厚遗产,包括伦敦的24家店铺;经营葡萄酒等奢侈品让乔叟家得以和大贵族建立亲密关系,年轻乔叟成为阿尔斯特女伯爵伊丽莎白·德伯格(Elizabeth de Burgh)的侍从,在那里他攀上高亲,娶了伊丽莎白的侍女菲莉帕·罗特(Philippa Roet),一位骑士的女儿,其父是爱德华三世妻子菲莉帕王后(Philippa of Hainault)的侍从,因王后第三子克拉伦斯公爵(Duke of Clarence)娶了伊丽莎白而从王室被带至伯格家。

这门高亲极为重要,因为罗特家另一个女儿凯瑟琳(Katherine Roet)也在宫廷做侍女,并成为王后第四子冈特的约翰(John of Gaunt)的情妇,后来有幸扶正为其第三任妻子。而作为兰开斯特公爵(Duke of Lancaster),约翰是金雀花王朝晚期权势最大的贵族,也是兰开斯特王朝的开基祖。于是,经过这两门连锁高攀婚,酒商之子乔叟成了约翰的连襟,并凭借其出众才华而与约翰结为密友,成为活跃的宫廷侍臣。

在此背景下,乔叟的儿子托马斯(Thomas Chaucer)脱颖而出,成为兰开斯特朝重要政治家,15次以骑士身份代表牛津郡出

---

① 巴巴拉·W. 塔奇曼:《远方之镜》,中信出版社,2016,第7章。

席国会，5次当选下院议长，长期担任王室大司窖（Chief Butler of England），其财力和权势帮助女儿艾丽丝（Alice Chaucer）在高攀婚道路上走得更远。他掏钱为女儿买下一座城堡，艾丽丝结婚三次，一次比一次嫁得高，先是一位骑士，亨利五世（Henry V）的好友，然后是索尔兹伯里伯爵（Earl of Salisbury），最后竟嫁给了亨利四世（Henry IV）的首辅大臣萨福克伯爵（Earl of Suffolk）威廉·德拉波尔（William de la Pole）。艾丽丝的孙子林肯伯爵（Earl of Lincoln）约翰（John de la Pole）被理查三世（Richard III）指定为继承人，差点登上英格兰王位。①

帝国之伞

金字塔结构是地位分化的最自然结果，因为当人们努力往上爬时，每一层级上的竞争都只有少数胜出，因而越往上人数就越少；它和支撑权势地位的资源条件分布也是自然吻合的：从当地社区（无论是以掠夺、贡纳、税收，还是以租金的方式）获取的有限资源只能支持小权贵，更大权贵只能由更广地域的资源支持，而后者的数量当然更少。

但是金字塔结构并不适合用来维持一个像多元文化帝国那样的大型集权政体，因为处于金字塔尖的最高统治者，其权势地位与次级权贵过于接近，因而很容易受到后者的挑战；他随

---

① Gregory Clark, *The Son Also Rises* (Princeton University Press, 2014), ch.4. Wikipedia: Geoffery Chaucer; Philippa Roet; Thomas Chaucer.

时面对着一群虎视眈眈、蠢蠢欲动的权位觊觎者，而当其中一些联合起来时，其力量便可能压过他，同样问题也存在于金字塔的其他层级上。

所以任何帝国的创建与维护者都不得不持续地压制权力结构的金字塔化这一自然倾向，这些努力产生的是一种伞状结构：一根根辐条从最高权力处伸出去，成为统辖一方的次级权贵，以取代或压制那些自下而上成长起来的地方权贵。和金字塔结构中地位相当者不同的是，这些辐条没有自己的权力根基，其权势完全来自中央的委托，而且委托随时可以被撤回；与此同时，局部的小金字塔仍被允许存在，但高度将严格受限，以确保即便爬到顶的那些人，其实力也远远不足以挑战最高权威。

奥斯曼帝国是伞状结构的一个成功案例。在王朝的前几代，也曾有过在兄弟和诸子间分疆裂土的尝试，但苏丹们很快发现，自己的兄弟才是他们最需要提防的挑战者；在帝国前期的两百年历史中，几乎每次继位都由一场兄弟间内战来完成，胜出者杀光所有兄弟，这种局面下，苏丹们显然不会再把次级权力委托给王族成员，或既有的权势家族，或任何可能建立独立权力根基的人，或那些在委托代理关系之外拥有某种合法性资源的人。[1]

最没有上述种种隐患的人，就是奴隶了。奥斯曼大概是历史上最全面贯彻奴隶治国方针的帝国，苏丹政府每年搜罗数千名十来岁的男孩充当苏丹的家奴，其来源起初是对外劫掠与战争中掳

---

[1] Colin Imber, *The Ottoman Empire, 1300–1650* (Palgrave Macmillan, 2002), ch.2.

获人口的政府抽成，后来当帝国疆域稳定下来，这一来源萎缩，于是转而通过血税制度（devshirme）从帝国境内（特别是巴尔干）的基督徒人口中按40户抽1的比例征集；征集官会从每批男孩中选出少数长相端正的，送入宫廷接受教育，其余则分派到一些土耳其农民家庭中做奴工，好让他们学会土耳其语，并养成吃苦耐劳的品格，七八年后召回，加入禁卫军团（Janissaries）。[1]

这些奴隶便是帝国用来构造国家机器的螺丝钉。禁卫军团是帝国最精英的部队，在很长时期内也是唯一的职业常备军，其中表现出色者常有机会外放为行政官员，甚至出任行省总督。而那些被选入宫廷的孩子更是前途无量，他们得到帝国最好的教育，学习通俗土耳其语（这是帝国精英层的通用语）、波斯语、阿拉伯语和《古兰经》，掌握文书、行政、法律和军事知识，接受射击、投枪、骑术和摔跤等军事训练，此后，他们或留在宫内充当侍从，或按其专长担任各部门或各行省的官员，或者成为皇家清真寺的伊玛目。[2]

苏丹们信任和重用这些御用奴隶的动机不难理解，他们从小就被拔离了社会根基，斩断了家族、亲戚、邻居、发小等一切关系纽带，离开苏丹的宠信便一无所有，没有任何其他社会资本可以依靠，退役之前甚至不许结婚，于是只能一心为苏丹效劳，这是为帝国之伞制作辐条的最理想材料。随着这项制度的推行，御用奴隶逐渐取代其他来源的传统权贵，占据了国家机器中从普通

---

[1] Colin Imber, *The Ottoman Empire, 1300–1650* (Palgrave Macmillan, 2002), ch.3.
[2] 同上，第4章。

官僚到行省总督的大部分位置,自从1453年钱达尔勒(Chandarli)家族失势之后,他们更常有机会登上大维齐尔(Grand Vizier)这个一人之下万人之上的宰相高位。①

作为集权手段,血税制度相当成功,可是它带来了一个问题:对于那些有才华、有野心、力争上进的人,一条重要的上升通道被堵死了,因为血税是按人口比例抽取的,与个人如何努力,积累多少资源,都没有关系,而且血税大多来自基督徒社区(早期主要来自巴尔干),构成帝国人口主体的穆斯林反而与之无缘(至少在血税制度被腐蚀之前)。

确实还有很多局部的小金字塔可供攀爬,例如工商业行会、保留自治地位的部落和按教派划分的自治群体(millets),可是它们的高度都十分有限;还有两类未被帝国之伞完全取代的局部等级结构,一是在奥斯曼扩张初期产生的一批边疆领主(marcher lords),二是一些征服过程中因及时归顺而未被消灭的小政权,它们与帝国保持一种封建性质的关系,不过两者在权力结构中的位置都不高,顶多相当于二级辖区——旗(sanjark)。②

重要的是,位于这些小金字塔顶端的人,是没有机会再往上爬的,相反,他们还是戒备和压制的对象,其权势随着帝国稳固而日益削弱(就像汉王朝巩固之后便开始削藩一样)。甚至与苏丹联姻这条路也走不通,因为奥斯曼继承制度中没有嫡庶之分,奴隶生的儿子和妻子所出享有同等身份和继承权(这一点上他们

---

① Wikipedia: List of Ottoman Grand Viziers.
② Colin Imber, *The Ottoman Empire, 1300–1650* (Palgrave Macmillan, 2002), ch.5.

继承了阿拉伯传统），事实上绝大多数苏丹的母亲都是奴隶，所以他们通过与皇室联姻让后代登上大位的机会极为渺茫。

官僚叠床

中国自秦以来，中原的统治者们便长期致力于集权帝国的建设，而既然要集权，就离不开权力之伞，以官僚取代公卿，以郡县取代诸侯，便是其中一部分。不过他们并没有走上奥斯曼那么纯粹的路线，他们的辐条制作材料的来源，并未完全脱离常规的精英产生机制。唐以前，下层官僚主要来自察举，上层高官则更多出于当权者的赏识与宠信，还有皇族或勋贵背景，或来自旧臣豪族的裙带支持，或基于战功政绩的晋升；从唐代开始，科举日益成为更主要的来源，但从未彻底取代其他途径。

无论是举荐、门第，还是裙带，都可以被已在等级结构中立足的人用作将地位传递给下一代，并争取让他们更上一层楼的手段。在察举制中，虽然没有直接的父子承袭，但家庭财富、家学传统、家族势力，以及前辈任官所产生的各种社会资本，皆可派上用场，即便在更多依靠个人能力的科举制中，财富也至少可以帮你买到一张入场券。

实际上，只要接近权力的通道是竞争性的，而不像血税制度那样刻意绕开各种竞争机制，直接从下层盲目抽取，那么，既有权贵已经积累的资源就总是会有用武之地，帮助后代继续爬升。可是这样一来集权体制就很难安稳，统治者总是面临次级权贵的潜在威胁，一个权势家族存续越久，便越倾向于成为独立的权力中心，他们之间往往还会通过婚姻纽带结成互助共进的集团，逐渐将一些利益地盘变成他人无从染指的禁脔。这种威胁，以及克服它的种种努力，贯穿着中央帝国兴衰分合的整个历史。

当权者应对威胁的一个办法，是定期将那些看起来最可能成为下一位挑战者的权贵除掉，换上一些根基较浅的新人，但这么做的风险也不小，特别是在权贵裙带网已经织就之后，这么做可能触发激烈的连锁反弹，弄不好洗掉的就是自己，所以往往在当权者意识到时，已经太晚了。

更温和稳妥的做法是不断制造新伞。每当一部旧官僚机器被常规地位竞争机制捕获，官僚们扎下自己的权力根基，皇帝（或以他为傀儡的最高当权者）就会另起炉灶，用一批缺乏根基的亲信来监督控制旧权贵，推行其政治意志，强化帝权和中央集权。这一点我们从官制的演变历史中可以看得很清楚，内廷近臣取代外廷朝官，然后逐渐变成新的外官，接着又被新的内官取代，是贯穿该历史的一条主线。

汉武帝起先以尚书（一种相当于秘书的低级文官）削夺丞相的职权，随着尚书地位上升，又以中书（属于可出入内宫的宦官）部分取代其职能；东汉时，尚书已变成外官，有了自己的衙门（尚书台）；到隋唐，尚书省正式成为中央政府的行政分支，于是皇帝开始更多倚靠中书省这把新伞；到元代，中书省已将尚书省完全排挤，成为新的外廷；明代废掉了中书省，并造出两把新伞：用于施政的内阁大学士和用于监控的厂卫，即锦衣卫、东厂、西厂和内行厂（这一串厂卫本身也是以新伞代旧伞的产物）；清代延续了历代造伞传统：先是康熙的南书房，后是雍正的军机处。

同样的情况也发生在地方政府的演变史中，常任地方官一再被中央派出的监察巡视官取代，当后者变成常任官后，又被新的巡视官取代。刺史在汉文帝时只是不定期派出的巡视钦差；武帝时成了有固定监察区（州）、每年（后半年）定期出巡的常规制度，但其职权性质仍为监察，其品秩（六百石）也低于其监察对象太守（两千石）；然而到东汉，刺史已变成有固定任所的地方官，无须每年回京报告，相应的，州也成了一级政区。

在唐代，刺史职权被新的巡察官挤压，起先是按察使（后改名采访使和观察使），后来是权力更大的节度使（通常兼任观察使），相应的，他们的巡察区（道）也变成了位于州之上的一级政区；宋代朝廷似乎认识到了任何伞最后都难免扎根自立，因而索性将地方行政分置于四把伞之下，其一级政区（路）没有长官，职权由转运、刑狱、常平、安抚四司分担；元代的行省从其全名（行中书省）即可看出，原本是个派出机构，最后也变成一级政区；明代继承了宋代四司中的三个（未包括负责市场干预和管制的常平司），但又造了巡抚这把新伞，起初也是巡察官，到晚明变成了省的长官。

历经两千多年的修补打磨，帝国的集权技术日益纯熟精到，特别是科举制成熟之后，高频率人员更替变得更容易，到宋代，任职回避、频繁调动、超短任期都已成为常规（宋代地方官平均任期只有约一年半），权贵越来越难在地方扎下根。这大概解释了为何清代在地方行政上完全沿袭明制，没有再创造新伞（不过康雍两朝建立了密折制度，令地方官相互监督揭发，起到了和巡察官类似的效果）。

和奥斯曼相比,像这样持续推陈出新、叠床架屋的做法,虽然劳心费力,但确实在维持集权的同时,给社会精英留出了向上爬升的机会,也因此赢得了他们对体制的效忠。可是它也造成了这样一种局面:当权者必须不断破坏游戏规则,剥夺消灭从游戏中冒尖的大赢家,适时打破任何正在浮现的、对最高权力的任意运用构成羁绊的惯例和传统,才能维持其集权地位,这就使得权力竞争绝无可能导向一种宪政结构,竞争中积累的资源也不会变成任何有制度性保障的权利。

结果是,地位竞争的焦点始终聚集在如何谋取和经营权力上面,一切努力都围绕着如何接近权力、如何在权力结构中取得有利位置而展开。因为只有当权利(特别是财产权)有了可靠的制度性保障时,人们才会安心地退出权力角逐而专注于一门他所擅长的事业,否则,任何创造与积累都可能在一夜之间烟消云散,甚至惹来杀身灭门之祸。于是正如我们看到的,尽管泱泱帝国历代才俊辈出,可是(至少在中高层)他们的智慧、才华、精力、资本,大多被消耗在了权力角逐上,越是上层越是如此。

士族的兴衰

我们不妨来看看,在这种格局下,典型的地位爬升是如何实现的。

对于最下层,努力的方向和其他农业文明没有多大不同:勤勉耕作,审慎经营,尽力积累家产,最好是土地;然而一旦成为当地排得上号的富户,就必须开始考虑安全问题,因为丰厚家产会招人眼红，在没有法律保障的环境中，很容易以各种方式被侵夺，例如以重罪诬陷相讹诈、虚构契约、强制捐纳、额外摊派赋役、强行征用等等，为躲避这些风险，你不得不寻求某种政治保护。

一条出路是贿赂巴结某位权势者，让他成为你的庇护人，可是如果你完全没有自己的权势根基，你在这种交易关系中的议价能力就非常弱，对方可能不断提高要价，直至榨干你的油水。所以这只能是权宜之计，最好是让自己家人做上官，为此你至少需要让一部分孩子（或更有潜质的近亲）接受教育，以便谋得一官半职，当然，在此环节上，贿赂和捐纳也都可派上用场。

当你有了起码的安全，并积累了更多财富之后，下一步便是生活方式的升级了。这并不仅仅意味着更多的奢侈消费和豪华家当，首先你的家人必须全部脱离体力劳动，其次你的孩子都得接受教育，而且这种教育不再只是学会读写算术等担任低级官僚所需实用技能，而是要习得整套高雅文化，以便跻身上流而不遭鄙视，这也是与旧贵联姻的前提条件，而被接纳进他们的通婚圈是确立上层地位的关键。

如此你便进入了士大夫阶层，有资格做官（而不只是吏），并沿着官僚阶梯继续爬升。官位不仅是为已积累的财富提供保护，本身也是财富的来源，爬得越高，收益越丰厚，于是，一旦踏入士大夫轨道，其他事业便失去了吸引力，官位成为一切努力的中心。

可是，围绕官位的地位竞争带给参与者一个问题：官位不是世袭的，一个家庭也很难保证几代人连续出任高官，况且集权帝王会努力避免这种情况出现，那么，好不容易赢得的地位怎么延续下去呢？士大夫们找出的办法是构造裙带互惠圈。虽然特定官职不能直系继承，但一个紧密合作的大家族完全可能通过相互举荐和提拔而确保在每一代中都产生一位或更多达到某个级别因而能提供足够保护的官员，假如若干大家族经由持续通婚而结成联盟，那就更加保险。

在帝国早期，对于新近发达的大户，当地郡县的佐贰掾吏是进入权力系统的最佳入口。朝廷任命的郡县长官都是单车赴任的光杆司令，僚属需从当地征辟，于是这些职位很自然就被本地大户占据。① 由于任期有限的外来长官很难弄清当地事务（经常连语言都不通），大部分日常职权实际上都落入了这些掾吏手中，成为他们保护家族利益的有力工具。

豪族与地方政府的这一关系引出了一种倾向：宗族组织的地理边界往往和郡县区划相重合，因为这样可以集中裙带资源，优先确保在当地衙门中始终有自己人，而一旦这样的地位确立，他们的后代也倾向于留在同一郡县中，以便继续享受政治保护。所以自汉代以降，宗族谱牒也都按郡属编纂，此后即便迁徙离散，郡望始终是他们相互识别认可的核心标志。永嘉南渡时，为保持裙带网完整无损，众多士族不仅举族共迁，甚至把他们所在的旧郡县名号和行政结构也一起搬到了南方，在当地郡县中嵌入了一大批侨置郡县。

在地方衙门站稳脚跟后，掾吏还可通过察举制向上爬升，进入中央政府，那些有幸在京都升为高官或被外放为郡县长官的

---

① 宫崎市定：《九品官人法研究》，中华书局，2008，第2篇第1章。

人，将有机会利用其权力进一步壮大家族声势，包括辟召和举荐更多子弟登上仕途，而且此类徇私可以在裙带网中的合作家族之间交叉进行，因而更加隐蔽而可靠。那些连续多代将成员送上高官位置的家族，便从地方豪族上升为士族，例如博陵崔氏在东汉连续五代至少七位族人出任朝官，其中四人为两千石以上高官，由此确立了其士族地位。①

同任何合作互惠圈子一样，裙带网若要有效工作，其规模必须足够小，否则不仅成员间关系密度会降低，对有限官位的竞争也必将激化，最终撕裂裙带联盟，所以随着士族人口繁殖，以及新兴大族的加入，联盟需要不时地将一些成员排除出去。而且他们不像封建制中的贵族那样，可借助单系继承来做到这一点，这不仅是因为官位不能直接继承，而且预先无从知晓新一代子弟中的哪一位或家族的哪个分支，将在下一轮官位竞争中最具优势。假如按某种类似于长子继承制的固定规则自动排除部分成员，那就很可能排除掉了最有潜力给家族增光添彩的子弟，或者最可能为裙带网贡献新鲜活力的新兴家族分支。

事实上，士族们找到的是一种可称为"沙龙评议"的筛选机制。他们经常在一些望族领袖的家中举办清谈沙龙，清谈内容大致分两类，一是玄谈，即专门高谈阔论各种高深玄奥的话题，人们通过这些场合观察各家族子弟展示出的机智、口才、气质和风度，继而对他们的才能做出评价、交换看法，最终在他们之中分出优劣高下；二是清议，人们依照儒家标准（所谓名教）对当地

---

① 伊沛霞：《早期中华帝国的贵族家庭》，上海古籍出版社，2011，第3章。

人物的言行举止做出道德评价，并据此形成对这些人物之人品高低的集体意见。

这些沙龙活动看似清雅淡泊、远离俗务，实则背后有着直接明了的功利动机：通过才艺展示、玄谈清议和人物品鉴，预先为狭窄的举荐入仕通道进行初筛和排序。正因此，从东汉到魏晋，随着士族势力的壮大，清谈玄学和品评人物的风气也日渐炽烈，清谈主题也变得越发玄奥，《易经》和老庄因其晦涩难懂尤其受欢迎，也正是在这段时期，佛教走出了侨民社区，开始被中国士大夫接受，成为热门的玄谈主题。①

士族对官位的垄断能力取决于他们和帝权之间长期拉锯战中的实力对比，即他们能多么迅速有效地捕获帝国中央制造的每把新伞。这一能力在魏晋时期达到巅峰，曹魏的九品官人法便是对士族地位的官方认可，它不仅承认士族对官位的垄断特权，还接受了士族之间经由权势积累和相互品鉴评议而形成的优先级排序，朝廷委派的中正只是将乡议结果正式纳入统一的九品阶序，成为"乡品"，它决定了一位士族子弟的起家官品（大致规律是，起家官品＝乡品＋四，例如乡品二品者，通常以六品官起家），也就是说，士族被允许把占通往官场的入口，并自行排定等级，而朝廷则保留从他们中挑谁担任哪个职位，以及让谁提升得更快的决定权。②

到唐代，帝国的再次统一和集权能力的恢复，逐渐削弱了士

---

① 许理和：《佛教征服中国》，江苏人民出版社，1998，第2、3章。
② 宫崎市定：《九品官人法研究》，中华书局，2008，第2篇第1章。

族势力，科举取士成为另一条上升通道，不过那时有资格参加科举的也都是士族，他们被剥夺掉的并不是入场券，而是自行排定等级的资格。直到唐末战乱中，士族才被彻底消灭。此后千年中，贵族作为一个阶层已不复存在，上层仍可凭借财力帮助后代爬升，裙带资源也还可以派上一些用场，但他们的垄断地位已被打破。随着印刷业发展、书籍成本下降、科举通道日益拓宽，除底层之外皆有机会进入权力上升通道。

种姓阶序

　　印度的种姓制是一种非常独特的等级系统，就社会流动而言，它和其他系统最大的不同在于，流动的单位不是个人或个体家庭，甚至不是家族，而是若干家族组成的内婚群——阇提（Jati），个体无法通过自身努力改变种姓身份，只能随整个群体实现地位升降。

　　在提到印度种姓时，许多人首先想到的是四大瓦尔纳（Varna）：婆罗门、刹帝利（Kshatriyas）、吠舍（Vaishya）、首陀罗（Shudras），以及他们各自被分配的社会角色：祭司、武士、农民或商人、奴仆。[1]这一划分或许包含了一点历史真实性，因为基于瓦尔纳的种族渊源，雅利安人作为征服者而成为高种姓，并占据那些更高贵、更有权势、经济上更可靠的职业，是合乎逻辑的。

---

[1] Wikipedia: Varna (Hinduism).

然而，瓦尔纳与职业的对应关系即便在早期果有其事，也不可能长期保持不变，因为各职业的人口比例由经济结构决定，而种姓作为血缘群体，其人口规模难免消长不居，往往地位越高，规模膨胀越快。在现代印度，婆罗门、刹帝利和吠舍的人口比例约为5∶4∶2，让2位农民养活5位祭司和4位武士，显然不可能。事实上许多婆罗门已非常贫穷，从事的职业也五花八门，甚至不乏以乞讨为生者。[1]

实际上，瓦尔纳只是衡量种姓贵贱的坐标系，种姓在现实中的组织单元是阇提或其分支，这是一种仅有数千人规模的小型内婚群。英治时期的印度约有2亿人口、50多万个村庄，3000多个阇提遵循着各自的洁净规范，每个阇提有若干分支，共形成9万多个内婚群，每个内婚群只覆盖相邻的几个村庄。原则上，婚姻关系只能发生在来自同一内婚群的男女之间。[2]

内婚群之所以分割得如此细碎，是因为阇提（及其分支）处于持续不断的分化之中。每当一个阇提的部分家庭经济状况改善，社会地位明显提升，便不甘于继续和其旧伙伴共享同一种姓身份，为此他们将发起一场改头换面的升级行动，脱离出去另立阇提，不再与旧伙伴通婚，并宣布执行更严格的仪式标准和洁净规范，例如奉行素食、戒酒、佩戴圣线（yagyopavita）、禁止寡妇再

---

[1] 尚会鹏：《种姓与印度教社会》，北京大学出版社，2001，第2章。
[2] 有关数据取自 Wikipedia: caste system in India#During British rule (1857 to 1947)；阇提的内婚规则有两个特点：（1）对初婚更严格；（2）对顺婚比对逆婚更宽容，前者虽然也被视为不可取，但不会像后者那样遭受最严厉惩罚（通常是除籍）。顺婚（anuloma-hypergamy）是指高种姓男性娶低种姓女性，逆婚（pratiloma-hypergamy）则是高种姓女性嫁给低种姓男性。

嫁等等。①

分化也可以相反的方式发生。出于种种现实困难，总有些成员难以奉行本阇提的规范：在容许的职业清单里找不到谋生出路，太穷娶不到本阇提妻子，只能娶低种姓女性，寡妇无力独自抚养孩子因而不得不再嫁，贫穷也会妨碍一个人遵循饮食起居上洁净标准的能力。假如失范行为是个别而偶发的，阇提长老可通过潘恰雅特（Panchayat）之类的权威机构予以惩戒和矫正，或将当事人开除。②

可是，更多失范是系统性的，那是经济结构与人口消长之间非对称性发展的必然后果。高地位种姓的人口膨胀必定会导致其部分成员经济状况恶化，社会地位下降，难以奉行礼仪标准，当这样的情况越来越多时，那些仍能坚守规范的成员不得不和他们划清界限，另立阇提，否则自身的高贵身份将变得可疑。许多婆罗门种姓就认为其他婆罗门因娶了低种姓妻子或不执行严格素食而不如他们纯粹高洁，强调纯粹性的一种说法是宣称自家阇提乃"七代纯血婆罗门"。③

由此可见，种姓等级结构和隔离制度实际上是众多小群体竞争社会地位的结果。出于历史原因，婆罗门的高贵地位已广受认

---

① 许烺光：《宗族·种姓·俱乐部》，华夏出版社，1990，第5章；路易·杜蒙：《阶序人》，浙江大学出版社，2017，第9章；尚会鹏：《种姓与印度教社会》，北京大学出版社，2001，第6章。
② 有关潘恰雅特的功能，见路易·杜蒙：《阶序人》，浙江大学出版社，2017，第8章。
③ "七代纯血婆罗门"的说法源自《摩奴法典》，见尚会鹏：《种姓与印度教社会》，北京大学出版社，2001，第2章。

可，而且作为传统的祭司阶层，多数经文编纂和解释者都出身于婆罗门，这让他们占据着左右舆论的有利地位，将所在阶层置于仪式等级的最高位置。在此背景下，那些有能力向上爬升的阇提，总是在礼仪标准上尽可能向婆罗门靠拢，这一倾向更加强化了婆罗门那套洁净观念的影响力，越来越多人用它来指导言行举止，社会学家将此过程称为梵化（sanskritization）。①

不仅如此，那些新近完成升级、急欲和旧伙伴拉开距离的群体，还会添油加醋，往禁忌清单里加入一些恰好能将他们和旧伙伴区分开的新成分，因而推动标准竞相升级，令体系变得无比庞杂。例如印度农村臭名昭著的娑提风俗（Sati，即鼓励或强迫新近丧夫的寡妇自焚殉夫），很可能就是此类地位攀比的结果，原本婆罗门只有守寡的规定，并不要求寡妇殉夫，但那些新升级阇提急需一种曝光度高、效果震撼的宣示手段，还有什么能比焚烧活人更令人印象深刻呢？在家沐浴吃斋外人可看不见。②

要理解这一独特的集体升降机制，还需回到次大陆的政治形态。印度文明的一个显著特点是政治发育度低，虽然很早便有了国家，间或还会形成大帝国，也有过一些强势帝王，但多数时期都处于高度分裂状态，即便统一成了疆域辽阔的国家，统治也很不稳固，权力体系向下延伸的程度十分微弱；英治末期，印度有着数千个大小土邦（princely states），其中得到殖民

---

① 路易·杜蒙：《阶序人》，浙江大学出版社，2017，第 9 章第 94 节。
② 有关娑提的可能起源，见 Veena Talwar Oldenburg, "The Continuing Invention of the Sati Tradition," in John Stratton Hawley (ed.), *Sati, the Blessing and the Curse* (Oxford University Press, 1994), ch.5.

当局承认的就有565个。①

印度的国家形态既不像集权帝国，也不像封建制，似乎更接近于东南亚所流行的曼陀罗政体（Mandala），大小君主们更多将国家疆域视为可从中汲取贡赋的势力范围，而不是一份需要下功夫治理的产业，各势力圈之间缺乏明确稳定的边界，所以也就无须操心去建立一套结构丰满、功能齐备的官僚系统。或许正是因此，印度的邦国很少留下表明其政权正在运行的文献资料，比如有关何时何地发生了什么事情的记录，这一点也令研究印度的历史学家大为头疼。②

概言之，从政治上看，印度更像一个酋邦林立的部落社会，而不像成熟国家，可是从经济和文化上看，它又是高度发达的成熟文明，有着精细分工、财富积累，以及足以拉开雅俗差距的书面文化和精致艺术，因而为地位竞争创造了足够空间与手段，然而分散、浮浅薄弱和不稳定的上层权力结构未能创造一部可供攀登的阶梯。在印度，我们见不到任何与日耳曼封建系统或中国官僚士大夫体系效果相当的东西，个人看不到一条清晰可辨、阶序分明、稳定可期的地位爬升路径，于是竞争焦点集中于当地社区。历史上，自我治理的村庄共同体始终是印度社会最稳固的结构单元。

地方上的地位竞争表现为持续不断的种姓分化，其结果是形

---

① Wikipedia: Princely state.
② 有关曼陀罗政体，见 Wikipedia: Mandala (political model)；有关东南亚政体的特点，见尼古拉斯·塔林主编：《剑桥东南亚史》，云南人民出版社，2003，第7章。

成了一种名为贾吉曼尼体制（Jajmani system）的支配—依附结构。村庄中占有土地的种姓处于支配地位，其他种姓以提供与其身份相应的专业服务而依附于前者，这一关系累世相传，分工与交易伙伴被固化在依附结构之中，取代了市场化的分工和交易关系，参与各方以牺牲效率换取生存保障和洁净安全感，在此体制中，个人凭借才能和努力实现地位提升的机会十分渺茫。①

神圣阶梯

在基督教世界，除了世俗等级结构，还存在一部教会的神职阶梯，和封建金字塔相比，其形态更接近于集权帝国的官僚层级系统，而且层次十分丰富，从底层的修道士和教区牧师，到顶层的大主教、红衣主教和教皇，大概有十几二十层。

这个结构是教权长期扩张的结果。早期基督教会是个较为平等的松散组织，成员多为城市中产阶级，②各地教会互不统属，各自推举其长老或主事者；③到罗马帝国中期，随着教众规模扩大，教派竞争加剧，主教地位才开始上升，其权力也得到强化，这一转变与战争强度提高催生领袖人物（见第1章）颇为神似。④

---

① 有关贾吉曼尼体制，见 Wikipedia: Jajmani system; 尚会鹏：《种姓与印度教社会》，北京大学出版社，2001，第2章第2节、第5章第2节。
② 罗德尼·斯塔克：《基督教的兴起》，上海古籍出版社，2005，第2章。
③ 威利斯顿·沃尔克：《基督教会史》，中国社会科学出版社，1991，第1部分第9章。
④ 同上，第2部分第11章。

公元313年的米兰敕令（Edict of Milan）颁发之后，教会渐获官方地位，得到国家权力支持。出于平息教派纷争的考虑，君士坦丁（Constantinus I Magnus）刻意选择支持有着层级化权力结构的大公教会（Catholic Church），同时，教会作为合格法人接受遗产捐赠的法律地位也得以确立，于是大量财产涌入教会。① 380年的《塞萨洛尼卡敕令》（Edict of Thessalonica）进而将基督教立为国教，许多罗马贵族为迎合皇帝而加入教会。5世纪，当帝国行将就木之际，旧贵族更全面皈依基督教，指望他们所继承的希腊罗马精英文化和与之相应的社会地位在失去帝国庇护之后能在教会组织中继续存在。②

这一策略相当成功，贵族的大批加入让基督教精英化了，教士成为继承了希腊罗马传统的知识阶层。实际上，在整个中世纪，教会都是全欧洲知识阶层的主要组织平台，也是唯一能持续批量产生能读会写、谙熟拉丁文，因而能在全欧交流无碍的知识分子的机构，而教会内部的层级结构因此也成了地位爬升的另一部阶梯。

不过，在中世纪前期，由于贵族几乎垄断了所有高级神职，低级教士的爬升空间有限，这部阶梯的上半段需以贵族出身为起点。墨洛温朝的大贵族似乎将捐建修道院作为继续保有家族财产的另一种方式，修道院院长通常来自捐建者家庭。③

---

① 威利斯顿·沃尔克：《基督教会史》，中国社会科学出版社，1991，第3部分第1章。
② 约翰·麦克曼勒斯主编：《牛津基督教史》，贵州人民出版社，1995，第2章。
③ Yaniv Fox, *Power and Religion in Merovingian Gaul* (Cambridge University Press, 2014).

贵族与地方教会的这种联合在整个法兰克帝国内形成了一种地方抗衡皇帝权威的局面，伯爵与主教们相为犄角，构成了足以自我维持的统治机器，主教区和修道院也被纳入封建系统之中。[1]许多主教和修道院院长甚至亲自披挂上阵，为其领主战斗。[2]

从加洛林朝后期开始的历次改革运动，旨在将教会从封建系统中拉出来，成为更神圣、更独立、更集权的组织。到中世纪盛期，这些改革已颇显成效，亨利二世（Henry II）和他儿子约翰王都曾与教廷发生激烈冲突，最终都以国王认输妥协收场。教皇英诺森三世（Innocent III）的改革被视为上述进程的转折点，此后，众多出身寒门的教士都有机会登上高位，甚至当上教皇，例如约翰二十二世（Pope John XXII）、本笃十二世（Pope Benedict XII）、乌尔班六世（Pope Urban VI）。[3]

---

[1] 约翰·麦克曼勒斯主编：《牛津基督教史》，贵州人民出版社，1995，第 2 章。
[2] Ian Mortimer, *The Time Traveler's Guide to Medieval England* (Simon & Schuster, 2010), ch.2.
[3] Wikipedia: Pope John XXII; Pope Benedict XII; Pope Urban VI.

II 交互

6 屏障种种

在生命世界中，没有隔离就不会有结构，也不会有复杂性和多样性，只有当各种生物膜（biomembrane）将有机体区隔成成分不同的多个局部，才有了细胞器、高度分化的细胞、功能各异的器官，以及以这些功能性原件搭建出的层层复杂结构。类似的，阶层隔膜在社会不同人群间竖起屏障，令其各自依赖不同生计模式，发展不同的技能与禀赋，形成不同文化特质，也在社会这个"超有机体"（superorganism）中扮演不同角色。和生物膜一样，阶层屏障是选择性通透的（selectively permeable），这一特性也是搭建复杂结构的关键。

不过，阶层并非唯一的社会屏障，还有许多限制社会流动和文化交互的选择性渗透膜，它们同样在复杂社会的构造中起着作用。这些屏障决定着哪些群体或个体被困锁在哪些特定的社会局部，而哪些更可能被吸引（或推挤）而进入其他局部，哪些文化元素可能跨越屏障而传播，哪些则局限于本地。

生　态

地理生态屏障在整个生物进化史上都扮演着重要角色，当人类散布全球时，它也是生理和文化多样性的一大来源。不过在文明时代，它有了新的表现和效果，一些屏障之所以显得突出，是因为它们挡住了文明———种经济—文化—制度综合体——的扩张脚步，而对于小群体来说，它们本身并非不可穿透，要点在于它会被谁、以何种方式穿透。

极地 在最简叙事中，美洲于末次冰期晚期被殖民，然后直到哥伦布之前始终与旧大陆隔绝，因而发展了独特的文明。然而细察之下，至少在后冰川时期，美洲其实远非那么隔绝：82公里宽、正中间还有迪奥米德群岛（Diomede Islands）可作跳板的白令海峡，对于早已拥有船只的极地居民并不是很大障碍；海峡南面分别距大陆58公里和48公里的圣劳伦斯岛（St. Lawrence Island）和努尼瓦克岛（Nunivak Island），还有迪奥米德群岛本身，都有着数千年居住历史，其文化也并未孤绝于爱斯基摩—阿留申语系（Eskimo-Aleut Family）的其他群体。

实际上，从欧亚大陆东端向美洲的殖民发生过多次，其中从遗传和语言上可考的便至少有4次：约16000年前从白令地峡和阿拉斯加南侧一路顺着海岸跳进的移入者；约13000年前穿越落基山脉东麓无冰走廊的移民；约5000年前跨越海峡的古爱斯基摩人（Paleo-Eskimos）；约1000年前以迅猛之势横扫北美极地、取代或排挤了大部分古爱斯基摩人的因纽特人（Iniuts，又称新爱斯基摩人），后者的一个分支还向西移回了楚科奇半岛；最后我们还要加上公元986年北欧人对格陵兰的殖民。①

真正的障碍是极地生态而非海峡。对于亚热带和温带定居者，

---

① David Reich, *Who We Are and How We Got Here* (Pantheon Books, 2018), ch.7.

近北极地区是令人生畏的死亡之地，晚至19世纪后期，仍有众多财力充足、装备良好的探险者葬身冰原。[1]然而对于久已适应该生态的群体——爱斯基摩人、楚科奇人（Chukchee）、萨米人（Saamis）、涅涅茨人，这是个畅行无阻的世界。问题是，这些群体都是狩猎采集者或游动性的驯鹿放牧者，加上极地条件只能支撑非常低密度的人口，因而其文化十分简陋（虽然比热带采猎文明复杂不少，但与定居文明不可同日而语），所以当他们迁移扩散时，较少能在各大文明间扮演传播交流中介的角色。

不过也有少数例外，古爱斯基摩人为美洲带去了弓箭，如第1章所述，弓箭的引入给北美西部社会带来了深刻影响；因纽特人则带去了铁和蒙古式反曲弓，影响同样不小。[2]但总体上看，这些影响是零星而稀疏的，且局限于远离美洲文明中心的北部边缘，因为极地狩猎者的人口规模和社会复杂度都不足以造成更大强度的文化冲击与渗透。也正因此，美洲文明确实被相当有效地隔离于欧亚文明。

热带 非洲是旧大陆，对文明世界向来不陌生，地理大发现也始于葡萄牙人对非洲西海岸的探索，[3]阿拉伯人则更早就活跃于非洲东岸，可非洲却是欧洲殖民者最后征服的一块大陆。在这里，阻挡文明扩张的是热带屏障，众多热带病原体像死神般令人丧胆，尤以疟疾、黄热病和采采蝇（tsetse fly）为烈。班图人之

---

[1] Robert McGhee, *The Last Imaginary Place* (Oxford University Press, 2005), ch.7–13.
[2] 同上，第3章。
[3] Daniel J. Boorstin, *The Discoverers* (Random House, 1983), ch.21.

所以能从西非一隅向东向南扩张至大半个撒哈拉以南的非洲，正是因为他们已在相当程度上适应了这些病原体。①

热带高度富集的病原体也会影响当地居民的人格特征，降低其外向性（extroversion）和经验开放性（openness to experience），让他们更倾向于避免与外族人交往接触，避免长距离旅行和迁徙。从卫生健康角度看，这是有益的适应，但无疑会加深群体间的疏离、猜忌和隔绝，妨碍人口流动和文化传播。②

热带屏障造成的另一个后果是，在旧世界文明中心与非洲的关系中，文化与人口的流动方向是相反的，旧世界的文化元素，特别是中世纪后的阿拉伯—伊斯兰元素，逐渐向南方渗透，但很少有同向的人口流动（除了东海岸），那里的沙漠、稀树草原和热带雨林对地中海定居农耕者缺乏吸引力，相反，却不断有非洲人流入旧世界，而基于其文化上的绝对劣势，这种流动主要以贩卖奴隶的方式发生。输入黑奴的活动在近东、北非和印度洋从古代一直盛行到现代，这也激励了许多非洲政权将掳掠售卖人口作为其主要财源。③

东亚的情况恰成对照，汉族农民携其文化优势向南拓殖的进程基本没有遭遇生态屏障的阻挡，拓殖速度主要受制于土地开垦和人口增殖的自身节奏，文化与人口的扩散方向完全一致，从黄淮到长江到珠江，又从海上向东南推进。到近古时，华人移民已

---

① Jared Diamond, *Guns, Germs, and Steel* (W.W. Norton & Co., 1997), ch.19.
② Geoffrey Miller, *Spent* (Viking Adult, 2009), ch.12.
③ Finn Fuglestad, *Slave Traders by Invitation* (Oxford University Press, 2018). Wikipedia: Slavery in Africa; Arab slave trade.

遍布东南亚，潮州人在泰国开创了一个王朝，客家人在婆罗洲建立了延续百年的兰芳共和国，越南在政治上赢得了独立，文化上却变得越来越像中国。①

热带屏障也影响了美洲，严重限制了中美洲和安第斯两大文明中心的文化与人口互动。它在印度带来的后果最为独特：印度较为干旱的北部与湿热的中南部形成鲜明反差，前者吸引了一轮又一轮的农牧业入侵者，从近东农民、雅利安畜牧者、波斯人，到马其顿人、阿富汗人和突厥人，他们大多来自某个文明中心或优势文化，可是热带屏障妨碍了他们向中南部迅速推进，而次大陆的特殊地理形状也限制了土著的退路，结果印度形成了独特的多种族混居状态，这是理解其种姓制度和长期政治分裂状态的重要背景（见第4章）。

高山 褶皱地带在历史进程中扮演了一个独特角色，高山阻隔造成的交通困难使得当地的社会和文化都高度碎片化。这一点在语言分布上表现得最显著，褶皱地带往往是语言高度混杂多样的地区，残留着许多孑遗小语种，被语言学家称为马赛克区（masaic zone）。②

例如新几内亚的几百万人说着一千多种语言，分属六十多个语系，每种语言的使用人口平均只有几千；③整个欧亚大陆的温

---

① 尼古拉斯·塔林主编：《剑桥东南亚史》，云南人民出版社，2003，第1卷第6、8章；安东尼·瑞德：《东南亚的贸易时代》，商务印书馆，2010，第2卷第4章。
② Nicholas Wade, *A Troublesome Inheritance* (Penguin Press HC, 2014), ch.4.
③ Jared Diamond, *The World Until Yesterday* (Viking Press, 2012), ch.10.

带区几乎完全被印欧、阿尔泰和汉藏三大语系占据，可是面积不大的高加索却有着该地区独有的三个语系：南高加索、西北高加索、东北高加索，而且那里还散布着印欧、阿尔泰和亚非语系的众多小语种。①

另一个文化极度庞杂的褶皱地带是赞米亚（Zomia），又称东南亚断层带（Southeast Asian Massif），仅以中国云南省为例，得到官方承认的少数民族便有25个，分属汉藏、侗台、苗瑶、南亚和阿尔泰五大语系，其中至少15个民族为当地独有。②

除了地形带来的交通不便，褶皱地带阻隔文化传播的另一重要因素是其垂直分布生态，即沿海拔梯度而形成的生态差异，河谷、坡地、高山草甸，都有着不同的土壤、气候与植被条件，支持着不同的农牧业形态和生计模式，而后者又塑造了不同的文化与社会结构。

不像水平差异，垂直差异意味着各相似生态区无法连成片，每个文化小群体都被一圈异质群体包围着，这就妨碍了群体间的交往和人口流动，以及大型文化共同体的形成，因为文化差异会在群体之间创造隔膜与恐惧，特别是当这种差异跨越生态边界时，文化屏障尤为坚固。

草原 干旱而广袤的温带欧亚大草原，既是定居农耕者拓殖的屏障，也是沟通几大文明中心的高速公路，而在其中扮演中介角色的，是游动性的畜牧群体。草原畜牧者和沟通亚洲与美洲的

---

① Wikipedia: Languages of the Caucasus.
② Wikipedia: Southeast Asian Massif, 云南省#民族。

极地狩猎者全然不同，马与狗的组合使用让他们得以控制很大规模的畜群，因而可积累起可观的财富，而马匹、驼畜和车辆的载运能力让他们能在保有相当复杂物质文化的同时保持机动性，并且有能力在数百上千公里的广阔地域内协调行动或维持多级社会组织；草原上激烈的领地竞争和群体间瞬息万变的实力消长，让畜牧群体处于持续不断的冲突之中，这对其战斗力施加了强大选择压力。①

这些因素共同造就了畜牧民族相对于定居农耕者的武力优势，至少在个体和小团伙层次，这一优势十分显著，而一旦有一位杰出领袖能设法抑制内部冲突，实现政治上的统一或联合，便可将此优势发扬到国家层次，从而给周边定居文明造成巨大冲击。历史上这样的故事屡屡上演：青铜时代的印欧语民族扩张和闪族扩张；古典时代冲击文明世界的多支伊朗语族游牧民——辛梅里安人（Cimmerians）、斯基泰人和萨玛提亚人（Sarmatians），然后是阿尔泰语系的匈人（Huns）、匈奴、鲜卑、突厥、契丹、蒙古轮番登场，中间还穿插了乌拉尔语系的马扎尔人（Magyars）和亚非语系的阿拉伯人。②

这些冲击既给定居社会造成破坏，也在广阔地域内传播了文

---

① 有关马匹与车辆在草原畜牧生计中的基础性作用及其对战斗力的贡献，见 David W. Anthony, *The Horse, the Wheel, and Language* (Princeton University Press, 2007), ch.10-16；有关畜牧者战斗力的更多讨论，见我的系列博客《食物与人类》第 9 篇（HS：7961）。

② 勒内·格鲁塞：《草原帝国》，商务印书馆，1998。有关印欧人的扩张，见 David W. Anthony, *The Horse, the Wheel, and Language* (Princeton University Press, 2007), ch.11-16; David Reich, *Who We Are and How We Got Here* (Pantheon Books, 2018), ch.5。

化元素,小麦、马、车辆和青铜技术的由西向东传播,便是由东迁的一支印欧畜牧者完成的。①蒙古征服导致的文化交流尤为广泛,中亚大批小政权被消灭之后,丝绸之路变得空前畅通(特别是在帝国尚未完全分裂、忽里勒台还在召开、帝国邮驿系统仍在运行的那几十年),蒙古人虽然在战争中极为凶残,对商人与工匠却十分友好,对各种技术与实用知识持积极开放态度,对各大宗教也非常宽容,这些促成了一个文化大交换的时代。②

火药、火器、攻城战术、造纸、印刷术、金融票据、数学、化学、地理和天文历法知识,都在这次大交换中得以广泛传播,瓷器与香料贸易迅速升温,藏传佛教得以向北扩张,波斯和阿拉伯元素被大量引入中国……其中几项对西欧历史的影响尤为深远:(1)大交换促进了西欧人对东方的认识,此前他们常常连印度和埃塞俄比亚都分不清,③也提升了他们对东方的兴趣,特别是香料贸易,推动了日后的地理大发现;(2)造纸术的引入为印刷革命准备了条件;(3)蒙古人带来了黑死病。④

---

① David W. Anthony, *The Horse, the Wheel, and Language* (Princeton University Press, 2007), ch.16; Wikipedia: Seima-Turbino phenomenon.
② 勒内·格鲁塞:《草原帝国》,商务印书馆,1998,第6—7章;梅天穆:《世界历史上的蒙古征服》,民主与建设出版社,2017,第2部分各章。
③ Ian Mortimer, *The Time Traveler's Guide to Medieval England* (Simon & Schuster, 2010), ch.3.
④ Ronald Findlay & Kevin H. O'Rourke, *Power and Plenty* (Princeton University Press, 2009), ch.3; William J. Bernstein, *A Splendid Exchange* (Atlantic Monthly Press, 2008), ch.4.

语　言

在前文明社会,语言界线大致与同质文化群的边界相当,它（连同其他文化元素）足以区分彼此,却并不构成人口与文化流动的重要障碍。那时的流动要么受阻于生态边界或交通条件,要么受阻于群体间敌意,除非在向无人区扩散的特殊时期,流动是小幅而缓慢的,大跨度流动只有在数百上千年的时间尺度上才能观察到,而在频密交流与互动确实发生的局部地区,语言并非大问题,因为在一个语言极度碎片化的世界,人们普遍具有多语能力,足以和邻近部落的人沟通。①

进入文明时代,在国家以及国家间的联盟或霸权结构所创造的和平条件下,或在国家权力的直接庇护和支持下,经常性的长途旅行成为可能,于是语言障碍便凸显出来,因为对于遥远地区的语言,你没有从小接触的机会,而成年人在学习第二语言上的笨拙是众所周知的。

那些因职业需要而居住于他乡或奔走于各地的人,诸如长途贸易商人、游动性工匠、异地任职的官员、从不同地区征募的士兵、贵族从各处招揽来的门客、四处游乞或传教的僧侣……都会面临语言障碍,而正是应对这一困难的努力,催生

---

① Jared Diamond, *The World Until Yesterday* (Viking Press, 2012), ch.10.

了各种通用语。①

一种通用语往往围绕某个文明中心而形成，并散布于该文明所覆盖和影响的地域，这是因为推动通用语需求的各种活动——长途贸易、精细分工的专门职业者、多层级行政系统、有组织宗教——本身就是文明产物或因文明而大为兴旺；当某一文明实现政治统一而建立帝国时，其通用语更会得到国家的大力推行；而且文明中心会产生大量语言类的文化产品，特别是书面作品，包括宗教典籍，它们是传播通用语的巨大力量，例如梵语和婆罗米文字在东南亚的传播，并未以国家权力为后盾，而主要依靠贸易和梵文经典。②

上述过程将产生若干边界清晰的文明区，它们有着各自的中心、通用语、围绕经典的知识传统、宗教与价值体系、制度传统，或许还有各自的帝国，尽管仍有一些交汇混杂地带，然而这些方面的系统性差异，将使得来自各文明区腹地的人很难跨越边界而从事有价值的活动。随着时间推移，隔阂会越来越深，甚至在各自都已发生翻天覆地变化之后，曾经竖立的无形之墙仍然牢固竖立着。

文明间的屏障也为一些著名的贸易民族创造了机会，他们在各文明之间扮演了文化交流的中介角色，例如沟通欧洲与伊斯兰

---

① 有关通用语的形成，以及哪些条件有助于一种语言成为通用语，可参看 Nicholas Ostler, *Empires of the Word* (HarperCollins Publishers, 2005)；我在《群居的艺术》第 II.2 章里也有讨论。

② 东非沿岸的通用语斯瓦希里语可能是个例外，它没有一个相应的文明中心，不过它从阿拉伯/伊斯兰文明中吸收了大量元素，也采用了阿拉伯文字为其书写系统。

世界的犹太人，经营丝绸之路的粟特人（Sogdians），经营环印度洋和南洋贸易的古吉拉特人（Gujaratis），连接中亚、波斯、奥斯曼与欧洲的亚美尼亚人。

职　　业

当代人可能不容易体会职业壁垒的森严，上大学时有那么多专业可选，毕业时又有众多职业可挑，铺天盖地的招聘广告似乎正将机会之门向所有人洞开，跳槽、改行，听起来都是稀松平常之事，仅有的约束好像只有你自己的能力和对回报（包括金钱、声望和地位，或许还有乐趣）的期望，现实远非如此美妙，而在前现代社会，这种海阔天空任我行的洒脱更是天方夜谭。

职业屏障由众多因素交织而成，首先是知识与技能的性质，许多专业知识是无法脱离具体的工作场景而传授的，它们难以（甚至不可能）用语言加以描绘和记录，用哲学家迈克尔·波兰尼（Michael Polanyi）的话说，这些是高度个人化的默会知识（tacit knowledge），只能通过在事情发生的现场亲身观察和参与，通过与有经验者长期互动，不断观察其演示，接受其反馈，方可习得（当然你也可以自己尝试和探索，但那要慢得多，个体在短暂一生中积累不起多少）。①

默会知识的这一特点使得个体从业者成为职业知识的主要存储器，而师傅带徒弟是唯一可行的传授方式，所以在工业革命以

---

① Wikipedia: Tacit knowledge.

前，学徒制（apprenticeship）是几乎所有技能性职业的组织基础，新入行者必须首先找到一位愿意收其为徒的师傅，在经历多年学徒生涯之后，才能独立从业。这一状况直到现代工厂化生产和职业培训机构发育之后才有所改变，现代工厂通过机械化、工艺设计和技术标准化，将大部分默会知识显性化而变成企业资产，同时大幅降低一线工人的技能要求，而基础性的显性知识则由学校教育提供。

现代企业以规模化生产来实现资产价值，而在以前，规模化生产的条件并不存在，[①]个体工匠和家庭企业因而将重点放在如何小心维护其资产，令其永续存在，持续产生收入流，以成为家庭的长期生计依靠上。这份资产除了知识技能，也包括客户关系、专业声誉和从业资格，他们会像自耕农或土地绅士对待地产一样精心呵护它，尽可能将关键技艺传给儿子或者女婿。

有些师傅会像挑女婿一样挑徒弟，事实上也确实有不少学徒最后成了女婿。当不得不从家族以外招收学徒时，师傅会与学徒建立一种模拟父子关系，以强化学徒对师傅的义务，并将师徒关系长期化，至少不让学徒在短期内成为竞争对手。为此，学徒期被尽可能延长，中世纪英格兰的普遍标准是七年，有些行业长达十几年，而且学徒在最初几年里往往只能打杂，学不到重要技能。[②]

[①] 规模化连续生产需以大规模低成本运输系统为条件，而且需要一系列组织与管理创新，参见小艾尔弗雷德·D. 钱德勒：《看得见的手》，商务印书馆，1987。

[②] Joan Lane, *Apprenticeship in England, 1600–1914* (UCL Press, 1996), ch.1–3.

另一个入行门槛是高额拜师费。中世纪英格兰的普通学徒入门费为2~3英镑，相当于低技能雇工一两年的现金收入，但那些涉及贵重材料或高贵客户的行业，例如金银器加工、高端布料皮毛服饰业，入门费则高达数十甚至上百英镑，这是穷人家一辈子都攒不起的钱，而出得起钱的贵族和绅士阶层又往往不屑于这些行当，于是其学徒来源就高度局限于同行子弟或地位相当的类似行业从业者。[1]

为保护资产价值，工商业者还会努力维护其垄断地位。近代以前，城市的商业与手工业普遍处于行会垄断之下，君主为征税方便也倾向于支持这种垄断，许多行会还会动用私刑来执行其垄断权，在人口密集、闲散劳力充裕的地方，那些低技能的苦力行业（例如搬运）则往往由帮派组织控制，此类行当除了垄断权之外几乎没有其他资产。[2]

强化行业壁垒的另一个因素是信用，许多行业都需要在交易伙伴之间，以及其与客户之间，建立相当程度的信任。现代企业的信任主要基于品牌和企业声誉、会计与审计制度，以及抵押担保等风险控制机制，而在过去，信任主要来自个人和家族间的私人关系史，通过长期交往而逐渐积累。

---

[1] Joan Lane, *Apprenticeship in England, 1600–1914* (UCL Press, 1996), ch.1–3; Christopher Dyer, *Standards of Living in the Later Middle Ages* (Cambridge University Press, 1998), ch.8.

[2] 有关行会垄断的材料很多，欧洲的情况可见M. M. 波斯坦、E. E. 里奇、爱德华·米勒编：《剑桥欧洲经济史·第3卷》，经济科学出版社，2002，第4—5章。清代中国的情况可见施坚雅主编：《中华帝国晚期的城市》，中华书局，2000，第3编第2章；彭凯翔：《从交易到市场》，浙江大学出版社，2015，第11章；罗威廉：《汉口》，中国人民大学出版社，2008，第2、6、8、9、10章。

因为一个人不可能同时维持很多这样的长期信任关系，所以为控制风险，不得不将交易对象限制在一个相互熟识、任何信誉问题都会被迅速而充分传播的小圈子里，对风险越是敏感的行业，越是如此；尽管程度有所减弱，但这一现象在近现代仍然清晰可见，例如投资银行业，很长时期内局限于一个极小圈子，从业者之间完全信任，一笔笔巨额交易常在电话中口头达成，完全无须书面文档。①

上述壁垒的存在，使得许多行业成为高度封闭的圈子，个人很难跨行流动。一个小男孩拜师入门的那一刻，往往决定了他终身乃至几代子孙的职业空间，也很大程度上决定了他将居住在城镇的哪个区域（甚至哪条街），和哪些人经常交往，以及可能的结婚对象，而即便在那一关键时刻之前，他也未必有多少选择。

人造藩篱

还有一类屏障是由政府人为设置的，出于治安、征税、征兵和预防叛乱等需要，政府历来有着实施人口控制的倾向，因为对于个人，躲到一个没人认识你的地方，总是逃避各种义务的最好办法。然而人口控制对行政能力的要求很高，能否实现，或做到何种程度，取决于国家的权力触手深入私人生活的程度，早期国

---

① Peter F. Drucker, *Adventures of a Bystander* (Transaction Publishers, 1994), ch.10–11.

家的这方面能力十分有限。

也正因此,那时封建制(或效果类似的其他体制)更为流行。在封建制中,税收和兵役是以武士贵族向领主承担契约义务的方式提供,数量取决于封地大小,因而领主无须关注各领地的人口细节,治安则是各采邑保有者自己的事情,而预防叛乱的主要手段则是不间断的领地巡视和对贵族动向的监视,在一个以武士阶层为骨架的社会,平民大众是没有多少机会发动叛乱的。

户籍 在人口控制上,中国可能是最早熟的,很早便已发展起羽翼丰满的集权官僚系统。战国时期,随着封建制瓦解,各国纷纷建立编户齐民的郡县制,实行以什伍制为基础的户籍控制和连坐机制,行政机器经县令、亭长、乡佐、里魁,直接通达底层的村庄和城市街区,户籍登记详细到体貌特征,人口流动被严密控制。①

这套制度在秦汉已臻于完善,此后时松时紧,全赖中央政府的集权强度。集权强度与户籍控制力度的这一关系也表现在官方人口数字的巨幅波动上,尽管战乱、饥荒、瘟疫确会消灭大量人口,但数字波动很大程度上也反映了政府调查、统计和控制有效纳税人口的能力。②

因为户籍控制的存在,尽管中国历史上不乏迁移流离者,有时迁移还以庞大规模在大跨度上发生,但除非是官方组织的移民(例如屯垦实边),迁移者很难在当地获得合法身份,而非法状态

---

① 池田雄一:《中国古代的聚落与地方行政》,复旦大学出版社,2017,第1编第5章、第2编第2—6章。
② 葛剑雄:《中国人口史·第1卷》,复旦大学出版社,2002,第3章。

让他们随时面临被驱逐的风险,只有当一些特定机会来临,比如改朝换代,或政府决心整顿当地户政时,才有机会改变。①

和普遍的户籍控制不同,西欧封建制中,被限制流动的主要是农奴、流浪乞讨者(对该群体的管制,第17章会有更多叙述)和个别特殊群体,例如犹太人和麻风病人,自由民是可以随意旅行迁徙的,包括自由出入国境(除了战争期间),外国商人也出入自由,在英格兰,后两点还被写进了1215年的《大宪章》(Magna Carta)第42条。②

城墙　对于远离故土者,寻找安身之所的最佳机会总是在城市,但古代城市并不像当代都市那么自由。欧洲城市多由工商业者自治,因而对外人较为开放,他们需要吸引客商、消费者和劳动力以繁荣本地工商业,也需要旅客和租户来提升地产价值。但欧洲城市也有不少限制,例如市民资格就不是每位城市居民自动拥有的,在许多城市,这一资格被称为城市自由(Freedom of the City),只有自由市民(通常是该市某个行会的成员)才被允许在该市独立执业和拥有地产。

伦敦市民的一项特权是可以将牲口赶进城,所以在现代,当城市自由只剩下荣誉性质时,时而有人举行将羊群赶过伦敦桥的仪式,以表达身为自由市民的骄傲。中世纪城市出于治安需要多会在夜晚关闭城门并实行宵禁,夜间在外游荡者若被巡逻者发现会受处罚(但拥有市民资格者可以提灯夜行),这就消除了流浪

---

① 葛剑雄:《中国移民史·第1卷》,福建人民出版社,1997,第1章。
② Wikipedia: Magna Carta#Clauses.

者在城市的立足之地。①

中国古代城市是行政层级网络上的节点,即各级政区的治所,城市规模与其行政层级大致对应(只有苏州、汉口、泉州等少数例外),直到宋代才出现一些非治所城市(一般以"镇"为名)。这一特点使得城市的设计和管理完全围绕行政需要(有时还有军事需要)展开,工商业只是其副产品,所以很自然,它们对流动者更为封闭。②

宋代以前的大城市多实行坊市制,居住区与商业区被严格分离,各居住区(坊)有各自独立的门禁,坊内不得沿街开店,夜晚实行宵禁,工商各业被限制在各自的指定区域(市)内,这样的城市能够容纳的工商业者数量自然十分有限,留给其他流动人口的空间则更少。直到唐末宋初之际,坊市屏障才告瓦解,开放后的街巷提供了更多店铺空间,工商业还向城郭之外延伸,出现了各种草市,城市规模大幅扩张,在经历这场城市革命之后,中国社会也变得更具流动性。③

国界 在当代世界,妨碍人口流动的最显著屏障,大概就是国境线了。然而在过去,它并不是重要的人为障碍,在没有通电铁丝网、地雷、雷达、探照灯、侦察机和机动巡逻队的年代,控

---

① Wikipedia: Freedom of the City; Ian Mortimer, *The Time Traveler's Guide to Medieval England* (Simon & Schuster, 2010), ch.4.
② 施坚雅主编:《中华帝国晚期的城市》,中华书局,2000,第1编导言;赵冈:《中国城市发展史论集》,新星出版社,2006,第1章。
③ 加藤繁:《中国经济史考证·第1卷》,商务印书馆,1959,第14—17章;施坚雅主编:《中华帝国晚期的城市》,中华书局,2000,第1编导言;斯波义信:《宋代江南经济史研究》,江苏人民出版社,2001,前篇第4章。

制漫长国界是一种难以负担的奢望，所以即便跨越国界的流动果真较少，真正构成妨碍的，也都是些天然屏障，如大河、高山、丛林、荒漠、海洋。

古代边境控制更多依靠点状设卡，在交通要道上设置关卡，可大幅提高越境成本，虽不能杜绝绕道而行者，却可将流动规模限制在可接受水平。在这方面，东方帝国又一次走在了前面，汉代政府在北方边境建立了一系列关卡，出入皆需通行证，往返人货均有登记与核对，类似通行限制也施行于出入京师所在关中平原的四个关口。①

点状控制对海上往来更加有效，适合大船靠泊的港口本来就不多，适合长途贸易的就更少，那需要便利的内陆交通、接近消费市场、友善且易于沟通的当地人，以及获得补给的便利性，所以，控制主要港口以收取关税，是非常古老的做法（四千年前的乌尔第三王朝就已实行）。而一旦海关机构建立，它同样可用于控制人员流动。②

唐代设置市舶使一职以管制海上贸易，并在港口城市划出番坊作为外国人指定居住区；宋代大幅提升了对海上贸易的控制力度，将市舶司变成了一个国营外贸垄断机构，将其视为重要税源，每艘到港船只必须登记，外商需持关防才能在境内活动；明代更在其多数时期实行严厉海禁，市舶司时废时开，而此时正值东亚海上贸易黄金时代，明帝国却成功锁上了国门；清代延续了

---

① 富谷至：《文书行政的汉帝国》，江苏人民出版社，2013，第3编第2章；崔瑞德、鲁惟一编：《剑桥中国秦汉史》，中国社会科学出版社，1992，第6章。
② William J. Bernstein, *A Splendid Exchange* (Atlantic Monthly Press, 2008), ch.1.

海禁政策，海上贸易基本上被局限于广州一港，清初一度还颁布迁界令，试图以焦土政策将点控制升级为线控制。①

欧洲国家对边境控制的强化始于大航海之后的重商主义时代，各国出于贸易保护考虑，加强海关控制，大力打击走私，不过这些主要针对商品，对人员跨国流动的限制则要晚至"一战"之后才流行起来，一方面是出于全面战争带来的安全焦虑，另一方面是因为铁路和轮船极大降低了长途旅行成本，而此时可供选择的边境控制手段也已足够丰富。②

19世纪后期由铁路轮船推动的规模空前的跨国流动引发了广泛担忧，主要移民目的国开始考虑对移民进行控制和筛选。美国的《1875年佩奇法案》（Page Act of 1875）开此先河，禁止女性华人移入，《1882年排华法案》（Chinese Exclusion Act of 1882）更禁止所有华人劳工进入。此后美国国会通过了一系列移民法案，逐步收紧移民政策，1882年法案要求鉴定移民精神健康并征收人头税，1907年法案要求控制移民总量，1917年法案排除所有亚太移民，并实行读写测试，1924年法案按民族或国别设置移民配额。至此，现代西方国家的移民控制模式基本确立，以往主要依靠自然屏障的国境线，如今已彻底转变成一种树立于民族国家之间的制度性屏障。③

---

① 宋代情况见李剑农：《宋元明经济史稿》，生活·读书·新知三联书店，1957，第6章；明代海禁见牟复礼、崔瑞德编：《剑桥中国明代史·上卷》，中国社会科学出版社，1992，第8章。
② Wikipedia: Border control#History.
③ Wikipedia: Page Act of 1875; Chinese Exclusion Act, Immigration Act of 1882; Immigration Act of 1907; Immigration Act of 1917; Immigration Act of 1924.

7　扩张与征服

设想你正在一块上亿像素分辨率的大屏幕前观看这样一部动画：背景是整个地球表面，其上散布着一些小点，每个点代表一个数十上百人的小群体，点与点的不同颜色显示了其文化差异，画面中的每一秒代表了现实中的一年，时长72小时的动画将演示人类最近26万年的历史（这相当于或略长于现代智人的全部历史）。

前68个小时会无聊到让你发疯，画面几乎是静止的，你必须凑得很近才能看出多数小点在小幅抖动，你也必须长时间紧盯着特定小点，才能察觉到，间或有些点消失了，有些移动了一段距离，另一些则分作两个。在来回凝视不同区域后，你或许会发现其中某些区域似乎较为活跃，点的增殖较快，并且随着新生点的向外移动，逐渐而缓慢地，形成了一些纤细而断续的线条和树状分支，不同颜色的线条之间偶尔会有些交叉，但大致上它们是各自生长、自生自灭的。不过，这些洞见都是长时间耐心细致观察得到的事后之明，要真正获得直观的运动/生长感，你必须将播放速度调快至32倍或64倍。

直到第69小时，也就是气温正在回暖、冰川正在消退之际，画面才变得稍稍有趣起来。你会发现，点越来越密，以往的大块空白如今也都被点缀得五彩斑斓，在许多区域，密集分布的点不再抖动，而是开始相互挤撞；接着，在第70小时，令人惊奇的景象出现了，地中海东岸的一片小红点已变得如此密集，成了一块缓慢扩张的色斑，然后，逐渐地，这块鲜红色斑如同火山口涌出的灼热岩浆，开始向四处流动，向南流入尼罗河谷，向东流入伊朗高原和印度河谷，向北进入安纳托利亚沿岸低地并顺河谷向内渗透，它甚至漂过海洋，向塞浦路斯、希腊、意大利和伊比利亚跳跃前进；十几分钟后，两种不同颜色的灼热岩浆也开始在黄河河谷和长江河谷流动。

第71小时之初，你从教科书上了解的那些古文明区域，都已被成片的大块岩浆覆盖，呈现出你已熟知的格局。然而半小时后，景象再次改观，黑海北岸庞蒂克大草原（Pontic steppe）的一团蓝色岩浆似乎被突然加热，开始猛烈地向外泼溅，此前70个半小时里那一慢吞吞的进程就像被一阵激扬的鼓点猛然惊醒，突然喧闹起来。

最后90分钟的场面大致可如此描绘：世界就像一口巨大的平底锅，主要空间都被大块大块挤在一起的单色浓厚黏稠油状物所占据。因为足够黏稠，各团块之间虽有推挤渗透，却不会交融混合，又因为加热极不均匀，每隔几分钟其中一块就会沸腾爆炸，喷涌泼溅成一大片单色块，淹没、打乱或融化周边众多团块。当然，单色性是暂时的，随着时间推移，团块的各局部会形成色差，但同源性依然清晰可辨，一次次的喷涌逐渐将一些古老团块的残余碎片推挤到高山丛林等边缘夹缝地带，形成若干像高加索、比利牛斯、喜马拉雅、赞米亚这样文化极为混杂的马赛克区，而多数地区则被近乎单色的大板块所占据。

对生活于其中的绝大多数人，最后几小时的世界与此前最大的不同在于：四周都已住满了人，任何迁移扩张都需穿越他人的地盘，而他们是不会轻易答应的，世界已变得如此黏稠，人类流动的主要障碍不再是生态，而是彼此。流动仍将继续，但会以更激烈的方式发生，一些群体凭借武力优势侵入其他群体的地盘，成了文化屏障被打破的最常见形式。不过，这些同被"征服"一词所涵盖的活动，其实性质迥异，其社会与文化后果也截然不同。

拓　殖

定居农业大幅提升了单位土地可能供养的人口，据测算，最初转向农业的那些群体，对农作物的依赖率每提高10个百分点，人口规模即可扩大一半。[①]这意味着当一个地区完成向农耕的转变之后，其人口密度可提高两个数量级。这还只是早期粗放农业的效果，此后，当灌溉、重犁、施肥、轮作、复种、育种等农业技术陆续发展后，人口密度还可再提高一两个数量级。[②]

而且定居者更有能力建立大型组织，从而将人口规模转变成战斗力，因为：（1）高人口密度意味着有效联络范围内（比如一天步行距离内）有更多人可供组织动员；（2）定居者有着更长期稳定的相邻关系，因而更容易维持联盟；（3）定居者更有可能通过财富积累而拉开权势差距，而后者是形成支配—从属结构的重

---

① Peter Bellwood, *First Migrants* (Wiley-Blackwell, 2013), pp.129-133.
② David Christian, *Maps of Time* (University of California Press, 2005), ch.9.

要条件;(4)在定居社会,从属者更不可能逃离支配者,因而支配结构一旦建立,会更牢固、更有效组织起集体行动。

基于这些优势,当定居农耕者因人口增长而侵入狩猎采集者的地盘时,后者是很难抵挡的,他们要么退向非宜耕地带,但那会加剧其与当地原有采猎者的冲突,而且随着土地开垦的加深,可供退避的空间会越来越小,要么效仿入侵者,向定居农耕转变,并像他们一样努力组织更大规模的社会,以增强其抵抗入侵的能力。

可是通过模仿完成转变并不容易,农耕涉及大量显性和默会知识,不是通过口耳相传或外部观察就能学会的;农耕生产还需要一些初始资本:耕牛、犁具、容器、驼畜、脱粒和研磨设备,以及熬过第一个生产周期和初垦低产期所需食物储备。越是成熟的农业,知识和资本门槛越高,因而越难模仿。

不过,这些障碍多少还可通过劫掠和抓捕俘虏等办法加以克服,更难跨越的是心理和文化上的障碍。农耕是一种延迟回报型生产,当农民在田地里辛苦耕耘时,其劳动成果要过好几个月才能享受到,其间还有各种不确定因素,不像狩猎采集,成果当天即可享用,对于初垦土地,劳动投入的回报周期会更长。为遥远而不确定的回报而愿意在当下投入资源和付出汗水,是一种人类并非向来就有的独特心理素质,在人类此前的漫长历史上,从未经历过像农业这样的长周期生产。①

---

① 有关农业生产对延迟满足能力的要求,我在系列博客《食物与人类》第5篇(HS:7952)中有更多讨论。

然后是文化障碍。长周期的农业生产，需要生产者在两个收获季之间存有粮食储备，并仔细控制其消耗速度以免在下次收获之前挨饿。这一看似简单的任务对采猎者却是个大挑战。首先，他很可能不会数数，更不会加减乘除，实际上多数采猎者的语言中甚至没有比三更大的数字；[①] 其次，在一个有着强烈食物分享传统的社会，保存任何食物储备都近乎不可能，甚至维持生产所必需的种子、种牛和奶牛都难以保存。[②]

雪上加霜的是，留给采猎者完成转变的时间不多，当早期农民从其近东发源地向外扩张时，在平原地带的推进速度为每年2~3公里，在褶皱地带为每年0.4公里。[③] 这意味着，采猎者从感受到威胁，并有机会近距离接触和观察农耕生活，到其地盘被侵入之间，只有少则一两代多则三四代人的时间。

基于这些因素，那些未被农耕入侵者驱逐或消灭，而确实采纳了定居农业的采猎者，往往是在与入侵者建立的某种非对等关系中完成这一转型的，例如受雇替他们干活，建立依附性交换关系，或整个群体臣服于入侵者，甚至沦为奴隶。非洲班图农民向狩猎采集地区的扩张发生得较晚（若非19世纪被欧洲殖民者终止，会延续至今），因而为我们提供了一些直接的观察机会（见第3章）。

[①] Caleb Everett, *Numbers and the Making of Us* (Harvard University Press, 2017).
[②] 有关食物分享传统对农业之采纳构成的障碍，见 Nancy Howell, *Life Histories of the Dobe! Kung* (University of California Press, 2010), ch.8；我在本书第1章和系列博客《食物与人类》第5篇（HS:7952）中也有讨论。
[③] Peter Bellwood, *First Farmers* (Wiley-Blackwell, 2004), Table 12.1.

此类征服活动是小规模分散自发进行的，当一个农业社区土地日益紧缺时，某位富有进取心的人物便会出面招募一群开拓者，响应者往往是那些无望分得土地的年轻人，他们带上必需物资，去建立新据点，拓殖群体起初多半由男性组成，有了起色之后才从来源社区中娶来妻子，但也会从拓殖点周边获得女性。[1]

农业的初次扩张只是历史上许多次拓殖浪潮中的一波，此后每一轮重大技术或组织进步都伴随着新的拓殖运动，并将波及之处的人口密度推上一个新台阶：五六千年前以食奶畜牧替代食肉畜牧为代表的次生产品革命（secondary products revolution），[2]铁器时代掌握重犁深耕技术的农民对欧洲黑土带的拓垦，[3]掌握梯田灌溉技术的集约水稻种植者向山地游耕区或园艺农业区的推进，拥有湿地疏浚和地貌改造所需社会组织基础的农民对三角洲的开发，[4]还有哥伦布大交换[5]后玉米土豆种植者向此前非宜耕区的推

---

[1] 有关拓殖者的性别构成，见 Peter Bellwood, *First Migrants* (Wiley-Blackwell, 2013), ch.1。

[2] Wikipedia: Secondary products revolution; David Christian, *Maps of Time* (University of California Press, 2005), ch.9.

[3] Peter Heather, *Empires and Barbarians* (Oxford University Press, 2009), ch.1.

[4] 有关江南水田系统开发过程，见斯波义信：《宋代江南经济史研究》，江苏人民出版社，2001，序章第1章、前篇第2章、后篇第3章；有关宗族组织在珠江三角洲沙田开发中的作用，见科大卫：《皇帝和祖宗》，江苏人民出版社，2009，第11、16、18、20章。

[5] 哥伦布大交换（Columbian Exchange）是欧洲人发现美洲大陆之后在东西半球之间发生的生物、农作物、人种、文化、传染病等元素的大规模交流。历史学家艾尔弗雷德·W.克罗斯比在《哥伦布大交换：1492年以后的生物影响和文化冲击》一书中首先提出了这个概念。

进,[1]等等。

越后面的波浪,进入地区的既有人口密度越大,所以要么推进更缓慢,要么过程更为暴烈。有些拓殖是由国家权力支持或国家直接组织的,例如金雀花朝对爱尔兰的殖民,[2]汉代在河西走廊的屯垦,[3]明代对西南部的开发。[4]但更多的是自发开拓,他们多以家族、同乡、战友、主客关系等纽带结成紧密组织,以武力为自己取得立足之地,不过,他们若来自一个有国家社会,这个国家的统治机器往往会尾随其拓殖脚步而至。

一轮轮的扩张浪潮给人类社会与文化带来了深远影响,一次成功的开拓就像一个迷你版的"发现新大陆",会给参与者带来巨大奖赏。作为新社区的奠基者,他们不仅拥有充裕的未开发资源,也有机会留下比密集腹地居民多很多倍的后代,虽不至于像最初跨越白令地峡的几小群美洲殖民者那样留下数千万后代,但也都是遗传上的暴发户。当今人类中的绝大多数,都是某位暴发户或远或近的后代。

此起彼伏的人口扩张与替代,也正是人类进化的主要方式之一。"二战"后许多人类学家一厢情愿地认为文化扩张主要是以传播与模仿而非人口替代的方式发生的,但越来越多的遗传学证据表明,多数大扩张都伴随着高比例的人口替代,男性的替代尤

---

[1] 赵冈:《中国历史上生态环境之变迁》,中国环境科学出版社,1996,第4章;马立博:《虎、米、丝、泥》,江苏人民出版社,2011,第9章。
[2] Brendan Smith, *Colonisation and Conquest in Medieval Ireland* (Cambridge University Press, 1999).
[3] 葛剑雄:《中国移民史·第2卷》,福建人民出版社,1997,第5章。
[4] 曹树基:《中国移民史·第5卷》,福建人民出版社,1997,第7章。

为彻底,所以,这些扩张不仅传播了文化元素,也散布了拓殖者所携带的遗传特性,而且,如我即将说明的,拓殖群体并非其来源社会的随机子集,因而上述散布过程同时也是个选择过程。

开拓者通常来自人口已足够密集的成熟社区,但又不是远离拓殖前线的腹地,因为腹地已变得过于黏稠而难以穿越。这一点使得农耕区扩展前沿地带的文化变得与腹地十分不同,例如,拓殖社区组织更紧密,更有内聚力,因为他们身处陌生危险世界,更需要抱团以求安全,而且他们也更少会因人口压力、资源紧张而产生内斗,因为他们可以继续开拓来应对人口压力,不像被困在腹地的社区,人口压力只能导致竞争升级。[1]

新石器时代拓殖欧洲的第一批农民中,流行着一种公共长屋,几座长屋组成一个易于防守的形状,[2] 显示了社区的内聚力。或许并非巧合,18—19世纪在婆罗洲活跃拓殖的水稻种植者伊班人(Iban)也以公共长屋组织社区,[3] 汉族农民在华南的拓殖前锋客家人,也有着著名的大型围屋。[4]

前沿地带的文化也更为积极进取,成功开拓带来的巨大奖赏不仅直接激励了更多开拓冒险行动,也提升了与冒险进取个性有关的基因频率,相比之下,在密集腹地,具有此类禀赋的个体更可能被严酷命运所惩罚,因而,在统计上,一个群体与冒险进取

---

[1] 当然不乏例外,在文明中心的秩序崩溃时,许多逃难者成为逃往地区的开拓者,其来源更为混杂,所以腹地的秩序越稳定,这里说的效应会越显著。
[2] Wikipedia: Neolithic long house; 麦金托什:《探寻史前欧洲文明》,商务印书馆,2010,第4章。
[3] Peter Bellwood, *First Migrants* (Wiley-Blackwell, 2013), ch.1.
[4] Wikipedia: 围龙屋。

有关的文化气质与遗传组成，将和它距离上一次扩张浪潮的时间长度相关。

前沿与腹地之间在社会结构上也会形成差异，边疆地带的宗族组织更发达，解决冲突纠纷时更多依靠私人复仇等自我执行机制，而较少求助司法系统和政府权威，那里的等级结构也不如腹地森严牢固，因为个人通过开拓而发达的机会更多，但种族或民族身份在社会等级结构中扮演的角色更为鲜明。这些特点，在华南边地和英格兰北方边境地带都有着清晰的表现。

劫掠与扫荡

拓殖运动不仅替换了其波及地区的人口，也散播了自身所携带的包括生产模式、语言、生活方式和社会组织在内的整个文化"套装"。但并非所有征服活动都是如此，游牧者对定居农耕社会的征服，效果就十分不同，他们并不会把农耕区改造成牧场（虽然据说蒙古征服者一度有过这样的念头，但毕竟没有实行，而且该说法的严肃性也十分可疑）。

这不仅是技术或生产效率上是否可行的问题，更是因为那会让征服者丧失征服带来的最大好处——从农耕社会汲取财富，以后者的单位土地产出率和财富积累潜力，只需汲取一小份便远超出将其用作牧场可能带来的收益，这也是为何农耕社会总是不断招致游牧者的劫掠、入侵乃至征服。

游牧入侵者不会推行其生计模式，并不意味着他们不会改变所侵入的社会。相反，游牧者的威胁是影响相邻农耕社会历史进程和文化走向的最重要外部力量，而这一影响的性质，可以随具体的互动情境而迥然不同。

它可能导致定居社会的秩序崩溃，这并不是入侵者愿意看到的结果，因为那会让大量可供汲取的财富消失，那些以大笔勒索贡奉为主要汲取手段的掠夺者损失尤其惨重，因为秩序崩溃之后，可供勒索的大金主要么消失了，要么强化了自我武装得以幸存，甚至可能也加入了劫掠者行列。

然而，所有人都不愿看到的局面仍可能出现，因为假如没有任何劫掠/勒索者有能力对劫掠机会建立排他性控制，那么所有人都会倾向于不顾后果地竭泽而渔，最终（如果定居者缺乏自卫能力的话）演变成灾难性后果。这是一种特殊形式的公地悲剧（tragedy of the commons），青铜时代末期各支所谓"海上民族"（Sea Peoples）对地中海文明的打击，[1]西晋后期的五胡入华，罗马晚期游牧者匈人和阿兰人（Alan）侵入东欧造成日耳曼世界大乱、迫使各日耳曼部落横扫罗马疆域的过程，[2]皆可归为此类。

但有些游牧首领成功避免了公地悲剧，他们在各部落中树立了足够权威，或多或少能对他们的劫掠行动有所羁勒，以免过度破坏财源或引起定居社会的过度反应，他们寻求更稳定的贡奉，尽量将劫掠留作威慑和谈判工具，有时还充当定居国家的雇佣军，和亲时期的匈奴人、唐代的部分突厥部落（例如沙陀部）、6

---

[1] 埃里克·H.克莱因：《文明的崩塌》，中信出版社，2018，序、第4章；海上民族的族源背景至今未明，他们可能不是游牧者，但显然也是高度分散的游动性袭击者，因而与游牧者的侵袭原理类似。
[2] Peter Heather, *The Fall of the Roman Empire* (Oxford University Press, 2007).

世纪东罗马边境上的阿拉伯部落,是几个较显著的例子。[1]

不过这种关系往往脆弱而不稳定,多数时期,游牧者对于定居社会都是一股破坏性力量,他们的冲击与扫荡带来了两方面后果,首先是游牧成分持续渗透进定居文明,包括文化元素和遗传成分,其次(可能影响更大的)是,一些定居文明的社会结构反复被打碎,原本已形成丰富梯级的高大等级阶梯破碎成众多小阶梯,有时这一破裂状态长期持续,有时则很快又被重组成新阶梯(游牧征服者还时常扮演重组者的角色),有关这一点对于社会进化的更多意义,后文将会更深入讨论。

精英替换

还有一类征服既不伴随着生产模式的替代,也未大幅改变被征服者的社会结构,征服者只是将目标社会的最高阶层从等级阶梯上踢走,自己取而代之,虽然难免会引入一些新的文化与制度成分,但社会结构很大程度上保持了连续性,人类学家将此过程称为精英替换(elite transfer),以此方式发生的征服,是各类征服活动中破坏性较小的一种。

精英替换型征服的最经典案例是1066年诺曼人对英格兰的征服,7000~10000名战士跟随威廉(William)跨越海峡,其中包括两三千位骑士,最终,威廉的5000多名追随者瓜分了英格兰95%的土

---

[1] 托马斯·巴菲尔德在《危险的边疆》中对此类较稳定关系的形成机制和存在条件有很好的分析。

地——由大约9500个庄园组成，绝大多数盎格鲁—撒克逊贵族被剥夺地产和教会职位。这是一次非常彻底的替换，与此同时，构成英格兰经济体系之基础的庄园结构基本原封未动，只是换了主人。①

不过，正如彼得·希瑟（Peter Heather）所指出的，像诺曼征服这么纯粹的精英替换可能只是特例，大规模征服通常伴随着相当比例的大众人口替代，因而会给社会结构施加更大强度的冲击。

诺曼征服有诸多特别之处，首先，海峡两岸有着相似的封建系统，因而诺曼武士接管英格兰庄园毫无障碍，而庄园结构下的土地所有权集中度很高，被替换的精英层规模很小；其次，诺曼征服是典型的封建贵族战争，尽管以贵族战争标准，威廉已倾尽全公国之力，但相比倚重步兵的集权帝国，其军队规模很小，因而征服后需要安置的人口也很少；再次，征服过程极为迅捷，黑斯廷斯一役而竟全功，若战事延宕多年，入侵者可能会从本土招募移民以巩固据点，征服就会变得更像传统的武力拓殖，就像9世纪维京人在丹麦法区（Danelaw）的征服活动那样。

精英替换常会留下一个容易辨别的特征——征服者最终采纳了当地语言，因为除非他们在武力优势之外同时也拥有巨大文化优势，否则一小群精英是很难将其语言强加给被征服社会的。②

---

① Peter Heather, *Empires and Barbarians* (Oxford University Press, 2009), ch.6; Wikipedia: Norman conquest of England.
② 讽刺的是，elite transfer 这一术语最初正是语言学家用来指称因一小群精英的采用而改变整个群体之语言的现象，但其实这种情况不太容易发生，例如法语在俄罗斯精英中流行了很久也未对大众语言产生什么影响，更多分析可见 Nicholas Ostler, *Empires of the Word* (HarperCollins Publishers, 2005)，特别是第1、2、7、11、12章。希望这一说明可让我们摆脱该术语的历史包袱。

诺曼法语在英格兰的官方地位维持了近三个世纪，终究还是让位于英语。

罗马崩溃后法兰克人对西欧的征服则展示了武力拓殖和精英替换两种模式的梯度分布：越是远离莱茵河旧前线，征服就越接近于精英替换，反之则越像武力拓殖，两种模式大致以卢瓦尔河为界，这条界线也粗略对应着法语的奥依语（langue d'oïl）和奥克语（langue d'oc）两大方言区的分野。①

卢瓦尔河两岸的差异也源自征服者自身的社会变化，征服初期的法兰克社会更像个酋邦，而到墨洛温王朝盛期，封建系统已趋成熟，战争与征服事业已为武士贵族所垄断，王权也已足够强大，征服不再是分散自发的武力拓殖，而是高层与高层的权力竞赛，在卢瓦尔以南，征服者满足于上层领主地位，而保留了多数小地产主的土地权。

满族对中原的征服所造成的社会与文化冲击比诺曼征服更小，等级阶梯确实断裂又重组了，但那是由于明王朝自身的崩溃解体，并非征服的结果，而重组之后，除了金字塔尖上的一小截之外，甚至连精英替换都很难说得上。

精英替换未能在明清改朝中大规模发生的原因有两个。一是近古中国的土地产权极为分散，大约一半农民是自耕农，70%的土地是自耕地，非自耕地中也有许多佃户拥有永佃权，多数农户只有几亩十几亩地，而且往往还是不连片的，地产交易记录中的注册地块平均只有一亩多；很明显，如此分散局面下，征服者不可能像诺曼

---

① Peter Heather, *Empires and Barbarians* (Oxford University Press, 2009), ch.6.

人接管英格兰庄园那样顺利接管土地，易于接管的，只有数百个官庄，三四万顷地，事实上，满族征服者放弃了这些官庄（送给了原佃户），而在京师附近和关外另外圈占了一批"旗地"用于奖赏。①

另一个原因是中国社会等级结构的特殊性，该结构完全围绕官僚系统而构造，个人地位取决于他（或其父祖）在官僚层级中的位置，而（唐以后）爬升的主要途径是科举考试，自宋代起，该系统又通过缙绅阶层向下延伸至乡村和宗族。所谓缙绅就是退休或因养病、守孝而停职在家的官员，和取得科举功名但未能出仕者，他们既是所在宗族的领袖，又是地方事务主导者和地方秩序维护者，同时，因其地位完全来自与朝廷的关系（担任官员或参加科举），因而有足够动机效忠朝廷。

这一机制正是明清两代能以极小规模的政府统治庞大人口的奥秘所在，也让宋明两朝在政权已经全面崩溃之后，其流亡小朝廷仍能吸引一批忠实追随者，其稳固帝国统治的作用在晚清也表现得淋漓尽致，组织团练、稳定地方、对抗太平天国的，都是缙绅，叛乱过后，中央政府在兵权已经旁落的情况下，仍支撑了半个世纪，唯一的依靠便是缙绅的效忠。②

或许正是认识到上述机制的重要性，清王朝非常明智地及时（在明朝遗儒死绝之前）恢复了科举体制，但这样也就限制了征服者对原有社会精英的替换。

除了上述较易识别的模式之外，更多的征服活动混杂着劫掠

---

① 赵冈、陈钟毅：《中国土地制度史》，新星出版社，2006，第1、4、7章。
② 有关缙绅在晚清平叛中的作用，见孔飞力：《中华帝国晚期的叛乱及其敌人》，中国社会科学出版社，1990。

扫荡、武力拓殖和精英替换，例如罗马末期日耳曼各部对帝国疆域的大举进犯，这些入侵者并非小股武装团伙，而是一个个拖家带口的完整社会，每一支都有着数千武士和上万人口，有时在某位强力首领之下更可聚起十几万人，一路赶着牲口，牛车里装着全部家当。①

起初他们更像因匈人打击而逃离家园的难民，实际上最初越过多瑙河的几支哥特人也是被罗马帝国当作难民安置的（同时也有意将其用作雇佣军），但为了解决给养问题，他们在巴尔干四处流窜劫掠，同时逐渐发觉罗马帝国防备的虚弱，其首领们的野心也随之膨胀，从最初只想获取一块立足之地，到以武力换取优厚报酬（或战利品），到取其雇主而代之，最终创建新王国。②

在此过程中，这些部落的结构并非原封不动，逃难和迁移本身就会剧烈冲击社会结构，安全需要将大幅提升武装首领的地位和强制力，而劫掠和充当雇佣军带来的财富，以及从迁移向军事征服的转变，将逐渐改变社会组织，令其向军事逻辑靠拢。部分过于累赘的成员可能被抛下，领袖间的战略分歧可能造成群体分裂，共同战略利益将导致联合，规模太小的群体会并入更强大者，有些部落甚至可能是在此类重组中从无到有创建的。

所以，当西哥特人和汪达尔人（Vandals）辗转万里分别到达

---

① Peter Heather, *The Fall of the Roman Empire* (Oxford University Press, 2007), ch.5.
② 同上，第4章。

阿基坦（Aquitaine）、西班牙和北非时，其社会已和最初跨越莱茵河前线时十分不同，其征服也变得更像精英替换，也正因此，这些征服在当今语言分布上几乎没有留下任何痕迹。

秩序扩展

前一节的例子已展示了，征服者可以在很大程度上保留被征服社会原有的人口成分、社会结构和精英组成，而无损于自身的征服收益。在另一些案例中，征服者甚至宁愿保留原有的最高统治者，而满足于以宗主身份实行间接统治，因为统治是有成本的，而宗主权可为征服者带来多数好处：政治上的顺从，战争中的配合，汲取资源的机会，将秩序推行至更大范围……与直接统治相比，间接统治的主要代价是放弃了用该国土地与职位奖励追随者的机会。征服者的选择将取决于他更在乎哪些好处，而距离远近、交通与通信条件、丰饶程度、战略重要性、文化差异带来的额外统治成本、笼络支持者的迫切性，都是影响其得失权衡的因素。

奥斯曼在欧洲的扩张明显分成了性质不同的几个阶段，征服初期（14世纪中叶）在色雷斯（特别是东色雷斯，即现代土耳其的欧洲部分）执行的是武装拓殖政策，当地人大部分遭驱逐，突厥族移民取而代之。这一政策选择有两个背景：首先，该地区控制着连接欧亚和出入黑海的双重交通要道，需要最忠实的居民以便实施最牢固的控制；其次，当时大批突厥人在蒙古人的压力之下涌入安纳托利亚，他们为奥斯曼提供了充足兵源，但也亟须得到安置，以免制造麻烦。①

奥斯曼对南斯拉夫地区的征服更像罗马对高卢的征服，控制重要城镇，建立军事基地，任命地方长官，为士兵分配一些土地，但未大规模替代原住民；再后来对多瑙河以北地区的征服，则更倾向于控制附庸国而非建立新的行省，这和罗马在色雷斯、安纳托利亚、高加索和征服早期的不列颠所执行的政策类似。②

上述转变既和距离有关，也是因为帝国内部的变化：突厥难民潮已经消退，苏丹的专制权力在加强，贵族地位被削弱，奥斯曼正从一个封建贵族社会转变成中央集权帝国，例如巴耶济德一世（Bayezid I）任命了一批自己的奴隶取代突厥贵族担任行政长官甚至行省总督，如此一来，以新封地来奖励支持者的需求显然不再迫切。③

无论征服者的动机是什么，像罗马、秦汉、波斯、奥斯曼这样的大型帝国，都在广大地域内建立了一种秩序，在最弱意义上，它提供了一个让长距离贸易和人口流动更容易发生的和平环境，但只要它存在得足够长久，就会带来更多社会与文化后果。这是因为它创造了一部结构更庞大、层次更丰富的社会阶梯，因而提供了更多向上爬升的机会，而这些机会的分布是不均匀的，

---

① Peter F. Sugar, *Southeastern Europe under Ottoman Rule, 1354–1804* (University of Washington Press, 2014), ch.1, 3, 6.

② 罗马在这些地区保留的附庸国，见 Wikipedia: List of Roman client rulers; Roman client kingdoms in Britain。

③ Norman Itzkowitz, *Ottoman Empire and Islamic Tradition* (University of Chicago Press, 1980), ch.1; Peter F. Sugar, *Southeastern Europe under Ottoman Rule, 1354–1804* (University of Washington Press, 2014), ch.1.

很自然地会更青睐那些靠近权力中心的人，而那往往意味着在文化、族源和社会关系上更接近最初发动帝国创建进程的那个核心集团，例如罗马城邦的贵族、刘邦的家族和同乡集团、奥斯曼酋邦的权贵。

对于这些群体，帝国仿佛突然为他们打开了一扇机会之门，催生一股向上流动的热潮。大英帝国鼎盛期，大批牛津、剑桥毕业的精英子弟涌往各海外殖民地，担任公务员、军官、传教士、医生和公司职员，也带动更多阶层的子弟去海外寻找机会，闯荡世界，力争在帝国提供的广阔舞台上成就一番事业的豪情壮志一时蔚然成风。[①]

这些人将为所到之处带去他们在母国习得的整套文化元素，包括语言、价值观、行为准则、习俗风尚、法律观念、组织模式。重要的是，这些会受到当地精英的热情效仿，因为他们向当地那些有志于向上爬升的青年亲身示范了，若要取得地位与成就，须将自己变成何种模样。由此，这部通达帝国顶层的社会阶梯，成为文化传播与同化的强力引擎。

当这部引擎有效运转时，它同时也将为起初由武力征服所扩展的帝国秩序浇筑更扎实的基础，因为多数富有进取心、能力出众、成功向上爬的人，都接纳了构成该秩序之基础的规范与价值，并成为秩序的受益者，因而有足够动机去维护它。

---

① Niall Ferguson, *Colossus* (Penguin Books, 2005), ch.6.

8　压力与动荡

除了入侵和征服，对社会结构的冲击也可来自内部。不同类型的复杂社会维持自身结构稳定的能力不尽相同，它们适应变化、容纳新元素的潜力也相去甚远，随着技术、资源条件、人口等方面的变迁，有些社会表现出了良好的弹性，因而在一个相对平滑的过程中逐渐演变适应；另一些则崩溃解体，或在兴旺与衰败之间反复震荡，数百年积累的进化遗产常在一夜间消亡大半。

这些故事头绪纷乱，这里只讨论一些与本书主题相关的方面。

边疆的消失

如同我在前面的章节中试图说明的，大型社会，连同作为其结构骨架的那部宏大等级阶梯，都是由一个较小内核向外扩张而形成，不仅如此，持续扩张甚至可能是这些结构存在的前提。在扩张期，社会充满了上升机会，精英层富有朝气和活力（见第7章），可一旦扩张停顿下来，内斗便开始加剧，社会变得动荡不安，那些不能应对这一变化的体制遂走向崩溃。

有几条原理在这现象背后共同起作用。首先，上层总是倾向于将其已经获得的地位与财富保留给自己的后代，所以除非机会空间持续拓展，留给向上流动者的空间会越来越小。其次，上层子弟因其在富贵家庭的优裕成长经历，总是对其未来社会地位有比普通人更高的期待，可是因为上层生育子女的数量更多，[1]所以即便不考虑向上流动者，也难免会有部分向下跌落，这会令其强烈不满，催生各种反体制行动。再次，下层总是会产生一些才华出众且富有进取心的人，这些人若在体制内看不到实现抱负的机会，就会成为一股潜在的颠覆性力量；尽管让上一代权贵取得地位的那些禀赋相当程度上是可遗传的，但遗传率毕竟不是百分之百，况且地位爬升还有许多运气成分，所以权贵子弟未必和他们的父祖辈一样有能力，但他们却占据了越来越多的上层空间，下层产生拥有同样优秀禀赋个体的比例虽然较低，但考虑到其人口基数，那将是个十分庞大的群体。

从公元前31年屋大维战胜安东尼到117年图拉真驾崩，148年间罗马共新建了33个行省，平均每4.5年一个（和美国最初120年的建州速度几乎一样），其中有些是新征服土地，有些是随统治成熟、人口增长、罗马化深入而从旧省份中分割而来，另一些则是附属国随帝国控制加强而变成行省，每个新省份的建立都将创造一批诱人的新职位；然而从117年到293年戴克里先改革之际，只建立了4个新省，以142年安多宁长城（Antonine Wall）的建造为标志，罗马的扩张达到了其极限，38年后，所谓"五贤帝"黄金时代便告终结，动荡年代开始。[2]

上升通道的日益拥挤可从帝国官僚机构的膨胀中窥见一斑。

---

[1] Gregory Clark, *A Farewell to Alms* (Princeton University Press, 2007), ch.6.
[2] 罗马各省建立时间，见 Wikipedia: Roman province。

当行省不再提供更多职位，人们只好削尖脑袋往中央政府里钻，而皇帝为笼络支持者也乐意派发职位，直属皇帝的中央官僚机器原本非常小，3世纪40年代还只有250名资深官员，到帝国晚期，这个数字急剧膨胀到了6000，仅东部财政署就有224位官员，还有610人排在候补名单上，许多有地位的父母在孩子刚出生时就为他们在候补名单上挂了号。①

政府规模膨胀也体现在行政层级的增加上。戴克里先改革将帝国分为四个大区，分别由四位皇帝（两位奥古斯都和两位恺撒）治理，同时将47个省细分作104个，并将它们组织进12个专区（diocese）。这一改革的背景与早期的行省细分截然不同，3世纪后期，帝国的人口（在经历了两次大瘟疫之后）下降了，疆域缩小了，经济衰退了，除了缓解上升通道过度拥挤带来的不安之外，看不出任何需要细分政区和增加行政层级的理由。②

边疆消失的政治后果也可表现为另一种形式：一群相互竞争的分立政权中，最终脱颖而出者往往地处边缘，因为他们的边疆最晚消失或从未消失。西周初期最有势力的是召、毛、井、毕等近畿诸伯，到西周后期，关中平原已充分开发，畿内已没有扩张余地，此时最强大的诸侯是虢、郑、秦、卫，虽然也在畿内，但都处于边缘位置。畿内开拓空间的消失显然造成了很大压力，所以宣王中兴的主要举措便是向南向东强化对汉水与淮河流域的征服，并且将申、吕等一批畿内诸侯迁往新领地，

---

① Peter Heather, *The Fall of the Roman Empire* (Oxford University Press, 2007), ch.3.
② Wikipedia: Tetrarchy; Roman diocese.

以缓解畿内压力。①

东迁之后，郑国在很长时间内都是头号强国，卫国也不甘下风，但最终成就霸业的，以及后来成为战国诸雄的，都是边缘诸侯，无一来自中原腹地。地处东南边境的宋国一度跻身列强，但楚吴兴起后宋便失去了边疆，终于沦为次等国；卫国情况类似，它原本是北方边境国，西北两面直接与戎狄相接，后来被扩张后的晋齐两国包在了里面，丧失边疆，从此在诸侯争霸舞台上沦为小卒；②秦国的崛起，得益于戎人入侵者将绝大部分周人贵族驱逐出了关中，此后秦对关中的占领是一个再征服过程。③

英格兰的强大固然有许多原因可寻，但边疆的持续存在也是个不可忽略的因素，对威尔士的征服从诺曼朝一直持续到爱德华一世，此后的巩固与殖民过程又持续了近两个世纪；对爱尔兰的征服到17世纪才完成，殖民则持续到18世纪，④而此时，新世界早已为英国人打开了前所未有的广阔边疆，直到"二战"后帝国被解散为止。

边缘优势的另一个例子是普鲁士。普鲁士崛起于日耳曼东扩前哨，从一个蕞尔小邦最终统一德国并称霸欧洲，其活力与成就离不开边疆背景。中世纪的东扩运动（Ostsiedlung）是日耳曼人对东欧的再征服，在2—3世纪的第一轮东扩中，日耳曼人曾向东向南占据了整个东欧，远至维斯杜拉河（Vistula）以东、黑海北

---

① 李峰：《西周的灭亡》，上海古籍出版社，2007，第2、4章。
② 童书业：《春秋史》，中华书局，2006，第5—12章。
③ 李峰：《西周的灭亡》，上海古籍出版社，2007，第5章。
④ Padraig Lenihan, *Consolidating Conquest* (Routledge, 2008).

岸和伏尔加河流域，然而在5世纪最终摧毁罗马帝国的西向大迁徙浪潮中，日耳曼人（至少其精英层）几乎从东欧撤空，他们留下的真空成就了此后几个世纪中斯拉夫人的大扩张。①

到中世纪盛期，随着西欧人口压力大幅提升，迁移方向再度逆转，日耳曼人沿着从波罗的海到多瑙河之间的整条东部前线向东扩张，远至特兰西瓦尼亚（Transylvania）。②其中对波罗的海东南方原异教地区的征服，是在罗马教廷支持下以十字军运动的形式进行的，此后的殖民活动又得到汉萨同盟（Hanseatic League）所建立的商业据点的支持，其中条顿骑士团（Teutonic Order）的拓殖成果便构成了日后普鲁士王国的基础。③

殖民据点的建立者从西部各德意志邦国招募移民，向其授予大片土地，因而为日耳曼精英子弟提供了大量上升机会，这一点很清楚地体现在普鲁士容克阶层（Junkers）的形成过程中。容克的地产规模非常大，远远大于西部德意志诸邦的贵族同侪，晚至1800年，容克人数仅3500多，却拥有了普鲁士东部各州（东西普鲁士、勃兰登堡、波美拉尼亚和西里西亚）的绝大部分耕地。④这片地区至少比英格兰大一半，而诺曼征服后瓜分英格兰土地的是5000多位骑士，300年后，仍然保有骑士领以上大地产的骑士

---

① Peter Heather, *Empires and Barbarians* (Oxford University Press, 2009), ch.2, 8, Map 3.
② Wikipedia: Ostsiedlung; Germanisation; History of German settlement in Central and Eastern Europe.
③ Eric Christiansen, *The Northern Crusades*, 2nd Edition (Penguin Books, 1997). Wikipedia: Northern Crusades; State of the Teutonic Order; Prussia.
④ H.M. Scott (ed.), *The European Nobilities in the Seventeenth and Eighteenth Centuries* (Basingstoke UK, 2007), ch.5.

只剩下1100位，其他已因地产分割而跌落为土地绅士，后者规模超过10000。①

正是边疆的持续存在，让容克成为一个积极活跃、极富进取心的群体，他们不仅是普鲁士扩张的主要力量，也占据了普鲁士（以及后来的德意志帝国）军队和政府的绝大部分高级职务，由他们组成的军事与行政系统皆以其廉洁高效而著称于当时的欧洲。

可是，尽管容克的财富与成就皆远超西欧贵族，却被后者视为土豪暴发户，并非真正贵族，除了在姓氏前加个"冯"（von）之外，他们一般也没有爵衔，甚至"容克"一词也显得不那么高贵，它在高地德语中本是"young lord"的意思，因为最初的容克大多是无望继承家业而前往东部寻找机会的贵族幼子。②

压力的释放

在那些早已失去边疆、暮气沉沉的老旧国家中，是见不到普鲁士那样的廉洁高效机构的，因为边疆一旦消失，竞争焦点便从开拓创业转向对既有位置的争夺：如何将别人从高位上拉下来，如何将崭露苗头的新秀踩下去，如何下绊使套以阻止竞争者抢在前面，如何装出一副毫无野心的平庸模样……这些都是宫廷争斗

---

① Ian Mortimer, *The Time Traveler's Guide to Medieval England* (Simon & Schuster, 2010), ch.2.
② H.M. Scott (ed.), *The European Nobilities in the Seventeenth and Eighteenth Centuries* (Basingstoke UK, 2007), ch.5; Wikipedia: Junker (Prussia).

和办公室政治中的常见主题。

不同体制各有其独特方式来释放因上升空间挤迫而日益积聚的社会压力,专制君主较青睐的手段是周期性清洗,许多新继位皇帝在权位稳固之后都要清除掉一大批旧臣,以便腾出位置好安排自己的亲信,同时也释放出这些旧权贵所占据的各种资源,既让自己拥有了更多激励工具用来吸引和奖赏支持者,客观上也起到了缓解压力的作用。不过,清洗也是一种危险的游戏,稍有不慎,洗掉的可能就是自己。

封建君主没有能力实施大规模清洗,按定义,他们就不拥有大清洗所需要的强权,封建社会更多以持续不断的低烈度战争为压力出口,这也是武士贵族擅长且喜欢的方式。因为战争是封建贵族和君主的职业,他们对其中涉及的组织动员、成本与利益分配、妥协、谈判、议和、善后等事务,早已有了一套成熟的操作方法,对于胜败的后果也有充分的心理和制度准备,因而频繁的低烈度战争并不会影响其经济运行与社会稳定。

集权国家却未必能顺当地利用这一出口,若一个国家的权力体系并非围绕军事而构造,而文职政府也未能建立一套控制军人的精妙机制,那么战争就会破坏权力平衡,所以像中国这样以官僚士大夫为骨架的帝国,是很不情愿打仗的。在古代的通信条件下,既让指挥官拥有足够的作战能力,又避免让他们掌握过多资源和权力,很难做到,战争越频繁、拖得越久,武人篡权的危险就越大,像林肯那样全程实时监控战争进程,将调度资源的权力完全保留在文职政府手里,只有在电报铁路时代才可能发生。

科举制成熟之后,士大夫丧失了最后一丝贵族色彩,变得更讨厌战争。宋王朝无论对内对外都尽量花钱解决问题而避免使用武力；为控制武人，宋政府史无前例地将军队全面职业化，军需军饷由中央政府（以盐引等方式）直接配给调拨，而不是像以往那样划拨一份令其自给自足的财源，这一做法使其财政绷到了极限，尽管宋政府的敛财和行政能力按古代标准也都已提高到了极致，却仍然不堪重负。

集权帝国的压力释放更可能以爆炸性方式发生，社会上层在一次大动荡中被大比例消灭，从而为废墟上重建起来的新王朝提供一个宽松空间。中国古代历史上的叛乱和王朝更迭期中，对上层精英的屠戮往往十分惨烈，他们既是底层暴动者发泄仇恨的对象，也是新王朝创建者的重点清除对象。

六国贵族先是被秦政权以迁徙流放等手段在组织上打碎，然后又在秦末战争中被起于草莽的刘邦集团从肉体上消灭；汉末士大夫先是在党锢之祸中被大批杀戮，后又遭董卓屠杀，然后是地方豪强在内战中相互杀戮；魏晋时期贵族势力抬头，相互较为客气，然而在西晋末期八王之乱中又大开杀戒，接着在永嘉之祸中世族几乎被石勒屠戮殆尽，残余部分多逃往江南，两百多年后又在侯景之乱中再遭灭顶之灾，结果唐代世族中已鲜有南方人，只有残留于北朝的少数旧族和鲜卑贵族（包括鲜卑化的汉人世族）。

汉末、隋末、唐朝安史之乱和元末，都是人口消灭过半的秩序大崩溃，上层精英的存活率虽可能高于平民，但作为一个阶层，他们很大程度上被消灭了，因为士大夫的地位围绕官僚系统而建立，取决于他和帝国权力的关系（不像封建贵族，地位以土地保有为基础），虽然遗传所得的个人禀赋和教育背景可能对他们在新王朝谋得一席之地有所帮助，但往往只能从很低的起点重新开始，而有些开国君主并不喜欢他们，觉得任何旧精英都是可能挑战其权威的隐患，例如朱元璋，帝位稳固后实施了可能是史上最大规模的强制移民，其动机之一便是清除江南士人旧族的势力。

贵族制的韧性

不同体制在面对压力时表现出的韧性也相去甚远，相比集权官僚，封建贵族对抗压力、维持秩序的能力强得多，中世纪英格兰虽战火不断，还经历了人口减半的大瘟疫，但从未出现秩序全面崩溃的局面，个体贵族家系的命运难免起伏跌宕，然而作为一个阶层，其地位始终稳固，社会结构和制度传统因而得以长期延续不断。

这一韧性首先来自权力的分立，贵族都是大地产主，地方安定直接影响其利益，因而有着足够动机维持地方秩序，而且拥有并懂得如何运用权力（包括武力）来做到这一点；权力分立让大部分局部的反体制苗头在大规模蔓延之前即被压灭，黑死病暴发之前的英格兰人口压力巨大，多次发生饥荒，特别是1315—1317年的大饥荒[1]，却没有出现重大社会危机。

英格兰史上对贵族秩序的最大挑战，即1381年的农民叛乱[2]，反倒发生在黑死病暴发30多年之后，而这恰恰是工资率成倍提

---

① Wikipedia: Great Famine of 1315–1317.
② Wikipedia: Peasants' Revolt.

高、食物价格低廉、农民生活大幅改善的时期，正因为地租下降和工资率上升改进了农民的相对经济状况，他们提升了对自身社会地位的期望，同时被赋予了为此而行动的能力。①由此可见，有关饥荒、瘟疫、天灾带来社会动荡的流行观点至少不是普适的，若精英层组织良好且实力强大，这些都无法将秩序击垮。

贵族体制的韧性也来自其应对压力的方式，它将压力随时随地在每个微小局部解决掉，而不是任由其积聚流动蔓延。由于贵族地位的世袭性质，多数决定个体地位的事件都发生在家庭内部，多数地位之争都是家务事，直接面对压力的是家长和法定继承人，尽管限嗣继承制度的确立将部分压力转移给了司法系统，但女儿和幼子们仍可要求以年金和嫁妆等形式分得小部分家产。当这些要求得不到满足时，其怨愤是明确指向家长和长兄的。②

可以想象，当一位家长为避免家产分割而将女儿送进修道院、将幼子踢出家门令其自谋生路时，承受的压力将何等巨大。可是也正因为问题在每个家庭内部得到解决，才不容易积聚成反体制力量。维多利亚时代的英国殖民地和美国有一个叫"汇款仔"（remittance man）的群体，就是被英国上层家庭赶出家门的年轻人，家长同意定期汇一笔津贴，条件是去新世界自谋出路，其中许多是无继承权的幼子，也有些是性情乖张、行为不端、整天惹

---

① 有关黑死病的经济后果，见 Walter Scheidel, *The Great Leveler* (Princeton University Press, 2017), ch.10。

② Lawrence Stone, *The Family, Sex and Marriage in England, 1500–1800* (Harper & Row Publishers, 1977), ch.2, 5, 7.

麻烦、有辱家风的不肖子。①

中国的精英阶层中不存在类似机制，虽然中国精英也喜欢积累地产，但那不是其地位的来源，而只是一种受偏爱的投资，士大夫地位来自本人或父祖辈或族内近亲担任高官的经历，高官辈出的家族便成了世族，因而支撑个人地位的各种条件——家庭财力、家族势力与人脉、受教育机会、家风声誉、与高官的亲属关系，都是不可分割的资产，它们为个人提供了一个优越起点，但他最终能达到的位置取决于自身努力和运气。

不仅没有分割问题，这些构成"家族势力"的资源还往往具有网络效应（network effect），也就是具有非拥挤性且"越用越多"。②所以在家庭和家族这一层次不存在压制内部某些个体之前途的动力，相反，每个家族都追求人丁兴旺、人才辈出，相互提携庇护，以此巩固壮大家族势力这份集体资产，如此一来，上升通道拥挤的压力便推向了外部，在全社会层面积聚和爆发。

上述原理同样适用于社会中下层。由于社会地位与地产保有没有直接关系，对生育数量和地产分割的唯一限制是生存极限，因而近古中国人普遍早婚早育，女性平均初婚年龄低于19岁，而且育龄妇女结婚率近乎百分之百，但生育数量却受限于经济条

---

① Mark Zuehlke, *Scoundrels, Dreamers and Second Sons* (Dundurn, 2001).
② 非拥挤性是指资源的这样一种特性：使用该资源的边际收益不会随使用它的人数增加而递减，典型例子是电视节目，观看效益不会随着看人数的增加而降低，相反，游泳池就是一种拥挤性资源，泳客越多，体验越差。网络效应则比非拥挤性更进一步：使用者越多，使用收益越高，例如某些通信平台，更多解释见弗雷德·E.弗尔德瓦里：《公共物品与私人社区》，经济管理出版社，2007；Wikipedia: Network effect。

件，由于财产过细分割，这一限制绷得很紧，活到绝经期的女性平均只生5个孩子，末次生育的平均年龄仅34岁。这与西北欧婚育模式形成鲜明对照，在12—16世纪，后者女性初婚年龄约26岁，结婚率不到90%（有时低至75%），可一旦结婚，就放开了生，活到绝经期的女性平均生8个孩子，末次生育平均年龄40岁。[1]

不难看出，两种婚育模式中，人口压力起作用的环节不同。在西北欧，人口压力作用于婚前财产安排上，在家庭内部消化，那些未能说服家长备足嫁妆的女性，要么嫁不出去或被送进修道院，要么不愿接受地位跌落的命运而宁愿独身，只有那些已为未来家庭和子女养育做好了充分财务准备，并很大程度上能确保下一代地位不跌落的人，才有机会结婚生育。这一点在精英阶层表现尤为突出，18世纪的英格兰土地绅士中，50岁以上还从未结过婚的比例高达1/4，幼子们的初婚年龄普遍在30~35岁。[2]

相比之下，在东方，女性只要性成熟就会嫁出去，只要养得活就继续生，于是人口压力表现为个体家庭财富的日益缩减直至触及生存极限，大量人口挣扎于生存线附近。

集权的脆弱

除了压力分布上的差异，集权体制对抗压力的韧性也远不如分权体制。有几个原因，首先，集权君主倾向于压制、削弱和剥

---

[1] Gregory Clark, *A Farewell to Alms* (Princeton University Press, 2007), ch.4.
[2] Lawrence Stone, *The Family, Sex and Marriage in England, 1500–1800* (Harper & Row, Publishers, 1977), ch.2.

夺除自己以外所有人的武力，以及更一般意义上的政治行动能力，换句话说，他们确保权力的方法，是将平民变成温顺羔羊，将各级官僚变成软弱奴才，让所有人都缺乏组织与行动能力，从而将挑战自身权威的可能性最小化。而在封建体制中，君主权威是通过赢得足够多效忠支持者从而得以支配一支压倒性武装而保障的，这是一种制衡而非全面削弱的逻辑，整个贵族阶层是全面武装的。

全面削弱行动能力也是集权帝国能够统治辽阔疆域和庞大人口的奥秘所在，一群柔弱羔羊是很容易控制的，就像一位牧羊人在几条狗的帮助下可轻松控制上千头羊，集权历史延续越久，柔弱化便越深入，控制他们所需的武力规模就越小，因为桀骜不驯者一代代被清除，已日益稀少。

但这是一种脆弱的平衡，正如我们在后期中华帝国所见到的，一旦一股叛乱武装形成，哪怕只是一群缺乏组织、装备简陋、作战技能也很业余的乌合之众，也可毫无阻碍地横扫帝国腹地。扫荡过程中，大批原本就挣扎在生存线上的贫民因遭劫掠丧失生计而被裹挟进叛乱队伍，由此雪球越滚越大，最终秩序全面崩溃。

当组织更严密、战斗力更强的外族武装突破边境防线时，更是如入无人之境。嘉靖二年（1523）的宁波之乱中，日本大内家族的一两百名武士，在徒步、无披甲、手中只有刀剑的条件下，在宁波、余姚、绍兴之间来回冲杀多日，遇不到像样抵挡，宁波周边还是海防重地，驻扎着数千官兵，却根本不堪一击，包括都指挥（相当于军分区司令）、指挥（相当于师长）、千户（相当于团长）、百户（相当于连长）在内的众多中高级军官被杀。①

其次，集权体制的脆弱性，也源自最高权威的产生方式。在有着长久集权传统的社会，权力争夺参与者遵循的是一种不做不休、成王败寇的原则，对待被击败的对手，务必赶尽杀绝，斩草除根，不留丝毫死灰复燃的隐患，在权位稳固后，甚至本方阵营中较晚才选定立场归附投靠的或曾经不那么忠诚坚定的，最好也都消灭干净。

这种策略的流行使得权力竞争者之间极难达成妥协，因为各方都预期最终胜出者会秋后算账，赶尽杀绝，诛灭九族，手软者只能自取灭亡，任何妥协忍让结盟都是临时性的，各方都心知肚明，最后只会剩下一个通吃的赢家，像欧洲那种叛乱者被击败处决之后，其继承人仍可保留封地的事情，在集权传统中是根本不可想象的。

重要的是，有关成王败寇的策略传统会不断自我强化：假如胜利者相信失败者若有机会翻盘就会对本方赶尽杀绝，那么他就更可能采取赶尽杀绝政策，因为遗留任何祸根都可能给自己带来灭顶之灾，同样，假如所有参与者都预期胜出者会赶尽杀绝，那么他们自己最好也采取赶尽杀绝政策，于是这些参与者最初的预期果真变成了现实，这样，在下一轮权力争夺中，对赶尽杀绝的预期将变得更强烈，如此反复，成王败寇传统将越来越牢固。

项羽可能是中国历史上最后一位愿意以妥协分权方式结束战

---

① 田中健夫：《倭寇》，社会科学文献出版社，2015，第4章；Wikipedia：宁波之乱。

8 压力与动荡　169

争的强者，结果却以失败楷模留名青史，时时提醒着后世争鼎者：不可沽名学霸王。正是因为这一传统，改朝换代之际上层精英之间的相互屠戮才会那么惨烈。

成王败寇传统引出了另一个意义更为深远的后果：权力斗争中普遍的拥强凌弱倾向。每当旧秩序崩溃、群雄四起时，起初局势胶着而激烈，可一旦其中一方显露出取胜的势头，大批弱小参与者便迅速倒向他这一边，因为历史教训告诉他们，若不及时正确站队，下场会很悲惨，尽早归顺投靠或许还能在余下的战局中捞取一些功劳资本。

这一倾向的流行对权力制衡结构的形成构成了另一个障碍，制衡需要的是弱小者联合对抗最强者，以阻止其侵夺与鲸吞企图，如此分立权力并存的格局才可能延续。

重要的是，经由上述正反馈机制胜出的赢家，其实未必真的很强大，他不一定在战争技术或军事组织上有什么突破性进步，或在财政组织上有何独到之处，或找到了某种激励模式将精英团结在一起，或有某种制度安排能平衡各方利益，妥善处理纠纷冲突，总之，任何可能让一个政权和体制更加稳固的特性，都未必具备，他唯一需要的是越来越多人相信他比对手强一点。

新王朝确立之后，这个原本就未必很强大的赢家可能会变得越来越虚弱，这既是因为控制一群柔弱羔羊不需要很强大，更是因为这一控制依靠的主要是一种集体信念：绝大多数人都相信没人能取而代之，因而极少有人愿冒被诛灭九族的风险参与叛乱，更少有人胆敢挑头组织叛乱。

这种基于集体信念和普遍恐惧而非真正实力的体制十分脆

弱,它就像证券市场中的泡沫,后者的市场价值同样基于集体信念而非盈利基础,价格上涨仅仅是因为很多人相信它还会继续涨,此类集体信念很容易因某种随机扰动而突然崩溃,正如我们在帝国后期历史中所看到的,貌似强大的帝国在冲击终于来临时,是那么不堪一击。

动荡的代价

周期性的结构崩溃降低了文化进化的可积累性,大量文明元素随动荡而消逝,有形财富的损毁尚在其次,消灭更彻底、更不可能恢复的,是无形的文化资产,如知识、技艺、趣味、风尚、习俗、传统、制度,这些元素的存在需要一个与之相称的社会载体,而后者正是结构崩溃时首先被摧毁的东西。

以消费品为例,任何面向市场生产(而非自产自用)的商品,都需要一个起码规模的消费群体,才能让生产者突破规模经济(economies of scale)门槛,若有效供给半径内消费群规模达不到最低限度,生产就不会发生,这个消费市场也就不会存在。①

在古代,特别是集权国家,往往是京师一城独大,那里汇聚的多数高层精英和大量财富,支撑着众多高端消费品市场和服务业,以及各种高雅精致的娱乐、文学和艺术活动,其中大部分在京师以外是见不到的。翻阅这些主题的专题史,你会发现它们几

---

① 有关规模经济原理在都市消费和生活方式多样化中的作用,我在一篇旧文(HS: 791)中有更多论述。

乎是专门针对京城的。

在导致秩序崩溃的大动荡中,京师总是头号攻击目标,而且往往被毁灭得非常彻底,劫后余生的精英不仅规模缩减、财富折损,而且在四处逃散之后也不再具有规模经济所需的地理集中度;一旦某一活动门类(无论是消费、娱乐,还是艺术)瓦解,围绕它而发展起来的一整套知识、技艺、组织、规范、情趣、鉴赏品味,就全都随之消散了,尽管从历史文献中可依稀窥见其往日风采,但文字所能描绘的只是一些易于言说的方面,更多知识是默会的,无法被文字记录,因而后人并不会靠阅读文献而复活这些传统,况且他们也不大会有兴趣这么做,因为支撑这些活动的情趣偏好和价值体系已不复存在。

文化断裂对组织与制度进化的阻碍尤为严重,因为组织与制度的存续和运行不仅依赖大量默会知识,而且这些知识是在某种分工结构下分散存储于众多参与者头脑中,然后在特定规范指引下通过合作行动来实现其功能的,这一合作进而又依赖参与者的一些共同价值观与信念、共同经历和文化背景、对权威的共同认可与服从、对各自所扮演角色的认识与尊重。

这些都是很难在摧毁之后加以重建的,不妨设想,一场巨灾之后,只有一位围棋手幸存下来,这当然是对围棋传统的沉重打击,但只要生活恢复安宁,他便有很好的机会复活这一游戏,起初水平会差些,但除非人类智力水平被灾难大幅拉低,失传的技巧会被重新发现,若是不少围棋书籍也得以幸存,那么水平恢复就会快得多。

可是,假如灾难摧毁的是英格兰司法系统,只有个别法官、律师幸存下来，他们有多大机会复活普通法呢？几乎没有，首先他们要说服人们在发生纠纷时找司法系统解决。在灾后秩序崩溃的那些年中，人们或许早已习惯了用其他途径解决纠纷，例如私人复仇或决斗。然后他们还要说服当权者帮助执行判决（即便判决结果不合其心愿），派人维持法庭秩序，保护他们的人身安全以防被输掉官司的人谋杀，他们还要在法庭上花大量时间反复纠正控辩双方的不合范言行，向其解释程序规则，设法找齐陪审团，让他们在庭上保持安静，向他们解释法律。在一个司法传统已沦丧多年的社会，上述任何一条都极难办到。

司法系统的例子或许有点极端，可是把它换作罗马教会、英格兰银行、牛津大学、现代会计制度、保险公司，都不会让任务简单多少。任何复杂精致的制度，其组件和规则都是在漫长历史中一点一滴逐步积累而成的，每项新成分都经历了无数尝试、探索、争议、妥协、调整、汰选之后才确立下来，其中包含了大量由职业共同体维护和传承的默会知识，文字记录无法传达其奥义。况且，要让一种制度运转起来，你还要把这些知识按分工角色塞进参与者的头脑里，让他们相信制度是管用的，按其行事对他们自己也是有利的。

人们在谈论一种文化传统的进化史时，总是着眼于何时出现了何种创新，添加了何种成分，却常常忽视了延续性这一进化的背景前提，若没有延续性，进化过程只会表现为一次次从低水平起点开始重新发明车轮，得到的只能是简陋粗糙的结果，就像业余画家们在厕所墙壁上留下的涂鸦，笔法都极为相似，这不是创新，而是低水平随机重复。

所以，当人们绞尽脑汁探究英格兰为何在制度创造上走得那么靠前、为何现代化发生得那么早、为何工业革命发生在那里时，不妨留意如下事实：英格兰的土地财产权归属可以一直向前追溯到1086年的《末日审判书》(*Domesday Book*)；司法程序则可追溯至1166年的《克拉伦登诏令》(Assize of Clarendon)；财政署(Exchequer)这一政府机构从1130年创立延续至19世纪，该署历年的财税档案(Pipe Rolls)自创立之初完整保存到1833年；牛津和剑桥保存着12世纪70年代以来的所有学生名册；四大律师学院(Inns of Court)从1320年开始就一直在整理和传授法律知识；坎特伯雷大主教特权法庭(Prerogative Court of the Archbishop of Canterbury)保存着1207年以来所有在该庭备案的遗嘱……与这些漫长传统并非无关的另一个事实是：英格兰众多贵族家系都可追溯到诺曼征服时代。

9　流动与迁徙

人口在地区间的流动,起初遭遇的是地理/生态屏障,接着,在最近几千年,当适宜定居的地方都已住上了人之后,目的地和沿途的既有定居者成了流动的主要障碍。然而在最近几百年,情况再次改变,随着近代民族国家的形成,各国政府控制跨境流动的意愿和能力都不断增强,国界线日益清晰封闭,成为人口流动的主要屏障,同时,便利的交通使得其他旧屏障变得无关紧要。

推动这一转变的动力是工业化和城市繁荣。自从出现社会分工以来,非农产业从业者向来是人口流动的主力,而城市和连接城市的交通网络则是实现这一流动的主要通道,这是因为,这些产业不像农业那样有着很强的空间排他性,工商业的核心生产要素——资金、劳动力、设备、知识、技能、商誉——都不怎么占地方,且易于移动。

一群农民若要进入一个成熟农耕区务农,就必须消灭或赶走差不多相同数量的农民,但一群工匠若进入一个城市执业,可能只是在短期内把当地房租抬高了一点而已,不仅空间上不排他,工商业者往往可通过高密度聚集而获得规模经济和协作效益。同时,由于工商业用地可产生远高于耕地的地租,因而(除非政策限制)土地成本不会对城市扩张构成约束。

所以，随着工业化和城市化的推进，加入流动大军的人口比例会越来越高，由分散土地权所构成的传统自发性屏障对他们已不再有效。然而，限制流动的动机却有增无减：工商业者希望限制外来竞争者的加入，雇工希望维持本行业的工资水平，地方社区希望其习俗不受外来者冲击，政客不愿看到其选民构成朝不利自己的方向改变，军方可能担心敌对国的渗透与破坏……其中许多会通过政治压力而变成限制流动的法律和政策。

由国家设立的人为屏障很少会完全阻断跨境流动，和其他屏障一样，它们构成了一种选择性通透膜，哪些人可能通过，哪些会被阻挡，将由膜的特性决定，而这一特性在不同时代不同国家迥然有别。这一点，连同交通成本以及各种人力资源的供需状况，共同决定着现代人口流动的格局。

产业的扩散

从一地起源，兴旺之后传播于四方，是传统产业发展的一般模式，在现代大规模集中制造和廉价长途运输出现之前，这也是唯一可能的方式，因为多数商品只有贴近消费地生产才有利可图，而不可能总是在一地生产再贩运到各处。

而且传播过程往往伴随着从业者本身的流动，因为在近代职业教育和技术培训机构建立之前，与特定产业相关的知识与技能都是通过高度个人化的师徒关系传授的，行外人很难自己学会，而师傅们即便已远离家乡，也倾向于从家族和同乡中招收学徒。

出生成长于有着众多某一行当从业者的社区，无疑会大幅提升个人进入该行业的可能性，这不仅是因为拜师学艺的机会更多，长期浸染于和该行当有关的文化环境中，也可让他习得大量促使他做出入行决定并帮助他取得职业成就的背景知识、传统和价值观：这行当提供了哪些工种或职位？作为生计有多可靠？从业者有望取得多大成就？有多少上升空间？需要何种个人禀赋？他们遵循着哪些规范？可能面对何种辛劳、磨难和风险？成功者将获得何种尊崇和荣耀？在婚姻市场上有多受欢迎？

这些知识的局部和默会特性使得外人往往难以获取，所以许多产业即便在地理上已广泛散布，其从业者的来源却始终呈现出强烈的地域性。这就意味着，许多从业者会伴随着这些产业的扩散而移居他乡，其中有些可能在退休后返回故里，但也有许多定居了下来，此类现象在历史上层出不穷，不胜枚举。

东阿尔卑斯山区是中世纪中期欧洲采矿冶金业复兴的发端之地，从中发展出的矿业传统，使得当地德意志人在很长时期内都是欧洲矿业和金属加工业的领军者，从那里向欧洲各地输出了大批矿工和铁匠。自家领地内有矿藏的领主常以优厚条件吸引德意志矿工前来开采，为其提供住宿、工作场地和能源，以产量分成的方式收取租金。[1]

明清两代的造纸、印刷和出版业的从业者中，龙游人占了很大比例。近代上海的银行家、钟表匠和西服裁缝，绝大多数是宁波人；理发师和搓澡工则多数来自扬州；聚居于火车站和轮船码

---

[1] M. M. 波斯坦、爱德华·米勒编：《剑桥欧洲经济史·第2卷》，第2版，经济科学出版社，2004，第10章。

头附近的搬运工和人力车夫，大多是苏北移民。在当代，只有25万人口的沙县，在短短十几年间就有6万多人到全国各地开了2万多家小吃店；52万人口的象山县，拥有18万建筑工人；40万人口的平潭县，有10多万人在为各种隧道工程工作。

20世纪90年代的纽约，40%的加油站由印度人经营，其中多数是来自旁遮普的锡克教徒，而锡克教徒在印度国内便以从事公路运输业而闻名，他们运营着该国80%的客运巴士和大部分货运卡车；另外，印度和巴基斯坦移民还垄断了纽约的报刊亭，其中来自古吉拉特的耆那教徒则以经营汽车旅馆闻名；韩国移民拥有该市85%的果蔬店（greengrocer）以及众多美容店和干洗店；当时纽约只有4000多阿富汗人，他们却开了200多家炸鸡店（其中40家叫肯尼迪炸鸡）。[1]

20世纪60年代到80年代初，随着劳动成本提高，欧洲制衣业的大部分产能转移到了亚洲，与此同时出现了一批承接外包订单的小型制衣作坊，主要面向批量小、款式变化快的时装生产，多数集中在阿姆斯特丹，这些生产因需要尽可能贴近消费市场而不适合外移，到20世纪80年代后期，该市219家外包制衣作坊中，157家由土耳其人经营，而土耳其正是早先欧洲制衣业外移的主要目的地之一。类似情况也出现在美国的玩具业中，20世纪90年代，洛杉矶聚集着一大批华人玩具商，大多来自香港，因为香港是当时的世界玩具业之都，洛杉矶则是香港玩具业贴近美国消费

---

[1] Donatella Lorchjan, "An Ethnic Road to Riches: The Immigrant Job Specialty," *The New York Times*, 12 Jan 1992, p.1.

市场的前哨。①

像这种由一个少数族群不成比例地占据某一产业极大份额的现象,被社会学家称为族群创业(ethnic entrepreneurship)②。特定族群因其特殊的历史和文化背景而高比例地从事特定产业,并随产业扩张而迁移扩散,其族裔成分和地理分布皆非随机巧合。

例如在美国和澳大利亚运营着大量加油站、出租车和货运卡车的旁遮普锡克教徒,他们与汽车的渊源可追溯到英治时代。锡克教是印度众多教派中最为尚武的一支,因而备受殖民当局青睐,10万锡克教徒被招募进英印军队,占总兵力20%,而锡克教徒只占印度人口的2%。锡克军团始终是英印军队的精英主力,"一战"中前往欧洲战场和"二战"中在东南亚对抗日军的印军中,他们都占了大头。③

锡克教徒还被大量招募进英国各殖民地的警察和保安部门(他们在上海被称为"红头阿三",在香港则叫"摩罗差")。在军队和治安部门服役的经历让他们有了远高于旁人的机会学会开车,在汽车普及率很低的印度,这成了一门宝贵的技能。印巴分治后,旁遮普被分割,大批锡克教徒逃离或被驱离巴属旁遮普,迫使更多人进入了与车辆相关的产业。

---

① Jan Rath (ed.), *Immigrant Businesses* (Palgrave Macmillan UK, 2000), ch.1, Introduction.
② Wikipedia: Entrepreneurship#Ethnic.
③ Wikipedia: Sikhs; Sikhs in the British Indian Army; Sikh diaspora.

劳力的丰缺

促成人口流动的另一个因素是劳动力在地理分布上的丰缺不均。农业时代最常见的不均是季节性丰缺,农忙与农闲期的劳动需求差异极大,许多农民会在农闲时外出打工贴补家用,同时,不同生态/作物区的收获季存在时间差,因而为劳力调剂提供了可能。

在铁路轮船时代以前,此类季节性劳力流动大多局限于数十公里范围内,但也有些例外,例如14世纪初英格兰诺福克郡的庄园在收获季常吸引250公里之外的威尔士农民前来帮工,[①]北意大利农民常在农闲季跨过阿尔卑斯山脉去法国打工,著名的皮埃蒙特(Piedmont)石匠便在其列;有了远洋汽轮之后,季节性劳工甚至会在南北半球之间流动,因为两半球季节相反,新大陆为旧大陆农闲劳力提供了大量就业机会,19世纪晚期大批意大利农民便往返于老家和阿根廷之间,耕种着两边的土地。[②]

季节性流动的劳工本身算不上移民,但他们往往是移民活动的先导,因为季节性外出打工(特别是大跨度的那些)帮助他们开阔了眼界,熟悉了长途旅行,克服了对离家远行的恐惧,见识了更多可能的社会条件和生活状况,并将这些信息带给更多亲友同乡。其中有些可能因此而不愿再忍受原先的贫困生活或闭塞环

---

① George Grantham & Mary MacKinnon (eds.), *Labor Market Evolution* (Routledge, 1994), ch.1.

② Thomas Sowell, *Migrations and Cultures* (Basic Books, 1997), ch.4.

境，特别是当此后发生饥荒或战乱时，迁往他们已经熟知的地区便很自然地成为优先考虑的选项。

假如某一地区的经济长期繁荣，便会对外来劳动力产生持久的需求，因而吸引起初的短期打工者定居下来，例如17世纪黄金时代的荷兰，经济水平在欧洲遥遥领先，其活跃的劳动市场和高工资率使其从周边国家吸引了100多万移民，其中约一半后来又转移到了劳动力更稀缺的新世界，另一半则留在了荷兰。考虑到17世纪荷兰人口的峰值仅为88万（多数时期低于80万），这一移民规模相当可观。[1]

劳力短缺也可能源自供给端——人口灾难，德国在"二战"中丧失了500多万青壮年男性，[2]雪上加霜的是，德国在两次大战之间经历了一个生育低谷期，从1927至1937年，总和生育率（TFR）连续11年低于替代水平（1933年低至1.58）。[3]所以，当20世纪50年代经济再度繁荣时，劳动力极为匮乏，同时柏林墙的竖立也切断了来自铁幕以东的移民流入，于是西德政府在20世纪60年代与土耳其签订协议，引入大批劳工，虽然双方最初的意图都是短期劳务输出，但实际上大部分土耳其劳工最终都留在了德国。[4]

劳力短缺不仅是人口问题，也关乎劳动人口的技能和素养，许多社会并不缺人，但因为没有长久的集约农耕历史，也没有手

---

[1] Jan de Vries & Ad van der Woude, *The First Modern Economy* (Cambridge University Press, 1997), ch.3.
[2] Wikipedia: German casualties in World War II.
[3] Wikipedia: Demographics of Germany#Statistics since 1900.
[4] Wikipedia: Turks in Germany#Mainland Turkish migration.

工业传统，其居民普遍缺乏勤勉、吃苦耐劳、纪律性、甘于延迟满足等劳动禀赋，因而难以适应现代集约农业和规模化工厂所提供的就业岗位，所以当集约产业开始在这些地区发展时，便会吸引在工作素养上更具优势的境外劳动者大量流入。

从中世纪后期直到近代，斯拉夫农民的工作表现始终不如与之相邻的德意志农民，所以不仅像条顿骑士团这样的日耳曼征服者喜欢从西部招募德意志农民（见第7章），连斯拉夫人（以及东欧其他非日耳曼人）建立的政权也如法炮制，因为德意志农民的高生产率可让同一块领地产生更多地租和税赋。到近代，德意志人已遍及波兰、立陶宛、捷克、匈牙利和罗马尼亚。[1]

俄国女沙皇叶卡捷琳娜二世（Catherine II）在位期间（1762—1796年），从德意志地区招募了数万农民，安置在伏尔加河流域和黑海北岸（后者是俄国在战胜奥斯曼帝国后新获得的领土），向其授予土地，提供安家补贴，并给予相当大的自治权。尽管起初境况非常艰难，移居者在最初10年死掉了20%，可一旦站稳脚跟，这些农业社区便迅速繁荣，产量和收入远高于周边的斯拉夫农业社区，他们用积攒的收入购买土地并发展了众多手工业。到1861年，即大约三代之后，伏尔加日耳曼人的人口从1775年的2.3万增长到20万，黑海日耳曼人也以近似速度增长到15万。到1914年，这两个日耳曼群体拥有的土地已6倍于最初授地量，他

---

[1] Wikipedia: Ostsiedlung; History of German Settlement in Central and Eastern Europe.

们的成就也让俄罗斯变成了小麦出口大国。①

加勒比地区的甘蔗和咖啡种植园起初主要依靠从西非贩运来的黑奴劳力，19世纪30年代废奴之后，获得自由的非洲人很少有愿意留在种植园工作的，雇主们只好从亚洲大批招募契约劳工（indentured labourers），其中大部分（40多万）来自印度；类似情况也普遍存在于非洲、东南亚和波利尼西亚诸岛，其中夏威夷的菠萝、椰子、甘蔗种植园几乎完全依靠外劳，大部分是日本劳工，也有些来自菲律宾、韩国和中国，以至日本人在很长时间内都是夏威夷第一大族群。②

斐济的甘蔗园、马来西亚的橡胶园和锡矿，都产生了巨大的劳力需求，但当地土著极少愿意从事也很难胜任这些在严格作息纪律约束下日复一日的艰辛工作，所需工人都来自印度和中国。实际上，这些地方并不缺人，缺的是现代产业所需要的劳动禀赋。19世纪后期英国殖民者开拓东部和南部非洲时，种植园和铁路修建所需劳工也大多来自印度，起初英国人也会雇佣一些当地人，但很快发现非洲工人经常干上一阵后突然不打招呼就消失了，有些可能家里临时有事，更多则是因为拿到一笔工钱后消除了近期内会挨饿的担忧，于是不再愿意忍受艰辛乏味的工作。③

19世纪70年代之后远洋蒸汽客轮的普及大幅降低了洲际旅行成本，此后半个多世纪见证了人类历史上最大规模的移民浪

---

① Thomas Sowell, *Migrations and Cultures* (Basic Books, 1997), ch.2. Wikipedia: Volga Germans; Black Sea Germans.
② Thomas Sowell, *Migrations and Cultures* (Basic Books, 1997), ch.3.
③ 同上，第5、7章。

9　流动与迁徙

潮，但移民来源构成却与旧世界的人口分布并没有明显的对应关系，德意志人、爱尔兰人、意大利人、犹太人、中国人，占了异常突出的份额。而印度则搭上了大英帝国的便车，向帝国的所有种植园经济体输送了数以百万计的劳工，尽管很多最终返回了故乡（在东非是因为后殖民时代遭到当地政权的大规模驱逐），但留下的部分仍造成了显著的人口统计学后果，在许多当初大量输入印度劳工的国家，印度裔至今仍是第一或第二大族群：毛里求斯（66%）、圭亚那（44%）、特立尼达和多巴哥（38%）、斐济（38%）、苏里南（27%）、马来西亚（7.3%）。①

有关各民族间在工作禀赋上的差异，一个颇能说明问题的现象是，某些地区从未被劳动密集型产业的繁荣所吸引而大量输出劳工，例如撒哈拉以南的非洲和斯拉夫地区，有意思的是，这两个地区历史上都曾是主要的奴隶输出地，然而在奴隶贸易终结之后，却很少有契约劳工或自由劳工从那里流出。

另一个事实也印证了上述观察：一些劳动密集型产业应对劳力短缺的办法是将企业本身迁移到劳力充裕的地区，因为它们不像采矿和经济作物种植那样依赖特定地区的矿藏和土壤、气候条件，最典型的是制衣业和制鞋业，这是两个极具流动性的产业，哪儿劳力充沛、工资率低就往哪儿搬，从英国、意大利、美国搬到土耳其、日本、中国香港、新加坡，又从那里搬到韩国和中国台湾，然后是中国大陆，近十几年又迁往孟加拉、柬埔寨、越南

---

① Wikipedia: Indian diaspora; Mauritius#Demographics; Guyana#Demographics; Trinidad and Tobago#Demographics; Fuji#Demographics; Suriname#Demographics; Malaysia#Demographics.

和印尼，可是它们却极少搬到非洲、南美、巴尔干和中亚，尽管那里同样有着庞大的低收入人口。

经商民族

不同来源的移民除了工作禀赋上的区别，在职业选择上同样有着鲜明差异。例如，在移居美洲的各民族中，日耳曼人似乎是最安心于农业和农村生活的，美国大部分农场主都是德国人和北欧人，德裔人口最集中的州，也都位于中西部和远西部农业区；相比之下，作为契约劳工来到美洲的华人，在合同期满后大多会转向各种小生意，并向城镇聚集，开洗衣店、小餐馆，或做流动小贩，状况略好的则开商店，也有些会攒钱购买小块农场，然而一旦家境改善，他们总是努力让孩子上大学，谋求城市白领职位，所以几代人之后，就很少有人继续留在农村。①

这一点上处于极端的是犹太人，犹太移民在新世界总是倾向于做生意，几乎没有人务农，确有人曾努力创造一个例外，但并不成功。19世纪80年代俄罗斯反犹屠杀高峰期间，犹太富商莫里斯·德·赫希（Maurice de Hirsch）出巨资帮助逃离俄国的犹太人在阿根廷建立农业社区，他的基金会包办了开始农业生活所需的一切：每户两三百英亩的土地、住宅、农具、牲畜、种子和第一年的生活费，甚至每块地的篱笆都围好了，但犹太移民的农业生涯却乏善可陈，这些社区的人口不断得到新移民的补充，却又

---

① 托马斯·索威尔:《美国种族简史》，中信出版社，2011，第3、6章。

迅速流失到城市，每代都流失一大半，20世纪20年代高峰期曾有两万多人，三代人之后已不足一千。①

犹太人的经商传统非常深厚。1世纪时有400多万犹太人散居于罗马帝国境内，大多集中在城镇，其中罗马城就有5万，在贸易中心亚历山大港，犹太人占了40%；②在对抗帝国的多次叛乱失败、第二圣殿③被毁之后，更多犹太人进入欧洲，但始终没有做农民的，虽然有些购买土地，投资农业，但仅限于葡萄园、橄榄园之类商品化作物，而且多集中在城镇附近，劳力多为雇工，这些投资实际上是其商业活动的延伸；他们也从事一些诸如纺织、染布、吹玻璃等手工业，但同样也是其纺织品和玻璃贸易的延伸，因为在古代，商业与手工业的边界很模糊，商人常在家中完成一些加工环节。④

有意思的是，越是远离其迦南故土的犹太人，其职业构成中手工与体力成分越少，技能、脑力和经营成分越多，和土地的关系越弱，和资本的关系越强，其分布也越集中于少数大城市，比如上述商品化农业和手工业，仅存在于南欧的赛法迪犹太人（Sephardi Jews）和中东的东方犹太人（Oriental Jews）中，阿尔卑斯以北的阿兹肯纳齐犹太人（Ashkenazi Jews）从事的是更纯

---

① 托马斯·索威尔：《美国种族简史》，中信出版社，2011，第4章；Thomas Sowell, *Migrations and Cultures* (Basic Books, 1997), ch.6。
② Thomas Sowell, *Migrations and Cultures* (Basic Books, 1997), p.236.
③ 犹太人的第一圣殿（所罗门圣殿）建于公元前10世纪，于公元前587年毁于巴比伦王尼布甲尼撒二世（Nebuchadnezzar II）之手，公元前516年后重建的圣殿被称为第二圣殿，后者于公元70年第一次犹太战争期间被罗马帝国军队摧毁。
④ Michael Toch, *The Economic History of European Jews* (Brill, 2013).

粹的商业和金融业，且高比例地集中在借贷业中。

以往学者常将犹太人职业分布之狭窄归咎于他们身为异教徒在基督教和伊斯兰世界所遭受的歧视性待遇和制度性限制，例如，在封建制下，他们无法履行宣誓效忠仪式，因而不可能以附庸身份保有土地，因而也不可能服兵役，他们也难以利用由教会和修道院控制的大量资源，同样难以进入由基督徒组成的行会，而在中世纪欧洲，多数手工业和商业都由行会垄断，如此一来，留给他们的职业机会自然所剩无几。

可是这一解释远不充分，犹太人遭受的歧视、迫害和制度限制在中世纪盛期之后才显著起来，封建制度和教会权威也在那时才变得井然森严，在此之前，犹太人在职业选择上并没有多少外部限制，他们在南欧购买土地的记录便是明证，然而他们的经商偏好和向城市的聚集却早在希腊化时代便已十分显著，并一直延续到中世纪。

犹太人的职业倾向可能更多是自我选择的结果，这里涉及两种选择机制。首先，他们是进入发达文明社会的移民，而移民选择住在城市、从事非农产业是很自然的，因为如前文所述，在一个土地已充分开发的定居农业社会，农村对于移居者是难以穿透的，即便该社会的土地所有制不像封建制那么僵硬，要买到让移民能够聚族而居的大片土地也不太可能，若分散居住则毫无安全保障，而且很快会丧失文化特性，成为定居农民并保持文化特性的唯一可能是武力拓殖，而我们知道，大离散后的犹太人从未军事化。

所以城市才是流动者和移民的主要机会所在，事实上，前往发达社会的移民聚集在城市的现象十分普遍，这反过来也意味着，决定离开故土移居他乡的，更可能是那些偏爱或擅长非农职业和城市生活的人，其中许多可能来自已经有着商业或手工业传统的家族或社区，甚至已经有亲友同乡在他们准备前往的城市站稳了脚跟。

与此同时，还有第二重筛选：当一个移民群体聚居于城市并集中于某些产业时，那些不适应这些产业的个体，更可能脱离原群体而融入当地社会，对犹太人而言，那就意味着改宗并失去犹太身份。

这两重筛选机制的持续作用，将让移民群体无论在文化上还是个体禀赋上都越来越特化于某些职业门类，从而在这些行当中取得相对于主流群体的显著优势。

正是在此类机制作用下，历史上形成了不少以经商而闻名的族群，他们在所在地区的商业活动中占有与其人口比例极不相称的巨大份额，社会学家将这些群体称为"中间人少数族群"（middleman minority），其中有些特别成功，成为所在社会多数工商产业的主宰力量，耶鲁大学法学院教授蔡美儿（Amy Chua）称之为"市场主宰少数族群"（market-dominant minority）。①

除了犹太人，古代另一个著名的经商民族是粟特人，他们在公元第一个千年长期活跃于从波斯到中国的漫长商路上，主导着丝绸之路贸易，同时也扮演了沟通几大文明的中介角色：在汉代

---

① Wikipedia: Middleman minority; Amy Chua, *World on Fire* (Anchor Books, 2004).

将佛教传入中国，在唐代又带来摩尼教和景教，后来又向突厥人传播了伊斯兰教。粟特人在中亚商人中所占比例如此之高，以至中亚人经常将"粟特人"一词用作商人的代名词。①

还有古吉拉特人，他们的文化传统围绕商业而形成。古吉拉特商人建立了以坎贝（Cambay）为中心、东至马六甲、西至霍尔木兹和亚丁的庞大贸易网络，在葡萄牙人到来之前的几百年中，他们始终是环印度洋贸易的主导力量。② 19世纪，古吉拉特人又搭上了大英帝国便车，在东南亚和东非大展身手：在桑给巴尔（Zanzibar），数千古吉拉特人控制了几乎全部工商业和对外贸易，把它变成了印度的一块飞地；在肯尼亚、乌干达、南非等国，英国殖民者控制了种植园和大宗贸易，但各种艰辛的、小本经营利润微薄的、需深入偏僻乡村的小生意，则全都被古吉拉特人所占据。③在当今马达加斯加，仅占人口1%的古吉拉特人控制了该国50%~60%的经济产出。④

海外华人也素以经商传统而闻名。华人曾长期主导马六甲以东的东南亚贸易，即便在大航海时代之后，欧洲殖民者控制了大宗贸易和资本密集型产业，但各种小本生意仍大多由华人经营；在马来西亚，现代产业的发展与当地马来人几乎毫无关系，英国人、华人和印度人瓜分了全部工商业；20世纪初，西贡和金边这两个中南半岛上最繁华的城市，多数居民都是华人；20世纪末，

---

① Étienne de la Vaissière, *Sogdian Traders* (Brill, 2005).
② William J. Bernstein, *A Splendid Exchange* (Atlantic Monthly Press, 2008), ch.4.
③ Thomas Sowell, *Migrations and Cultures* (Basic Books, 1997), ch.7.
④ Wikipedia: Indians in Madagascar.

泰国和印尼总共有5位身家10亿美元以上的富豪，全是华人。①

黎巴嫩商人在西非的表现也极为惹眼，他们以不足百分之一的人口比例，控制了塞拉利昂和科特迪瓦的工商、金融、房地产等大部分非农产业；在冈比亚，一小群黎巴嫩人拥有该国几乎全部商店和旅馆，并控制着其主要商品作物花生的产销；在利比里亚、塞内加尔、贝宁、加纳等其他西非国家，黎巴嫩人同样在现代产业门类中拥有极大份额。西非还有一个本土经商民族伊博人（Igbo），他们不仅控制了尼日利亚的多数现代产业，在贝宁、多哥、科特迪瓦和布基纳法索等西非国家的工商业中都占有很大份额。②

类似的经商民族还有很多，奥斯曼帝国的亚美尼亚人，波斯与俄罗斯境内的阿塞拜疆人，以及和古吉拉特人一样从事环印度洋贸易的也门哈德拉米人（Hadhrami），他们的商路向东远至海得拉巴（Hyderabad），向南至桑给巴尔，在非洲之角和斯瓦希里海岸（Swahili Coast）贸易中尤为活跃；③源自南印度泰米尔地区的切提亚人（Chettiars）很像中世纪欧洲的犹太人，他们起初是经营各种商品贸易的商人，后来逐渐专注于借贷业，其金融服务在近代遍及东南亚。④

---

① Thomas Sowell, *Migrations and Cultures* (Basic Books, 1997), ch.1, 5.
② Amy Chua, *World on Fire* (Anchor Books, 2004), ch.4.
③ Wikipedia: Hadhrami people.
④ Raman Mahadevan, "Chettiars, Big And Small, Of Tamil Nadu," *Outlook Magazine*, 7 September 2017.

模式的变迁

自地理大发现以来的数百年间，国际移民的模式发生了多次转变。早期移民可归为两大类，一类是自行负担旅费者，他们大多来自中上阶层，因为当时无论是从欧洲腹地前往沿海港口的内陆旅行，还是从港口前往新世界的跨洋旅行，都十分昂贵，非穷人所能负担。例如，17世纪前期殖民新英格兰的清教徒，都是来自当时英格兰最富裕的东南地区的中产阶级，多数是家境殷实的商人、工匠和自耕农，还有土地绅士，不少还是受过高等教育的专业人士，迁移时每个家庭负担的最低旅费为40~60英镑，大约相当于普通农民15年的生活开支。[①]

这些自付旅费的移民中有少数是野心勃勃的征服者、开拓者和寻找资源的皮毛商、淘金者和探险家，但更多的则是在旧大陆较为失意的群体，失意的原因有宗教方面的，例如一度备受迫害的清教徒和贵格派教徒，还有清教徒当权时期迁往切萨皮克湾区（包括弗吉尼亚和马里兰等殖民地）的保王党；[②]也有家庭和个人方面的，例如无望继承家业的幼子，以及因个性问题常惹麻烦而被家长赶去新大陆的"汇款仔"（见第8章）。

第二类是由他人承担旅费者。首先是从非洲贩运来的奴隶，奴隶主要来自社会下层，因为下层更缺乏自我保护能力因而更可

[①] 大卫·哈克特·费舍尔：《阿尔比恩的种子》，广西师范大学出版社，2018，第36—73页。
[②] 同上，第289—303页。

能被掳获,而富人即便被掳获也更可能被用于换取赎金而不是贩卖为奴。其次是被流放的囚犯(convicts),18世纪有5万到10万名囚犯从不列颠流放到北美,高峰期占移民总数的1/4,美国独立后,澳大利亚成了大英的主要流放地,1788—1868年共有16万囚犯被流放到那里,构成了澳大利亚早期殖民人口的多数,当今仍有约1/5澳大利亚人是他们的后裔。①

然后是契约仆役(indentured servants)或契约劳工,他们以固定期限的契约束缚为代价换取雇主为其支付旅费。清教徒和贵格派都是崇尚节俭勤劳和平等主义的中产阶级,凡事自己动手,因而新英格兰和宾夕法尼亚很少有契约仆役,而17世纪中期移居弗吉尼亚的保王党则多数来自贵族家庭,很多本身就是贵族,从农活到家务都需要雇人,所以他们在移居之初便带上大批契约仆役,此后更持续输入,多数是来自英格兰西部和南部的贫穷佃农或雇工,他们占了该时期弗吉尼亚移民的3/4,出于同样理由,切萨皮克湾区也接收了大部分从英格兰流放美洲的囚犯。②

得益于航海/地理知识的增长、对航路的熟悉、舰船的改进,以及海盗的清除,即便在帆船时代,跨洋运输的成本也在缓慢下降,同时跨大西洋贸易规模则迅速增长。大西洋贸易的非对称特性还为贫穷移民创造了一种额外的低价旅行机会:从美洲出口到

---

① Wikipedia: Penal transportation; Penal colony; Convicts in Australia.
② 斯坦利·L.恩格尔曼、罗伯特·E.高尔曼主编:《剑桥美国经济史·第1卷》,中国人民大学出版社,2008,第4章第2节、第5章第2节;大卫·哈克特·费舍尔:《阿尔比恩的种子》,广西师范大学出版社,2018,第310—336页;Wikipedia: Penal colony。

欧洲的多为体积庞大的初级产品,而欧洲输往美洲的大多是制成品,同等价值的体积小得多,所以那些从欧洲返航美洲的货船愿意以低廉价格接纳一批旅客作为"压舱货"。①

与旅费下降相应的,是自负旅费移民的财力门槛逐渐下移,例如1675—1725年殖民特拉华谷地(包括东南宾夕法尼亚、西泽西、北特拉华)的贵格派,就明显比早先殖民新英格兰的清教徒穷,后者多属中产上层,贵格派则多来自中产下层或贫穷阶层(但不是最穷者);18世纪来自北不列颠边区(包括北爱尔兰、北英格兰和苏格兰低地)的移民则更是穷得叮当响,移居前大多是佃农或雇农,通常是被当作"压舱货"运往美洲的,旅行条件极其恶劣,死亡率比17世纪时还高,与奴隶贸易时期相当。②

不过,尽管前工业时代的洲际移民始终在稳步增长,但最终释放出巨大移民浪潮的,是蒸汽轮船、火车和现代媒体。在此之前,对于远离贸易港口的内陆穷人,即便愿意忍受"压舱货"待遇,越洋旅行也是难以负担的:他们首先要花几周甚至几个月经陆路到达某个洲际贸易港口,在那里往往还要等上十天半月才能搭上某条船(因为那时候远洋船的发船日期是高度不确定的),再经一到三个月的航行到达美洲。假如他打算在那里务农(这是工业革命之前多数移民的选择),还要带上农具牲口坐大篷车在北美的广袤原野上颠簸少则几周多则数月,然后熬过初次收获之前的几个季度甚至几年,所以在出发之前,他必须为这段漫长的

---

① Thomas Sowell, *Migrations and Cultures* (Basic Books, 1997), p41.
② 大卫·哈克特·费舍尔:《阿尔比恩的种子》,广西师范大学出版社,2018,第809—821页。

无收入时期准备好生活费。

轮船和火车改变了这一切，轮船不仅速度快——跨越大西洋只需10天，而且因其自备动力，受天气影响小，航程更可预期，轮船公司可预先公布可靠的航程表，因而旅客无须在港口长时间等待；同样，火车也大幅缩减了内陆旅行时间和费用，而且班次更密集，时刻表更可靠。与此同时，工业化创造了大量城市就业机会，移民到达港口后可以很快开始干活挣钱。

最后，报纸、杂志、传单、小册子等大众媒体，将有关新世界的信息传进了旧世界最远离海岸的腹地和最偏僻的角落，将众多人口卷入移民大潮。19世纪50年代共有260万移民进入美国，多数来自西北欧；19世纪80年代这个数字翻了一番；20世纪初升至880万，其中远离大西洋海岸的东欧和南欧移民占比上升到了2/3。[1]

正是在此背景下，移民目的国开始收紧移民政策。在美国，首先是出台了一批针对华人和契约劳工的法案，这两个群体被认为在抑制工资率上效果最为显著；1892年的移民法开始对移民进行背景甄别，以排除罪犯、传染病携带者、多妻者、由他人支付旅费者等特定个体；1903年法案又将乞丐、娼妓、癫痫病人和无政府主义者加入排除清单；1906年开始对入籍者进行英语测试；1917年开始对成年移民进行阅读测试；1921年开始对年度移民总数实施控制；1924年这一数量控制被永久化，并按来源国划分配额；1952年引入了特定职业技能配额，至此，现代发达国家典型

---

[1] Thomas Sowell, *Migrations and Cultures* (Basic Books, 1997), ch.1.

的移民制度基本成形。①

精英的抽吸

20世纪逐渐形成的发达国家移民制度，大幅改变了这些国家所接受移民的特性构成，包括其来源阶层、收入、受教育程度、职业倾向，以及（至少某些方面的）个性特征。在此之前，前往新大陆的移民几乎涵盖了阶层光谱的所有区段（可能只有顶层当权者是例外），自付旅费者通常来自中产阶层，早期偏高一些，后期偏低一些，奴隶、囚犯、契约劳工则多来自下层，许多上层精英则以殖民官员、军官、公司代表等身份去新世界开创事业（该群体在19世纪大英帝国鼎盛期尤为活跃），甚至一些原本没有多少移民动机的人，例如移居弗吉尼亚的保王党和因欧洲经济繁荣而薪酬优裕的熟练工匠，也可能因政治失意或宗教迫害而另寻出路。

然而，当国家的边境控制取代旅行成本过高、信息闭塞和雇佣市场的缺乏等传统障碍而成为跨国迁移的主要屏障之后，移民的阶层来源大幅收窄了。因为发达国家的生活质量、发展机会和自由保障对不发达地区的居民构成了强大吸引力，而两个世界之间显著的生育率差异进一步增强了移民动力，使得潜在迁移人口远超出主要目的国愿意接纳的数量，这就迫使这些国家的移民政

---

① Wikipedia: List of United States immigration laws. 这一维基词条列出了本文涉及的美国历年移民法案，各法案的具体内容可参见相关条目所指向的词条。

策变得日益严格和挑剔。结果是，国境线成了一张高度选择性的半透膜，除了难民和偷渡客等少数例外，能够通过这张滤膜的，要么是社会精英，要么个人禀赋远超平均水平（若条件适宜，他们也很可能成为精英）。

几种常见的签证类型中，投资类和杰出人才类直接面向精英；生意类则面向殷实而勤勉的中产阶级，像便利店、小餐馆、加油站、美容店这些小生意的业主，在富裕国家可能只是普通中产，可对于穷国居民，有能力从事的，至少是中产上层；至于数量远更庞大的技术类签证，虽然财务门槛不高，却对申请者的个人禀赋提出了很高要求，因为这些签证面向的都是高技能工种，不像种植园时代，引入的都是低技能劳工。

对高技能工人的偏爱并不是因为低技能工种不缺人，相反，低技能工人的严重匮乏所导致的高工资率正是近几十年发达国家制造业外移的主要动力。这一偏爱更多是因为工会势力（工会在劳动密集型产业更强大）的影响，以及选民在政治和文化上的担忧，因为低技能移民往往在言行举止和饮食服饰上保留更多本土特征，也更倾向聚族而居因而难以融入当地，所以更容易激起当地民众的文化忧虑。

一个颇具代表性的例子是澳大利亚的打工度假（working holiday）签证。澳大利亚的农场，特别是葡萄园和果园，每年收获季节需要大量工人，若在百年前，这无疑会从穷国吸引来大批季节性农业工人，就像当初在阿根廷打季节工的意大利农民，但此类低技能工人大批涌入的景象如今在政治上已不可接受，打工度假签证为此提供了一个替代方案，它将申请者年龄限制在30岁以下，并对学历、英语能力和来源国都有要求，它的条件设置很明显是面向发达国家（或至少中等富裕国家）在读大学生的。近年来每年有30多万年轻人持该签证去澳大利亚打工，其中以欧洲大学生居多。[①]

实际上，仅仅语言要求这一条，便有效排除了绝大部分社会下层的移民。在前现代社会，一个人若在母语之外熟练掌握一门通用语，往往表明他并非来自最下层，要么受过良好教育，要么日常交往圈子已超出本地小社会，即便在基础教育已经普及的社会，熟练掌握一门外国语言，通常也是中上阶层的标志，甚至在印度这样有着长期英国殖民历史、英语具有官方地位的国家，英语娴熟者也大多是受过高等教育者。

管道工的例子很好展示了语言和学历门槛的阶层筛选效果。在澳大利亚，管道工、机械工、建筑工等技工类劳动力极度稀缺，报酬也非常优厚，其中管道工的短缺尤为严重，因为年轻人很少愿意从事（尽管其小时工资率高居各工种榜首），从业者的平均年龄竟高达55岁。照理说，这应该成为移民政策优先输入工种。事实上澳大利亚政府也确实在技术移民类别中为管道工安排了每年5000多个配额，但实际申请成功者只是该数字的一个零头，相比之下，会计和软件工程师等白领工种的配额使用率接近或超过一半，原因不难理解：在潜在移民中，能够跨过技术移民的语言和学历门槛的，都受过高等教育，而一旦受了高等教育，

---

① Wikipedia: Working holidays in Australia; Visa policy of Australia#Visa types. 目前澳大利亚有两种打工度假签证，分别是 Work and Holiday visa (462) 和 Working Holiday visa (417)。

很少有人愿意从事蓝领职业。①

移民政策的上述过滤特性，创造了一种精英抽吸机制。过去数十年间，发达国家，特别是盎格鲁世界（Anglosphere），每年都从中低收入国家吸走数以百万计的中上阶层人口。对于一些中产阶层尚十分纤薄的国家，精英被吸走的比例相当可观，例如加纳，1993—2000年间该国2/3的持照医护人员移民西方，1999—2004年间获得从业资格的医生，外移了54%；②类似的，牙买加每培养5位医生，便有4位出走。③

再如伊朗，20世纪90年代初以来每年十几万精英外移，大多受过高等教育，结果该国受过高等教育的人口中，1/4都移居到了OECD（经济合作与发展组织）国家，这一比例在顶尖大学毕业生中更高达94%；④类似的，印度理工学院（IIT）的毕业生大约1/3移民西方（高峰期更高达70%），仅美国就接纳了25000多名，直到20世纪90年代印度开始开放市场，继而IT外包业兴起，工程师大量外流的趋势才有所缓解。⑤

上述抽吸机制产生的一个结果是，"二战"后移居美国的移民群体多数是高度精英化的，经济学家格里高利·克拉克（Gregory

---

① 有关澳大利亚管道工短缺问题，我在一篇博客文章（HS: 7857）里有更多讨论，其中列出了这里提及的若干数字的来源。
② Wikipedia: Human capital flight#Ghana.
③ Cyglar Ozden & Maurice Schiff (eds.), *International Migration, Remittances, and the Brain Drain* (Palgrave Macmillan, 2006), ch.6.
④ Wikipedia: Human capital flight from Iran.
⑤ Wikipedia: Indian Institutes of Technology#Brain drain.

Clark）以医生这一典型精英职业中的相对代表率[1]为指标，衡量了美国众多少数群体的精英化程度，发现埃及科普特人（Copts）、印度教徒、印度裔基督徒、伊朗裔穆斯林、马龙派基督徒（Maronites）、韩国人，皆高度精英化，在医生中的相对代表率都高于4，科普特人更高达13，这些群体都是战后才大量涌入的新型移民。[2]

但并非所有战后移民群体都那么精英化，柬埔寨人和老挝赫蒙人（Hmong）在医生中的相对代表率只有0.38和0.15，他们是越战后以战争难民身份进入美国的，因而绕过了上述过滤筛选机制；拉丁裔的情况类似，漫长而控制松弛的美墨边境对非法跨境者的筛选作用远比官方移民政策微弱，他们的医生相对代表率是0.32；更能说明问题的是，作为黑奴后裔的老黑人和战后迁入的新黑人之间的反差：前者的医生相对代表率仅为0.25，后者的却高达3.5。[3]

---

[1] 相对代表率（relative representation）的算法是：某群体在特征人口子集（在本例中是医生）中所占比例，除以该群体在总人口中所占比例。
[2] Gregory Clark, The Son Also Rises (Princeton University Press, 2014), ch.13.
[3] 同上。

10　隔离与类聚

　　一些人居住在乡村,另一些住在城市;多数群体倾向于和同类比邻聚居,群体间则相互闪避隔离,但也有些较为开放,甚至享受多样文化带来的乐趣。历史上,人类的居住模式曾经历了许多变化,作为个体,选择居住在哪里、与谁相邻的主要理由,也因时而异,仅仅在过去一个世纪中,聚居形态已历经几番转变。就本书主题而言,重要的是,居住形态的演变及其背后的个人动机,以及影响着社群这一文化进化的重要单元如何构造与重组,又如何兴衰存灭。

乡村与城镇

　　为何有些人住在乡村,而另一些住在城市?有人可能会说,农民要种地,只能住乡村,不需要种地的就住城市了;事实并非如此。在苏美尔各城邦,多数农民住在城市;古典时代的希腊城邦,大部分农民也住在城墙围绕的设防城市中,规模较小的城邦只有方圆几公里的领地,其数千居民通常全部住在城市,较大的城邦方圆十几公里,有数万或十几万居民,也有一小半住在城市,平均下来,各城邦60%~80%的居民住在城市;[①]宫崎市定认

---

① Mogens H. Hansen, *Polis* (Oxford University Press, 2006), ch.11.

为，上古中国也存在一个城邦时期，这些城邦的多数农民住在设防城郭之中。①

另一方面，许多不事农业的人也住在乡村。罗马贵族大多住在距离城市一两天路程的乡间别墅（villa）里，②中世纪和近代早期的英国上层精英也倾向于住在乡间，大贵族住在城堡中，有些城堡边上附有城镇，有些没有，小贵族和绅士则多住在乡间大宅（country house）中，常住于城市的，主要是工匠、商人和城市雇工。③

对于居住者，城市的第一个吸引点是安全性。城邦时代之所以大量农民居住在设防城市，是因为当时的国家尚没有能力在广大地域中创造一个和平环境，只能建立一些点状分布的安全岛；城市平时可为城邦居民（包括不住在城市里的那些）提供一个安全的粮食储藏地，当城邦遭受攻击时，居民可携带贵重财产（比如牲口）躲入城墙之内，所以希腊城邦的城墙内会留出1/4到2/3的空地，有些城邦还有一个设防更坚固的卫城（acropolis），提供了第二道防线和最终退守据点。④

第二个吸引点是城市作为人员和货物流动的集散地而提供的经济机会。人类在相互交易中需要解决的一个问题是：如何以最

---

① 宫崎市定：《中国史》，华世出版社，1980，总论第3章、第1篇第2章。
② Peter Heather, *The Fall of the Roman Empire* (Oxford University Press, 2007), ch.1; Wikipedia: Roman villa.
③ Ian Mortimer, *The Time Traveler's Guide to Medieval England* (Simon & Schuster, 2010), ch.1, 7; Wikipedia: English country house.
④ Mogens H. Hansen, *Polis* (Oxford University Press, 2006), ch.11; Wikipedia: Acropolis.

低交通成本找到尽可能多的交易对象。在这两个相互冲突的需求的推动下，潜在交易者们通过协调博弈而找到一些聚点（focal point），[①]例如自发性集市。集市未必有经常性的居住者，然而当交易人流达到一定规模和频度，便会吸引某些行当的从业者前来开业并定居，如铁匠铺、酒馆、旅店、裁缝店……哪些行当可能被吸引，取决于这地方吸引的人流量能否越过特定行当的规模经济门槛。

类似的经济机会也可能由其他外部力量所创造，而无须上述自发协调过程，例如一个罗马军团的驻地，一个聚集了大批官员、仆从及其家人的行政中心，一个香火旺盛的朝圣地，一个富人云集的旅游度假胜地，都会因其庞大的消费需求而吸引众多工商服务业者。

住在城市的第三个理由需从消费者角度理解。由于城市汇聚了各种零售和服务业商家，其居民生活会更便利，能享受到乡村所没有的各种商品、服务和娱乐。一个乡村居民也许隔几天去一次几公里外的集市，每几周去一趟十几公里外、数百上千人口的小镇，隔几年才去一次更大的城市，甚至一辈子都没去过几次。

而在他常去的集市和小镇上，只能买到几乎所有人都需要的大路货，稍微特别点、昂贵点、小众点的东西，都因为消费群太小而无人经营；博物馆、歌剧院、赛马场、游泳池，在小镇上可能都难觅踪影；不仅商家提供的服务门类少，自行组织活动的机

[①] 聚点又称谢林点（Schelling point），是决策空间上的点，只是在本例中恰好也是地理上的点，见 Wikipedia: Schelling point。

会也很贫乏，因为你很难找到足够多有共同兴趣的人来组织一个合唱团、一支乐队，或足球队，或凑齐一桌人打桥牌，假如你是位象棋高手，也会为找不到旗鼓相当的对手而郁闷。①

近代以前的英格兰贵族和绅士之所以喜欢住在乡村，是因为当时的城市规模很小。14世纪英格兰人口过万的城市只有3个，人口超过2500即可排进前30，跟现代小镇差不多，提供不了太多额外乐趣，②而且当时城市卫生状况极差，死亡率远高于乡村。③所以他们宁愿（或只能）以更昂贵的方式满足其消费和娱乐需求：在自家庄园生产喜爱的食物，或去野外猎取，雇佣专业仆役为自己提供各种服务，雇佣采办商采购各种奢侈品，或让商人带样品上门供自己挑选，在自家酒窖里囤上各类美酒，聘请家庭教师教育自家孩子，最富有的大贵族还供养行吟诗人、歌舞杂技演员和念书人。

当然，他们每年还会在大城市或像巴斯（Bath）这样的度假胜地住上一阵，那也是个采购、娱乐和社交的机会，至于平时的社交和娱乐需求，则主要以在自家宅邸里招待客人的方式满足。所以当时的贵族宅邸就像宫廷一样，是个人员相当庞杂的半开放空间，往往充斥着仆役、随从、奶妈、家庭教师、门客、亲戚朋

---

① 有关规模经济效应导致的小城镇与大城市消费娱乐丰富度差异，我在旧文《为何年轻人都爱往大城市里挤？》（HS：791）中曾有更多论述。
② Ian Mortimer, *The Time Traveler's Guide to Medieval England* (Simon & Schuster, 2010), ch.1.
③ William H. McNeill, *Plagues and Peoples* (Anchor Books, 1998), ch.2.

友等非家庭成员，毫无隐私可言。① 移居弗吉尼亚的保王党贵族还把这一风俗带到了新世界。②

最倾向于住在城市的是中产阶级，不仅是因为该阶层包括众多非农职业者，其中多数受益于（甚至依赖于）城市的人流汇集功能。同样重要的是，中产者有能力负担超出基本需要的更多样化消费、娱乐和社交，却又没有能力像贵族那样以私家供养和独力操办的方式满足这些需求，因而只能在城市获得这些商品和服务，因为只有城市的人口密度才能为这些服务的市场化供应者提供必需的规模经济。

所以城市规模总是随着中产阶级的壮大而扩张，而城市扩张会使其所提供的商品与服务（因为更多产业越过了规模经济门槛）更加丰富，从而吸引更多中产者前来定居，两者构成了相互强化的关系。同时，城市扩张也将从社会阶梯两端吸引人口：穷人发现那里有更多就业机会，而贵族则越来越被都市生活所吸引，因为百万人口级大都市的服务门类之丰富，会让最富有贵族宅邸中的消遣变得黯然失色，和近代歌剧院里的表演相比，贵族晚宴上的杂耍就未免太土气了。

不过，乡村并未因此而失宠。对于上层阶级，它仍有许多城市所无法取代的好处，那里更安宁闲适，环境也更清洁，可躲开许多肆虐城市的传染病，还可让贵族继续一些该阶层特有的传统

---

① Lawrence Stone, *The Family, Sex and Marriage in England, 1500–1800* (Harper & Row Publishers, 1977), ch.3.
② 大卫·哈克特·费舍尔：《阿尔比恩的种子》，广西师范大学出版社，2018，第 373—378 页。

消遣，例如狩猎，所以许多贵族和富绅都会在城市和乡村同时维持两套家宅，交替享受两者所带来的便利。

城市化

人口向城市的大规模转移发生在工业革命之后，这不仅是因为工业革命大幅提高了非农业人口的比例，也因为它改变了工业本身的组织模式。传统手工业者也倾向于住在城镇，但那是因为工商不分，每位行会师傅都是自己的老板，以前店后厂的方式运营着家庭作坊，因而需要贴近消费者和生意伙伴，而那些没有这一需要的纯制造工人，则大多是乡村居民，他们从商人那里赊入原料，制成后返还，按数量赚取加工费。[①]

那时既没有技术上的必要将大批工人集中在规模化工厂中，而且企业家也不敢冒由此带来的巨大风险：建造专门的厂房，为工人提供住宿，即便在生意清淡时也要支付让工人足以维生的工资。若没有这样的保障，雇工职业就不是一种可依赖的生计，也就不会有大批人从乡村移居城市。所以在中世纪，城市雇工是最落魄潦倒的底层赤贫者，往往是逃亡农奴、丧失生计的流浪汉和畏罪潜逃或躲避仇家者的无奈选择，由于对雇工的需求很不稳定，打工并不能保障生计，往往以乞讨、卖淫、捡拾、偷窃等方式贴补家用。

工业化早期，当机器生产的特点迫使制造商将工人集中到工

---

① 小艾尔弗雷德·D.钱德勒：《看得见的手》，商务印书馆，1987，第2章。

厂时，他们也很难雇到大批成年男性，更容易招到的是童工和婚前女工，后者不是家庭经济的顶梁柱，承担的家务责任也较轻，其工资是对家庭主要收入来源的补充，因而经受得起业务波动带来的短期失业。只有当城市汇集了足够多工厂，雇佣市场变得足够庞大而成熟，失业工人很快能找到下一位雇主时，雇工职业才成为一种可靠生计，工业城市才吸引来大批移民。[1]

所以，和消费便利性对富裕阶层的吸引一样，城市对劳动者的吸引也是一个不断自我强化的过程：汇集的工厂越多，越能吸引打工者，企业家也就越愿意来办厂，于是劳动市场更发达，进而吸引更多劳动力和企业，如此循环，工业城市的雪球越滚越大。

工业革命前夕的1773年，曼彻斯特人口仅22481人，没有工厂（当时兰开夏的纺织业已十分发达，但生产模式仍处于手工作坊状态）。然而到1802年，曼彻斯特人口已增至95000人，有52家工厂；1830年工厂增至99家，在此期间劳工数量增长10倍。整个19世纪曼城人口以每10年20%~25%的速度持续扩张，从英国各地吸引来大批工人，包括大饥荒期间外迁的众多爱尔兰人。[2]

类似的自我强化也作用于生产者，当众多企业聚集在一起时，可产生一种经济学家所称的杂聚效应（economies of agglomeration），它让每家企业都很容易在附近找到上下游合作者

---

[1] 小艾尔弗雷德·D.钱德勒：《看得见的手》，商务印书馆，1987，第2章；罗杰·奥斯本：《钢铁、蒸汽与资本》，电子工业出版社，2016，第8章。

[2] Erik L. Peterson, "Industrial Manchester, England; 1760–1825"; Wikipedia: Demography of Greater Manchester; 罗杰·奥斯本：《钢铁、蒸汽与资本》，电子工业出版社，2016，第8章。

和配套服务商，并让这些生意伙伴之间容易组织会面、磋商、协调和俱乐部联谊活动，这不仅大幅降低了合作与协调成本，更会创造大量非预期的合作机会，或者在交流碰撞中产生各种机缘偶得的创意，所以一个城市聚集的企业越多，就越有能力吸引更多企业，直到地租上升和其他因拥挤而产生的额外成本超出杂聚效应带来的好处。①

正是在上述多种聚集效应的作用下，工业化时代见证了城市的迅猛扩张，一些在发展之初占得先机的城市，保持了长久而难以撼动的优势，最终成长为上千万人口的超级都市，它们汇聚了众多大公司总部、商品和证券交易所、最重量级的文化活动、最齐全的消费和娱乐项目，由此吸引了各类社会精英前来享受生活和寻找机会。

向都市聚集的一个结果是，在社会阶层与城市规模之间形成了一种对应关系：无论你沿着哪部社会阶梯往上爬，爬得越高，就越可能居住在大城市。例如从政者，官做得越大，所在城市往往越大，因为政区首府的规模通常与其行政层级相称，这一点至少在旧大陆是普遍成立的（新大陆有一些例外）。

公司也是如此，虽然不少公司在壮大之后仍将总部留在其初创地，例如沃尔玛（Walmart）、3M、耐克（Nike）、博世（Bosch）、阿迪达斯（Adidas）的总部都位于数万人口的小城，但为了利用都市杂聚效应，它们大多会在大城市设立类似第二总部的机构，将营销、财务、法务、投资、研发等部门放在那里，

---

① Wikipedia: Economies of agglomeration.

而当它们在全国和全球扩张时,其地区分部和区域总部则几无例外地放在大都市,因为此时选址已不再受历史包袱的羁绊,这就意味着,职员的晋升更可能伴随着向更大城市的迁移而非相反。

再如足球,顶级俱乐部大多在大都市,原因之一是俱乐部收入相当程度上取决于球迷数量,而球迷往往优先支持和关注本地球队,英超前三名几乎被来自伦敦、曼彻斯特和利物浦的球队包揽,而它们分别是英格兰第一、第三和第五大都市。[①]其他体育项目情况类似,顶级运动员若住在小城市,就找不到与其水平相称的俱乐部、运动场地和竞赛对手,也难以得到最优质的教练、医生、营养师和经纪人等的专业服务。

媒体圈也一样,表现最出色、薪酬最高的记者、编辑、主持人、制作者,大多汇集在总部位于超级都市的全国性大媒体,因为只有足够庞大的订户(或受众)规模才足以摊薄这些顶尖人才的高成本。在全美拥有49家地方电视台的泰格纳(Tegna)公司,年度总营收只有19亿美元,平均每家电视台不到4000万,而顶级主持人的年薪行情是1000万~2000万,这些地方台显然是雇不起的。[②]

大城市吸纳精英的过程,很像当代移民制度下发达国家对落后国家的精英抽吸(见第9章),而且规模更大,效果更强烈,导

[①] Wikipedia: Premier League; List of metropolitan areas in the United Kingdom.
[②] Wikipedia: Tegna Inc.; Jethro Nededog & Kirsten Acuna, "Megyn Kelly is now one of the highest-paid hosts on TV," *Business Insider*, 3-Jan-2017,这份排行依据的是工资,当红主持人通常在工资之外还有许多其他收入,总收入往往数倍于工资,可参考 *Forbes: The World's Highest-Paid TV Hosts 2017*.

致一些学者所称的乡村和小镇的"空心化"。确实，当一个社会中最富裕、最具才华、最有进取心、最爱玩、最热衷于各种新鲜事物（无论是消费品、娱乐、运动、艺术，还是观念）的成员都逐渐离去，它难免会变得单调沉闷，以至破落衰败。

在最坏的情况下，留下的人们甚至难以维持原有的道德规范和社会秩序，结果社会被横行无阻的流氓、恶霸或黑帮所控制。因为在良序社会，精英向来在维持社会规范上起着关键作用，他们的评价和意见更有分量，其行为更可能被效仿，而作为体面人，或者为了维持其体面身份，他们通常也更珍惜自己的声誉，更顾及他人对自己行为的看法，基于其精英地位，他们在社区公共生活中也更为活跃，更有号召力，因而在塑造当地习俗风尚和文化气质的过程中处于核心地位。

都市极度膨胀并从地方大量抽吸精英的情况，在一些国家显得尤为夸张，而且常表现为向个别中心城市聚集乃至出现一城独大的局面，墨西哥城、拉各斯、达卡、雅加达，是其中最突出的几个例子。这种程度的集中化并非都由规模经济或杂聚效应所推动，而更多是因为中心城市之外发展受阻，受阻的原因有很多，例如土地权利缺失、土地流通障碍、政府对重要资源的控制、产业政策的偏向、国企对市场机会的垄断、地方自治的缺失等等。

有项研究发现，以赫芬达尔—赫希曼指数（Herfindahl-Hirschman index，HHI）衡量的都市集中度（城市居民向少数大都市集中的程度），发展中国家远高于发达国家。更有意思的是，随着过去30年的经济增长，发展中国家的这一指数在持续下降（尽管仍明显高于发达国家），而发达国家则大致保持稳定。这或许表明，当之前受阻的地区终于发展起来时，集中度便降低了。①

另外，制度也对城市聚集度有着重要影响，在政府主导着资源分配、控制着多数经济机会的国家，经济/文化中心倾向于和政治中心相重合，城市规模往往和行政层级相对应，而首都自然成为头号都市，特别是中央集权国家，首都聚集度会更高。相反，在经济活动主要由市场主导的国家，城市兴衰更多由交通、气候和经济机会决定，比如美国各州的首府，只有1/3是所在州最大城市，有2/5排不进前三。②

而且同样是国家权力的影响，也会随政治制度的不同而异。有个小例子可让我们对此略窥一二，美国宇航局（NASA）每年的预算约200亿美元，占联邦预算0.5%，而在冷战高峰期，这一比例曾高达4.4%，有趣的是，这一大笔钱的投向相当均匀地分布在美国各州，50个州无一例外全都沾到了油水，而且往往一个州的国会席位越多，分到的比例越高。实际上，美国联邦预算的主要开支都相当均匀地分配于各州，这很明显跟美国的联邦制和选举制度有关，在单议席选区制（single-member constituency）下，议员代表的是自己的选区，自然会努力为选区拉资源争预算，若换作比例代表制，预算分配格局恐怕会十分不同。③

---

① Susanne Frick & Andrés Rodríguez-Pose, "Change in Urban Concentration and Economic Growth," January 2018, CEPR Discussion Paper No.DP12566.
② Wikipedia: List of capitals in the United States.
③ Wikipedia: Budget of NASA; Federal taxation and spending by state.

郊区化

尽管都市有着众多好处,但并非所有人都愿意住在那里,一方面,因为都市也有许多恼人之处,拥挤,嘈杂,污染,堵车,高房价,高租金,高犯罪率,邻里间的疏淡冷漠,公共生活的缺失,个人在公共事务上的无力和无助感(因为作为数百万分之一,普通个人的声音几乎没有分量),等等;另一方面,都市的好处有些人未必需要,或者,他们不住在那里也能享受到,具体而言,哪些好处需要住在城里、住得离市中心多近才能享受到,取决于运输与通信条件,以及特定个人的富裕程度。

乡村和小镇的购物条件通常远不如都市,但运输与信息技术可以部分消除这一差异。这并非电子商务时代的新事物,美国在铁路革命之后便有了极为发达的邮购市场,一本数百页的邮购商品目录常列有几万种商品供居住在偏僻乡村的居民选购,在邮购业黄金时代,西尔斯公司(Sears)每年会寄出数千万本商品目录;邮购业在美国的繁荣除了得益于其广泛覆盖的铁路网和极其廉价而普遍的邮政服务(国会给了邮政局大量补贴),也是因为美国农民非常富裕,有很强的购买力。①

有些都市功能并非每天都需要,歌剧、音乐会、演讲、嘉年华、重大比赛,此类活动你可能每年只会参与几次,甚至几年才

---

① 丹尼尔·J. 布尔斯廷:《美国人·民主的历程》,上海译文出版社,2012,第13章。

一次,那么,住在离都市半天路程的地方,就不太妨碍你享受这些活动,而半天能走多远,交通技术的变化将带来极大差异;另一些功能,例如小镇上找不到的好餐馆、顶级装备的电影院或KTV、大型图书馆、大赌场,你可能每周或每月需要享用一次,此时,一两个小时的车程也算不上什么障碍,毕竟,大都市中两个地点之间可能也要花这么长时间。

当然,对于占人口多数的工薪者,头号问题是,住在哪里才能找到一份足以谋生的工作,不同于偶尔为之的活动,工作需要日复一日地按时出勤,因而人们愿意花在路上的时间有更严格的限制,虽然有极少数所谓"极限通勤者"每天花六七个小时在上下班路上,[①]但多数人愿意接受的通勤时间不超过4小时,平均而言,当代大都市的往返通勤时间大多在一到两小时之内。[②]

若以单程40分钟算,步行可走3.5公里,明显短于一个数十万人口中型城市的半径,意味着步行上下班的人若要在城市工作,只能住在城里;自行车速度3倍于步行,可将通勤半径扩大到十几公里,但早期自行车相当昂贵,19世纪80年代售价约20英镑,大致相当于伦敦非熟练工人的年收入,是上层青年的时髦玩具,非工薪族所能负担,直到20世纪初,当价格下降到5镑以下时,自行车才成为众多中产者的代步工具,工人阶层也开始从二手市场购买旧车,然而此时他们在通勤手段上已经有了更

---

① Bryan Miller, "Extreme Commuting," *The New York Times*, July 21, 2017.
② Tim Stenovec, "The 15 cities with the longest commutes in the world," *Business Insider*, Oct 6, 2015.

好的选择。①

工业化初期比步行更快捷的交通工具是马和马车。私人马车自然是富贵阶层的专属,在城市能自备马匹的一般也至少是中产上层,普通民众能享用的是公共马车(stagecoach),其速度介于步行和自行车之间(在维护良好的碎石路面上可超过自行车,时速达到25公里左右)。不过公共马车也不便宜,主要用于中长途旅行,其班次和准时性都不适合通勤。当时服务于城市公共交通的,是一种由马匹牵引的巴士(omnibus)或街车(horsecar),将马车安置在铁轨上,可大幅缩减单位载重所需牵引力,一两匹马即可拉动上百位乘客,从而可以低廉价格服务于工薪族,1896年的伦敦,马力轨道街车的票价低至一便士,几分钟一班,每年运送乘客达2.8亿人次。②

不过,马力街车虽然廉价而方便,速度却仅比步行稍快,主要功能是方便内城各局部及近郊之间的往返,对拓宽工薪者居住选择的效果有限(或许可拓展一两公里)。真正给通勤和居住模式带来巨大改变的,是时速高出一个量级的火车和电动街车,所以,19世纪中期的铁路革命几乎立刻触发了英美大城市的郊区化(suburbanization)进程,例如新泽西的卢埃林公园(Llewellyn

---

① Michael J. Freeman & Derek H. Aldcroft (eds.), *Transport in Victorian Britain* (Manchester University Press, 1991), ch.4; James Skipper & George P. Landow, "Wages and Cost of Living in the Victorian Era," *Victorian Web*.

② M. G. Lay, *Ways of the World* (Rutgers University Press, 1992), ch.5; Michael J. Freeman & Derek H. Aldcroft (eds.), *Transport in Victorian Britain* (Manchester University Press, 1991), ch.4; Omnibus 和 horsecar 的区分并不明确,前者包括有轨和无轨的,后者似乎都有轨,类似车辆还有许多其他名称,其中差异这里不打算细究。

10 隔离与类聚

Park），在19世纪50年代被开发为纽约的一个郊区（suburb），它距离纽约市中心19公里，远在马力通勤的极限之外，而火车通勤则很轻松。①

由火车引发的第一轮郊区化规模较小，影响的主要是富人和中产上层，他们被日益拥挤而肮脏的城市所困扰——别的不说，大量马匹制造的污染就很可怕，1900年纽约市每天产生1100吨马粪、27万升马尿、20具马尸②——绅士们向往乡村田园生活，特别是英国人，对传统乡绅的生活方式十分迷恋，而维多利亚时代恰是中产阶级最热衷于模仿上层文化的时期，在绿地围绕的郊区拥有一套带花园的独栋住宅，是众多中产者的梦想。③

19世纪末20世纪初，街车普遍完成了电动化改造，由此推动了规模更大的第二轮郊区化，这次中产下层和劳工上层也加入了外迁人潮，随着收入提高和建筑成本下降，中下阶层也开始有能力负担郊区的自有住宅了，同时郊区住宅的类型也变得多样化，出现了诸如半分离式大房（semi-detached，以两套房屋共享一堵墙的方式建造）和双层排屋（terraced house）之类式样，以满足不同收入水平的外迁者。④

此轮郊区化的另一个推动力是移民，包括南方黑人向北方工业城市的迁移，以及由蒸汽轮船促成的史上最大移民浪潮（见第

---

① Mark Clapson, *Suburban Century* (Berg, 2004), ch.2; Wikipedia: Llewellyn Park.
② M.G. Lay, *Ways of the World* (Rutgers University Press, 1992), p.132.
③ Mark Clapson, *Suburban Century* (Berg, 2004), ch.3.
④ 同上，第2章。

9章)。不像早先的移民,在港口城市落脚之后,多半会继续向内陆挺进,以寻找一块属于自己的土地,建立农村和家园,这波移民主要是冲着城市工业所提供的就业机会而来的,所以这一时期的年度移民数和美国经济的景气度及工资水平之间存在明显的联动关系。①

移民大量涌入加剧了与拥挤有关的各种问题,也抬高了房租,于是城市劳动者居住选择的天平进一步向郊区倾斜。重要的是,被高房租挤出的,不是最穷的城市居民(包括新移民,他们通常比原有居民更穷),因为他们买不起郊区的宽敞住房(更准确地说,买不起任何房子),甚至缺乏在城市内部四处移动的能力,因而更依赖于就近享用城市便利和就业机会。实际上,由于语言能力和社会资本的匮乏,新移民往往需要和亲戚同乡住在一起,并借助包工头和外包加工承揽商之类的中间人来获得工作机会。②

所以城市下层应对房租高涨的办法不是迁往郊区,而是降低居住标准,将大房子隔成小套,每套挤进一个大家庭,利用所有可能的空间搭建棚屋,在屋顶上加盖阁楼,将走廊改成厨房,或挤占街道以便腾出更多起居空间……这些都是大城市贫民窟的常见景象。境况较佳者外迁,最下层留在内城,将部分城区变作贫

---

① 斯坦利·L.恩格尔曼、罗伯特·E.高尔曼主编:《剑桥美国经济史·第2卷》,中国人民大学出版社,2008,第5章。
② 托马斯·索威尔:《美国种族简史》,中信出版社,2011,第5章。我曾在一篇笔记(HS: 4469)中介绍了索威尔的这一观察,并将其借用于研究中国的城中村现象。

民窟,这一模式在整个郊区化进程中将反复出现。

下一轮郊区化伴随着汽车的普及,汽车让迁往郊区者的居住地选择变得更灵活,不再受火车与街车的线路走向及停靠站设置的局限,也免去了往返车站、等车和逐站停靠所带来的延迟。不过汽车(无论是购买还是保有)远比公共交通昂贵,所以,尽管在两次大战之间已出现不少基于汽车通勤的郊区,但主要限于中上阶层选择。其大面积铺开是在"二战"之后,此时劳工阶层已变得相当富裕,而汽车也已足够廉价,例如在1959年的俄亥俄哥伦布市,84%的家庭至少有一部汽车,有些还有第二部,到20世纪70年代末,美国每百人汽车保有量超过50辆,意味着绝大多数家庭都有了汽车。[1]

对于郊区人,汽车的功能不仅在于通勤,它极大提升了个人在空间上的行动能力,无论是购物、娱乐、聚会,还是走亲访友,于是许多原本限于内城的服务也出现在了郊区,并且被改造成适合驾车者的业态,例如附带巨大停车场的购物中心,配有路边停车位的随公路延伸的商业带,以及室内化的、配有空调的综合性消费广场(mall)。

这样一来,多数日常消费需求都可在郊区就近满足,只有那些特别的、高端的、小众的,因而只有靠海量人口的支撑才可能存在供给的消费活动,才需要进城。消费模式的这一转变继而带来了另一个变化,位于内城的企业主发现,如今他们的多数雇员都住在郊区,后者每天进城的唯一理由就是上班。既如此,何不

---

[1] Mark Clapson, *Suburban Century* (Berg, 2004), ch.2.

将企业也搬到郊区以享受方便的交通和低廉的租金？况且，不像中心辐射状的火车和街车线路，网状的公路网可以让雇员方便地在不同郊区间穿越通勤。于是，在第三轮郊区化浪潮中，大批企业也加入其中，城市功能在越来越大的程度上被分散化了。

经此上述几轮外迁，郊区居民遂成为英美的人口多数。或许有人会问：为何不把郊区简单视为扩张中的城市的一部分，而把它当作一种独特的聚居模式？关键区别是密度，区分郊区与内城最简易直观的标准是：有没有许多高层建筑？是带花园独栋住宅占多数，还是公寓居多？停车位是否收费？确实，按此类标准，中国城市几乎不存在郊区。实际上，郊区化很大程度上是英语世界独有的现象。

把郊区单列出来分析，是因为郊区居民在生活方式、消费习惯、邻里与社区关系，乃至价值取向和政治态度上，皆与内城居民有着显著差异，也不同于远离都市的乡村或小镇居民。

大分拣

从个体行动者的角度看，郊区化进程体现了在居住环境上个人选择空间的持续拓宽。以往，这一选择要么受限于个人无从选择的给定条件，例如出生地、语言、基于身份的法律限制等等，要么受更基本的生存需要所限，例如谋生所需的工作地点、获得安全保障的可能性、对既有社会资本的依赖等等。而决定选择空间大小的，首先是个人行动能力（这很大程度上取决于财力），其次是外部约束，例如与土地使用和住宅开发有关的制度条件，美英澳加（特别是美国）之所以在郊区化上走得最远，既是因为它们有一个庞大而富裕的中产阶级，也是因为其相对宽松的土地制度。

只有当这些外部约束变得足够宽松时，有关居住和居家生活本身的因素才上升为优先考虑的问题：你有多喜欢花园和绿地，抑或割草对你是个负担？你是否希望步行距离内就有杂货店、咖啡馆、酒吧和好餐馆？你想和什么样的人为邻？你希望孩子上哪种学校，在哪里玩，玩些什么？房子对于你只是个睡觉的地方，还是私人生活的主要场所，或者你喜欢在车库里敲敲打打？你会在家里办party吗，或者与好友在后院吃烧烤喝啤酒，抑或每周看两三场演出、泡三四次酒吧对你更重要？你会在家里养大型犬吗？对这些问题的回答，很大程度上决定了个人对聚居类型的选择。

不过，在最近数十年，影响居住选择的另一个因素开始凸显出来，（至少在美国）人们越来越倾向于和观念相近的人住在同一社区。这一相似性不仅关乎生活方式、处世态度和消费趣味，也涉及宗教倾向、文化认同和政治立场。用比尔·毕晓普（Bill Bishop）的话说，美国社会正在经历一次"大分拣"（Big Sort），结果是产生了越来越多观念上高度同质的社区，这在选举中表现为：越来越多的选区成为某一政党的铁票仓。[1]

观念形态与聚居类型之间的关联并非新现象，乡村和小镇居民在宗教和政治上更保守，更倚赖传统和习俗来维持秩序而非求助外部权力，对外人、外来事物和外部影响抱有更多疑虑；城市

---

[1] Bill Bishop, *The Big Sort* (Houghton Mifflin Harcourt, 2008).

对新鲜和外来事物则更为开放，更倚重政府来维持秩序和解决所面临的问题，同时也滋生更多激进主义。同样是城市，内陆与沿海之间，工业城市和以商业、科技、服务业为支柱的城市之间，也存在文化上的明显差异。

此类差异有些是聚居形态本身造成的，例如那些位于大平原腹地、远离其他居民点的偏僻小镇，没有政府治安系统可以依靠，只能靠私人武力、守望相助和地方习俗来保障安全和维持秩序，居民自然对邻居的行为合范性有着更高期待，对偏离传统的各种迹象更为警惕，因为此类苗头若不及时加以遏制，很可能发展到破坏秩序从而危及自身安全的程度。相反，在一个移民不断涌入、人口与文化构成变动不居的城市社区，就很难依靠类似的规范机制，而城市的警察系统也让它显得没那么必要。

但更多差异是由人口流动过程中的筛选机制所造成，例如，学术兴趣浓厚者，通常不会住在乡村和小镇，因为能满足其志向的研究机构大多设在中型以上城市；同样，受教育年数越多、学历越高，越可能在大城市（包括其郊区）工作和居住（许多类似情况包括在第9章讲到的精英抽吸机制中）。另外，热衷于各种文化活动和小资趣味的文艺青年，也多半聚集在大都市。

经过上述机制的长期持续筛选，乡村、小镇与城市之间，城市的中心区与郊区之间，沿海与内陆腹地之间，乃至不同城市、不同社区之间，其居民在能力、个性、情趣、意识形态、宗教与政治倾向等特性的统计分布上，都将形成鲜明差异。这一分异存在已久，人们并不陌生，消费品制造商、广告公司、竞选专家，还有传教组织，对此也早已熟稔于胸。"大分拣"的新异之处在于，人们开始主动寻找其居民在观念上与自己相似的社区并迁往那里，而在以往，这种分化是由其他动机所推动的迁移的附带结果。

当然，这并不是说，一个打算移居的人在评估和挑选他准备迁入的社区时，会去做一次意识形态调查，或者阅读一份社会学报告，这既不可行也无必要。实际上，有足够多外在显见线索可帮他做出判断：街上有没有素食餐馆，有几家书店，有几座教堂，分别属于哪个教派，住宅屋顶上是不是有很多太阳能面板，住宅的建筑风格和外墙色调，有没有专门的自行车道和遛狗道，遛的是些什么狗，报亭里卖些什么报刊，等等。

这些线索单独看都不能得出太强的结论，但组合在一起却构成了一种清晰可辨的基调和氛围，足以让你判断它是否合你口味。《大分拣》(The Big Sort)作者毕晓普本人的经历便是个很好的例子，他和妻子都是坚定的自由派，1999年当他们从肯塔基搬到德州奥斯汀时，为寻找理想居住地，夫妻俩拿着地图开车在城里四处转悠，每看到一处合胃口的，妻子便在地图上标个笑脸，事后发现，如此挑中的社区果然在各方面都让他们非常满意，而他们没料到的是，这也是个自由派占绝大多数的社区，在2000年大选中，布什赢得了德州60%的选票，在该区却只排在第三，比绿党候选人拉尔夫·纳德（Ralph Nader）还低，而后者的全国得票率只有2.74%。[①]

和观念相似的人住在一起，会让人更舒适，避免遇到种种糟

[①] Bill Bishop, *The Big Sort* (Houghton Mifflin Harcourt, 2008), Introduction, ch.1.

心事，也可以让人更轻松自在、无所顾忌地谈论各种话题，而不必担心造成尴尬场面——这年头，任何话题都可能触动某些人的敏感政治神经；和意趣相投者为邻，你那些较为小众的需求更容易得到满足，例如，作为素食者，你更可能找到一家素食餐馆，同时，价值观和生活态度上的相近，也减少了你的言行举止招来异样目光的机会，让你不必那么拘谨警惕，生活因而变得更轻松。

后一点对于那些生活方式不那么主流的群体尤为重要，例如同性恋者，由于只占人口百分之几[1]，在一个小社区中，他们原本就不容易相互发现并彼此喜欢上，假如这是个文化保守的社区，找到理想性伙伴的机会就更渺茫，因为他们不敢出柜，否则其社会生活可能受到灾难性影响，这样的社区中也不太可能有同性恋酒吧之类的场所，所以同性恋者不仅倾向于住在大城市，而且（特别是在社会对同性恋的宽容度还很低的年代）倾向于向某些特定城市的特定社区聚集，例如旧金山的唐人街（Chinatown）和毗邻唐人街的北滩（North Beach），从20世纪二三十年代起就吸引众多同性恋者，也让旧金山赢得了"世界同性恋之都"的盛名。[2]

并非巧合的是，旧金山也吸引了许多其他非主流群体，包括披头族（Beatniks）、波希米亚主义者（Bohemians）和嬉皮士（Hippies）。实际上，不止旧金山，整个美国远西部（Far West）都曾是各种非主流群体的避难天堂，例如落基山脉东麓的摩门教

---

[1] 这一比例随定义的松紧而不同，按严格定义，为1%~2%，而随着定义的放松，可高至近10%，参见 Wikipedia: Homosexuality#Demographics。
[2] Wikipedia: LGBT culture in San Francisco; LGBT history in Chinatown, San Francisco.

走廊（Mormon Corridor）便是摩门教徒当年的避难天堂，其因所奉行的多妻制为东部旧州所不容；内华达则是躲避各种基督教清规戒律的放纵乐园，赌博、嫖妓、色情表演、离婚、酒类销售、豪奢铺张大酒店内的纵情欢娱，在教会势力强大的东部，这些事情（曾经）要么被禁止（比如卖淫），要么严格受限（比如离婚和酒类销售），要么会遭人鄙视（比如浮夸豪奢摆阔）。

旧金山和拉斯维加斯（还有一些实验型城镇）或许可视为大分拣的先驱，但不同的是，过去数十年发生的并且仍在继续的大分拣，是一场主流运动，它所卷入的人口规模在美国总统大选投票记录中得到了清晰展示：从全国得票率看，选举依然胶着激烈，从州层次看，也仍有不少摇摆州，然而当我们将分辨率调高至县一级时，景象已全然不同，越来越多的县变成了两党得票率悬殊、结果毫无悬念的深色县（深红或深蓝），得票率差距小于10%的县从1992年的1096个（占35.2%）降至2016年的303个（占9.7%），同时得票率差距大于50%的极端深色县从93个暴增到了1196个。假如以得票率差距20%为界划分深色与浅色县，那么居住在深色县的选民比例，从1976年的27%一路上升到1992年的38%、2004年的48%和2016年的61%。显然，这不是几小群非主流人群的流动所能带来的改变。①

投票记录只是最容易观察的指标，但大分拣并不仅仅是个政治现象，它关乎的更多是生活方式、处世态度和道德倾向，即有

---

① Bill Bishop, *The Big Sort* (Houghton Mifflin Harcourt, 2008), Table 1.1; David Wasserman, "Purple America Has All But Disappeared," *FiveThirtyEight*, Mar 8, 2017.

关一个良好社会、一个好人、一种美好生活应该是什么样子的整套观念，如今，在这套观念上相近的人正在相互吸引，聚集到一起，组成自己的社区。

许多人对这一进程所导致的政治两极化十分担忧，然而从积极的一面看，大分拣恰恰体现了美国人安排自己生活的能力正在加强，并且享有运用这一能力的充分自由。回顾历史，或环顾世界，都可看出，这是个惊人的成就：他们已经富足且自由到可以将价值观列为居住地选择的优先考虑了，而在以往，或在别处，这只能是个奢望，居住选择更多被出身背景、基本生存需要和各种功利性考虑所限制。

III 选择

11 全新的牧场

从经济学的角度看，生物有机体的适应性活动可归为三大类：消费、生产与投资。[①]所谓消费是指有望产生近期可见遗传收益的行动，例如（对于无性繁殖生物）自我复制，或（对于有性繁殖生物）制造配子、寻找交配对象并实施交配；生产则是维持机体存续和生理系统正常运行的活动，例如寻找并摄入营养物，寻找或构造适宜的温湿度、酸碱度等环境条件；而投资则是为机体的长期生存或在远期产生遗传收益而创造适宜条件的活动，例如额外摄入营养以囤积脂肪，或像松鼠那样囤积食物，或像河狸修筑水坝创造一个较深的水塘以便降低未来被捕食的风险并方便在冬天觅食，[②]等等。

相对于消费与生产，投资是一种更为高级的活动，它丰富了生物的竞争手段，拉长了个体活动的因果链条，就像更精巧的工具设备、更长的生产流程可以制造更复杂的产品一样，投资也提升了生物的行为复杂性，并开拓了提高适应度的可能性空间，从而让生命世界变得更精彩。不妨对照围棋来说明这一点：假如所

[①] 本章对生产、投资、收益、成本、损失等概念的使用皆是在进化生物学语境下，其价值基准是遗传收益（evolutionary benefits）或内含适应性（inclusive fitness），而不是像经济学中那样，以效用（utility）为价值基准。
[②] Wikipedia: Beaver dam.

有棋手都只考虑一两步棋，那么他们的招数就会十分简单粗陋、呆板而缺少变化，也没有多少挖掘改进的潜力，只有当棋手们开始考虑许多步之后的局面时，招数、策略、定式、风格才变得复杂而丰富起来，这一游戏才展示出如今人们感受到的精妙。

人类的行为复杂度、策略多样性，以及生活舞台上表演之丰富精彩，很大程度上归功于投资活动的发展，以投资所涉及的因果链长度和时间跨度而论，人类可谓鹤立鸡群。

作为资本的社会地位

生物有许多种方式以当前的付出（投资）换取未来的遗传收益，其中一类被称为亲代投资（parental investment），即有些生物除了制造配子并通过交配形成受精卵之外，还会为这些后代投入额外资源，以提高其生存机会和繁殖成就。体外受精的水生动物繁殖时会排出极大数量的卵，此后便听任其自生自灭，不再操心其前途，它们靠数量取胜，只要其中一小部分有幸受精并活到成年，就算成功了，但即便这些极端"轻投资"策略奉行者，也多少在卵内注入了一些营养，足以让受精卵发育到能自行觅食的程度。

鸟类多奉行"重投资"策略，制造有着钙质硬壳和丰富营养的巨大卵子，还会筑巢、孵化和哺喂。相应的，鸟类的繁殖数量就小得多，通常每年一窝蛋，每窝几枚或十几枚。哺乳动物更进一步，不仅将后代留在体内发育成形（比起蛋壳与鸟巢，子宫和育儿袋提供的保护要强得多），分娩后还要经历有时长达数年的

哺乳期。人类在这条路上走得更远：为子女提供教育，置办彩礼和嫁妆，帮他们带孩子，死后还把财产传给他们……①

大型社会出现以来，人类最显著的投资活动是建立和维护社会地位的努力，高地位不仅可为拥有者本人带来直接收益（更好的生存条件、更多性机会），而且相当程度上可传承给后代，从而为后者带来类似收益，这类似于企业通过培育品牌形象、构建营销网络、开发专利技术等方式建立市场地位，以此获得长期盈利能力。

地位竞争并非人类所独有，母鸡之间会竞争啄序，雄性黑猩猩为争夺老大地位而钩心斗角，合纵连横，还常常打到头破血流，闹出猿命。②许多群居的食草动物和灵长类群体内都有着明确的等级次序，有些动物（例如狒狒）的地位排序是严格全序（strict total order）的，即群体内任意两个个体之间都有明确的地位高低之分，而且这一高低关系具有可传递性（若A高于B，B高于C，则A高于C）。③

地位是投资形成的无形资产，投入的是地位争夺时的高强度对抗，尽管这种对抗主要以武力展示、威胁恐吓的方式进行，而非真刀实枪的厮杀，但成本也不低。当雄性狒狒新加入一个群体时，会逐个挑衅所有雄性成员，直到找到与自己实力相称

---

① 有关亲代投资以及人类在这方面的特殊之处，我曾在系列文章《男女》中有更多讨论，见辉格：《沐猿而冠》，四川人民出版社，2015，第2章，及HS：5067、HS：5075。
② 弗朗斯·德瓦尔：《黑猩猩的政治》，上海译文出版社，2009。
③ Dorothy L. Cheney & Robert M. Seyfarth, *Baboon Metaphysics* (The University of Chicago Press, 2007), ch.3, 4; 有关全序关系，见 Wikipedia: Total order。

的位置,这一过程不仅消耗大量体能,而且充满风险,因为有时对峙双方未能就实力高下达成一致,夸耀性对峙就会演变成真正的搏斗。

作为无形资产的地位一旦建立,就会在较长时期内持续产生收入流,因为它决定着资源访问的优先权,例如在同一地域内觅食时,高地位者总是占据最丰美、最有利的位置。日本猕猴(Japanese macaque)泡温泉时,老大一脸傲慢地坐在泉池中温度最适宜的位置,身边是地位次高者,地位最低者有时只能蹲在池边瑟瑟发抖。对于雄性,最重要的优先权是与发情期雌性的交配机会,在黑猩猩群体中,雄性老大占据一半以上的交配机会,老二、老三瓜分余下的大部分,这一指数递减式分配曲线跟许多比赛中的奖金分配方式类似。[1]

不过,动物的地位竞争与人类有两个关键区别。首先,它们的地位高低取决于个体之间的当前实力对比,而这一实力主要是身体对抗力,因而很难持久,雄性狒狒很少能将老大地位维持一年以上,黑猩猩也是如此,这就意味着老大们不太可能将地位传给下一代。实际上,动物群体内的等级秩序可视为一种阶段性的停战协定,各方暂且接受经由最近一轮对抗测试而排定的座次,直到下一位造反者出现。

其次,由于地位随实力消长变动不居且难以传承,它无法固化为阶层,而正是稳定持久的阶层结构让人类的地位竞争有了独特的社会功能。在动物啄序中,地位高低只存在于两两个体之间,

---

[1] Wikipedia: Pecking order; Dominance (ethology).

所以每当陌生个体相遇或新个体加入时，啄序便需经一系列对抗过程重新确立。而人类社会的阶层是独立于个体状态的非人格化结构，当个人拥有相称的出身背景，或掌握了足够多资源，并习得相关的行为规范，便可获得相应的地位，而无须经历与任何特定个体的较量，两个陌生人相遇时，很容易借助一些外部可见的线索判定对方地位，并据此调整自己的预期和行动。

之所以如此，是因为人类的社会地位建立在一整套层次丰厚、错综复杂的资产组合之上，远非仅仅依靠一时一地的个人裸实力（naked force）。这一资产组合既包括有形的财富，也包括无形的知识技能、社会资本[①]、婚姻网络和组织资源，它们是长期投资积累的结果（见第2、3章），而人们之所以愿意持续不断地投入和经营，正是因为阶层结构的稳定持久和地位的可传承性所提供的激励和投资保护，反过来，大量资本的存在加固了阶层结构，因而进一步强化了投资激励，如此反复。

投资的远期化

地位持久化的关键是摆脱对裸实力的简单依赖。裸实力的个体差异不够大，力量对比很容易因伤病、衰老或身心状态的随机起伏而翻转，强者也可能在马基雅维利式的争斗中被合谋暗算。

[①] 社会资本（social capital）是指可为相关个人带来利益的各种人际关系，包括合作互惠关系、信任、基于共同知识背景的相互理解、共享某一价值体系、共同遵循某种规范等，见 Wikipedia: Social capital，或 Robert D. Putnam, *Bowling Alone* (Simon & Schuster, 2000), ch.1。

拉大和稳固优势的出路之一是投资硬件，比如武器装备，精良的武器可以扩大个人武力优势，因而不易被随机波动翻转，还有财富，可让你收买支持者，从而在每次可能的争斗中都能以人数优势压倒对方。

不过在早期，当技术创新和财富积累的潜力都十分有限时，更可行的途径是积累社会资本，发展可靠的盟友关系以获得人数优势。有少数几种动物的雌性能将地位传给女儿，凭借的便是这种同盟关系，例如家鸡、日本猕猴和豚尾狒狒（chacma baboon），皆以母系群为社会组织基础，同群雌性因亲缘较近、相处较久而易于形成较强的同盟关系，高地位雌性的女儿可仰仗其母亲的威势而取得高地位，当年轻的雌性豚尾狒狒在对抗中落于下风时，会以吼叫求援，引来母亲或姨妈为其助阵，双方的相对地位将迅速决定胜负，所以正常情况下，当一只高地位雌性豚尾狒狒的女儿向一棵某只低地位雌性豚尾狒狒正在觅食的树走去时，后者会自觉避让。①

在权势土豪向贵族转变的过程中，社会资本起了关键作用，特别是对姻亲网络的经营，导致上层权贵日益强化的内婚化倾向，拉大了他们与下层的地位差距，同时在权贵之间产生了一种互为侪伦（peer）的共识，由此阶层得以固化，而不像狒狒群体那样形成每人依次占一个位置的啄序，高贵血统被视为一种独立于个体状况的"本质"属性。（见第2、3章）

---

① Wikipedia: Pecking order; Japanese macaque. Dorothy L. Cheney & Robert M. Seyfarth, *Baboon Metaphysics* (The University of Chicago Press, 2007), ch.4.

如第3章所述，阶层分化同时也是生计模式的分异，不同阶层各有其谋生之道，因而保持社会地位的要点便在于如何经营和维护相应生计模式所需的资产组合。农民需保有（拥有或承租）土地、农具和牲畜，工匠需要手艺、工具、客户关系和行会资格，商人需要知识技能、信用和资金，武士贵族需要采邑、武器装备和爵位。此外，所有人（除了僧侣）都需要婚姻和亲属关系、同侪对其地位的认可，以及在社区和同侪间的良好声誉。

类似的，若要让后代拥有与自己相同或近似的地位，就要设法将这些资产转到他们手里，为此所需的习俗和制度安排逐渐被开发出来：有形财富可按继承制度移交，知识技能可父子相传或付钱拜师学艺，亲属关系则通过生日、成人礼和婚丧节庆等仪式和聚宴、相互拜访和互赠礼物而反复重新确认（虽然在亲缘上晚辈难免比长辈远了一层），声誉在一定程度上也可通过家教门风等形式在代际传递，更多社会关系还可以通过认教父、干爹等形式加强，这是将父母辈的好友关系转变成子女的庇护—被庇护关系的一种途径，有关价值观和社会规范的默会知识，通常也可在生活经历中自动习得（尽管不乏有人因心理或人格障碍而面临困难）。

还有更重要的，是为子女安排一桩恰当婚姻，而正是在这件事情上，上述种种资本全都派上了用场，一份财产继承权、一笔丰厚彩礼或嫁妆、一门手艺、良好教育、父母的既有地位、家族势力和门风、关系资源、对所在阶层价值观和行为规范的良好掌握（为"体面"一词所概括），都是提升子女在婚姻市场上谈判地位的重要筹码，而继承权和嫁妆也是新夫妻开始独立谋生的坚实起点。在传统社会，越是上层，包办婚姻的倾向越强烈，因为他们有更值钱的地位需要传给后代,也拥有更雄厚资本寻求有利的婚姻安排。

所有这些,为人类的亲代投资开拓了前所未有的广阔空间,父母作为投资者所能展望的未来投资回报期也越拉越长:从婴儿期的生理发育、童年期的社会化学习、青春期的地位竞争,到成年早期的成家立业,然后是帮助照顾孙辈,最后安排遗产继承;一份殷实家业常可保障未来三四代的生计着落(虽然地位可能有所下沉),一份贵族基业更可能传承十几代甚至几十代,在西欧和日本,都不乏可追溯六七百年乃至上千年的贵族家系。

更重要的是,男性也深度卷入了这些日益加重的亲代投资活动,而在动物界(除了极少数例外),这向来是雌性才会操心的事情。这一点之所以重要,是因为在猿类社会中,雄性通常处于支配地位,高地位雄性所能控制的资源更庞大,而且其在体能、探索性、冒险性等诸多方面具有优势,当这些潜力被开发用于亲代投资时,将极大提升竞争舞台上表演内容的丰富性,而在以往,这些能力都被消耗在了好勇斗狠、相互厮杀、凭暴力掳掠与强制雌性等简单粗暴、服务于短期化目标的竞争活动中。

男性竞争焦点的这一转变,是人类走向文明的一大步,不妨对照企业间的市场争夺来理解这一点:低级原始的竞争策略只注重即时效果,包括价格血拼(类似于雄性间精子战争[①])、广告轰炸(类似雄孔雀那样的第二性征炫耀)、以暴力恐吓等方式欺行霸市(类似雄性黑猩猩之间为争夺老大地位而大打出手);而高

---

① 罗宾·贝克:《精子战争》,海南出版社,2004。

级策略则注重培育长期优势，包括构建可持续的商业模式（围绕生计模式建立家业），构建技术壁垒（手艺、知识、武器、战术），加大研发投入（子女教育），建立品牌声誉（树立个人和家族声望），维护信用（注意品行和家风），领导行业组织（参与社区事务、积累政治资源）……

男性被亲代投资的吸引，与女性原本就很强烈的投资意愿（以及她们不同于男性的那些优势）经由婚姻结合起来，将家庭发展成一种长期投入、永续经营的企业，精力、创造性和资源从以往短视且高度消耗性的低水平竞争转移到了更富远见、更具建设性、其成果更可积累的高水平竞争上来，由此推动人类走出野蛮状态，同时也让自然选择有了一种全新的作用对象。

选择的机制

阶层结构的持久存在，造就了一种全新的自然选择机制：身处等级阶梯上每一梯级的个人，都面临着跌落、保持和上升的可能前景，而哪些个体跌落，哪些上升，尽管有相当大的运气成分，却并不是随机的，健康、个性、智力、知识技能、所习得的文化特性、品行操守，以及前面提到的有助于建立和维持社会地位的种种资本，都影响着升降的机会，这些特性与升降机会之间的关联，将改变它们在各阶层间的分布，有些特性将高比例地出现在特定阶层中，假如这一过程长期持续，阶层之间将出现显著的个体特性差异。

高地位最终会为其拥有者带来遗传收益，即让他们留下更多后代（这也是他们追求高地位的终极动力所在，无论他们是否意识到），实现这一点的途径很多：娶更多妻子，娶更年轻健康的妻子（意味着更长的生育期），谋求更多的婚外性机会因而拥有更多私生子，良好的营养状况可让妻子排卵更正常，雇佣奶妈可缩短妻子的怀孕间隔，更好的营养、卫生、安全条件可延长夫妻的寿命因而获得更长生育期，也可降低子女的夭折率……

重要的是，地位带来的遗传收益是长期持续、细水长流的，捕杀一头大猎物，赢得一次交配机会，杀死一个竞争对手，躲过一场灾难，也会带来遗传收益，可这些都是短期收益，而赢得高地位的收益却可以在好几代甚至几十代的时间内持续收获，等级结构越稳定，收益便越持久，而且越到后面绝对值增长越快。

为理解这一点，不妨来看一个极简版的数学模型：假设存在10个阶层，相邻阶层的繁殖率差距为0.1，即第1—9的每个阶层的繁殖率比它下一层高10%，因而最高层约是底层的2.36倍，这是个相当保守的设定；再假设每一个体的子代中只有一个保持了父辈地位，其余跌落一级，表11.1显示了一位顶层个体的长期繁殖成就。[①]比如到第5代时，他的后代数达到了23，分处于第1—5阶层，数量分别为1、5、9、6、1。[②]

[①] 表中数字可用如下公式计算：$P(g, s) = P(g-1, s) + P(g-1, s-1) \times [R(s-1) - 1]$，其中 $P(g, s)$ 为第 s 阶层第 g 代的后代数，$R(s)$ 为第 s 阶层的繁殖率。
[②] 注意：第一，这个极简模型没有考虑繁殖需从一对夫妻开始，纠正这一点只需将所有后代数字乘2即可，原理不变；第二，这里也没考虑资源条件对总人口规模的限制，所以后代数量最好理解为比例关系，即相对代表率，而不是绝对值。

表 11.1 高地位者的长期繁殖优势（一个极简演示）

繁殖优势	0.1										
阶层	1	2	3	4	5	6	7	8	9	10	
繁殖率	2.3	2.14	1.95	1.77	1.61	1.46	1.33	1.21	1.10	1.00	合计
第1代	1										1
第2代	1	1									2
第3代	1	3	2								5
第4代	1	4	5	1							11
第5代	1	5	9	6	1						23
第6代	1	7	16	15	6	1					44
第7代	1	8	23	29	17	4					83
第8代	1	10	33	52	40	15	2				151
第9代	1	11	43	83	80	39	9	1			266
第10代	1	12	56	124	143	87	27	4			455
第11代	1	14	70	177	239	175	68	13	1		756
第12代	1	15	85	243	375	321	149	35	4		1228

同理，我们可以同样方法计算一位身处其他阶层的个体的长期繁殖成就，表11.2列出了分别以第1到第10阶层作为起点所得到的不同繁殖成就，第1代都从1个人开始，到第5代时，差距已明显拉开，高地位者的后代数已比其下一层高出约50%，到第10代，差距扩大到一倍多，到第12代时，当初那位顶层个体的后代数已是底层个体后代数的1228倍，当然，前提是结构完全稳定。

表11.2 不同起始地位者的长期繁殖成就比较

起始阶层	1	2	3	4	5	6	7	8	9	10
第1代	1	1	1	1	1	1	1	1	1	1
第2代	2	2	2	2	2	1	1	1	1	1
第3代	5	4	4	3	3	2	2	1	1	1
第4代	11	9	6	5	4	3	2	2	1	1
第5代	23	16	11	8	6	4	3	2	1	1
第6代	44	29	19	12	8	5	3	2	2	1
第7代	83	50	30	18	11	7	4	3	2	1
第8代	151	85	47	27	15	9	5	3	2	1
第9代	266	139	73	39	21	11	6	3	2	1
第10代	455	222	109	54	27	14	7	4	2	1
第11代	756	347	161	75	36	17	8	4	2	1
第12代	1228	532	233	103	46	21	10	4	2	1

如此巨大的繁殖差异对应着很强的自然选择效果，将快速提升高地位者所携带基因在种群基因池中的频率。不妨再将上表的数字折算成基因频率，可获得一个直观印象，不过这需要对等级阶梯的形状（各阶层所占人口比例）有个假定。表11.3的第2行是我给出的一个假设形状，顶部几个阶层的规模都极小，且呈指数关系，中下部鼓起，占人口大头，然后指数式收窄到底层；第3—14行显示了初代各阶层所携带基因的频率的逐代变化情况（以万分之一为单位），如第15行所示，12代之后，最初顶层的基因频率提高了64倍，而底层的降低了95%，前6个阶层在不同程度

上都是进化的赢家,后4个则是输家。①

表11.3 初始地位对基因频率的长期影响

阶层	1	2	3	4	5	6	7	8	9	10
规模	1	20	200	1000	5000	15000	20000	5000	2500	250
第1代	0.2	4	41	204	1021	3063	4084	1021	511	51
第2代	0.3	6	57	261	1186	3235	3921	891	405	37
第3代	0.6	9	78	325	1351	3370	3737	778	324	27
第4代	0.9	14	104	397	1514	3470	3542	679	261	20
第5代	1.4	19	135	474	1670	3539	3341	593	211	15
第6代	2.0	26	171	557	1820	3579	3141	519	172	11
第7代	2.9	35	213	645	1960	3594	2945	455	141	9
第8代	4.2	46	260	735	2090	3587	2754	399	117	7
第9代	5.7	60	313	829	2209	3560	2571	351	97	5
第10代	7.7	75	371	923	2315	3517	2397	309	81	4
第11代	10.2	94	435	1018	2410	3459	2231	273	67	3
第12代	13.3	115	502	1112	2492	3390	2075	241	57	3
倍数	65	28	12	5.4	2.4	1.1	0.51	0.24	0.11	0.05

单位:万分之一

而且这一选择有着明确的方向性,因为帮助个人爬升到高地位的生理/心理特性大多是在生物学上可遗传的,例如智力和"大

---

① 这个折算未考虑向上流动的情况,不过以前现代的流动比例,这一点只会影响具体数值,不影响趋势。

11 全新的牧场

五人格"（Big Five）的5个特质，遗传率都在30%~80%，即遗传编码上的差异可解释30%~80%的个体特性差异。[①] 这样，地位造成的后代数量差异便构成了一种偏爱这些特性的选择压力，提高与这些特征相关的遗传代码的优势副本在总人口中的频率，从而推动人类种群朝特定方向进化。

具体而言，这一进化（某些遗传特征的频率提升）将以向上抽吸—倍增—向下渗透的方式发生，优势特性的携带者首先经由地位竞争滤网被吸收到上层，然后因其高于平均水平的繁殖率而实现数量扩张，继而，由于高阶层的有限容量，必定导致部分成员在激烈竞争中失利而跌落到较低阶层。[②] 同时跌落者也将其携带的遗传特性带到了低阶层的通婚圈中。这一过程将在整个社会阶梯上逐级发生，形成一种瀑布式的持续渗透。而位于最底部的几个阶层，则因其远低于替代水平的繁殖率，其每一代成员（连同他们携带的遗传特性）被大比例清除，并由向下滑落者取代。

底层的持续清除可表现为：太穷而找不到配偶（这条更多作用于男性），因无力抚养而选择堕胎或溺婴，由恶劣营养、卫生、安全条件带来的高夭折率，在饥荒和瘟疫中更高的死亡率，因缺乏可靠生计而更倾向于从事高风险活动，包括偷盗、抢劫、勒索等财产类犯罪，或加入帮派或流寇。无论古今，犯罪总是不成比例地集中在社会下层。在刑罚严厉的时代，这些活动直接对应

---

① Robert Plomin, *Blueprint* (Allen Lane, 2018), ch.1–3.
② 地位跌落也部分反映了优势禀赋的均值回归倾向，这一点我会在后面章节具体讨论。

着死亡风险，罪犯面对的即便不是死刑，也往往是遗传上的死胡同，例如死亡率极高的监狱，几乎没有结婚生育机会的苦役、官奴和流放，因而其选择效果与死刑一样。

上述选择机制（姑且称为阶层选择）与性选择颇有些相似之处，它们都是间接选择，即选择压力并非由生态环境直接施加，而是由某个代理所执行。在性选择中，对雄性的筛选由雌性执行，但雌性在考察评估潜在交配对象时，依据的标准间接体现了环境压力，因为只有这样她们的选择才有助于提高自身后代的适应性，所以许多由性选择所造就的第二性征，都是一种展示雄性内在禀赋的信号，这些信号通常很难伪造，虽然有时会因为性选择的正反馈机制而变得过度夸张。①

在阶层选择中扮演代理角色的，是处于各种地位升降关键节点上的众多个体，例如一位手工业师傅是否愿意收某人为徒，一位地主是否愿意将土地租给某位佃户，一位绅士如何决定各子女分别继承多少家产、为他们支付多少彩礼和嫁妆，一位显贵愿意做哪位青年的庇护人或教父，一位贵妇邀请哪些客人光顾她的沙龙，一位无男嗣的骑士选谁做他女婿，国王将哪些寒门子弟封为骑士、向谁封授采邑或授予特权……在那些高度内婚化的等级结构中，婚姻决定尤为关键，一位新晋者只有在被纳入相应通婚圈时，其阶层地位才算真正确立，所以阶层选择其实内含了性选择，只是执行者常常是对方父母。

---

① 有关性选择的信号理论，见 Wikipedia: Signaling theory; Handicap principle。有关性选择中的正反馈机制，见 Richard Dawkins, *The Blind Watchmaker* (Norton & Company, Inc., 1986), ch.8。

这些代理在决定是否接纳某人时，优先考虑的自然是这一选择能否最大限度增进自己的利益。然而和性选择一样，这事实上起到了替环境（包括社会环境）做出倾向性筛选的效果，因为他们会偏爱那些已经展示出良好禀赋或才能，或者已经积累了足够多有形资本（这是其禀赋与才能的间接证明）的个体。不过，和性选择一样，由于这些选择只能基于外部可见的线索做出，因而总会诱发许多伪装和夸大的努力，人类在才华与美德展示竞赛中的浮夸举止，丝毫不亚于孔雀开屏。

进化的潜力

对阶层选择，有人可能会提出这样的质疑：人类出现阶层分化顶多不过是最近几万年的事情，而稳定持久的等级社会只有几千年历史，在这么短的时间尺度上谈论生物学意义上的进化是否有意义？会有多少值得一提的遗传改变？

可以有很多。

对于从皮肤开始进化出眼睛之类复杂器官的进化来说，几万年可能是太短了，但阶层选择所涉及的，不是这种级别的进化，就本书所关注的那些特性而言，几万年并不短，事实上，许多重要的遗传改变都是在近几万年内发生的，例如欧亚人为改进维生素D合成效率（从而改善钙吸收）而发展出的浅肤色，[①]东北亚人

---

① Gregory Cochran & Henry Harpending, *The 10, 000 Year Explosion* (Basic Books, 2009), ch.3.

为适应寒冷气候而发展的特殊汗腺系统,①欧亚人相对非洲人更大的躯干/大腿长度比和大腿/小腿长度比(也是应对寒冷的改变),②热带民族汗液中较低的盐分浓度(可防止大量出汗后发生热痉挛),③都是近几万年内形成的。

近北极地区缺乏植物性食源,那里的居民几乎纯食肉,以脂肪为主要能量来源,约两万年前出现的一个与omega-3脂肪酸代谢有关的遗传变异能帮助他们适应高脂肪饮食,遂在极地群体中广为扩散,它在因纽特人中流行率近100%,在汉族中为15%,在欧洲人中仅为2%;④阿根廷北部安第斯高原地区的饮用水砷含量超高,当地土著在过去一万年中发展出了对这种有毒物的耐受性。⑤

作为畜牧业发展的结果,乳糖耐受性(lactase persistence)独立进化了两次(分别在北欧和东非),⑥都只有几千年历史。夏尔巴人(Sherpas)为适应高原缺氧环境而产生的有关血红蛋白的遗传改变,⑦东南亚海上民族巴瑶人(Sama-Bajau)为适应潜水捕鱼

---

① Wikipedia: ABCC11.
② Amanda Kittoe, "Covariation in Limb-limb and Limb-trunk Proportions in Whites and Blacks and Males in Females using the Hamann-Todd Collection, Cleveland Museum of Natural History," *Discussions*, 2008, VOL.5 NO.1.
③ 亚历山大·H.哈考特:《我们人类的进化》,中信出版社,2017,第129—132页。
④ Matteo Fumagalli et al., "Greenlandic Inuit show genetic signatures of diet and climate adaptation," *Science*, 18 Sep 2015, Vol.349, Issue 6254, pp.1343-1347.
⑤ Carina M. Schlebusch et al., "Human Adaptation to Arsenic-Rich Environments," *Molecular Biology and Evolution*, June 2015, Volume 32, Issue 6, pp.1544-1555.
⑥ Wikipedia: Lactase persistence#Evolutionary history.
⑦ Wikipedia: High-altitude adaptation in humans.

生活而扩大的脾脏储血容量,①也都是近几千年发展的结果。和高智力有关的一些遗传变异（其中有些也和几种神经系统疾病有关）在阿兹肯纳齐犹太人中的高频率聚集，甚至是最近千年之内的变化。②

正如格雷戈里·柯克伦（Gregory Cochran）和亨利·哈本丁（Henry Harpending）在《一万年的爆发》（*The 10,000 Year Explosion*）中所指出的，从理论上看，人类在近几万年中的进化速度应该会比早先更快。首先，冰期结束气候回暖加上农牧业的发展，使人口规模提升了几个数量级，而更多人口意味着更多遗传变异可供自然选择发生作用，更容易找到适应性组合，这类似于大规模并行搜索运算中，并发线程数越多，搜索速度越快。

其次，人口密度提高，加上由战争、贸易和移民造成的人口流动，种群间基因交流频率大幅提升，意味着单位时间内被尝试的遗传组合数量增加，因而找出适应性组合的速度加快。再次，人类走出非洲散布全球之后，许多种群进入了与此前大不相同的生态区，而农牧业以及城市出现之后，人类更为自己构造了全新的生态环境，这些极为不同的环境所施加的选择压力与我们祖先在东非草原所面临的全然不同，无疑会将我们的遗传特性推向新的方向。③

和定居农业一样，阶层结构是人类为自己构造的一种新型生

---

① Wikipedia: Sama-Bajau#Free-diving adaptations.
② Gregory Cochran & Henry Harpending, *The 10, 000 Year Explosion* (Basic Books, 2009), ch.7.
③ 同上，第3—6章。

态,它催生了围绕地位竞争的一系列手段、策略、组织和文化元素,特别是对于远离温饱线的中上阶层,地位竞争成为谋求长期遗传收益的主要途径,由此为人类进化——无论是生物学上的还是文化上的——构造了一个新舞台。

策略的差异

所有大型社会都有某种阶层结构,但这些结构的形态与性质,以及它们决定个体升降的方式,在不同社会之间存在很大差异,这些差异造成了不同的选择效果,也影响着个体努力的方向、手段和策略,进而影响着社会习俗与文化气质。

存在两种基本的策略倾向,姑且称为"尽快兑现"和"细水长流"。

设想某人有幸为自己挣得了财富与地位,假如他奉行的是第一种策略,即尽快将当前拥有的资本转变成近期可见的遗传收益,那么他要做的就是多娶妻、多生孩子,特别是多生儿子(因为儿子有更大的乘数效应①),并且将家产均匀地分配给诸子,因为只分给一个儿子会冒他不育或生育不足的风险,而且若将资源投在一个孩子身上,边际收益会下降得更快,这是因为:

(1)孩子越多,精细养育和扶持(帮助他竞争社会地位)的难度越大,所以,同样是12个孙子,"3个儿子各生4个"和"长

---

① 有关儿子在高地位者实现遗传收益中的乘数效应,我在《生男还是生女》(HS: 5075)一文中有更详细的分析。

11 全新的牧场 245

子生10个其余2子各生1个"相比，前者的养育和栽培质量会更高。

（2）妻子越多，防备绿帽的成本越高，所以，让3个儿子各娶2妻，比起让长子娶4妻其余2子各娶1妻，效率更高。

很明显，这种策略尽管可以最大化子女和孙辈数量，但由于资本被过度分割，这些后代的地位很可能大幅低于他本人。不过，可分割资产并非支撑社会地位的仅有资本，还有一些重要资本不会随后代数量增加而分割稀释，所以地位下降的程度与可能性取决于哪类资产在地位决定上更为关键，这一点稍后再展开分析。

假如他奉行的是第二种策略，他就会优先将资源用于确保既已取得的高地位在后代中尽可能稳固持久地延续下去，为此他需要将生育数量控制在远低于其供养能力的水平，优先确保至少一位子女继承他本人的社会地位（甚至更上一层楼），其他子女也尽量保持不太低的地位。这样，虽然每一代的繁殖率都会低于供养极限，但只要稳定且显著地高于替代水平，长期遗传收益仍会十分可观。（见表11.1）

在进化生物学的亲代投资理论中，上述两种策略分别对应 r 策略和 K 策略。[1] 理论上，两种策略并无高下之分，它们连同处于不同中间位置的混合策略，可以构成一条连续的等优曲线，而一个社会的不同个体可能依自身境况与偏好而采用不同策略。然而，当我们将特定社会的具体条件纳入考虑时，便可看出哪种策略会更受青睐。

---

[1] Wikipedia: r/K selection theory.

这里有两个影响策略选择的关键变量，首先是对地位持久性的预期，假如后代保持高地位的前景很不确定，那么将大部分赌注压在这上面就不太明智，不如尽快兑现更为稳妥。削弱地位持久性预期的常见因素有这样几类：

（1）支撑地位竞争的那些资产缺乏安全保障，例如财产可能被剥夺，或在秩序动荡中遭毁灭，政治资本可能在争权夺利过程中被摧毁，甚至变成负资产。

（2）决定地位升降的过程有太大偶然性和太多不可控因素，大额投资未必对提升机会有多大帮助，不如分散下注，择机而动，在确保短期收益的情况下，指望某个后代凭运气和个人能力（而非来自父辈的投资）出人头地。

（3）等级结构本身不牢靠，经常被战争、革命、秩序崩溃等事件结构性地摧毁。

影响策略选择的第二个变量是支撑或竞争社会地位的关键资产的性质。有些东西，每增加一位使用者，其他使用者的用益便随之降低，比如一块蛋糕，多一人吃，每人吃到的就少了，经济学家将物品的这一性质称为竞用性（rivalry）；有些东西没有竞用性，例如无线电视，多一人收看不会降低其他人的收看好处；另一些东西介于两者之间，例如一个可供垂钓的小湖，当钓鱼者足够稀少时，新来者不会降低其他人的乐趣，或许还会因消除后者的孤单而受欢迎，只有当垂钓者数量超出某个限度时，拥挤才会造成用益减损；还有些东西，完全不存在这个上限，用益总会随使用者增加而提升，这就是所谓的网络效应，例如语言、技术标准、接口规范、社交网络等等，用的人越多，就越好用。①

假如决定社会地位的关键资产是高度竞用性的，例如土地、房产或金钱，投资者便更可能选择细水长流策略，因为这些资产就像蛋糕一样，一个后代切走一份，其他后代能分到的就少了，所以只要这位投资者注重的是从高地位中获取长期收益，他就必须要么限制后代数量，要么将资产集中投到少数后代身上。

相反，假如决定社会地位的关键资产是非竞用性的，那么投资者无论是注重长期收益还是短期收益，都会更倾向于尽快兑现策略，因为在这种情况下，长期与短期目标相互不冲突，可两者兼得；既然关键资产的用益不会随使用者增加而减少，它们帮助后代竞争与维持地位的效果就不会被摊薄稀释。

比如与智力有关的遗传优势，一对高智商夫妻的子女，无论数量多少，都有同等概率继承其高智力，小儿子们并不会因为长兄优先继承了高智力而只能接受愚笨天赋，所以，假如智力是地位竞争的关键资源，高地位者的合理策略便是在供养能力限度内尽可能多生育（这个论点对于熟悉当代生育文化的读者可能很难接受，有关当代新情况，我会在第16章展开讨论），这一原理适用于所有遗传禀赋（只要它是地位竞争的关键资源）。

社会资本的情况类似，例如亲属关系，不会因为子女多而降低价值，反倒可能因子女带来更多姻亲关系而强化；再如家族势力，只要家长或长老权威足以维持家族协调行动，子女越多势力

---

① 有关物品竞用性的更多描述，见 Wikipedia: Public good; Rivalry (economics)。我在两篇旧文（HS: 3415、HS: 3770）中曾演示了如何将其运用于特定产权问题。

越强,不仅家族势力会因此增强,本支系在家族内的地位也会加强;还有家传手艺和家学传统,并不会因为多一位子弟学艺便排挤其他子弟的学艺机会(除非其中存在一些秘籍,毕竟人多容易泄密)。

模式的分化

有了上述理论准备,不妨比较一下具体社会中阶层选择的不同表现。

在中世纪英格兰,决定地位的关键资本是地产,尽管其他资本在地位竞争中也很有用,但完成地位提升和高地位代际保持的关键,都是以年度地租收入衡量的地产价值。所以,对于高地位者,如何保障地产不受侵占、剥夺或价值减损,如何避免地产被过度分割,是其家产经营、婚姻安排、遗产安排,乃至参与政治活动的核心考虑,在这些方面表现良好的,将成为阶层选择的赢家。

正因此,英格兰形成了许多与细水长流策略相应的习俗与制度(基于类似理由,它们也不同程度地存在于西北欧,乃至日耳曼封建制所覆盖的其他地区):

(1)一夫一妻制,因为不需要那么多妻子来生养众多子女。

(2)长子继承制,将资本集中在长子身上以确保地位传承。

(3)独特的西北欧婚育模式:晚婚、高比例终身未婚者、婚内高生育率。

(4)男女双方在婚姻谈判中极为看重相关财产安排,若不能取得足够财产以保障婚后适当社会地位，就只能继续单身。

再看中国，自秦以降，决定地位的关键资产便是在官僚系统中的位置，一个人做了官，掌握权柄，其家庭成员地位便有保障，亲友可以沾光，所在家族势力也得以提升。但如此而来的地位是不稳固的，失宠、公务疏失、政治斗争失败、站队错误、庇护者垮台、改朝换代，都会让辛苦挣得的地位毁于一旦，有时后果十分惨烈，抄家没产、满门抄斩、诛灭九族……相比之下，英格兰贵族即便在宫廷争权中失利甚至被定罪处决之后，其继承人通常仍可保留地产和爵位。

由官职带来的地位也不容易传承，官职不是世袭的（这也是官僚制区别于封建制的要点之一），而且最高统治者会尽力避免同一家族连续占据高位，形成尾大不掉之势。所以，虽然高官的荫庇和裙带网络对子孙竞争有所帮助，但后者想要保持与父祖同样高的地位，还要靠自身能力和机遇，其出身优势顶多相当于欧洲贵族的次子们。

地位的不稳定和传承的不可靠，自然会鼓励高位者采取尽快兑现策略，但即便他们倾向于长期策略，也不妨碍他们同时执行尽快兑现方针，因为和地产权相比，有助于追逐和确保官位与权柄的资本，大多没有那么强的竞用性，遗传禀赋、血统门第、家学传统、家族势力、裙带网络，都不会因多子共享而减弱其功效，有些甚至会因网络效应而加强。

实际上，在官僚体制中，地位的代际传递更多依靠大家族内部的泛化继承（见第5章），而不是封建制中的单线直系继承，一个大家族内出了一位高官，该家族的势力、人脉、教育机会、婚姻市场上的地位等社会资本皆大幅增长，因而其子弟的上升机会都有所提升（尽管提升程度随亲缘远近会有不同），因为这位高官会倾向于栽培提携族内俊才以增强自己的政治资本，而不仅仅照顾自家孩子。

这样，只要大家族内每代子弟中都冒出几位成功谋得官位的幸运儿，家族势力便可长期维持，所有成员皆可沾得好处。当有形财富不是地位的可靠保障时，这种分散下注的方式远比单线继承可靠。假如若干大家族通过持续联姻组成裙带网，就更保险，从汉代豪族，到魏晋门阀，再到中古世族，都因循着泛化继承的模式。

唐代科举制的兴起提升了智力和财力（对应着教育机会）在地位竞争中的价值，而削弱了家族势力和裙带关系等社会资本的价值。然而，泛化继承模式却并未消失，反而从少数世族大家拓展到了除贱民阶层之外的整个社会，因为智力同样是非竞用性资产，而教育成本则因印刷术的发展而大幅下降，其对财力的要求不再构成地位竞争的高门槛（因而至少对小康以上家庭不再是关键资源）。

宋以后，科举考试成为地位爬升的主要通道，取得功名者为官期间积累财富与社会资本，致仕后成为缙绅，在乡组织并领导宗族，督促和资助族内子弟上学应考，若有人考中则运用先前积累的社会资本助其在官场爬升，最终为宗族创造更多缙绅。

和尽快兑现策略与泛化继承模式相对应的，是一系列不同于欧洲的习俗与制度：多妻制，早婚，适龄女性的高结婚率，生育率只受供养能力限制，均分继承制，庞大而高度组织化的父系宗族,聚族而居的地方社区,由族产支持的族内基础教育,等等。

两种模式的差异带来的一个后果是个人主义和集体主义的分野。在泛化继承中,有助于地位竞争的许多关键资源是家族或裙带网的共有资产,因而相互约束和利益均沾被视为理所当然,由此孕育出的,是一种集体主义文化;而单系继承中,资源都以财产权或制度性特权的形式直接落到了个人手中,这是西北欧个人主义文化的根源所在。

第二个后果是社会阶梯丰厚度的差异。K策略延缓了社会上层随世代更替资源摊薄稀释和地位滑落的速度,因而使得等级阶梯的层次更为丰满,处于底层之上的人口比例更高,这意味着非生存必需品会有一个更大规模的消费市场,也意味着更多人有余暇和财力从事谋生糊口之外的活动。

当然,英格兰和中国只是众多社会中的两例,两者的对照足可演示阶层选择的基本工作原理和它所涉及的主要变量,却远不能穷尽阶层选择的可能模式和效果,比如阿拉伯和奥斯曼社会,就代表了另一种十分不同的模式,那里的条件似乎偏爱更加极端的尽快兑现策略,大量引入奴隶的做法或许还产生了一种逆向选择效果。

12　蒙择的禀赋

阶层结构从两方面改变了人类进化局面。首先，它在社会内部创造了一系列新的生态位，由于各生态位所偏爱的个体特性有所不同，因而一些让个体在某个生态位表现不佳的特性组合，可能会让他在另一个生态位如鱼得水；同时，虽然阶层间多少存在内婚倾向，但远未达到生殖隔离的程度，所以最终的效果是提升了整个种群的遗传多样性，也就为自然选择提供了更多素材。

其次，阶层结构下的地位竞争形成了一种新的选择压力，那些有助于个人在等级阶梯上爬升，保持高地位，将其传给后代，并让他们善于将地位转变成长期繁殖成就的个体特性，将在上述选择压力的作用下得以扩散。那么，哪些特性会受阶层选择的青睐呢？

温良与恭顺

大型等级社会和小型平等主义社会的一大区别是，暴力活动在很大范围内被压制了，这是因为统治阶层致力于垄断暴力。他们之所以这么做，既是为了确保作为其地位基础的社会秩序不受冲击、其权威免受挑战，也是为了在其领地内创造一个稳定安宁的环境，以便将权力与地位带给他们的租值（贡赋、地租或税收）

最大化。①

诚然，古代等级社会中暴力活动远比当代社会更普遍，但是对于占人口多数的普通人，暴力至少已不再（像在此前的霍布斯世界中那样）是日常生活的必要成分、解决纠纷冲突的常规方式，以及获取资源、满足需求的常规手段；战争要么已被国有化（如在集权帝国中），要么已被武士贵族所垄断（如在封建系统中）。

在新秩序下，那些仍然有着很强暴力倾向，却又未能成为武士贵族的人，发现自己的处境变得越来越不利，以暴力解决问题的方式已鲜有机会占到便宜，却往往遭受严厉惩罚，面对有组织军队和他们的精良装备，个人的勇猛和体能已没有施展余地，以往在私人争斗中可以依靠的家族或部落支持也不再指望得上（因为阶层结构和职业分工体系已取代血缘关系成为社会组织的基础）。

在霍布斯世界，打斗和杀戮的经历可以给一个男人带来声望、号召力、性机会、配偶，甚至领袖地位。②伊戈洛特男人在首次猎得人头后会在胸部纹上特定图案，将人头挂在一根长竿上以炫耀武功；夸耀和比攀自己或父祖曾猎得多少人头，是日常闲谈的重要话题，并常常为准确数字争论不休；猎头记录也是男人作为候选丈夫的重要加分项，类似习俗广泛流行于东南亚无政府

---

① 对垄断暴力的动机与必要性的更多分析，见辉格：《群居的艺术》，山西人民出版社，2017，第 II.8 章。
② David M. Buss, *Evolutionary Psychology*, 6th Edition (Routledge, 2019), ch.10; Todd K. Shackelford & Ranald D. Hansen (eds.), *The Evolution of Violence* (Springer–Verlag, 2014), ch.2, 5, 6, 10.

地区。①

雅诺马米男人在杀死另一个男人后会举行一个类似成人礼的仪式，并获得尤诺卡伊（Unokai）的称号，人们在比较两个群体的战斗实力时，最看重的两个指标便是成年男性和尤诺卡伊的人数。有意思的是，尽管雅诺马米男人大多凶狠暴躁，但其中已经成为尤诺卡伊的那些，却往往表现得较为庄重温良，因为他们已经证明了自己，而其他人则还在努力建立声望，其中特别凶悍的那些被冠以瓦伊特里（Waiteri）的称号。②

杀人经历带来的不仅是声望，还有繁殖成就，和其他男性相比，尤诺卡伊拥有更多性伙伴，更早生孩子，留下的子女也更多。在20至24岁的年龄段中，只有6%的男人是尤诺卡伊，但他们平均已拥有一个孩子，其他同龄男人只有0.18个；在更高年龄段，尤诺卡伊的比例逐步提高，41岁以上年龄段中尤诺卡伊占62%，平均拥有6.99个孩子，比其他同龄男人的4.19个高出了2/3，这一繁殖优势大致相当于中世纪英格兰富贵阶层对中产者或中产者对穷人的优势。③

然而，当暴力不再能为普通人在日常生活中带来这些好处，社会风尚也随之而转变，暴力倾向逐渐被视为一种不良品质，有此名声者在邻里关系中，在生意伙伴间和择偶市场上，都将遭受疏远和鄙弃。这样一来，他们一方面仍然承受着与暴力相伴随的伤亡风险，以及新添的且越来越难逃避的司法惩罚风险，同时

---

① Albert Jenks, *The Bontoc Igorot* (Johnson Reprint Corporation, 1970), ch.6.
② Napoleon Chagnon, *Noble Savages* (Simon & Schuster, 2013), ch.3.
③ Gregory Clark, *A Farewell to Alms* (Princeton University Press, 2007), ch.6, Table 6.4.

却丧失了以往能换来的好处，遗传收益的天平彻底倒向了不利一边，长此以往，暴力倾向将从群体的特性组成中被持续清除，群体成员因而变得越来越温良。

这一进化过程得以发生的前提是，暴力倾向有着稳定持久的个体间差异，并且这一差异是可遗传的。事实正是如此，尽管暴力行为很大程度上是情境依赖的，即某人在某时某地是否做出暴力举动，会受各种情境因素——遭遇何种挑衅、受多大利益诱惑、面临何种压制与威慑、有多大伤亡风险等——的影响，在较从容的条件下，还会经过理性的权衡算计。然而，不同个体受这些因素影响的程度和做出反应的阈值十分不同，最温良的母亲在孩子受欺凌时也会奋起一击，拼个死活，但一个乖戾莽汉会因一言不合而拔刀相向，同样，最凶悍无畏的恶徒被人用枪顶着脑门时也会放下拳头，而胆小者可能一想到绞架便心慌腿软，畏缩不前了。

有两类人格特性与暴力有着显著关系，一类是有关人际交往态度的，包括缺乏同情心，不顾他人意见与感受，缺乏信任，倾向于假定他人都是自私或恶意的，惯于以对抗性而非合作性方式处理人际关系，还有易怒，结果常表现为攻击性行为。由于这些特性高度相关（往往出现在同一个人身上），因而人格心理学的大五模型（five-factor model，又称 Big Five）将它们一起归在宜人性（agreeableness，又称亲和性）项下，其中易怒这一点也和大五的另一个指标——情绪稳定性（emotional stability）有关。[①]

[①] Randy J. Larsen & David M. Buss, *Personality Psychology*, 4th Edition (McGraw-Hill, 2010), ch.3, 6; 情绪稳定性是神经质（neuroticism）的反向指标，具体论述中采用哪个指标，随不同心理学家的喜好而异，我在本书中采用的是前者。

另一类特性则影响个体对风险与惩罚的预料和反应。一个人可能因尽责性（conscientiousness）过低而行事冲动鲁莽，不计后果，或者因智力过低而常常对后果缺乏预见（低智力也会妨碍他想出以暴力之外的方式解决问题或满足需求的可能途径，因为后者的逻辑往往更曲折迂回，更难领会），也可能因胆量过大而不易被预期中的伤亡或惩罚风险吓阻，所以，正如众多犯罪学研究所发现的，这三项人格特性都与暴力犯罪有着显著关系。①

重要的是，所有这些特性（和其他人格特性一样）都有着坚实的生物学基础，并且是高度可遗传的，其中大五人格的遗传率约 0.5，智力的 0.7~0.8，胆量的也高于 0.5。② 在这些特性的综合作用之下，暴力倾向的遗传性高于 0.5。③ 所以随着有强暴力倾向的个体的生存与繁殖机会降低，他们所携带的与暴力有关的遗传代码逐渐从人口的基因池里被清除出去，因而在统计上，人性变得越来越温良。

这一温良化进程在人类学和历史学材料中都得到了充分展示，斯蒂芬·平克（Steven Pinker）在《人性中的善良天使》（*The Better Angels of Our Nature*）一书中收集整理了大量相关

---

① Anthony Walsh, *Social Class and Crime* (Routledge, 2010), pp.137–139; Adam Perkins, *The Welfare Trait* (Palgrave Macmillan UK, 2016), ch.2; 胆量（fearlessness）与暴力的关系可以静息心率（resting heart rate）这一代理指标加以衡量，有多份研究发现了较低的静息心率与暴力倾向显著相关，而较低的静息心率对应着较高胆量，见 Lee Ellis et al., *Handbook of Crime Correlates* (Academic Press, 2009), Sect.8.4.7。

② Randy J. Larsen & David M. Buss, *Personality Psychology*, 4th Edition (McGraw-Hill, 2010), ch.6; Robert Plomin, *Blueprint* (Allen Lane, 2018), ch.3, 4, 6, 7。

③ Steven Pinker, *The Better Angels of Our Nature* (Penguin Group, 2011), ch.9。

证据，从中可以发现几点：(1) 前国家时代的社会中，暴力远比后来更普遍；(2) 定居农业出现，而等级结构尚未形成之时，暴力冲突加剧了，这是因为农业提高了人口密度和土地稀缺性，因而强化了领地竞争，人口密度的提高也意味着有效攻击半径内有更多的潜在敌人；(3) 国家和相应的等级结构形成之后，暴力活动显著减少（大致降低了4/5），平克将此过程称为和平化；(4) 从中世纪盛期到近代之间，封建系统逐渐稳定，并伴随着王权上升而向民族国家发展，司法系统对暴力活动的压制效果日益有效，平克称此过程为文明化。[1]

不过，同为有国家社会，温良化程度也不尽相同，因为不同类型的等级结构会产生不同的选择效果。存在武士贵族的社会，武士们仍可从武力使用中得到好处：在战争中建立军功以获得封赏或抬升地位，面对四邻侵犯捍卫领地，在纠纷中以武力取胜——在司法系统成熟之前，贵族在捍卫自身财产权和解决纠纷时仍很大程度上依靠自身武力，这样，至少武士贵族这一阶层避开了导致温良化的选择压力。

但武士贵族毕竟是人口极少数，虽然其较高的生育率会将其特性向下渗透，但在数量上也远不足以抵消上述选择机制的效果，因为他们的生育率只是高百分之几十，而人数却比总人口低3个数量级（例如中世纪英格兰有几百万人口，但只有数千骑士）。

相比之下，集权帝国的温良化会更加彻底，因为组成其军队

---

[1] Steven Pinker, *The Better Angels of Our Nature* (Penguin Group, 2011), ch.2, 3, 9.

的士兵往往是强征而来，他们从战争中得到的好处（有饭吃、偶尔能分到点战利品）远不足以补偿其所冒风险，即便是自愿入伍者，通常也是为生计所迫的底层穷人，另外有些则是被充军的罪犯，参军打仗只是将他们从更坏的处境（饥饿、流浪、躲债、死刑）中暂时解脱出来，但这并不会抵消清除暴力特性的选择压力，而只是给了他们一系列抽签续命的机会，延缓了其失败命运的最终裁决而已。

罗马的情况稍有不同，虽然其士兵也多来自平民，但罗马扩张过程中获得了大片大片的土地，士兵在服役期满后有很大机会获得一份产业，虽说不上发达致富，至少也为那些有暴力倾向、喜欢打仗的人提供了一条较好出路，这很可能延缓了罗马社会的温良化进程（这一点从罗马人对各种残酷活动的热爱中可见一斑）。不过，再强大的帝国，也总有边疆耗尽的一天，到后期，罗马在这一点上可能已和其他帝国没有差别了。

耐心和远见

在晚近历史中经历了重大改变的另一组人类心理特质，涉及个人如何处理具有时间跨度的事情，例如：是否善于为长远利益而克制当前欲望，或为达成重要目标而抵御眼前诱惑？有多愿意克制当前消费而多储蓄以便应对未来风险，或为较长时间（比如几年）后才能获得的回报而在当下努力工作？是否善于在行动之前预先考虑后果并对自身行为加以调控？是否愿意并擅长为实现长远目标而制订计划？能否严格遵循既定方案而行动，并恪守有助于实现计划的各种规程和准则?

心理学家将这些特质——耐心、克制、自律、远见、节俭、守时、审慎、有计划、有条理——归在大五模型的尽责性项下(除上面这些之外,尽责性也包括勤勉、爱整洁、重规矩、重诺守信等特质)。①

需要强调的是,虽然用来描绘这些特质的词汇听上去都是褒义的,但尽责性并非越高越好,也不是在任何条件下都是有益的。高尽责性的极端可能是强迫症、洁癖、收藏癖、整理分类癖,或工作狂,即便并不极端,审慎周到的风格也会拖慢行动速度,在那些机会转瞬即逝因而需要快速反应的事情中就可能表现不佳,而有条理重规矩在某些情形下可能表现为刻板顽固、不善变通。②

所以,高尽责性是否有益,要看个人在特定情形下面临何种生存繁殖问题,需要完成何种任务。比如是需要灵活应变快速反应的,还是需要周密计划稳步推进的?进而,多高水平的尽责性才是适宜的,将取决于在个人所处的特定生态位下,最重要的生存问题是哪些、它们对尽责性的要求有多高。

与尽责性密切相关的一个心理指标是延迟满足(delayed gratification),它是指,一个人为换取一份更大的未来回报而放弃当前满足的意愿和能力有多强,未来回报要大出多少才能让他抵御住眼前诱惑。从经济学角度说,这体现了个人的时间偏好(time

---

① Randy J. Larsen & David M. Buss, *Personality Psychology*, 4th Edition (McGraw-Hill, 2010), ch.3.
② Daniel Nettle, *Personality* (Oxford University Press, 2007), ch.5.

preference），而时间偏好是影响储蓄/投资倾向和利率水平的基础条件。①

人类最近几万年进化史的一个重大主题是，对延迟满足的选择压力显著提升了，其中涉及几个转变：

（1）一些群体在更新世晚期进入了欧亚大陆的高纬度地区，与高纬度相应的，是食物来源的大幅度季节性波动，这就对食物存储提出了要求；若没有足够储备来熬过每年的食物匮乏期，这些地区原本是无法生存的（况且当时正值末次冰川期），而事实上，这些群体也确实发展出了风干、烟熏和窖藏等食物保存技术。

然而，以食物储存应对季节波动的策略所需要的不只是技术，还有心理条件，要储备食物，就必须在食源丰沛的季节付出大量额外劳动：捕猎超出眼前所需的猎物，将肉切成薄片，串成排，晾晒或烟熏，挖掘地窖，建造仓库，采取各种防潮、防虫、防鸟和防鼠措施。所有这些工作的回报，都要等到几个月后才能收获，假如一个人的延迟满足特质较弱，就会在这些事情上缺乏动力，偷懒，拖延，疏忽，顾此失彼，丢三落四，这些都会降低他熬过匮乏季节而生存下去的机会。②

（2）工具制造也是一种回报滞后的工作，一件稍稍复杂的狩猎工具（比如一把鱼叉），可能就要耗费几个甚至几十个小时，

---

① 有关延迟满足与尽责性的关系，可见 Angela L. Duckworth et al., "Is It Really Self-Control? Examining the Predictive Power of the Delay of Gratification Task," *Pers Soc Psychol Bull*, 2013 Jul, 39 (7), pp.843–855。
② 有关食物储存的发展以及它和延迟满足之间的关系，我在《食物与人类》系列第4、5篇（HS：7950、HS：7952）中有更详细的论述。

若是只考虑当天或近几天的狩猎成果,制作它很可能是得不偿失的,它带来的效率改进(例如和简单戳棍相比)只有在考虑其在数月或数年寿命期中被反复使用时才显现出来,而基于这种长远考虑而努力工作,正是延迟满足和尽责性的要点所在。

人类制作工具的历史已有几百万年,但早先的工具都十分简单,通常只需几分钟便可制成,直到旧石器时代晚期的文化大跃进才开始复杂化,预制石核、边缘修整(retouching)、开槽、研磨、穿孔等工艺陆续得到采用,多部件器物和编织技术开始出现。随着工具复杂度和材料多样性日益提升,制作也越来越耗时费力,因而比以往更加严格地考验着延迟满足的特质。①

巧的是,和食物储备一样,高纬度群体对工具和器物的需求也更强烈,首先是为了对付严寒,特别是在冰川期,为此,他们需要采集或制备燃料(例如熬制动物脂肪)、处理皮革与纤维、缝制衣服和帐篷、挖掘地穴、建造房屋,以及制作用来搬运食物储备、建筑材料和帐篷的运输工具(例如雪橇),总之,在严寒地带生存所需要的制造工作远远超出温暖地区。很可能正是因为拥有缝制而成、贴身合体、包裹严密的多层皮毛衣物,以及用猛犸象骨、皮革和草皮建成的半地下居所,才让克罗马侬人能够在末次盛冰期中仍然生活在欧洲开阔平坦缺乏自然掩蔽所的苔原上,而同时期的尼安德特人却只能退缩到比利牛斯山区,依靠那里的众多洞穴抵御严寒。②

---

① John J. Shea, *Stone Tools in the Paleolithic and Neolithic Near East: A Guide* (Cambridge University Press, 2013), ch.5, 8.
② Brian Fagan, *Cro–Magnon* (Bloomsbury Press, 2010), ch.1, 8, 9.

（3）农业是另一种延迟回报型工作，它不仅本身就内含食物存储的需要（因为收获是季节性的），而且相比食物保存与工具制作，它在收获之前投入的劳动要繁重而复杂得多，历时也更漫长，而且必须严格遵照特定规程和时间表实施，这些都意味着，农业将对尽责性构成更大的考验。

随着农业的精细化，并从最宜耕地段向不那么宜耕的区域扩展，前期劳动将变得更繁重，回报周期也会拉得更长，开荒、挖渠引水、排干沼泽、修筑梯田、围垦湖田沙田，都是需要几年乃至几十年的持续辛苦经营才能见效的事情。

农业的这一效果甚至还体现在语言进化上，一项研究发现，语言中用来表达对未来行动的愿望、意图、计划、责任、承诺或决心的迂言式（periphrastic）将来时态，①例如英语中 will、shall、want to、be going to 等助动词的用法，很可能是农业生活的产物。在前哥伦布时代，一种语言具备迂言式将来时的可能性，与以该语言为母语的人口聚居地的农业投资回报率显著相关。②

（4）另一个因素是定居，它对延迟满足的选择效果比其他因素都强，因为它极大拓展了储蓄与投资的可能性空间，而食物存储、工具制造和农业之所以构成同样的选择压力，也正是因为它们都含有储蓄或投资成分，即以当前的克制或努力换取未来报

---

① 和迂言式将来时相对的是屈折式（inflectional）将来时，前者通过分立的助动词表达时态，后者则通过动词的屈折变化表达时态。
② Oded Galor, Ömer Özak & Assaf Sarid, "Geographical Roots of the Coevolution of Cultural and Linguistic Traits," NBER Working Papers 25289, November 7, 2018.

酬。可是，正如我在第1章里所解释的，若没有定居，（至少就有形资产而言）投资的数量便受携带能力的严格局限，超出该限度的部分将因无力携带或没人照管而失去价值。也就是说，一旦资产积累达到这个限度，再节俭和再勤奋都已没有意义，而定居则解除了对节俭与勤奋的激励上限。

由上述几点可见，在等级社会形成之前，人类已经历了偏爱尽责性的数万年自然选择，特别是那些进入欧亚温带区并转向了定居农业的群体，经受的选择强度更高。然而，等级结构的出现仍带来了革命性改变，这是因为，投资与财富积累所遭受的局限不仅有技术上的，还有文化、组织和制度上的，假如无条件分享的原则仍主导着交往伦理，蹭讨风气仍然盛行且难以抗拒，财产权还是个有待发明的观念，或者虽已存在但只能依靠个人实力来保护……那么财富积累的空间仍高度受限，因为面对分享与蹭讨压力、偷盗与抢劫风险，凭个人实力能够保有的有形财富不会太多。

实际上，如我在第1至第3章中所分析的，等级结构正是在土豪权贵们努力从组织和制度上解决这一难题的过程中诞生的。他们首先通过创建基于效忠/庇护关系的多级武装联盟垄断武力，来确立自己对领地的所有权，继而，为了最大化租值，也乐意承认和保护领地内生产者的财产权（因为它可以为生产者提供最佳激励结构，促使其通过技术改进、土壤改良和资本积累等形式提高生产率），由此建立了一套全面覆盖的私人财产权制度。

受保护的财产权（包括继承权）是对节俭和勤奋的强大激励，假如省吃俭用辛苦积累的家产随时可能被夺走，那就不如及时行乐，遗产若不能传给下一代，也不能通过遗嘱信托限定其用途，那么超出有生之年所能享用的财富便成了浮云。延迟满足和尽责性的要点是在利益权衡中赋予未来更高的权重，问题是你必须首先有一个未来，而财产权的功能正是让未来变得更可期，它甚至可以让财产主人将支配资源的意愿延伸到死亡之后。

等级结构对尽责性的选择压力也体现在另一个方面。首先，因为统治阶层垄断了暴力，其他人只能将努力方向转到和平轨道上，勤奋工作，提升技能，苦心经营家业，和打家劫舍相比，这些都更需要耐心；其次，等级分化推动了专业分工，而专业化将大幅提升一门行当所涉及知识技能的体量和复杂度，这就需要新手经历更漫长的学习过程，一位年轻人若缺乏耐心和自律，就很难熬过五年十年的学徒期而成为一名优秀工匠或艺人，知识类职业的学习过程甚至更加漫长而迂回，要从识字、读写和算术开始，对许多孩子来说，这都是一种枯燥乏味、有悖天性、难以忍受的经历。

最后一点源自阶层选择本身的特性：地位维护和爬升是一桩需要长期经营的事业，特别是在那些等级森严、血统论盛行的贵族社会，绝大多数人所能指望的，顶多是在一代人之内在社会阶梯上爬高一两级，工业革命后常见的那种火箭式蹿升几乎是不可能的，因为爬升不仅需要财富与权势的积累，还要跨越婚姻和文化屏障，而这种跨越只能在代际更替中实现：一个在中年时积累了足够财富的人，已无法改变自己的姻亲网络、口音、消费习惯和知识背景，但可以帮助子女接受良好教育，习得高雅文化，获得一份体面职业，进入高一层的社交圈，安排一桩高攀婚。

像这样跨越数代的百年大计，父母们必须早早就开始为孩子谋划筹备，积攒学费，准备彩礼和嫁妆，搬进好社区，买学区房（如果我们把孟子母亲也考虑进来的话，这或许算不上新风俗），小心维护家风，管束孩子的行为，以保障其未来婚姻谈判地位，积极物色、谨慎评估潜在的联姻对象（热情认真的姨姑相亲团并非当代新事物），这些，都考验着致力于地位爬升的父母们在勤勉、远见、审慎、未雨绸缪和运筹帷幄上的禀赋。

和温良化一样，不同类型的等级结构对尽责性的选择效果也不尽相同，例如对财产权保护程度上的差异，会影响对勤勉和远虑的选择压力；又如西北欧的晚婚习俗，要求男性在结婚之前必须首先建立地位和事业（至少已证明自己有这能力），否则就没有娶妻生子的机会，相比之下，早婚文化中的男性就不会经受这样的考验；再如，上述因专业分工而产生的压力，在印度式的种姓制度中会被削弱，因为个人通过勤学苦练提升职业技能以实现地位爬升的机会十分渺茫，种姓制中，爬升是由内婚群集体完成的（见第6章），个人努力的成果被稀释了，因而激励大为削弱，而大量职业被置于低贱地位更阻断了这些职业阶梯本应具备的选择功能。

智力

受阶层选择青睐的另一项个人禀赋是智力，它也被心理学家称为一般认知能力，或"g因子"，以区别于任务特异、情境特异或范畴特异的专项认知能力。从现实生活、工作或学术中的智力表现看，智力看似很大程度上是后天习得的，一个天生聪慧的人，若没有机会学到足够多知识、技能、思考方法、观察角度、科学理论，也会在各种智力活动中表现得很无能，心理学家将如此衡量的认知能力称为晶体智力（crystallized intelligence）；而另一方面，在排除了各种后天习得成分的影响之后，仍可观察到个体间认知表现上存在显著差异，这对应的是所谓流体智力（fluid intelligence）。通俗地说，流体智力相当于一台电脑裸机的计算性能，而晶体智力则是它在安装了各种软件、积累了各种数据之后所具有的"才智"。①

因为自然选择仅作用于先天且可遗传的流体智力，所以这里只关注它。

和电脑类似，让动物具备智能的，是一系列有着高度通用性的认知功能组件——短期工作记忆（寄存器）、海量长期记忆（硬盘）、计时器（晶体振荡器）、个体识别与分类（内存寻址和索引）、数字运算与符号处理（CPU/GPU/PPU等）……②尽管这些组件都是为应对特定生存问题而进化出来的，但因为其通用潜力，它们一旦存在，就会被用于其他生存任务。

例如，存储食物的需要促使地松鼠（ground squirrel）发展出了较强的记忆力；需要在复杂地形中搜寻食物的动物（比如老鼠），或在远处觅食后返回巢穴的动物（比如鸽子），往往有着良好的空间认知能力；食物来源的某些时间分布特征则会促成时间

---

① Wikipedia: Human intelligence; g factor; Fluid and crystallized intelligence.
② 这些类比当然不可能是严格的，因为大脑神经结构与冯·诺依曼体系（von Neumann architecture）有着天壤之别。

感知的发展，例如有一种蜂鸟会记住它上一次来某丛花吸蜜已过去多久（若隔得不够久，花蜜再生不充分，便不值得拜访）。[1]

更有意思的是，不少鸟类还拥有数数能力，没人知道这能力最初为何而来，一种可能是为了数自己下过的蛋，以便将一窝蛋的数量控制在理想水平。但有了这能力之后，一些有巢寄生（brood parasite）习性的鸟类发现了它的新用途：清点候选寄生巢内的鸟蛋数目，以便选择最佳寄生巢。然后，有些被寄生的宿主凭借数蛋能力会察觉寄生蛋的入侵，此时，如果它有能力甄别寄生蛋，就会把它踢出去，否则就只能自己少下一个蛋，这个例子很好地演示了一种具有通用潜力的认知组件会如何被应用到新用途上。[2]

假如一种动物拥有一大套性能出色的通用认知组件，就会表现出高智力，但自然选择未必偏爱通用组件，在解决特定问题上，特化专用组件的效能/成本比往往更高，只有当一个物种常面临众多不同类型的任务，并且这些通用组件在多个任务中都能派上用场时，通用方案（也就是一般智力）才有进化优势。正因此，那些食物来源高度多样的动物往往智力较高，比如乌鸦和鹦鹉，因为获取不同食物通常涉及十分不同的认知任务，因而给了通用组件发挥其优势的机会。

人类是高度机会主义的杂食动物，食物来源向来十分广泛，特别是在经历了末次冰川期结束后的广谱革命之后，食谱大幅拓

---

[1] Sara J. Shettleworth, *Cognition, Evolution, and Behavior*, 2nd Edition (Oxford University Press, 2010), ch.7, 8, 9.
[2] 同上，第 10 章。

宽，获取手段大为丰富，加上与之相伴的狩猎技术、工具制作和食物加工保存等任务的急剧多样化，对智力产生了很高且越来越高的要求。①

不过，对人类智力的首要选择压力来自另一个方向：社会性。不只人类，多数灵长类都拥有较高智力，而它们同时也都有着较强的社会性。这并非巧合，正如罗宾·邓巴（Robin Dunbar）所指出的，灵长类的大脑容量（特别是前额叶皮层）与群体规模高度相关，社会性与智力的这一关系，在其他脊椎动物中也可观察到。②

社会性之所以对智力构成强大选择压力，是因为社会性动物的群体内（围绕资源、交配机会和地位的）竞争与合作不仅带来很高的认知需要，而且它们所涉及的个体间互动类型、关系拓扑和策略组合会持续演变升级，花样不断翻新，从个体辨认、区别对待、交往史记忆、意图读取，到报复、威慑、声誉建立、交往回避、社会孤立、联盟、阵营分立，再到信号展示、伪装、欺骗、勒索、信用评估、可信度维护……策略库中的武器选项日益丰富，它们涉及的认知任务类型繁多，难以逐一开发专用组件分别承担（况且也没有足够时间进化出这些组件），只能尽可能运用基于既有通用组件的一般智能来应付。③

---

① Wikipedia: Broad spectrum revolution; 有关广谱革命和相应的技术与工具进步，见辉格《食物与人类》系列第6篇（HS: 7954）。
② Robin Dunbar, *How Many Friends Does One Person Need* (Harvard University Press, 2010).
③ 有关群体内博弈关系的复杂性和策略演变的广阔潜力，从这部作品中可得到一个大略印象：Robert Axelrod, *The Complexity of Cooperation Agent* (Princeton University Press, 1997)。

由于大部分社会策略都以个体辨识和区别对待为前提,因而群体规模是决定社会认知负担的关键因素,因为参与者为有效运用这些策略,不仅需要认识群体内每一位个体,记住他的各种特征属性、他和自己的交往历史,而且最好还要弄清他的社会关系网,以及他和其他群体成员之间的交往历史(这是评估其实力与信用,揣摩其意图、立场与行动的依据)。由于后两者是两两关系,因而会随成员数增加而发生组合爆炸,也正因此,如邓巴数原理所揭示的,灵长类的群体规模严格受限于大脑容量。①

对于人类来说,语言的出现更大幅加重了认知负担。语言不仅本身就是对脑力要求很高的认知活动,而且极大提升了社会策略的发展潜力——特别是被进化心理学家称为马基雅维利式智慧(Machiavellian intelligence)的那些——许多高级复杂策略只有借助语言才能运用,例如两个人可以预先谋划对另一人的联合攻击行动,或者冲突双方在僵持不下时谈判达成妥协方案。有了语言,计划、商议、情报分享、异地联络、指令、许诺、说服、讨价还价、造谣、诽谤、离间、捧杀等合作与竞争手段,才可能出现。②

以上是智力的需求面情况,再来看供给面。大脑是一个成本极高的器官,它虽然仅占人类体重的2%,却消耗了20%的基

---

① 有关邓巴数原理以及群体规模带来的认知负担,我在《群居的艺术》里有更详细的分析,见辉格:《群居的艺术》,山西人民出版社,2017,第I.1章。
② 有关语言在社会策略或社会智力(social intelligence)中的功能和应用场景,参见 Robbins Burling, *The Talking Ape* (Oxford University Press, 2005), ch.10; Jean-Louis Dessalles, *Why We Talk* (Oxford University Press, USA, 2007), Part.III。这些应用场景的非人动物起源,参见 Sara J. Shettleworth, *Cognition, Evolution, and Behavior*, 2nd Edition (Oxford University Press, 2010), ch.12。

础代谢能量，这一比例在灵长类动物中平均为13%，哺乳动物为8%~10%。[1] 人类学家理查德·兰厄姆（Richard Wrangham）认为，人类之所以能供养如此高能耗的大脑，是因为我们改变了饮食习性：转向营养密度更高、更易消化的肉类（特别是动物脂肪），同时食材预处理（敲打、细切、研磨、发酵）和烹饪技术的发展大幅降低了消化负担，提高了营养净摄入率，结果肠胃等消化器官大幅缩小，而消化道和大脑一样也是高能耗器官，省下的部分抵偿了大脑扩张带来的额外开销。[2]

人类的硕大头脑不仅开销大，还造成了女性的分娩困难和相应的死亡风险，这个问题又被另一个因素加剧：人类为适应直立行走而改造的骨盆收窄了产道，使得分娩更加困难。[3] 为应对这一问题，人类只好提前分娩，结果婴儿特别脆弱，于是又增加了养育成本。[4] 不过由这些问题也可看出，人类进化史上必定经历了对智力的高强度选择，才会在负担如此沉重的情况下仍将大脑扩大了四倍。

等级结构的出现在几个方面强化了对智力的选择压力：

（1）它扩大了社会规模，提升了其结构复杂度，因而推高了个人社交网络的规模上限，也拓展了社交技能和马基雅维利式智慧的运用空间，后两者都是地位竞争的重要条件，而且都高度依赖于智力，它们在大型等级社会中将得到更多进化奖励。

---

[1] Wikipedia: Human brain#Metabolism; Richard Wrangham, *Catching Fire* (Basic Books, 2009), ch.5.
[2] Richard Wrangham, *Catching Fire* (Basic Books, 2009).
[3] L. Lewis Wall, *Tears for My Sisters* (Johns Hopkins University Press, 2018), ch.2.
[4] Desmond Morris, *The Naked Ape* (Delta, 1999), ch.3.

（2）它促进了专业分工（见第3章），许多新分化出的职业都对智力有着较高要求：工匠、商人、书吏、教师、官僚、学者……智力活动越密集的职业，往往对应的社会地位也越高。

这里涉及一个有关知识积累与传承机制的原理：精细化的专业分工使得每个行业领域所能积累起的知识总量和知识结构的复杂度远远超出了单一个体所能掌握的程度，这意味着高智力者可能掌握比低智力同行多得多的专业知识。相反，假如一个行业缺乏专业分工，整个知识池的规模便受个体智力所限制，而且这一智力瓶颈对应的是每代从业者中智力平庸者的水平，超出这一水平的部分很容易失传，因为没有机制保证每一代从业者中都会有足够多高智力者来维护这些知识，而且聪明从业者所跟的师傅未必聪明。这种情况下，聪明人和平庸者在知识量上的差距不会太大，因为知识总量就这么多，就好比一份过于简单的考卷，很难将个体水平区分开来一样。

（3）它成数量级地拉大了财富和繁殖机会的个体差距，因而也成倍放大了高智力带给个人的上述遗传优势，这一点正是阶层选择的威力所在。

上述选择压力的效果从世界各地族群间的智力差异中可看出些端倪。影响族群间智力差异的首要因素是纬度，纬度越高智力越高，例如，同为狩猎采集者，低纬度的俾格米人和科伊桑人（Khoisan）的平均智商约为55，而北极的因纽特人则高达91，相距两个多标准差。[1] 族群智力呈现出纬度差异的理由之一和上一

---

[1] Richard Lynn, *Race Differences in Intelligence* (Washington Summit Publishers, 2006), ch.5, 11.

节中所解释的纬度与尽责性的关系类似：季节性收获带来的食物保存需要和严寒带来的保温需要，大幅提升了高纬度群体的技术和物质文化复杂度；理由之二是高纬度狩猎采集群体规模更大，因为（特别是在冰期中）那里的猎物更庞大，狩猎模式也更多依靠群体合作（见第1章）。

然而，在控制了纬度因素后，便不难发现社会结构造成的影响，尽管其影响程度远不如纬度的大（这是可以理解的，毕竟与纬度对应的差异从末次冰期人类进入欧亚北方时便已开始出现，有几万年时间可供自然选择起作用，而等级社会只有几千年历史），但也有约半个到一个标准差，足够显著，试举几例：[①]

（1）中西部非洲赤道附近的尼日尔—刚果（Niger-Congo）语系农民平均智商约70，是农耕者中最低的，但仍高于同等纬度的采猎者俾格米人一个标准差，那里的社会形态有部落、酋邦和城邦，间或还出现过几个强盛王国和帝国。

（2）广泛分布于太平洋岛屿的波利尼西亚人在族源、语言和生计模式上都十分相似，平均智商约85，但有个较突出的例外，即新西兰毛利人智商约90，而毛利社会是波利尼西亚世界形态最复杂、等级结构最丰厚的，上百个部落组成18个酋邦，每个酋邦内有6个地位等级，酋邦间以联盟与敌对关系征战不休，在1791年的辛加卡卡战役（Battle of Hingakaka）中，进攻方动员了

---

① 下面提到的智商数字皆为相关族群的平均值，标准差取约数15，数据主要来自 Richard Lynn, *Race Differences in Intelligence* (Washington Summit Publishers, 2006)，少数来自 Garett Jones, *Hive Mind* (Stanford University Press, 2015), Data Appendix。

7000~10000名战士。①

（3）近代以前，菲律宾（特别是山区）多为无政府状态的小社会，而泰国和柬埔寨则有相对成熟的国家和等级结构，一度还有过几个强盛王朝，相应的，菲律宾人智商86，泰国人和柬埔寨人则为91。

（4）爱尔兰在12世纪之后逐步被盎格鲁—诺曼人征服，征服过程直到17世纪才完成。在此之前，爱尔兰长期处于部落或酋邦状态（见第7章），因而历史上其等级结构发育很不充分，所以并不意外，其国人平均智商92，明显低于其他西欧国家人民（约100）。这一点也和托马斯·索维尔（Thomas Sowell）对美国爱尔兰裔的观察相吻合：尽管他们在文艺、媒体和政治等领域十分活跃也相当成功，可是学术（特别是自然科学）上却乏善可陈。②

（5）巴尔干是欧洲著名的（近乎）无政府地区，国家和等级社会发育不充分，部落文化盛行，巴尔干人的智商在欧洲明显偏低，仅为90左右。

复杂社会结构对高智力的偏爱在现代社会仍然延续着，尽管由于其他因素（比如福利制度和生育模式的转变）的作用，这一偏爱已不再转变为生物学上的进化优势，但智力仍然在个人生活成就和地位提升中扮演着关键角色。正如查尔斯·默瑞（Charles Murry）的研究显示的，智力（更准确地说，智商测试得分）是现代社会个人成就的最佳预测指标，无论这一成就是以收入、工

---

① Domenico F. Vaggioli, John Crockett & David Simmons, *The Maori* (Edwin Mellen Press, 2010), ch.13, 18; Wikipedia: Battle of Hingakaka.
② 托马斯·索威尔：《美国种族简史》，中信出版社，2011，第2章。

作效率、社会地位、学历、就业机会、学术成就,还是以健康、婚姻稳定性、辍学率、犯罪率来衡量,高智商者总是表现更好。①

默瑞的研究以美国人为考察对象,但另一份以族群为单位的全球性调查得出了相似结果。②

智力的族群间差异以及它与生活成就之间的密切关系这两个因素合起来,也解释了托马斯·索维尔和蔡美儿所观察到的一个现象:某些族裔的移民(比如犹太裔、华裔和德裔)无论迁往哪里,无论起初多么贫困,社会处境多恶劣,多缺乏政治地位,甚至备受歧视和压迫,却总是能在一两代人之后出人头地,迅速改善经济状况并实现地位爬升,假如当地主体民族的禀赋较弱,他们更会在工商、金融、科技、学术等现代部门取得与其人口比例极不相称的支配性地位(见第9章)。③

---

① Richard Herrnstein & Charles Murray, *The Bell Curve* (Free Press, 2010).
② Richard Lynn, *The Global Bell Curve* (Washington Summit Publishers, 2008).
③ Thomas Sowell, *Migrations and Cultures* (Basic Books, 1997); Amy Chua, *World on Fire* (Anchor Books, 2004).

13　价值的阶梯

等级结构不仅改变了（且改变着）人类的生物学特性，也为文化进化打开了新天地，它让部分社会成员脱离了生存线，负担得起超出生存所需的奢侈消费和服务，也拥有更多闲暇发展各种娱乐、创造和探索性活动。这些方面的需求推动了专业分工，在制造业、商业、服务业、文艺和学术等领域催生了众多专门职业，而专业化是文化创新与积累的最强催化剂。

职业分化也丰富了等级结构本身，一个文化上富有活力的中产阶级逐渐形成。同时，为展示身份和博取声望，中上阶层不仅热衷于消费与其地位相称的商品和服务，也积极赞助各种文化项目，诸如纪念性建筑、公共工程、竞赛和表演、史志编纂、经文抄刻、教团供养等等。

但这些远非故事的全部，等级结构一旦出现，便左右着文化创造与传播的方向，激励人们为追逐声望与地位而不断创造新的技艺、器物和作品，同时将其中更精致而高雅的文化元素向社会上层聚集，最终沿着等级阶梯形成了一个与之约略同构的价值梯度。这意味着，当人们试图回答诸如什么是更高雅的、更珍贵的、更受倾慕艳羡的、更值得追求的、更能带来荣耀和声誉的、更能体现成功的、更体面的、更受敬重的等问题时，他们的目光总是投向上层，似乎那里是文化磁场的磁力中心。

如第11章所述，地位阶梯在吸引人们往上爬的同时，也将上层的遗传特性持续散布到下层。类似的，价值阶梯在引导人们的消费与文化活动方向的同时，也将上层所创造或萃取的文化元素不断向下扩散渗透。不过，两种渗透散布的微观机制有所不同，前者经由繁殖率差异和阶层流动而实现，后者则由下层对上层的效仿所驱动。

有偏的传播

文化经由模仿和学习而传播，但个体对模仿学习对象的选择并不是随机的，幼儿主要向父母特别是母亲学习，这既是因为相处时间更长，也是因为孩子对母亲的高度信任。信任是一些重要学习机制的前提，当你在某人指导下学习一项知识（小至一个名词所指何物，大至一项复杂技能）时，你必须假定其：（1）掌握着正确的知识；（2）是在努力帮助你；（3）能理解你的意图，因而会及时纠正你的错误。唯如此，你才会对对方的指示、赞许、鼓励、否定、纠正、警告等教授行为做出恰当的反应，学习过程才可能顺畅进行。[1]

随着年龄增长，孩子的学习对象逐渐拓宽。在儿童期（约相当于小学阶段），他们的学习对象逐渐从父母转向同辈，特别是比他们年长几岁的大孩子；[2]到青春期，学习方式又经历一次更剧

---

[1] 迈克尔·托马塞洛：《人类思维的自然史》，北京师范大学出版社，2017，第3章。
[2] 茱蒂·哈里斯：《教养的迷思》，商周出版，2000，第9章。

烈的转变，或许可称为文化断奶，青少年开始质疑并挑战过去曾言听计从的权威，积极为自己寻找新的楷模与偶像，从那时到成年早期，其效仿对象可能经历多次转换，直到自我定位逐渐稳定下来。

除了婴儿期，个人在文化习得过程中不断面临这样的问题：向谁学习？以谁为楷模？当观察到的做法与听到的意见不一致时，如何取舍？在多大程度上信赖特定效仿对象？这种信赖甚至可以让我抛弃亲身经验吗？作为文化动物，人类似乎本能地懂得如何处理这些问题，我们会有意无意地借助一组特定线索迅速为自己选定楷模。[1]

最简单的线索是年龄，它暗示着经验，在一个技术变化缓慢而且缺乏职业分工的小社会，在任何事情上假定年长者比年轻人懂得多都是相当安全的。更直接而有用的线索是以往成就，如果你有机会直接观察到某人总是比别人更经常把一头羚羊扛回家，便有理由相信他是位好猎手。但有些事情很难直接观察成效，一张弓的优劣要用过相当长一段时间才知道，而一位制弓匠的手艺优劣更是要对比过许多把弓的优劣之后才知道。

所以许多时候你不得不借助一些间接线索：那些过来人是怎么评价他的？常有人在这事情上向他请教或求助吗？从他在其他事情上的表现，或人们对他的一般评价中，他看上去像个聪明能干、踏实靠谱的人吗，还是更像个夸夸其谈、轻佻浮躁的家伙？

---

[1] Joseph Henrich, *The Secret of Our Success* (Princeton University Press, 2015), ch.4, 8.

还有更一般化的间接线索：健康、富足、地位、家户兴旺——如果某人不仅自己吃饱，还能娶到老婆，把孩子都养得壮壮的，那就很可能是位好猎手；如果他总能召集到一批人跟他去打仗，就很可能是位好战士；如果他能积累起丰厚家产，那可能果真是位种田好手，或优秀工匠，或精明商人，总之在他从事的主业上不会太差。

你越是在相关领域缺乏经验，和被评估者的社会距离越远，该领域的分工越精细，知识积累越丰厚，技术纵深越深，就越是只能依靠间接线索，而所有这些线索——以往的成就、当前的生活状态、他人的评价、得到的尊重、意见被重视的程度、仰慕与追随者之多寡——皆可归入声望这一综合线索。

事实表明，人类确实会将各种间接线索归约为单一综合指标，并泛化运用于具体评估场合，至少在没有更好信息可用时会这么做，否则就很难解释为何一位体育明星对剃须刀质量与功效的背书会有效果，而且从任何领域中诞生的明星似乎都可以在其他领域中具有广告价值。

如同我们在广告现象中看到的，拥有声望不仅可提升他人对一个人的评价，还可以让他成为受信任的代理评估者。假如你自认不具备在某领域做出评估所需的经验和判断力，那么将此任务委托给看起来更有资格的人，便不失为明智之举（至少在广告业出现之前），如果这位代理者是已经在相关领域建立了专业声望的专家，那自然更好。然而，在分工特别精细的社会，你可能连判断谁在该领域声望更高的能力都没有，因为这种信息可能只在同行小圈子内流传，这时，你就只能将信任托付给那些具有一般

（或综合）声望的对象，比如诺贝尔评奖委员会。

声望的上述作用，使得少数个体成为文化传播网络中的关键节点，在决定文化元素的扩散机会和流动方向上扮演了与其人口比例极不相称的角色，因而也是造成理克森和博伊德所称文化有偏传递的三种机制之一，而有偏传递是文化进化的前提，否则文化演变将只是无方向的随机漂变。①

声望与地位

在第2章里我曾讲到，竞逐声望是早期权贵谋取和强化其支配地位的重要手段，不过，这些竞逐的焦点是声望中与权势有关的成分，竞争者试图让人们相信：我很富足，很强大，拥有庞大关系网，有能力吸引追随者与盟友；而另一方面，吸引人们效仿某人的，主要是声望中的另一些成分：有经验，技艺精湛，睿智，见多识广，有品位，善于洞察，有判断力……

尽管这两组成分颇为不同，然而在早期社会，它们往往会汇集在同一组人身上。因为：首先，在等级结构尚未确立，特别是地位继承尚不可靠之际，权势都是凭个人能力挣来的，对个人能力的要求很高，因而权贵往往也是才华出众者；其次，在缺乏职业分化的时代，杰出人物往往是全才，既是好猎手，又是优秀战士和杰出领袖，于是，那些正处于文化习得关键期，

---

① Peter J. Richerson & Robert Boyd, *Not By Genes Alone* (University of Chicago Press, 2005), ch.3.

正在为自己寻找榜样的年轻人，便很可能同时将敬畏和仰慕这两种情感加诸同一位杰出人物身上，前者导致顺从和追随，后者导致学习和效仿。

如此一来，权势、声誉和地位三者便交织在一起，成为人们选择效仿对象的综合线索，也正因此，高地位者的影响才会通过所谓光环效应（halo effect）而四处泛溢，许多商家都明白与豪亨贵胄沾上边的好处，如东坡肉、宗棠鸡、鸿章杂碎、宫保鸡丁、路易十三白兰地……比尔·盖茨的推荐似乎能把任何一本书推上畅销榜。[1]

当阶层结构逐渐稳固下来，继承权得以确立，地位与才华的关系不再那么直接（尽管基于禀赋的可遗传性，高位者在统计上仍有着先天优势），同时，随着专业分工的深入，某方面的杰出表现越来越不能证明其他方面的才华了。然而地位的光环效应却并未因此而削弱，一个明显的理由是，上层拥有的权力和财富让他们总是能获得最好的产品和服务，因而更有机会对它们形成直接经验，同时，上层也更有能力将各行当的专家汇聚在身边，或至少纳入自己的社交圈，因而更容易获得其专业意见和顾问服务。

不止如此，由于声望能引来追随与效仿，它也是权力的一大基础，因而权贵们，特别是高层权力角逐的参与者，即便没有实用功效上的考虑，也都热衷于将各领域有着崇高声望的名流人物聚集在自己身边，以借助其影响力加强自己的地位和权力，并且

---

[1] Wikipedia: Halo effect; Katherine Rosman, "Bill Gates: The Billionaire Book Critic," *The New York Times*, 2 Jan 2016.

避免其被竞争对手所用，这也是古代社会广泛流行的门客制的重要功能之一，结果是，随着各领域精英向上层汇集，那里逐渐成为文化精华萃取与传播的集散中心。

价值的体系化

虽然我对模仿与学习行为的讨论是从技能习得开始的，但那显然不是模仿的唯一动机。我们由模仿和互动而学会说话，了解哪些东西可以吃，哪些是有毒或肮脏的，哪些是需要避免的危险与伤害来源，哪些人是可以亲近和信赖的，哪些行为会带来赞扬和奖赏，哪些举动则会招致愤怒甚至攻击……这些都是有关我们生活于其中的世界的重要知识。

世界知识中的很大一块是有关社会规范的：哪些行为会让他人不快，引发冲突，破坏你和他们的关系，因此你会被疏远孤立，甚至招致惩罚？哪些行为即便不会带来立即的伤害，也会影响他人对你的看法，让你在未来社会生活中处境不利？你知道这些是因为你发现有些人总是遭人鄙视唾弃，而且不乏有人会向你解释其中缘故。

另一个学习领域关乎生活的各种可能性：假如你有闲暇且手头宽裕，可以学习哪些美食是值得去品尝的，在哪些娱乐中可能找到乐趣，哪些才艺是值得去挖掘培养的；假如你喜欢社交，可以学习哪些话题是适合谈论的，哪些活动是聚会的好主题；再如你有学术兴趣，可以学习哪些问题是值得潜心思考的，哪些未知领域是值得探索的。

这些有关偏好、口味、兴趣、追求的问题，乍看起来纯属个人选择，似乎没有什么能阻止你随意厚此薄彼、取东舍西，但实际上，个人在这些事情上的选择空间在文化习得过程中被大幅收窄了，因为偏好和兴趣都不是凭空随机产生的，通过模仿、跟从、协同，文化框定了你的想象力，也正因此，人们在初次接触异域文化时，才会觉得那么奇异和新鲜。

重要的是，在所有这些学习领域，地位与声望都起着关键作用，而且越是远离基本生存需要，选择余地越宽阔，其作用越显著。当你处于勉强维持温饱的生存线上时，只能找到什么就吃什么，当你略微宽裕，想吃点好的，自然会想到那些比你富裕的邻居们常吃、让你嘴馋却无缘享受的美食，同样，当你小有积蓄，想添置几件略显奢侈的家当，或有了闲暇余钱，想找点乐子时，引导你想象力的，总是那些比你处境更好、地位略高，但社会距离又不那么遥远的人，他们已经替你预先探索开拓了生活的更多可能空间（当然也是在效仿前辈的基础之上），他们先于你而享受的那些舒适、便利、乐趣、刺激，你早已耳闻目睹，甚或羡慕已久，你也早已熟知旁人会对此做何反应，以及它们会给主人带来何种体面与风光。

选择效仿他人不仅可免去自行探索的负担，也是出于社会认同的需要，共同的偏好、习惯和趣味可以带来共同话题，也可为顺畅高效的交往与合作创造一个默会的知识背景，这也是为何效仿对象的社会距离不能太远，那会让你疏远你的主要社交伙伴。

认同的需要对于那些正在努力实现地位爬升的人尤为重要，新近获得的地位只有在相应的社交圈内得到认可之后方能确立，这就促使他们竭力效仿圈内旧人（特别是其中拥有较高声望者）的衣食住行、举止风度、谈吐措辞、嗜好品味，由于新来者尚未摸清哪些元素是获取认同的关键，哪些则可有可无，故而只能如履薄冰，亦步亦趋，务求面面俱到，巨细靡遗。

地位还以另一种方式引导模仿行为。在每个阶层的社交圈中取得声望的途径之一，是与更高阶层的人建立社会关系，进入其社交圈，哪怕只是以较卑下的身份参与其中，比如一位医生，若有机会给贵族看病，常出入其门庭，与之谈笑风生，自然会抬高自己在同侪中的身价。所以，即便人们尚未实现地位爬升，也可能为在本阶层内角逐声望而努力效仿上层，以证明其拥有的上层关系是真实且有实际效果的，只要别夸张到忘乎所以、疏远同侪便可。甚至社会顶层也可以这么做，因为他们上面还有个神界可供攀附。

获得认同和赢取声望的需要，也将效仿的内容延伸到了更为高阶的价值问题上：什么样的人生才是成功或圆满的？评价一个人时，更看重哪些品质和美德？在已知或可能想象的众多社会与文化形态中，哪些是更理想因而更值得向往的？在历史长河中，哪些线索体现着上升和进步，将开化与蒙昧、文明与野蛮拉开了距离？在这些方面，观念的流行趋势同样由上层精英（特别是其中的知识精英）所主导。

正因为人们沿着社会阶梯逐级向上效仿，偏好、习惯、趣味、志向，以及道德与价值观本身，都被分出高下，组织成一个沿梯级排列的价值体系，引导着人们种种努力和追求的方向，地位竞争这一抽象概念于是有了具体而生动的内容，它全然不同于以往简单社会中的竞争形态，其内容也会随时间推移而不断花样翻新，特别是那些更表面肤浅因而易于模仿、评价标准也更为主观武断的元素，因为每当上层察觉到标示地位差异的信号已因大量模仿而不再鲜明有效时，便会继续探索新领域，创造新元素，这是一场永无止境的躲避与追逐游戏，也推动着文化的持续创新演变。

追求卓越

和其他动物相比，人类在创造性活动上的热情和执着显得十分独特，许多人会在没有明显利益的情况下孜孜不倦地潜心于改进一种器具，提升一项技艺，参与一种竞技比赛，完成一个耗时费力的工程，创造一件更美妙动人的作品，专研一门学问，探索一片处女地……当然，也可以说这些活动带来的满足和成就感本身就是一种利益，但这只不过把问题换成了：为什么这些事情会让人满足或带来成就感？

诚然，阶层分化让一部分人不再每日受困于生存所需，有了闲暇和财力投身于没有直接功利的活动，而专业分工也为各种技艺和学问的持续提升精进创造了条件，但光有条件不够，还需要动机。那些热衷于创造性活动的人，究竟想得到什么？进化心理学家杰弗里·米勒（Geoffery Miller）认为，通过这些活动展示才智，是吸引潜在性伙伴的一种手段，所以人类的智力、好奇心和创造力很大程度上是性选择的结果。[1]

---

[1] Geoffrey Miller, *The Mating Mind* (Anchor Books, 2001).

性动机或许确实在其中扮演了某种角色，但恐怕不足以构成完整解释，假如吸引异性果真是创造性活动的主要动力，那么我们大概会看到，个人的创造热情会随性活跃度的下降而迅速衰退，因为创造活动的成本很高，没必要在失去用途后继续维持。有些活动确实如此，但也有很多，特别是在智力和学术领域，创造热情可终身保持，不少学科的创作高峰期出现在中年以后，尽管此时精力、智力、学习能力还有性激素水平都已下降，却依然热情不减。

性选择解释的另一个困难是，许多争锋较量、比拼高下的活动，其目标观众主要是同性而非异性，例如足球和赛车，无论球员车手还是球迷车迷，多数都是男性，类似的，不少女性热衷于在名牌服饰和化妆品上相互别苗头，目标观众显然也是女性，因为男人很少弄得清楚这些牌子，根本不知道她们在比什么，同样，女人也弄不清楚那些热衷改装汽车的男人在玩什么把戏。

类似情况其实相当普遍。在古代，女性教育和职业机会皆高度受限，许多专业圈子都是纯男性的，可是即便其中的杰出者仍十分介意同行评价、原创性的归属，以及各种奖项、头衔与排名，这其中的较量与纷争往往只有专业圈内人才看得懂，很难说这是为了吸引异性。

依我看，促使人们探索创造、追求卓越的主要动机，是赢取声望和地位。在土豪和早期权贵的权势竞争中，追逐声望以吸引更多盟友和追随者，曾是竞争的焦点，这一古老的竞赛塑造了人类有关声望的心理和文化机制，在专业分工出现之后，这个旧瓶子被装进了新酒：专业上的精湛技艺和卓著成就成为新的竞逐目标，于是专业声望和权势发生了分离。

这是一个至关重要的转变，它将竞逐努力从诸如夸富宴这样的高度消耗性活动引向了更具创造性和建设性的活动，将声望竞赛从零和或负和博弈变成了正和博弈，因为竞逐过程中涌现的创新和杰作常能惠及众人：一件好作品让人赏心悦目，或启人心智；一项新技术可提高效率，或让某种商品更廉价易得；一种新观念或可催生更多有益观念……

和权势声望一样，专业声望起初也是由功利性考虑所驱动，只是激励来源的不同将它推向了另一条轨道，我们来看看这一过程可能会如何发生。

对于那些存在市场需求的技艺，声望可以带来更多顾客，使其获得更多更稳定的收益，还可抬高要价，这是比较直接的好处。其次，声望还可以吸引更多优秀青年来拜师学艺，学徒不仅是廉价劳动力，还可以在未来壮大关系网络；对于一位老师傅，满园桃李是极有价值的社会资本，而且若维护得当，是可以（至少部分地）传给下一代的。

在日本的家元制度中，各门传统技艺（道）的每个流派都有一套组织严密的等级阶序和技艺传授机制，每代有一位掌门宗师，即家元（Iemoto）或宗家（Sōke），流派内的师傅都需要得到宗师的资格认可和级别评定，并上贡部分收入。这套制度很适合用来持久完整地维护传承一门技艺，并通过微小的边际改进将其精致化，它因而也造就了日本众多拥有数百上千年历史的老店，例如在全球超过200年历史的古董企业中，日本企业占了56%，其中最古老的5家（都拥有1250年以上的历史）全部来自日本。但该制度也会压制大跨度的创新，后者只能以流派分裂或创立新派的方式发生，因而频率高度受限。①

这里和我们主题相关的要点是：那些凭借专业声望而成功创立一个新流派的初代宗师，以及因技艺精进而沿派内阶序成功爬升的师傅，将为其后代带来长期利益，因为家元地位通常是在家族内世袭的（不一定是父子相袭，也可以传给入赘的女婿或过继的旁系子弟）。虽然家元制度是个极端例子，但严密程度稍低的类似情况在古代并不罕见。

实际上，若一个行业持久存在，同时又没有足够高频率的创新，就会出现此类论资排辈的阶序结构，因为当缺乏技术手段建立市场壁垒时，就只能运用组织手段阻挡竞争者进入，而师徒纽带结成的关系网是建立组织壁垒的一个良好基础，拥有众多门徒的宗师很自然地成为行会领袖，几位宗师的默契配合便可让行会拥有集体行动能力。在财产权和契约履行缺乏司法保护的情形下，这一能力还可用来提供安全与履约保障。甚至在当代，一些门槛高、等级森严的行业，例如法律、学术和演艺界，师徒纽带仍然是在业内立足发展的重要资源。

为获得这样的组织能力，宗师们有时需要一些花招来强化对门徒的控制，比如故弄玄虚地宣称保留着一些所谓绝活秘籍，不到最后关头绝不传授。这样，门徒若是背叛，便可宣布他所得并非"真传"，其制造的产品也因缺乏一道秘密工艺或一种关键

---

① Wikipedia: Iemoto; List of oldest companies.

配料而并非"正宗",若再配上些充满神秘感的仪式和巫术,此类神话便会显得更有说服力。

对专业声望的竞争,以及围绕这一竞争而发生的品头论足、相互吹捧、提携照顾、拉帮结派、论资排辈,将在行业内形成一个等级结构:处于顶端的是各门派的宗师级人物,接着是他们的当红大弟子,然后是依宗派出身、辈分、资历、经验、成就而地位不等的众多师傅,最后是他们的学徒。专业声望因而映射为一种社会地位,它通常也可带来经济利益,虽然未必存在严格对应关系。

在创新层出不穷的现代市场中,传统声望机制已被边缘化,企业更多依靠专有技术和独特的生产/商业模式为自身的市场地位构建护城河,而专业声望则由一些新的评价与传播机制产生,包括行内评论、测评、评级、评奖、排行、竞赛等第三方机制,产生的信息通过专业期刊和大众媒体传播;对于个人,声望则由学历文凭、名校背景、认证资质、光鲜履历、头衔、爵位、大众知名度等组成。现代大众传媒的传播特性还在一些行业造成了赢家通吃的局面:极少数有幸突破流行临界点的天王巨星与其他从业者的地位差距形同天壤。

阶梯的集成

如上所述,专业声望和相应的职业地位本身可以为拥有者带来各种好处,但是若要充分发挥其激励效果,促使人们更热情执着地追求精致与卓越,还需转变为一般的社会声望和地位,因为绝大多数人并不甘于深藏功与名,他们在专业内取得的成就和荣耀若不被家人、亲友、邻居以及所有他在乎其看法的人所知，或得不到他们的理解和赏识，就难免会少一些奋斗的动力。

有几种机制可以实现这一转变，从而将众多职业小阶梯接入社会大阶梯：

与权贵的距离　在古代，一个行业若以上层权贵为主要服务对象，便可能让从业者拥有较高地位，有几个原因：首先，权贵为夸耀财富、展示慷慨（这是他们增强自身声望的手段），往往出手阔绰，服务者不仅可从高价中获得丰厚利润，还常常能得到各种随性而为的赏赐。

其次，通过长年服务而与权贵建立的私人关系是一种高价值的社会资本，因这种关系而得到的照顾、庇护、赞誉和引荐不仅可大幅提升服务者在行业内、家族中和乡里间的声望，还可强化其财产安全和契约执行保障。

再次（可能也是最有价值的），在官僚系统尚未充分发育、权力机器高度个人化的时代，服务者若服务的是君主，这一私人关系常可为服务者自己赢得跻身权力层的机会。因为缺乏适当的遴选机制，君主只能按自己的喜好和判断力挑选助手与官员，而他们能够亲近、信任并熟知其才智、能力和品行的人数十分有限，于是那些因职业性质而长期为其效劳的人便有了绝好机会获得任用提拔，有些商人和金融业者还因其理财能力而成为权势巨大的包税人（tax farmer）。

历史上，许多官职都起源于为君主采办或打理车马兵器、宫室苑囿、服装首饰、厨房酒窖、书籍文档的专门职业。这从一些官衔的词源上也可看出端倪："Marshal"在法兰克语里原指马夫，后来成为最高军衔（类似的，汉代位列九卿的"太仆"一词也源自马夫），英格兰历史上几个显要职位中，Lord Steward原是打理财产的管家，Lord Chancellor是负责文书和印玺的秘书，Lord Chamberlain则是负责所谓"楼上事务"的内庭管家，还有Keeper of Wardrobe，顾名思义，是专门照管衣橱的侍从，这些角色后来都上升为宰辅重臣。

不过，从事以君主权贵为服务对象的职业并非总是能提升地位，也可能让自己陷入奴役状态，君主为确保自己得到某种产品或服务而将该行业的工匠或艺人禁锢为奴的情形并不罕见。这或许和激励模式有关，有些行当虽然需要大量经验积累和艰苦训练，但并不需要太多主动性和创造性，那么奴役的同时给予物质上的优厚待遇，或许是有效的供需安排，而且，奴隶并不总是被视为地位低下，这取决于人们看待自由的态度，例如清代权贵的包衣奴才大多会将其奴隶身份视为荣耀。

当一个行业因服务权贵而获得抬高自身地位的机会时，会反过来极大强化行业小阶梯内的声望与地位竞争，并令其等级变得更森严，因为权贵们为维护自己的体面身份，总是尽可能挑选声望更高的服务者。竞相攀比的结果是，地位越高的权贵，将得到声望越高的从业者的服务，反之，从业者服务的权贵地位越高，他从这一服务关系中所获得的社会资本的价值越高，其在行内的声誉和地位也越高，于是上层等级阶梯被同构映射到了该行业的小阶梯上，并且对从业者攀登该阶梯提供了强大激励。

从职业到身份　小阶梯接入大阶梯的另一种方式，是一种职业的从业者作为一个整体在大众评价中被置于社会阶梯的某个位置，例如医生、律师、法官、教授，总是被认为比护士、门卫、清洁工地位更高，尽管每种职业内部也有高下之分，但无论按上下限还是典型值，职业之间的地位差异都清晰易辨，大众对排序的看法也相当一致。[①]

决定这一排序的因素中，财富与收入水平显然是至关重要的，但并非全部，一个重要因素是职业的进入门槛，那些需要严格筛选、艰苦学习训练才能取得从业资格的职业，大多拥有较高地位，虽然高门槛往往意味着高收入，但对应关系并不严格，例如一家商店或酒馆若经营有方，也可为店主带来丰厚收入，但因为初始进入门槛低，店主的地位就远不如医生、律师。

另一个因素是社会影响力，一种职业若能让从业者接近权力，影响政策、公共事务和公众舆论，提高在公共活动中的曝光率，特别是处于有机会做出影响众多人命运的重要决定的位置，亦可抬高该职业的地位，例如，由律师转为法官，由企业高管变身国会议员，收入都可能大幅下降，却往往被视为一种地位提升。

还有个更微妙的因素，它和社会的道德与价值体系有关。那些偏离或悖逆了该体系的职业，例如娼妓、小偷和海盗，即便收入丰厚，也被认为是低贱的，相反，那些被该体系所推崇，甚或促进着、维系着、捍卫着、代表着、宣扬着、阐释着该体系的职业，则是更高贵的，教师、牧师、哲学家、法官、教派领袖、慈善家、公益活动家，其声望和地位都因此而高于同等收入的其他职业。

婚姻纬线 如果说上述两种机制就像缆绳，将各职业小阶梯

[①] Anthony P. M. Coxon & Charles L. Jones, *The Images of Occupational Prestige* (Palgrave Macmillan UK, 1978), ch.4.

挂接到社会大阶梯上，那么第三种机制就是一组纬线，其中每根都绑住若干小阶梯上的某些梯级，如此一来，整个社会的等级秩序便更加层次分明、井然森严。充当这些纬线的，便是通婚圈。

择业与择偶是人们评估社会地位高低最认真的两个人生节点，前者评估的是自己的各种可能未来，后者评估的是自己和潜在配偶的当前和未来预期的地位。由于事关切身利益，人们在这些抉择上所暴露出的对地位的看法，远比其他场合的表达更为真实，因而对现实中职业地位排序的影响也更为切实有力。

由于大量婚姻抉择发生在不同职业之间，这就引发了无数次对职业地位的两两比较。虽然起初不同个体的看法会有差别，但随着消息传播、议论和婚姻议价的进行，众多个体看法会经由一个类似于价格形成机制的协同过程而收敛到某种广受认可的流行意见（均衡值）上。因为高估自身地位者会发现很难找到配偶，低估者则发现求婚者数量超乎预期，两者都会因此而修正自己的估价，同样，低估对方地位者很可能会碰壁，而高估者则总是错过良机，事后发现对方嫁给了（或娶了）比自己地位更低的人。

经由上述议价机制，通婚纬线校准了各职业小阶梯之间的相对位置，硬化了整个等级结构，并使之横向分层，用数学术语说，它把地位高低从一种偏序关系（partial order）变成了全序关系（total order），在其中，任意两个个体都可比出高下。

岔路与盲端

一个紧密集成、充分连通的等级阶梯，让无数个体的价值追求在宏观上表现出了确定的方向性,尽管不同个体对何为美好、精致、高雅、善良、卓越、成功、荣耀、进步的看法仍会有相当差异,就像一条溪流中,个体水分子的运动方向是相当随机凌乱的,但在宏观上,水流却有着确切方向。

但这并不能保证社会只有一条水流,所有小溪被处于金字塔顶的单一引力中心所吸引,最终汇入同一条大河;现实并非如此单调简洁、井然有序,有许多小溪会因各种阻隔而无法汇入大河。尽管通婚纬线会将它们标定在等级坐标系的某个位置上,但它们通往的是一些社会流动的盲端,每个盲端构成一个局部的引力中心,引导着这些岔路溪流中个体的价值追求方向。

形成岔路的原因有这样几种:

(1)首先是价值体系的内在一致性和覆盖率。如前面所提到的,有些职业被社会主流价值观所鄙视或不容,但同时又不存在什么机制能将其清除(而且未必有人希望将其清除,毕竟鄙视和清除冲动是两码事,以"猪狗不如"骂人者显然认为猪狗在价值阶梯上低于人类,但未必想要灭绝猪狗)。于是便形成了这样一些生态位,它们足以让从业者立足谋生,甚至发财致富,但他们不得不弃绝在主流价值体系中得到夸奖、赞誉、敬重、认可和接纳的任何机会,在看重出身的社会,这一弃权会影响好几代子孙。

而且这些生态位容纳的人数可能很多,而只要人足够多,总能在生态位内部竞争中分出高下,和其他行当一样形成一部小阶梯。不同的是,其中占据高位者顶到了天花板,无缘在大阶梯上继续爬升,因此也没有动机去效仿主流社会的上层文化,相反,他们会以类似于主流社会的方式构建一套自己的价值标准,来规定何为优秀、卓越、成就、操守、美德，这样，主流价值观向下渗透的通路被局部阻断了。

由于身处这些生态位的人都被阻断了上升之路，因而往往同病相怜，交织融合成一个平行于主流社会的灰色世界，所谓黑道、江湖、绿林，指的都是这个世界，只是涵盖范围有所不同。①对于其中各行当的高位者，融合可以拓宽其才华和野心的施展空间，将小阶梯搭建得更高，特定社会中这一空间的大小取决于主流社会的价值与规范将多少经济上可行的生态位置于非法、不道德或卑贱地位，例如1920—1933年的禁酒期（Prohibition Era）中，美国的黑手党势力曾急剧膨胀。②

（2）有些人拒绝效仿上层，拒绝其价值观和道德规范，也可能不是因为其所处生态位，而是出于主动选择。上层文化越是缺乏号召力，拒绝的人就会越多。而缺乏号召力可能是因为它内在不一致，例如一个新近被蛮族征服或被暴民颠覆的文明社会，其上层文化可能是粗鄙的，此时地位与声望的关系被割裂了，若要向上爬，就只好自降身段，忍受粗鄙，抛弃他既已建立的声望，而这并不是每个人都愿意的。

不一致也可表现为体系的表里不一，例如它表面上推崇的是诚实守信，但实际上其博弈环境和制度总是让诚实守信者吃亏，遵循这些规范的人很难实现地位爬升，成功爬上去的都是与之背

---

① 从正式定义看，我说的灰色世界与社会学家所称的亚文化（subculture）大致相同，但后一概念在实际使用中通常是指那些仅仅基于价值取向（而非基于生态位选择）而形成的非主流文化群体。
② Mike Dash, *The First Family* (Random House, Inc., 2009), ch.13.

道而驰者，这样的社会中，上层文化将是伪善而污浊的，不愿同流者宁可退居乡野。

造成这种不一致的一个可能原因是阶梯下部与上部因竞争机制的差异而各自偏爱不同行为策略、处世态度和品行人格，于是上层与中下层各自形成互不兼容的价值标准与道德规范。例如一位商人依靠勤勉、诚信和审慎慢慢积累壮大家业，终于跻身中产上层，可是他发现，若要再往上爬，就必须进入一个尔虞我诈、不择手段、腐败充斥的权力竞技场，因为经营任何更大生意都将遭遇由国家权力所设置的重重关卡，而这些关卡的通行权如何分配、如何认定，是毫无规则可循的，于是他面临一个抉择：要么断绝继续往上爬的念头，要么抛弃他向来奉行且珍视，帮助他赢得声誉、财富、体面和荣耀的价值标准。

另外，不一致也可能由社会经济变迁造成。原有的上层珍视和固守着曾帮助他们和祖辈赢得并维持高地位的那套价值体系，然而在新的经济条件下，遵循该体系已无助于向上爬升，于是位于他们下方的中产阶级将抛弃它，视之为陈旧过时迂腐之物，转而效仿以新的方式和途径赢得地位的新贵，当这种变迁非常剧烈迅猛时，便会造成价值阶梯的断裂，在上层文化得以重建之前，必有一番动荡与纷争。

（3）前面说到，一些人因职业身份而被困在灰色世界里，但他们不是上升受阻的唯一群体，另一些人可能因种族或民族出身而被制度性地剥夺了上升机会，还有人因各种原因游离于主流社会之外，例如上层权力斗争中落败者的子孙，与权贵结仇者，因犯罪前科而遭排斥者，以及因某种人格障碍而为主流所不容者。

不过这些可能都还是少数，数量最庞大的，是那些在地位竞争中已小有成就，也在此过程中证明了自己的才赋和能力，却突然发现前方道路变得极为狭窄拥挤，想再上一层楼已几无可能的人。

除了通道狭窄，上升受阻也可能是因为主流价值体系过于单调僵硬，缺乏对追求卓越的各种可能方向的容纳能力，因而限制了许多方面才华的施展空间，例如帝制时代的中国士大夫文化，对任何与义理道德、国典朝章、经世治国无关的技艺和学问都持蔑视态度，贬之为雕虫小技、饾饤之学、旁门左道，沉迷其中者将玩物丧志，连历史学这门后来赢得显贵地位的学问，起初也颇受轻视，以致司马迁悲叹道："文史星历，近乎卜祝之间，固主上所戏弄，倡优所畜，流俗之所轻也。"①

每个社会都难免有一些因上升受阻而不满失意甚至绝望者，但其规模会随流动性、上升通道的性质以及等级金字塔的形状而十分不同；无论出于什么原因，一个社会若不能让那些禀赋优秀、才华出众、野心勃勃、不甘人下者看到机会，他们就会在体制之外另寻出路，比如去灰色世界一展身手，他们的加入将为那里带去技术、知识和才干，推动产业升级，还可带去一些艺术、宗教和哲学元素，令其价值体系更为丰厚饱满、更具吸引力。

他们也可能避世索居，以苦修冥想从另一个维度追求卓越，获取成就，或者创立新的弥赛亚式教派，为失意绝望者描绘另一条拯救与上升之路，或者像梁山好汉那样啸聚山林，创造自己的

---

① 司马迁：《报任少卿书》，收录于吴楚材、吴调侯：《古文观止》，中华书局，1987，卷五。

平行小世界，在其中为自己争到一把好交椅，甚至可能像早期天师道那样，致力于颠覆现有秩序，以打破那块遮蔽希望之光的天花板。

假如平行世界足够壮大，而主流文化又过于虚弱，社会的价值体系便会陷于分裂和混乱，正道与歧路将模糊难辨，就像曾经的一些拉美国家，世人分不清总统与毒枭哪个才是老板，打家劫舍、杀人如麻的潘乔·比利亚（Pancho Villa）究竟是革命领袖还是豪侠佐罗。

文化帝国主义

一个社会若经济富足、文化发达、政治强大，便会对周边其他社会产生价值引力，因为当周边社会的人们发现，更精致的产品、更精美的艺术、更精良的器具、更奢华的享乐方式、更高深的学问……总是来自那里，便很自然地会将它置于价值阶梯的上端，如同等级社会中的中下阶层看待上层文化一样。

首先被外来优势文化所吸引的，往往是上层精英，因为他们在声望与地位竞争中更迫切需要找到更高级的新元素来胜过对手，或拉开与他们的距离，而中下层则已经有了足够多可供效仿的对象。于是，这个周边社会的价值阶梯首先从其顶部接入了优势社会的价值阶梯，然后通过逐级向上效仿，渗透到中下阶层。

当优势社会同时也具有强大政治实力，并且与周边发生密切互动时，价值吸引也可能由权势所产生：人们发现，那些与优势社会建立了良好关系，接纳了其文化与价值观的人，总是在职业上更有成就（因为他们接受了更好的教育，掌握了更有用的知识、技能），或生意上更为成功（因为他们进入了更广阔、更有前途的市场，也得到了更大权势的庇护或更强有力司法系统的保护），或政治上更为得势（因为他们找到了更强大的靠山或盟友）……

基于此类现实功利的考虑而改变价值认同，或许显得很势利，但并非不可理解，人类本来就很势利，而且势利倾向正是效仿与追随的要点所在，也是价值体系形成的关键，确实有些人显得不那么势利，不为功利所动而固守既有价值观，但（如第1节所述）他们最初之所以习得这套价值观，以及这套价值观本身的构造过程，都离不开势利倾向。

不过，基于文化优势的引力和基于权势的引力，方向并不总是一致的，当两者不一致时，两种文化之间的互动将随政治关系而导向十分不同的局面。一个迅速崛起的强势社会，在文化上可能不如某个邻近的古老文明，此时，假如其上层精英热情接纳旧文明，将自己视为其继承者和光大者，就像罗马人对待希腊文明那样，[①]那么，两股引力便不会相互拮抗，尽管许多个体的文化声望与地位之间会存在不一致（例如许多优雅博学高贵的雅典人因远离权力中心而地位不高），但这种差距很快会因文化传播和社会流动而弥合。

但罗马对希腊的那种态度并非必然，强势社会的精英也可能拒绝接受旧文明。鲜卑人占据中原后，鲜卑贵族大多不愿接受汉

---

① 有关罗马人对希腊文化的仰慕和接纳，见 Nicholas Ostler, *Empires of the Word* (HarperCollins Publishers, 2005), ch.6。

文化，后来尽管北魏朝廷大力推行汉化政策，许多贵族仍不愿抛弃其旧传统，特别是身处北方边地远离洛阳的低级武士贵族；这一价值分歧长期持续，最终撕裂了北魏统治阶层，并导致六镇之乱的爆发。

另一种拮抗出现在弱势一方。当强势社会兼具政治与文化优势时，与之互动的弱势社会也可能有两种不同的反应，其统治阶层可能会像李氏朝鲜和阮氏越南，或明治后期的日本那样，倾心接纳外来的优势文化，也可能像晚期的清朝那样，最多只愿在物质与技术层面接受优势文化，而不愿放弃旧价值体系。

假如一个统治阶层的权力基础高度依赖于旧价值体系，这种抗拒是很自然的反应。问题是，如果它没有能力像锁国时期的江户幕府那样严密屏蔽外部影响，其精英中必定有相当部分会被优势文化所吸引，无论是出于对文化内容本身的欣赏，还是出于更势利的理由，即便在江户锁国期，也存在一个倾慕西方文化的兰学传统，如果这条由外部引力所造就的价值岔路日益壮大，将最终从内部撕裂该社会的权力结构。

14　等级的开放

传统等级社会中，个人在地位爬升的道路上会遇到种种障碍：你的职业若被视为低贱末业，前途就被天花板压盖着；你的种族/民族身份或家族出身也可能限定了你能到达的高度；积累财富当然有助于爬升，可巨额财富也会被权贵羡妒觊觎，甚至引来杀身之祸，于是你宁愿藏富不露，可隐秘财富却无助于爬升……即便你绕开种种屏障与暗礁，跻身上流，新地位仍需通过婚姻这一终极地位证书来确认，然而在许多社会（例如种姓制下的印度），跨过这一关并不容易。

尽管众多职业小阶梯都以某种方式接入了社会大阶梯的某个位置，但要从特定小阶梯的顶部再往上爬，往往需要经历显著的身份转换，或仕进为官，或从戎建功，或受封爵位，在这些关键爬升节点上，之前积累的资本需首先转变为某种政治地位，即权力结构中的某个位置，才能从一个新的起点继续往上爬，除非在社会结构动荡期，否则这种转换通常需要几代人才能完成。

相比之下，在现代开放社会，一个人可以白手起家，凭才能和运气而飞黄腾达，他从事的可以是众多职业中的任何一个：商人、企业家、工程师、演员、作家、运动员……而且在此过程中无须与政治权力发生特殊关系，这种事情在过去是无法想象的。那么，现代社会经历了哪些改变，创造了哪些条件，使得如此畅通迅捷的社会流动成为可能？

枢纽的松解

之所以政治权力会构成传统等级阶梯的一个关键瓶颈，是因为支撑社会地位的资本得不到制度性的普遍保障，财产可能被侵夺，苦心经营的生意可能被突然剥夺执业资格，甚至整个产业被禁止或被权贵霸占垄断，经由师徒关系而积累的社会资本可能被视为异端或危险势力而遭打击；同时，利用已经挣得的财富追求体面与华贵的努力也备受限制，谁有资格披紫袍、着丝绸、蹬尖头靴、盖华屋广厦、修高陵巨冢、用何种礼器祭祖，都不是单靠财富就能决定的。

所以，那些已经积累了足够财富和社会资本并想借此提升地位的人，不得不首先将它兑换成某种权力资本——要么寻求强权者的庇护或与之结亲，要么直接投身权力竞技场，为自己谋取强权，最终在权力阶梯中找到自己的位置。

这种努力反过来又促使既已拥有强权的上层对中下层资本积累进行压制，因为权力角逐往往是一种你死我活的零和博弈（或你死我伤的负和博弈），所以任何人在资本积累上取得成就都可能对其构成威胁，对手自不必说，盟友的成就也可能打破联盟关系中的实力平衡，即便是受其庇护者，实力过度增长也可能促使他另谋高枝，或自立门户，甚至反客为主。

所以，面对任何正走在发达上升道路上的新人，既有权贵的合理策略都是：如果他不是我的人，那自然是要打压；如果他是我的附庸，那可以扶持，但必须控制在他甘于附庸地位的限度之内；如果他是盟友，那也可以帮助，但必须以不打破平衡为限。当所有权贵都执行这样的策略时，总的效果便是将权贵阶层约束为一个小而封闭的圈子。

而且权力角逐本身的性质也决定了这个圈子不会太大，因为在这个竞技场上，敌对、联盟、效忠、庇护关系，都是高度人格化的，处于这些关系中的各方需要相互熟识才能有效应对，当圈子规模超出某一上限（例如邓巴数的1/3或1/2），便会陷入混乱动荡状态，直到足够多人被消灭，局面才会在新的权力分配结构中稳定下来。

在权力等级的每个层次，都将形成封闭小圈子，只是最高层的权势覆盖全局，而中下层则因仅覆盖某个局部而存在多个并行的小圈子。这些圈子的规模对地位爬升构成了严格的限制，圈子成为等级阶梯的枢纽要道，只要非人格化的权利得不到普遍保障，权力仍然是地位竞争的关键因素，爬升者就无法绕开它。

传统等级社会的这一特性严重束缚了其价值体系的开放性与丰富度，在重要性压倒一切的权势面前，其他方面的成就与卓越都将黯然失色，尽管它们能在一定限度内给人带来声望和财富，甚至还有接近权贵的机会，可若是不能兑现为权力，爬升者则只能甘居于低人一等的从属地位。古代最杰出的工匠或许有机会设计承建壮丽雄伟的宫殿和大教堂，并获得丰厚报酬，然而由此带来的地位提升却极为有限，至于演员、歌手、琴师和舞蹈家，哪怕技艺卓绝，也只能混类于倡优之间，物质上或可优裕，身份却难免卑下，这一点无疑极大限制了价值阶梯的引力覆盖面，众多与权力无关领域的创造性活动都得不到足够激励。

直到私人权利和交易自由随宪政与法治的发展而确立，这一状况才逐渐改变，假如个人无论权势高低皆可安心无虞地积累财富进而靠它提升地位，而无须仰赖权贵的庇护，那么任何才华都将成为爬升的助力，只要个人能凭借这一才华创造市场价值，于是，众多偏爱不同专长的职业路径都有望绕开权力瓶颈，径直通向上层。

而且，不像权力角逐，市场交易是一种正和博弈，某人获益未必损及他人，因而当一个人致富发达时，除了最直接的同生态位竞争者，其他人没有强烈的动机阻止其成功，下拌使套拉其下马，封堵其上升之路。这一动机转变看似次要，实则影响深远，它导致众多阻碍社会流动的旧樊篱（例如极为僵硬的通婚屏障和血统屏障）的瓦解，因为既然权力已不再是地位爬升的关键资源，权力竞技场也不再是地位竞争的中心舞台，人们便逐渐对维护这些樊篱以封闭权贵小圈子失去了兴趣，如此一来，限制地位爬升高度的，便只有个人的运气、才华高低，以及这种才华的市场供需了。

一个高度分工的市场将创造无数生态位，众多（虽然不是全部）类型极为不同的才赋都有机会在其中实现其价值，因而帮助人们沿着适合各自特长的职业路径向上爬升，这些平行交错的路径构成一张巨网，尽管仍和所有等级结构一样，越往上越狭窄，但以往封堵部分路径的天花板，和中途拦腰束缚所有路径的枢纽瓶颈，都已不复存在。

事业的纵深

自由开放且广泛分工的市场打开了向上流动的众多通道,然而,并非所有职业通道都提供了同样的上升潜力,尽管制度与习俗上的樊篱多已消除,但职业本身的性质仍可能构成限制。码头搬运工、人力车夫、邮递员,业务再娴熟,资历再丰富,表现再出色,也不会有多大出息,这些职业的阶梯不仅起点低,也缺乏纵深,没有几级可以爬;有些职业起点高,但也没多大纵深,例如全科医生,门槛极高,一旦成功入行便直接跻身中产上层,但整个职业生涯中的提升空间却不大。

一个相反的例子是帆船时代的水手,起点低得不能再低了,愿意从事这一艰苦危险职业的,大多是最穷困无望的底层青年,但海员职业层级丰厚,仅舱面部门便有普通水手(Ordinary Seaman)、资深水手(Able Seaman)、副水手长(Cassab)、水手长(Boatswain)、舱面见习(Deck Cadet)、见习船副(Junior Mate)、三副(Third Mate)、二副(Second Mate)、大副(First Mate)、掌舵(Master)等十几个等级。[1] 库克船长(James Cook)出身贫寒,父亲是无地农业雇工,其空前辉煌的航海生涯便是从水手开始的。[2]

决定职业阶梯深度的一个因素是学习曲线的形状,如果一门

---

[1] Wikipedia: Seafarer's professions and ranks.
[2] Wikipedia: James Cook.

手艺的学习曲线起初十分陡峭，接着就是一条几乎水平的直线，那么该职业就不会有多少梯级可攀。一位新邮递员上岗最初几周可能发现有很多东西要学，可过了这一阵之后，在数十年的职业生涯中就再也学不到什么了，经验当然会多一些，但多与少对工作表现和报酬都影响不大。

这种形状的学习曲线可能表明该行当没有积累起多少有用知识，所以很快就学完了，其工作性质也使得个体无法在从业经历中产生多少有用经验，所谓低技能工作多属此类。但也可能是另一种情况，有些行当有着大量知识，但它们是在漫长历史中积累起来的（或者是从其他行业输入的），入行者需要经历艰苦学习训练，可一旦训练合格，个体从业经历中能为这个知识库添加的内容极少，例如古代的祭司和经师，在获得资格之前可能要背诵大量经文，记忆和操练各种繁复的仪式程序，然而学成之后，一辈子不过是在反复念诵同样几本经文，一成不变地执行同样几套仪式而已。

还有些职业，例如全科医生，虽然学徒期满后的从业期中学习曲线仍在持续上升，职业阶梯却同样缺乏深度，这是因为买方（求医者）缺乏评估医术优劣所需的有效信息，因而只能将评估任务转交给第三方专业机构，即医学院，后者以严格的课程设置、实习和考试确保毕业生的技能不低于某个水平，而求医者依据医生的毕业证书（或凭该证书而获得的行医执照）信赖其医术。这是个相当有效的机制，问题是，毕业证书评估的是医生执业前的技能，不包括有关他开业后所积累经验的任何信息，因而这部分经验的市场价值仍无法实现，所以实际效果和那些从业期学习曲线呈水平状的职业一样。

影响职业纵深的另一个因素是产出规模化的潜力，一位铁匠若天分够高，技艺随经验积累而日益精湛，便可招揽更多生意，也可凭其质量和声誉而抬高要价，还可因有能力服务更阔绰的顾客或承揽难度更高的活儿而提高收益率，但这些提升最终将受限于其单位时间产出率，虽然多雇几位学徒打下手，让自己专注于最需要技能的环节，可以稍稍拓宽产能瓶颈，但也十分有限。

相比之下，商人在扩大生意规模上受的限制就松许多，货物运量大，可以多雇几条船，囤货多，可以扩建仓库，客流量大，可以拓宽店铺，多雇伙计，传统商人的生意规模主要受市场规模、竞争优势和资金的约束，而不是他本人的时间精力；受外部约束更少的是金融业，一位放贷者若从小本经营的小额借贷做起，凭其才能而不断向更高端市场移动，便可能在同等工作量的情况下成数量级地提高总放贷规模。

不同职业间规模化潜力的区别，取决于产量与技能占用之间的关系，即多增加一份产量是否需要将该职业的核心技能多占用几分钟。这一点和第11章所介绍的资源竞用性类似，若把技能视为资源，产出视为该资源的使用者，那么，资源竞用性越强（意味着当一件产品的生产使用该技能时，便会更大程度上削弱其他产品同时使用该技能的效果），规模化潜力越小。

以教师和说书人两种职业为例。课堂教学是互动式的，每多一位学生就会多占用教师的一份注意力，因而削弱其他学生所接受服务的质量，相反，说书是非互动的，多一位听众不增加说书人的负担，（在一定限度内）也不影响其他人的欣赏效果，瓶颈是场地和音响效果。不难看出,后一种职业的规模化潜力要大得多,比如扩音器、大型场馆、电视直播,都会极大拓展说书人的职业纵深,对教师职业却影响甚微(除非他们放弃互动式教学)。

舞台的拓宽

在前工业时代,绝大多数职业都缺乏纵深,只有军人、官员、教会神职、大宗贸易商人、包租人等少数行当能经由职业阶梯本身直接爬到社会顶层,其他人在爬到一定位置后,余下的高度是通过长期财富积累(特别是土地、房屋等不动产的积累)而攀登的,所以在那时,对于地位爬升,审慎经营与维护家产的能力和在职业阶梯上爬升的能力一样重要,甚至更重要。

工业革命以及此后的多次产业革命彻底改变了这一局面,众多职业阶梯被极大拉伸,许多直达上层,甚至顶层,社会流动的路径因而也大为丰富。造成这些改变的机制有许多种,分别源自不同的产业变革期,并作用于不同产业,伴随它们而出现的,是一轮轮社会流动浪潮,每一轮都有着大批新贵从中涌现的热点领域。

第一个改变由运输与通信技术的创新所造成。运输的便利性与成本限定了一种商品的有效市场半径,以及在该半径内的市场规模,假如运费很高,许多商品的长途贸易便无利可图,如果运输很慢,许多商品就无法在保质期以内到达远方,漫长的运期也让商人无法捕捉由中短期价格波动带来的市场机会,所以在古代运输条件下,只有少数奢侈品——珠宝、贵金属、丝绸、皮毛、香料、瓷器等——在负担高昂运费、价格比产地高出数倍乃至数十倍后仍可找到足够多买家，因而值得被长途贩运，即便如此，高价也严格限制了需求量。

有效半径内的总需求量构成了一种商品的贸易规模上限，当然，商人可以在一条商路上同时经营多种商品以超越这一上限，实际上古代商人也正是这么做的，可是符合条件的商品很少，也可以同时经营多条商路，可是这同样受到交通与通信条件的限制，因为这样的经营需要方便快捷地旅行于各贸易点之间，并方便快捷地与各地的生意伙伴和代理人保持联系，所以在古代，每位商人的生意规模，以及整个长途贸易行业所容纳的商人数量，与现代贸易相比都十分有限。

从地理大发现到工业革命之间，这一局限已经有了相当大突破，帆船技术的改进、远洋航路的开拓、运河系统的扩张、道路的改良、邮政服务的兴起，都在拓宽着市场半径，许多中等奢侈品陆续加入长途贸易的货物单，例如茶叶、烟草、咖啡、蔗糖，还有一些价格/体积比足够高的食品和日用品，例如鱼干、鲸脂、大米和纺织品。但革命性的突破来自轮船和铁路，它们几乎让形形色色笨重、初级、低价值的商品都有了贸易价值，这意味着众多贸易领域都有了大规模市场，为营营其中者提供了广阔舞台。

第二项改变是制造业的工厂化。传统制造业是作坊式的，核心资源是业主（工匠）本人的手艺。由于每件产品都要占用这一资源，因而其规模严格受限，雇工和外包只能部分缓解，因为蕴含在手艺中的知识大部分是默会的（见第5章），难以变成清晰可操作的指示交给工人执行，而且即便这么做可行，工匠们也不愿意朝此方向走得太远，因为这些隐秘而私人的默会知识是他们的立足之本，交出去太多会危及自己的饭碗。

假如一门手艺的施展方式像佛道僧侣念咒开光那样，可以一次运用于整批产品，那就既消除了产能瓶颈，又保留了独家秘籍。工厂化的要点，正是将制造业所依赖的核心资源，从传统手艺这种高竞用性资源转向类似魔法符咒的低竞用性资源，这一转变的第一步，是默会知识的显性化：以设计图纸描绘产品结构，以工艺说明书描绘加工方法，以操作手册描绘设备使用方法，以作业流程图描绘工序间关系和物料流向……一旦这些制造知识被显性化，并形成一套标准化的术语、参数和格式，受过基本培训的工人便可在短时间内投入一种陌生产品的生产，因而解除了对传统手艺的依赖。

人们常把机械化视为工厂化的要点，这没错，但假如我们从知识论的角度看，还可将观察深入一层：机械化其实是知识显性化的一种极端情形，只有当一个加工过程的每个动作都被精确描绘之后，机器才可能设计出来，实际上，许多早期工程师在设计一种机器代替人工时，其思路往往是从模仿人类动作开始，为此他们必须仔细观察熟练工匠的操作过程（有时他们自己就是熟练工匠），将其分解成一个个可用机械执行的动作，这就是默会知识显性化的过程。

可是显性化的知识很容易复制传播（这正是它区别于默会知识的要点所在），所以制造商必须寻找其他手段来树立屏障以保护自己的知识资产价值，这方面的努力创造了许多类型的知识产权和契约条款，包括专利权、商标权、商业秘密（trade secret）、商品外观（trade dress）和工业设计（industrial design）专属权、保密协议（non-disclosure agreement）、雇主对职务作品（work for hire）的著作权保有、雇佣契约中的竞业限制条款（non-compete clause）等等。①

此外，企业也将更多资源投入制造以外的环节，加强消费者对品牌的接受度，扩大营销渠道，不断改进产品，开发新产品，优化管理，提升财务效率等等，从而将市场地位建立在更综合化的基础上，由此，制造商从工匠兼店主转变成了以经营管理为核心技能的现代企业家。理查德·阿克莱特（Richard Arkwright）是这一变革的先驱，他将棉纺从手工业改造成了工厂化生产，也让自己从一位极其贫困的裁缝之子、理发店学徒变成了工业巨头，并在56岁那年以两万镑高价买下威勒斯利城堡（Willersley Castle）。②

工业革命后，轮船、铁路、电报成倍地扩大了有效市场半径，工厂化则突破了产能瓶颈，企业规模随之而急剧扩张，企业家这部职业阶梯像摩天大楼一样越搭越高，成就了镀金时代（Gilded Age）的众多工业大亨，其中许多都出身寒门：洛克菲勒（John D. Rockefeller）的父亲是个四处兜售假药的江湖浪荡子，家里穷得叮当响；③安德鲁·卡内基（Andrew Carnegie）的父母是

---

① Wikipedia: Intellectual property; Trade secret; Trade dress; Industrial design rights; Non-disclosure agreement; Work for hire; Non-compete clause.
② 罗杰·奥斯本：《钢铁、蒸汽与资本》，电子工业出版社，2016，第4章第12节；Wikipedia: Richard Arkwright#Later life。
③ Ron Chernow, *Titan* (Vintage, 2004), ch.1.

苏格兰乡村纺织工;[1] 杰伊·古尔德（Jay Gould）离开农场自谋生路时，他爹给了他五毛钱和一包衣服，其职业生涯从铁匠铺学徒开始。[2]

从作坊到规模化企业的类似转变也陆续发生在运输、建筑、贸易、金融等诸多行业，贯穿其中的主线便是默会知识的显性化。它从两方面拓宽了职业舞台和上升通道，一个方面是分工，不像行业之间的分工，行业内部的分工高度依赖知识的显性化，例如，若没有设计图纸、计量标准和术语体系等一整套表达显性知识的专业语言，设计与制造/施工之间就很难解耦，而行内分工的实质便是通过构造标准化接口而实现任务间解耦。

连锁快餐业先驱麦当劳是知识显性化的经典案例，其标准化服务的基础，是一本详尽描绘了每个工作步骤的《操作与培训手册》（*Operations and Training Manual*），以及基于该手册对新员工进行培训的麦当劳大学。手册由推动麦当劳标准化的关键人物弗雷德·特纳（Fred L. Turner）于连锁化初期的1956年开始编写，起初只有16页，随着越来越多知识被显性化，篇幅也日益拉长，两年后扩大到75页，1974年扩至360页，30年后篇幅又扩大一倍。[3]

行内分工深化的结果是白领职位的大量出现，为下层青年创

---

[1] Wikipedia: Andrew Carnegie.
[2] Wikipedia: Jay Gould.
[3] Eric Schlosser, *Fast Food Nation* (Harper Perennial, 2005), ch.3; Charles W. L. Hill & Gareth R. Jones, *Essentials of Strategic Management* (Cengage Learning, 2011), Case 4.

造了向中产晋升的前所未有的广阔通道，不仅孕育了庞大的中产阶级，其中有些还可以升得更高，例如工程师，若能创造几项有市场前途的专利技术，便可获得巨额财富。第一和第二次工业革命时期的众多发明家都是白手起家的工程师：铁路之父乔治·斯蒂芬森（George Stephenson）是矿工之子，儿时在煤矿做绕齿轮的童工；[①]爱迪生（Thomas Edison）的首份职业是报童；[②]拥有数百项电气与照明专利的伊莱休·汤姆森（Elihu Thomson）的发明生涯从中学化学教师开始；[③]涤纶、抗爆汽油、蛋黄酱和众多材料技术的发明者卡尔顿·埃利斯（Carleton Ellis）是一位花匠的儿子，从麻省理工学院毕业后直接开始车库创业。[④]

行内分工在拓宽上升通道的同时，也降低了爬升条件的苛刻度。传统工匠若才华出众，也有机会将生意做大，但为此他们必须成为全才，同时扮演工匠师傅、企业家、商人、投资者的角色，这就把大批拥有技术天赋，却不善经营、组织和理财的人挡在了机会大门之外，而有了深度分工，工程师、设计师、会计师、推销员、财务专家、分析师、交易员、职业经理人，皆可凭一技之长大展身手。在现代大企业中，沿这些职业通道升至顶端的人，其收入与地位都不逊于传统富商。

知识显性化还从另一个方面向上拉伸了职业阶梯。显性知识

[①] 罗杰·奥斯本：《钢铁、蒸汽与资本》，电子工业出版社，2016，第6章第19节。
[②] Wikipedia: Thomas Edison#Early career.
[③] Wikipedia: Elihu Thomson.
[④] Alan Rumrill, *Monadnock Moments* (The History Press, 2009), pp.24–25; Wikipedia: Carleton Ellis.

易于通过语言表达，并用文字记录下来，这就提高了知识的可积累性，从而，随着时间推移，专业知识库日益庞大，同时，精细分工提高了知识积累速度，结果正如我们所看到的，自工业革命以来，所有行业的知识都经历了爆炸性增长，并以期刊、专著、教科书、工业标准、技术规范、工作手册、工艺文档、分析报告、数据库等显性形式存在。

如我之前分析社会结构对智力的选择压力时所指出的（第12章），专业知识库越庞大，智力的施展空间越大，高智力者在职业表现上与同行拉开距离的潜力也越大。一个庞大而结构复杂的显性知识库让从业者不仅可以从工作经历中积累经验，还可通过大量阅读和纸面练习而获取从个体直接经验中很难得到的知识。会计师、建筑师、药剂师、医生、律师等行当之所以被归为专家职业（profession），正是因为从业者必须在入行之前就获取大量显性知识，这就对智力构成了高门槛。

拓宽职业舞台的第三项改变是传播革命。从印刷术、期刊、报纸，到广播、电影、电视、照相机、摄影机、唱片、录音机、磁带、光盘、MP3，还有扩音器、大型演出场馆、卫星传输、全球同步直播、互联网、社交媒体、智能手机、YouTube、Netflix，信息的复制速度、保真度和传输速率不断提高，单位拷贝的成本不断下降，同时或短时间内能够到达的受众规模不断扩大。

这些变革使得信息生产者以越来越低的边际成本面对一个规模急剧扩张的市场，于是像写作和新闻报道这种以往无利可图或收益微薄的工作突然变成了可赖以谋生甚至发财致富的职业（当然，前提是著作权得到承认并有可靠的司法保障）。当边际成本（每份拷贝的制作与投送成本）降到微不足道时，这种生意便有了极好的规模经济，收益率随售出拷贝数增加而迅速提高，而不像传统手抄书那样，尽管价格非常高，收益率却不会随销量增长而提高太多，因为售价的大部分是拷贝本身的制作成本，羊皮纸、抄写、绘图、装帧，都代价不菲。

查尔斯·狄更斯（Charles Dickens）的小说销量动辄上百万，为他带来了巨额财富，从1846年起到去世，他平均每年从卖书中得到2900镑，由于他的旧作一直在重印，因而收入是线性增长的，[1] 加上他从杂志、报纸和朗诵会中得到的收入（他成名后一次朗诵会常可获得数千镑报酬），[2] 晚年的年收入大概已接近或超过一万镑。这一收入水平恰好相当于同时代的传统社会顶层——伯爵以上大土地贵族——的平均年收入，[3] 而同时期伦敦普通劳工的年收入为50~60镑，熟练技工约100镑，陆军少尉200镑，英印政府文官300镑。[4] 这又是一个白手起家的故事，狄更斯儿时家境困顿，父亲约翰是位海军文员，1824年被关进债务监狱，12岁的查尔斯被迫弃学进工厂做工，任务是给染料罐贴标签，每天工作10小时，周薪6先令，然而46年后，他却有幸与众多英格兰先王一

---

[1] Robert L. Patten (ed.), "The Sales of Dickens's Works," in Philip Collins, *Charles Dickens* (Routledge, 1996), Appendix I.
[2] Wikipedia: Charles Dickens#Middle years.
[3] Dominic Lieven, *The Aristocracy in Europe, 1815–1914* (Palgrave Macmillan UK, 1992), ch.2.
[4] James Skipper & George P. Landow, "Wages and Cost of Living in the Victorian Era," *Victorian Web*, 16 July 2003.

样,被安葬于威斯敏斯特教堂。①

狄更斯的惊人成就也得益于基础教育的普及,他开始写作的19世纪30年代,英国的男性识字率已达2/3,女性略低于1/2,到他去世时,两性的识字率已双双达到90%;② 而且狄更斯明确定位于大众读者,其小说的廉价版通常只卖几个便士。③

然而,读书并不是人类普遍喜爱的信息内容消费方式,毕竟文字的历史只有几千年,为内容生产者创造更大舞台的,是后来的影音录制与回放技术,其将歌唱、舞蹈、戏剧等表演艺术以及体育竞赛改造成了信息制造业,让它们搭上了现代大众传播的高速列车,并同样享受着信息的非竞用性和极低复制传输成本所带来的无限规模化潜力。

传播革命为内容产业构造了高耸入云的职业阶梯,升至顶部的天王巨星们可在短短数年内成为亿万富豪,令工业革命时代叱咤风云的技术明星望尘莫及,也吸引了众多有表演天分的青年投身其中。然而这部阶梯的形状颇为特殊,它不像一座逐渐收窄的金字塔,倒像一枚钉尖朝上的图钉,顶部直入云霄,福布斯2013年排行榜上排前10的演员年收入介于3000万至8000万美元,④ 而宽大底部则蜂拥着大群被灿烂却遥远的明星梦所吸引而宁愿为低报酬卖力的普通演员。

---

① Wikipedia: Charles Dickens#Early years.
② Max Roser & Esteban Ortiz-Ospina, "Literacy," *Our World in Data*, 20 September 2018.
③ Robert L. Patten, "The Sales of Dickens's Works."
④ https://www.forbes.com/pictures/mfl45egdgg/robert-downey-jr-8/.

据美国劳工部数据，2018年美国演员的时薪中位值仅为17.54美元，比全国中位值（18.58美元）低6%，若按年薪算还要低得多，因为演员的工作机会很不稳定，很少能像其他职业那样全年连续工作；可是演员时薪的平均值（29.34美元）却比全国平均值（24.95美元）高17%，比演员中位值高67%，这是因为均值被顶层明星的巨额收入大幅拉高了。相比之下，收入与演员相近但缺乏职业纵深的图书馆员，时薪均值（17.34美元）仅比中位值（16.37美元）高6%。再对比另一个也会诞生天王巨星的行业：电视/电台播音员，时薪均值（24.82美元）比中位值（15.97美元）高出55%，这个幅度比演员的67%小了点，大概是因为播音员行当容纳的巨星数量更有限。[1]

像内容产业这种极少数巨星暴富而绝大多数从业者只能勉强混口饭的情况，被一些评论者称为赢家通吃，这是由流行文化中的正反馈机制造成的。由于现代大众传媒的高覆盖率，众多内容生产者都在竞争同一群消费者，因而从个体消费者的角度看，选择变得极其丰富，远远超出了他的可能购买量，后者受预算和闲暇时间的严格约束，同时，面对令人眼花缭乱的海量内容作品，个人又缺乏鉴别和挑选能力，于是只能借助各种容易获取的线索：闲聊中被频繁提及、师长/名人推荐、报纸的书评/影评版、排行榜……

这样一来，起初卖得好的产品会越卖越好，因为较大的早期销量意味着更可能在闲聊中被提及，更有机会被评论家和名人注

---

[1] BLS, "Occupational Employment and Wages–May 2018," USDL–19–0493, 29 March 2019, www.bls.gov.

意到，更有望进入排行榜，而这些都将推动销量继续扩大，那些有幸进入这一正反馈上升螺旋的作品，就像搭上了一股流行文化的龙卷风，升入云端。这一机制同样适用于创作者，一部作品的畅销会让作者出名、获奖、被评论家和名人注意到、吸引媒体采访和报道，这些都有助于他下一部作品的销售，假如名气足够大，他每部新作品的发行都会成为媒体积极报道的大新闻。

电梯的提速

和传统等级社会相比，现代市场社会不仅多了许多上升通道，少了各种习俗或制度性的樊篱，而且才华出众者在阶梯上爬升的速度也大幅加快，且越来越快，不仅白手起家的亿万富豪日益增多，攀至财富巅峰的年纪也越来越轻：洛克菲勒40岁时财富达到百万美元（相当于2018年的2600万美元），21岁开始车库创业的乔布斯，25岁时身家已达2.5亿美元，两年后名列首个"福布斯400富豪榜"（Forbes 400）时，是史上最年轻的白手起家亿万富豪，这个记录后来又被扎克伯格超越，后者23岁成为亿万富翁，而3年前他才刚开始在大学宿舍创办Facebook。[1] 跻身"福布斯400富豪榜"的富豪中，白手起家者的比例从1982年的44%提高到了2013年的71%，[2] 而平均年龄则从2004年的73岁一路下降

---

[1] Wikipedia: John D. Rockefeller; Steve Jobs; Mark Zuckerberg.
[2] Philipp Korom et al., "The enduring importance of family wealth: Evidence from the Forbes 400, 1982 to 2013," *Social Science Research*, Volume 65, July 2017, pp.75-95.

到2014年的66岁。①

像乔布斯、比尔·盖茨、扎克伯格这样的高速上升，离不开日益发达的资本市场。扎克伯格身家超过10亿美元时，Facebook的现金流还是负的，②其财富完全基于股市投资者对其未来收益前景的预期。但购买股票只是投资者加速创业者地位提升的方式之一，资本的加速作用可以发生在攀升道路上的每个环节。

托马斯·纽科门（Thomas Newcomen）在18世纪初发明了首台蒸汽机，这为他带来了不少生意，也为他在矿业圈子里赢得了一些名声，但他远没有像后来的发明家那样取得显贵地位，原因有两个：一是他没有足够的财力和政治资源为他的发明谋求专利权（当时专利制度尚处于发育初期，每件专利都须经国会单独立法授予），结果，尽管他的机器相对于萨维利（Thomas Savery）的蒸汽水泵有了巨大突破（后者除了两个阀门之外没有活动部件，还算不上真正的引擎），而且也被煤矿广泛采用，却只是替别人做了嫁衣，让萨维利专利的拥有者坐收每台420镑的授权费；二是他没有资本实现机器的批量生产，只能以提供制造和安装指导的方式挣点辛苦钱，所以众多纽科门蒸汽机只是工作原理相同，具体构造五花八门。③

与纽科门相比，瓦特（James Watt）要幸运得多，他的改良版蒸汽机开发期漫长、耗费巨大，1764—1765年间当他尝试性

---

① Liyan Chen, "Tracking A Decade Of America's Richest In Six Charts," 2 Oct 2014, Forbes.com.
② Wikipedia: Facebook#2006–2012: Public access, Microsoft alliance, and rapid growth.
③ 罗杰·奥斯本：《钢铁、蒸汽与资本》，电子工业出版社，2016，第3章第6、7节。Wikipedia: Thomas Newcomen; Thomas Savery.

地制作第一个试验模型时,得到了格拉斯哥大学化学教授约瑟夫·布莱克(Joseph Black)的资助,后者是瓦特教学仪器生意的客户;随后,当他制作第一部实用尺寸的样机时,又以2/3权益为条件得到了化工企业家约翰·罗巴克(John Roebuck)的投资,当样机初步成形时,罗巴克掏钱注册了为期7年的专利,但罗巴克的资金支持显然不足,以致瓦特不得不同时以测量员职业谋生;幸而,1773年罗巴克破产时,瓦特找到了另一位投资者马修·博尔顿(Matthew Boulton),这一步至关重要,博尔顿不仅财力更雄厚,全额负担开发费并付给瓦特每年300镑生活费,还凭借其影响力说服国会将瓦特的专利延期25年,更重要的是,博尔顿是当时技术领先的金属工具制造商,正是这一背景让他有能力克服汽缸制造的关键难题并实现了蒸汽机的工厂化生产。[①]

瓦特成功之路上有一个细节生动体现了资本市场在地位爬升中的加速作用:瓦特于1773年丧妻,3年后当他向安·麦克格雷格(Ann McGrigor)求婚时,安的父亲(一位印染商)起初对他的财务状况并不满意,在看到瓦特与博尔顿之间的书面协议之后才答应这桩婚事,因为协议上规定的300镑年薪在当时确已足够维持一位中产者的体面生活,亚当·斯密在1764年经大卫·休谟引荐而担任巴克勒公爵的游学导师时,报酬也是300镑年金。[②]

当代创业青年自然要比18世纪的前辈幸运得多,风投、天使投资者、孵化器遍地开花,渴望盈利的资本满世界寻找有潜力的

---

① 罗杰·奥斯本:《钢铁、蒸汽与资本》,电子工业出版社,2016,第3章第8节。
② 同上;Wikipedia: Adam Smith#Tutoring and travels。

创新项目，许多创业者仅凭一个设想便可拿到天使投资，而项目的每一次突破都可能引来新一轮规模更大的投资，为它迅速配齐所需资源，搭建组织架构，以最快速度实现产业化和规模化，像谷歌、亚马逊和Facebook这样的企业成长速度，在传统的有机增长模式下是不可能看到的。

投资人之所以愿意如此积极踊跃地四处撒网，是因为存在着一个充分发育、层次丰厚的资本市场，从孵化器和天使投资到二级市场，每个阶段的投资者都能在一个足够大的市场中找到接手的下家，从而实现资本的快速循环，同时，发达的基金市场让他们能够组织起巨大规模的资本，实施大面积撒网策略，以项目数量分摊风险，因而有能力承担前期的高失败率。在这样一个风险由高到低、梯度平缓的资本市场中，执行不同风险策略的投资者构成了一条条创新企业加工流水线，从孵化直到上市，在创业者沿着这条流水线爬向成就巅峰（假如他有幸未被中途淘汰出局的话）的路途上，每一步都将得到资本的护送和加速。

类似的加速机制也存在于体育、演艺和模特产业，这几个产业都有星探（scout）和经纪人，而且他们和风投一样，也有着细致的阶段分工。模特业中，星探处于末端，四处物色具有模特潜质的人才，他们的下家是妈妈经纪（mother agent），手上握有一群从星探那里找来的模特，为其提供指导和培训，并按需推荐给其下家预约经纪（booking agent），后者负责从广告商或时装商等最终用户那里承接业务。[①]

---

① Vanessa Helmer, "The Function of a Modeling Mother Agency," *The Balance Careers*, June 25, 2019; Vanessa Helmer, "11 Tips to Start Your Career as Model Scout, Agent or Booker," *The Balance Careers*, June 25, 2019.

因为有了星探，许多身处非洲穷乡僻壤的孩子才有机会进入国际化的体育和模特市场，让自己拥有的唯一资本——身材或运动天赋——实现其价值，其中一些还有幸成为超级巨星。星探就像天使投资人，他们之所以不辞辛劳，承担高昂旅费周游世界，沙里淘金，是因为他们的下家——众多俱乐部——也都求贤若渴，竞相建立自己的人才储备；这些俱乐部也有自己的星探（巴塞罗那足球俱乐部雇了40位星探），他们就像第二轮投资者，从初级星探的海选结果中挑出适合本俱乐部偏好的那些，纳入自家的足球学校或储备梯队（farm team），一旦有少年崭露天才锋芒，便及早签约，以免被对手抢去。①

若没有这样一套投资体系构成的明星制造流水线，无数天才少年将被埋没或中途夭折。梅西（Lionel Messi）便是个颇有启示的例子，他童年时便表现出极高足球天赋，而且幸运地住在阿根廷罗萨里奥市（Rosario），当地的纽韦尔老男孩（Newell's Old Boys）是家老牌大俱乐部，尤以其少年队著称，梅西6岁时加入该队，表现极为出色，然而灾难突然降临，他在10岁时查出生长激素缺乏症（growth hormone deficiency），每月治疗费用高达1000美元，远非他家庭所能负担，纽韦尔老男孩和他父母联系的其他阿根廷俱乐部也都不愿负担。万幸的是，家人最终为他争取到了去巴塞罗那足球俱乐部试训的机会，结果被少年队主教练一眼相中，在他的强烈坚持下，巴萨与梅西签下了合约。②

---

① Wikipedia: Scout (sport); Youth system; Farm team; La Masia.
② Wikipedia: Lionel Messi#Early life; Newell's Old Boys.

"老钱"的贬值

即便在绝大多数正式的、显性可见的等级屏障都已消除的社会，例如维多利亚时代的英国，仍可能存在种种隐秘的文化隔膜，阻碍或延迟着社会流动。它们集中体现在所谓"老钱"与"新钱"的差别上，新近发达的富豪被视为缺乏教养的暴发户，因不谙上流社会的习俗，不懂得享受优雅闲适的贵族生活，不会欣赏高雅艺术，而备受轻蔑嘲讽，被排斥于上层社交与通婚圈之外。

为突破这些屏障，新贵们不惜花大价钱购买古老的城堡庄园，配齐全套贵族家当行头，延请法国家庭教师按贵族标准训练子女的谈吐举止，送孩子去欧洲大陆游学，为其安排与旧贵的婚姻……但所有这些皆非一日之功，欣赏品味和文化修养在中年后已颇难习得，消费习惯和举止风度在成年后也不易矫正，口音则更是在青春期之后就很难彻底改变了。等到几代人之后，文化升级完成，"新钱"也就养成了"老钱"。

然而在最近一个多世纪中，"老钱"却在不断贬值，新贵们对自己从小习得的文化和既已养成的习性日益自信，越来越不需要亦步亦趋地模仿旧贵。当然，阶层间的文化差异并未消失，只是上层文化变得更为多元，变化更快，因为每一代新贵都将一些新元素带进上层，也在创造着新的身份标志，进而引发新一轮效仿风潮。

有几个因素推动了这一转变，第一，当企业的规模随一轮轮产业革命而日益扩大，一代代新贵的财富也屡屡刷新纪录，镀金时代的大亨已令旧贵族黯然失色，信息革命中诞生的年轻富豪的财富更令人咋舌，财富规模的这一反差颠倒了上层新旧成员之间的社会地位，旧贵们累代苦心经营维护并引以为豪的存量资产突然变得不足挂齿了，这自然会削弱新贵效仿他们的动机。

第二，随着众多高速上升通道的打开，社会流动加剧，上层精英中的新面孔比例不断提高，凭借"老钱"维持高地位变得日益困难。社会学家菲利普·科隆（Philipp Korom）等人计算了福布斯富豪的财富年龄（age of fortune），即作为其主要财富来源的那家企业创立以来所历年数，发现他们的平均财富年龄从1982年的97.4年下降到了2013年的47.8年，也就是说，若按财富年龄取平均值，1982年的平均富豪是位富四代（其财富基础大约是三代人之前打下的），而2013年的平均富豪则是位富二代。[1]

第三个（可能也是最重要的）因素是，旧贵们凭借"老钱"构造的那种老式的阶层间文化屏障越来越靠不住了。随着基础教育的普及，识字率的提高，公共图书馆和博物馆的普遍建立，书籍和影视作品价格的下降，旅行成本的下降，习得高雅文化的财务门槛已降得很低，来自劳工阶层或中产下层的青年，只要有足够的天分、好奇心和上进心，都不难为自己建立以往贵族子弟才有机会获得的知识储备、欣赏品位和见识广度。

学校教育的效果，最初表现在英国绅士（gentleman）资格的转变中。直到近代早期之前，获得绅士资格的必备条件是拥有

---

[1] Philipp Korom et al., "The enduring importance of family wealth: Evidence from the Forbes 400, 1982 to 2013," *Social Science Research*, Volume 65, July 2017, Table 1.

纹章院认可的家族纹章；光荣革命之后，门槛开始松动，许多以工商金融发达的新贵也被称为绅士，新趋势起初颇受旧贵抵制，约翰·洛克（John Locke）就反对将主要收入并非来自土地的商人接纳为绅士，但这些阻力逐渐被突破；到维多利亚时代，"绅士"一词的含义已全然不同，促成这一转变的关键是公学（public schools）的兴起，以伊顿（Eton）为代表的这些精英学校可以批量复制以往只能靠"老钱"慢慢养出来的整套绅士文化，于是公学背景取代纹章和地产成为绅士资格的新标准。①

当然，公学打造绅士的功能仅作用于上层，免除的是养"老钱"的麻烦，钱还是不能少的，然而进入20世纪之后，高等教育的平民化在中下阶层产生了类似效果，收入水平的普遍提高，让多数家庭能够负担孩子的大学学费，加上政府的补贴，教会、慈善组织和商业公司的资助，各种奖学金、助学贷款、退伍军人教育津贴、体育文艺特长生优惠等②使得在当今富裕国家，有天分的孩子几乎不可能因财务困难而被挡在大学门外，2013学年毕业的美国大学生中，2/3得到了某种形式的资助，公立学校本科生人均得到5750美元资助，私立学校人均15680美元。③

这样一来，就再也没有什么个人特质只能靠"老钱"慢慢养出来，而无法仅凭天赋、勤奋、志趣和进取心就能学到，或者用金钱快速堆砌出来，而此类特质正是以往上流社会用来构筑等级

---

① P.J. Cain & A.G. Hopkins, *British Imperialism* (Routledge, 2016), ch.1.
② Wikipedia: Scholarship; Student financial aid (United States).
③ Allison Wignall, "Scholarship Statistics: Where Most College Scholarships Come From," *College Raptor*, January 30, 2019.

屏障的砖石，如今却已化作齑粉。

　　钢琴是个颇具代表性的例子。在简·奥斯汀（Jane Austen）的时代（19世纪初期），钢琴还是高端奢侈品，只有贵族和富绅才买得起，《爱玛》（*Emma*）中的简·费尔法克斯（Jane Fairfax）是位孤儿，没多少财产，但有幸得到父亲的一位上校战友的收留和资助，接受了良好教育，于是成长为一位优雅女士，并表现出音乐天赋，特别是会弹钢琴，和她恰成对照的是科尔（Cole）夫妇，他们是新贵，客厅里摆了架大钢琴，但科尔夫人根本不会弹，而且承认自己五音不全，所以不难理解，费尔法克斯小姐这位被"老钱"养出来的淑女，才是小说中爱玛唯一羡妒的女性。

　　然而到19世纪60年代，机械化规模制造显著降低了钢琴价格，分期付款的出现进一步拉低了购置门槛，加上收入水平的普遍提高，钢琴大量进入中产家庭，在19世纪后半叶，钢琴销量提高了10倍，到世纪末已进入中产下层和劳工阶层，于是钢琴完全丧失了阶层身份的识别功能，甚至出现了许多来自下层的钢琴教师，以低至每小时3便士的学费提供辅导。[①]

　　安娜·索罗金（Anna Sorokin）的故事是另一个富有启发的例子。这位俄罗斯姑娘来自一个并不富裕的家庭，父亲是卡车司机，母亲经营一家便利店，16岁时随父母移居德国，高中毕业后上了英国的一家艺校，可能不到一年就退学了，不久后去巴黎的一家时尚杂志做实习生，月薪仅400欧元，没做多久（一年多）

[①] Susie Steinbach, *Understanding the Victorians*, 2nd Edition (Routledge, 2017), pp.6–10; Wikipedia: Emma (novel)#Principal characters.

又跑到了纽约,在那里她谎称自己是一个德国富豪家族的女继承人,开始了招摇撞骗的生涯。

在长达四年(2013—2017年)的时间里,安娜如鱼得水、游刃有余地周旋于纽约上流精英圈内,与众多显贵名流呼朋唤友,把酒言欢,宛如一位光彩夺目、八面玲珑的交际名媛,许多名流还为她筹划中的私人会所出谋划策,帮她引荐地产商、建筑师、律师、银行家,甚至替她的财务状况背书,更多光鲜人物将她视为好友,一起旅行观展,共办派对,让她赊账,替她买单,把公寓借给她住,甚至让她借用私人飞机……由此可见,当今上流社会和平民大众之间,已经不存在一堵金钱(甚至虚构的金钱)无法敲开的文化屏障了。[1]

---

[1] Jessica Pressler, "How an Aspiring 'It' Girl Tricked New York's Party People and Its Banks," *The Cut*, May 28, 2018; Wikipedia: Anna Sorokin.

15　维多利亚秩序

从19世纪中期起,世界经历了翻天覆地的变化,一套发源于英国的文化系统向全球扩张,从技术、产业、科学、体育、新闻,到商业模式、民间组织、警察、交通邮政、公共卫生,再到城市形态、消费模式、意识形态……焕然一新乃至闻所未闻的文化元素如巨浪般一轮轮涌出,波及之处,旧体制皆轰然垮塌。

这场被称为现代化的巨变不仅传播了一种文化,也创造了一个全球共同体:铁路、电报让世界突然变小了,来自各大文明的众多社会首次拥有了一个共同的知识框架、对世界状况和正在发生的事情的共同感知、紧密相连的产业体系和全球市场、广为接受的国际交往规则,以及一套正在取得主导地位的价值与道德标准。

从世界范围看,上述转变过程迅速而猛烈,然而在其发源地,构成现代体系的诸元素,以及支撑它的制度基础,却是在漫长历史中逐渐发育积累而成的,对此做一简要回顾或可帮助我们理解现代化进程,以及它在各社会的不同表现。

现代社会的创生

财政　英国的独特性可以追溯至诺曼征服。诺曼人为英格兰带来了一套更规范化、契约关系更明确的封建系统(有意思的是,推进规范化进程靠的却是威塞克斯朝诸王留下的行政机器,包括郡—百户区体系和一批文书官僚),征服者威廉还做了件没人做过的事情:对王国的地产进行全面彻底的清查,弄清每块土地的权属、价值和对国王承担的义务,其结果形成了《末日审判书》。

末日清查的动机自然是稳固国王的财源(和兵源),但它的附带效果却是让地产权这一农业时代最重要的财产权变得更清晰因而更易得到保护。财政规范化最终完成于亨利一世(Henry I)的财政署,在亨利三世(Henry III)在位期间(1216—1272年),对平民和动产的征税也成为常规。[①]或许正是因为这一规范而稳固的财政基础,英格兰才有着西欧最强大的王权,虽频繁参与耗资巨大的战争,却没有对财产权造成掠夺性破坏。

宪法 创建财政署的亨利一世也是英格兰宪政的发端者,他1100年加冕时为赢得贵族支持而发布的《自由宪章》(*Charter of Liberties*)开创了承认王权应受约束的先例。当然,这只是单方面的许诺,离真正的宪法还很遥远,而《大宪章》则前进了一大步,它是国王与贵族之间冲突、谈判、妥协后签署的协议,而且有了具体的执行机制。

更重要的是,《大宪章》的诸条款在此后两百多年中实实在在地约束着王权,在亨利三世漫长而又脆弱的统治期中,他和贵族间冲突不断,而每次都以重申《大宪章》并设置新的保障与执行措施而收场,包括1258年的《牛津条例》(Provisions of

---

[①] G.L. Harriss, *King, Parliament, and Public Finance in Medieval England to 1369* (Oxford University Press, 1975), ch.1, 2.

Oxford）和1267年的《马尔伯勒章程》（Statute of Marlborough）。

国会 早熟的行政机器和财政系统，导致英格兰形成异常强大的王权，也助长了英王四处征战的雄心（在海峡对岸，也在威尔士、苏格兰和爱尔兰），但王权又没有强大到足以实行专制的程度，于是国王与贵族间的较量非常幸运地导向了一种特殊关系：每当国王在税收或军役上需索过度引起贵族抵制时，总是以制度性的让步来换取眼前迫切需求的满足，这很像小孩吵闹着向父母要钱买昂贵玩具时赌咒发誓写保证书说今后一定天天刷牙、洗脸、按时写作业，不然甘愿关禁闭。例如爱德华一世和三世，都是非常强势而好战的国王，他们的征服事业带来了巨大财政压力，因而在税务上索求极为苛重，然而也正是他们在位期间，国会发展为一种制度化机构，其组成与功能（特别是下院的角色）逐渐明确，征税须经纳税人（或其代表）同意的原则最终得以确立。[1]

诚然，国王的制度性让步未必是真诚的，正如小孩的保证可能只是在哄骗父母，约翰在签署《大宪章》后不久便宣布其无效，可是现实中的实力均衡一次又一次地教育了他们，迫使他们认清现实，相信这些承诺并非儿戏，正因此，一些被反复确认的权力边界和利益协调机制才逐渐积累起来，构成宪政的诸元素。

普通法 从亨利二世开始，安茹朝（House of Anjou）的国王和法官们创造了一套独特的司法系统，但他们不像古代帝国的伟大立法者那样，试图确立法律的实体内容，而是构造了一组细致

---

[1] G.L. Harriss, *King, Parliament, and Public Finance in Medieval England to 1369* (Oxford University Press, 1975), ch.3, 4.

精密、指示明确的程序机制（包括格式令状、巡回法官、陪审团、郡长的司法职能等等），以确保大量诉讼能以高效快捷的方式得出结果，无论法律的实体内容是什么。①

亨利二世推动司法改革的首要动机是平息冲突，维持国内和平与秩序，当时英格兰刚刚经历了斯蒂芬（Stephen）在位期的战乱动荡和长期无政府状态，因而这一需求尤为迫切；其次也是为了敛财，包括出售令状和罚没带来的收入。从结果看，两方面都很成功，秩序很快得到恢复，对令状和巡回法官的需求也都十分旺盛，②让亨利二世每年从司法中赚得一万多镑，约占其财政收入的1/3。③

英格兰的司法演变之所以走上这条侧重程序正义的道路，同样离不开实力均衡。一方面，强大王权让国王远远超越了日耳曼封建君主的传统司法权限，将王室的司法管辖伸入了封臣的领地之内，并逐渐接管了大部分重大案件，但王权又没强大到能够不顾习俗惯例而推行一套实在法④的程度。事实上，早期的普通法司法者在实体规则上完全甘居于被动地位，法官既不在法庭上宣布或阐明法律，也不在判决中援引法律，因为他们默认这些都是人尽皆知的传统，唯一需要做的是查明事实，结论便自动引出，

---

① John Hudson, *The Formation of the English Common Law*, 2nd Edition (Routledge, 2018), ch.1, 6–9.
② 同上，第6、7章。
③ G.L. Harriss, *King, Parliament, and Public Finance in Medieval England to 1369* (Oxford University Press, 1975), pp.4–5.
④ 实在法（positive law）相对于自然法（natural law），前者由立法者凭借国家权力人为制定，后者则独立于权力机构而存在。

于是，原本只是作为宣誓证人负责认定事实的陪审团，最终演变成了实际上的裁决者。①

另一方面，王权也没强大到能够仅靠强力压服臣民间的纠纷冲突，像一些专制君主习惯的那样，将惹麻烦的双方不分青红皂白各打一顿，或者基于喜好或利益关系而袒护一方，打击另一方，这种任意专断能力所需要的暴力垄断程度是安茹诸王所不具备的，他们只能以一种尽可能让各方服气的方式平息冲突，而程序正义的要点就是让人服气。②

循此路径产生的普通法体系相比其他司法体系有着非凡优势，实体规则随案例积累而逐渐丰富，广受认可因而被反复援引的那些得以保留，其余则消亡于故纸堆中，由于不受成文典章的束缚，司法机器能够随其运行过程而自动按需创造新的实体规则以适应复杂多变的现实世界，而且可以为不同地区保留适应各自习俗和现实条件的实体规则，由此带来的灵活性、扩展性和自我修正能力，让它能在最大程度上将社会成员间的纠纷与冲突导向司法途径寻求解决。

财产权　高效的司法系统，以及对权力的宪法约束，让私人财产权在英格兰得到良好保障。在欧洲各国中，英格兰的土地权最早摆脱其与权力结构的关系，消除了地产权中的人格化政治属性，确立了其非人格化的法律属性，因而成为一种可自由流通的

---

① S.F.C. Milsom, *Historical Foundations of the Common Law*, 2nd Edition (Butterworth-Heinemann, 1981), ch.2.
② 这一点我在《群居的艺术》里有更详细的解释，见辉格：《群居的艺术》，山西人民出版社，2017，第 III.4 章。

商品;①和其他有着封建传统的社会不同,地产权在中世纪盛期的英格兰便已开始脱离家族或社区而成为明确的个人财产,这也为此后个人主义的兴起打下了经济基础。②

实际上,个人化和可流通性本身便是地产权得到可靠保障的证明。当产权缺乏司法保障时,人们便倾向于借助家族势力或政治权力来捍卫,而当产权需要主人凭自身实力亲身现场捍卫时,它是很难流通的,因为接手者很可能无力保住它,一经转手其价值便极可能大幅贬损,这也是为何宋明两代的中国小农户经常将土地投献到有权势的大户名下,换取更可靠的永佃权。③

英国在地产权保障上的优势也体现在其殖民历史中,尽管其殖民活动晚于西班牙和葡萄牙,但现代化的地产权制度让其能从本土吸引大量移民,在殖民地迅速建立起由殷实而独立的自耕农组成的稳固社会,而同时期西班牙、葡萄牙和法国的土地制度仍然是封建式的。英国的这一模式被移植到了美洲,形成一小群权贵垄断政治权力并拥有广大地产的寡头体制。④

规则创新 普通法体系良好的可扩展性在工业革命前后那个经济与社会的巨大变动期中发挥得淋漓尽致,18世纪后半叶英国的司法变革几乎打下了现代经济生活的全部法律基础,从合同

---

① Douglass C. North et al., *Violence and Social Orders* (Cambridge University Press, 2009), ch.3.
② Alan Macfarlane, *The Origins of English Individualism* (Cambridge University Press, 1979), ch.5, 6.
③ 有关产权保障与可流通性之间关系的更多分析,见辉格:《群居的艺术》,山西人民出版社,2017,第III.2章;有关土地投献,见赵冈、陈钟毅:《中国土地制度史》,新星出版社,2006,第7章。
④ 道格拉斯·诺斯:《经济史的结构与变迁》,时报文化,1995,第11章。

法、信托、公司、保险、破产，到侵权、雇佣、婚姻、遗嘱，还有至关重要的各类知识产权，众多法律元素由法官在案件审理中完成了改造，甚至被从头创造出来，其中许多是对私人商业活动中形成的习惯加以确认而将其吸纳进法律体系之中。①

当然，这些创新也离不开此时已非常牢固的法治环境，只有人们相信法律会普遍得到尊重和遵守、判决会被执行，他们才会信赖司法系统，将不断涌现的新型纠纷提交法庭来解决，从而推动规则创新；特别是像知识产权这种对无形物的权利，若没有社会成员的普遍尊重，没有执法机构的廉洁负责，单靠法官和立法者是不可能推行的，它们是对法治基础的最大考验，信托和契约同样如此。

个人主义　这是现代社会的核心特征，它意味着个人（在某些方面扩大到核心小家庭）独立谋求生计，作为利益主体自主做出各种生活决定，独自承担道德与法律责任。与之相对的是各种传统依附关系：部落主义、村社集体主义、家族义务、封建关系、行会、帮派等等。

早在16世纪（很可能更早），表征个人主义的众多社会特征在英格兰已经全面到位：不仅没有什么家族义务，连父母与成年子女间的相互义务也很少，资助与赡养全听个人意愿和显式契约，孩子十来岁便离家帮工学艺，自谋生计；没有包办婚姻，要结婚须先自立，结果是普遍晚婚和低结婚率；个人无论对家族或

---

① James Oldham, *English Common Law in the Age of Mansfield* (University of North Carolina Press, 2004).

乡土都很少依赖（无论是关系上还是情感上），无论城乡，人口流动性都极高，很少连续几代固守一地，因而多数社区的每代居民替换率都超过一半；基于现金的租赁和雇佣关系取代了依附性的劳役地租和主仆关系，家庭农场大量使用雇工而非由家人亲属充当主要劳力……①

这些特征中的许多都可往前追溯几个世纪。②英格兰在这方面之所以如此早熟，是因为其良好的司法系统对财产权和契约履行的可靠保障，这一保障让个人不必再依靠传统社会资源而获得安全感和确定性，如此才有了个人独立和资源流动性。③经历安茹朝的司法改革和金雀花朝的巩固之后，英格兰的地产权已极具流动性，劳役地租被货币地租全面取代，土地频繁转手，土地市场活跃兴旺，除了顶层之外，封建系统的依附性已荡然无存，已被金钱关系"腐蚀"为所谓的异态封建制。④

公民社会 常有人将个人主义等同于自私、冷漠、相互孤立、缺乏合作与组织，这是对个人主义的莫大误解，实际上，独立自主、直接承担责任的个体之间，更可能发展出有效而活跃的组织与合作，因为这些组织与合作是他们自愿选择或自主创建

---

① Alan Macfarlane, *The Origins of English Individualism* (Cambridge University Press, 1979), ch.3.
② 艾伦·麦克法兰（Alan Macfarlane）认为这些特征在 13 世纪已全部具备，不过其论证过程所援引的证据能够直接支持的，似乎只有 16 世纪的情况，更早的年代只有部分特征（例如人口流动性）能得到直接支持，其余只是间接推测。
③ 对这一点的详细论证，见辉格：《群居的艺术》，山西人民出版社，2017，第 III.5—6 章。
④ Douglass C. North et al., *Violence and Social Orders* (Cambridge University Press, 2009), ch.3; Wikipedia: Bastard feudalism.

的,不像部落、村社、家族等传统关系,是基于出身和身份而被动进入的。

自愿性意味着选择加入某一关系的各方已就共同利益、目标和原则达成了相当程度的共识,也有着起码的相互信任和足够的参与热情。同时,进入与退出的自由、兴衰成败的可能性,也让自愿组织经受着强度更高、节奏更快的自然选择压力,迫使它们在组织形式、议事规则、财务安排等制度与管理结构上变得更有效,其宗旨和活动内容也更能吸引成员与赞助者。

正因此,英格兰很早便有着兴旺的民间组织和结社活动,慈善机构在中世纪后期已遍布各地。① 16—17世纪,随着城市化推进和中产阶级壮大,城镇居民积极参与众多地方性社团、协会和俱乐部,其中许多活跃于酒馆、旅店、咖啡馆等消费场所,到启蒙时代,结社活动变得更为正式和制度化,并且从传统的慈善、宗教和行业性组织向基于共同兴趣爱好或事业追求的领域扩展,诸如文学、音乐、学术、园艺等等。② 在18世纪后期的改良运动中,社团和协会还成为人们推进社会变革和政治议题的载体。③

英国移民将其结社传统带到了美国并发展到了极致,托克维尔(Alexis de Tocqueville)对此赞叹不已,他很快领会到,广泛

---

① Miri Rubin, *Charity and Community in Medieval Cambridge* (Cambridge University Press, 2002), ch.7.
② Jonathan Barry, "Bourgeois Collectivism? Urban Association and the Middling Sort," Jonathan Barry & Christopher Brooks (eds.), *The Middling Sort of People* (Macmillan Education UK, 1994), ch.3.
③ John Garrard, *Democratisation in Britain* (Macmillan Education UK, 2002); M. J. D. Roberts, *Making English Morals* (Cambridge University Press, 2004).

多样、层次丰富的民间组织对一个自由社会有着根本的重要性，它们让民众有能力合作推动必要的变革，解决面临的社会问题，而又不必依赖政府。①

由民间组织自发分散、自下而上推动的变革，可在持续改良的同时保持系统的稳定与连续，那些效果良好的变革将吸引更多参与者和资助者从而得以壮大，这也正是卡尔·波普尔（Karl Popper）所称的零星社会工程（piecemeal social engineering）的妙处所在。②

开放等级　英格兰社会的阶层结构在16世纪便已表现出一系列与众不同的特征：（1）很高的阶层流动性，向上流动不存在系统性障碍，只要能积累足够财富，人人都有机会往上爬；（2）等级层次异常丰厚细密，构成一部平缓而开阔的阶梯，对于身处顶层之下任何梯级的个人，上一层都并非高不可攀；（3）庞大的中产阶级，其收入高出生存所需一个数量级，而处于生存线附近的赤贫者只占人口少数。

社会学家常把中产阶级壮大和工业化与城市化联系在一起，当然英格兰在这些方面也是先行者，但它的中产阶级早在工业化之前两个多世纪便已壮大，这一独特性的关键是农民状况的多样化，从完全无地的农业雇工到非常富裕的约曼自耕农，层次极为丰富，特别是约曼阶层，本身就涵盖极广，财富从几十镑到数千

---

① Alexis de Tocqueville, *Democracy in America* (Liberty Fund, 2010), Vol.II, Part. II, ch.5.
② Karl Popper, *The Open Society and Its Enemies* (Princeton University Press, 1971), ch.9.

镑不等。

中层丰厚的一个表现是公共事务的高参与率,对于新贵和新兴中产阶级,收入只是其地位提升的一个条件,社会参与机会才是其地位确立的明证。积极参与和个人生计没有直接关系的社会事务,表达政治诉求,展示道德立场,不甘居于社会/政治进程的被动接受者地位,是他们区别于为生计所困的底层大众的鲜明特征,假如一个人的意见是无人理睬的,影响是微不足道的,命运是只能听人摆布的,就不可能被视为一个体面人。

在英格兰,从12世纪起,每个声誉良好的自由人都有机会列席陪审团,对邻人的案件做出裁决,从13世纪后期起,任何持有年租金两镑以上自由保有地产的人(多数约曼自耕农都符合这一条件)和任何自治市的自由市民(burgess)都拥有下院议员的选举权。在地方自治传统下,市民和殷实自耕农有更多机会参与他们更熟悉、与切身利益更相关的地方事务:市民都有自己的行会,最富裕的那些则能进入市议会乃至担任市长,富裕自耕农常被委任警长(constable)和镇长(reeve),乡绅可担任太平绅士(Justice of the Peace),骑士则有机会当选议员。到近代早期,随着公民社会的发育,以及向上流动的加速,参与热情和机会更急速扩张,大致上,参与程度总是和经济地位相对称。

理性化 现代社会一个容易察觉的特征是理性的全面运用,人们用理性的目光审视私人与公共生活的方方面面,并努力加以合理化。在操作层面,这表现为度量、记录、数据收集整理、统计、计算、分析与测试的全面运用,命名、分类与计量系统的定型和统一,语言的精确化,等等;而在更高层次上,则是组织与制度的正式化和程序的规范化，以及规则体系的一致性和完整性。

理性化发端于启蒙运动，而后者则是由科学革命所催生，和轴心时代的启蒙一样，这一变革浪潮的掀起并不是因为人类的理性能力突然大幅提升了，而是因为传播条件与分工模式发生革命性改变，高效而廉价的通信与出版手段让大批专注于特定领域的人能够在他人已经建立的观念、事实和方法基础上继续推进思考或解决特定问题，而不像以往那样各自闭门造车，每每从粗陋的起点开始再起炉灶。

理性化过程产生了众多改进，但也不幸地导致对人类理性的过度自信，即一种理性主义的倾向，认为未经人类理性考察、理解和验证的方法、原则、习惯和传统，都是没有价值因而不值得保留的，都需要被经由理性设计的东西所取代。这种想法当然是错误的，人类在不理解眼睛工作原理的情况下用它生存了数百万年，这丝毫无损于眼睛带给我们的巨大好处，人类同样不必理解一种技术、习惯、禁忌、习俗、制度和道德原则是通过何种机制起作用的，同时享用其功效，因为不能理解或论证而抛弃漫长进化史所积累的遗产，无论是生物的还是文化的，显然都是很不理性的。

英美之外的社会在现代化过程中特别容易受理性主义诱惑，这是因为在令人眩目的现代事物的冲击之下，他们的传统显得太破烂不堪且格格不入了，而在英国这一现代社会发源地（以及继承了其传统的整个英语世界），前述种种现代元素皆深深扎根于其古老传统之中，因而现代化所带来的欣喜和对传统的珍爱完全可以并行不悖，英国绅士既以其冷静理性而著称，也同样以对古老传统的执着而闻名。

奇特的帝国

这个诞生于英伦一隅的文化结构，能够在短短几代人的时间内迅速传遍整个世界，自然离不开大英帝国的强大实力，在其巅峰期，英帝国覆盖的国土面积和人口都接近世界的1/4，其无比强大的海军为全球贸易确立了规范，众多殖民地的土著精英皆以英国绅士为效仿对象，国教会的传教活动也积极而富有成效，其输出的移民在加拿大和澳大利亚更占据了人口多数，这些都有力推动了其文化输出。

然而，这些并不能解释全部，许多不受英帝国统治，甚至不在其势力范围之内的社会，其精英同样热情追随英国文化。例如19世纪中后期的墨西哥，大批上层家庭将孩子送到英国公学接受教育，他们回国后构成了精英阶层的主导力量，特别是在外交、金融、地产和体育等圈子内，以致美国外交官惊讶地发现他们的墨西哥同行说的是纯正的英式英语，这批英国制造的绅士在1876—1910年间波费里奥·迪亚斯（Porfirio Díaz）执政期的自由化改革中起了关键作用，类似情况也出现于其他拉美国家。[①]

实际上，维多利亚时代的文化传播很少能归因于帝国强权。

[①] Víctor M. Macías-González, "Learning the rules of the game: informal empire and the Mexican experience at Stonyhurst College, 1805–1920," Martin Hewitt (ed.), *The Victorian World* (Routledge, 2012), ch.39.

和以往旧帝国不同,英帝国并没有征服和统治世界的野心,尽管它拥有雄厚牢固的财政实力和无比强大的海军,也毫不犹豫地使用军事手段推行其国际政策,但它的殖民扩张和武力运用主要出于商业利益的考虑:控制重要的商品产区和贸易据点,保护重要商路,推行有利于其工商业活动的司法规范、国际法规则和条约体系,而不是像旧帝国那样,旨在开疆拓土,迫使四邻称臣纳贡、改帜易服。

这一差别源于英国自身的权力结构,用亚当·斯密的话说,此时的英国已是一个"由店主统治的国家"[①],国会议员们要么自己就是生意人,要么代表选区中的生意人,即便是上院贵族,也将越来越多资产投入日益兴旺的工商业中,他们没有动机像希腊城邦和罗马帝国那样为不断增殖的人口开拓新领地,也不会支持好大喜功的君主展开没有商业价值的征服行动,正如孟德斯鸠(Montesquieu)所见:"在其他国家,商业利益屈从于政治利益,唯有在英国,政治利益服务于商业利益。"[②]

不仅对征服世界没兴趣,不谋求四邻臣服,英国甚至无意于建立在欧洲的霸权。从1822年的维罗纳会议(Congress of Verona)到19世纪末,也正是英帝国相对实力最强大的时期,它在欧洲事务上却长期奉行"光荣孤立"(splendid isolation)政策,即不干预各国内部事务,不做欧洲警察,不参与联盟,尊重现有

---

① 语出《国富论》第4卷第7章,该书通行版本中的表述为 a nation whose government is influenced by shopkeepers,但在1776年的初版中,则是更直截了当的 a nation that is governed by shopkeepers,见 Wikipedia: Nation of shopkeepers。
② Alan Macfarlane, *The Riddle of the Modern World* (Palgrave Macmillan, 2002), ch.4.

条约，寻求势力均衡。简单说，只要不出现第二个拿破仑，不危及自身重大利益，英国宁愿置身事外。①

该时期英国在欧洲的唯一一次重大干预是克里米亚战争（1853—1856年），是因为担心俄国向巴尔干和地中海的快速扩张会打破欧洲的势力均衡，而奥斯曼帝国的过快崩溃会危及英国在东地中海、近东和中亚的利益。这一动机的有限性对照第10次俄土战争（1877—1878年）可以看得更清楚，这次俄国在动手前通过分赃协议小心翼翼征得了奥地利的默许，而且其主要目标指向巴尔干而非土耳其本土，所以英国无意介入，直到1878年初俄军向君士坦丁堡挺进时，才派出一支舰队加以遏制，最终迫使俄国接受和议，而英国则顺手取得了塞浦路斯。

英国长期奉行光荣孤立政策这一事实，也挑战了有关不列颠治世（Pax Britannica）的流行观点。从拿破仑战争结束到"一战"爆发这一个世纪欧洲确实相对和平，但这并不是英帝国霸权所维持的和平，因为英国霸权仅限于海上，在欧洲大陆这块传统的是非之地，它既未建立霸权，也无意充当警察，那时也没有任何类似国联、联合国安理会或北约的和平维持机制。

事实上，在这百年中列强之间发生了许多次战争，包括普鲁士与丹麦间的两次石勒苏益格战争（1848—1851年、1864年）、普奥战争（1866年）、普法战争（1870年）、美西战争（1898年），还有三次意大利独立战争（1848—1849年、1859—1861年、1866—1870年）和三次俄土战争（1828—1829年、1853—1856年、1877—1878

---

① Wikipedia: Splendid isolation; Congress of Verona.

年），除了克里米亚，英国都未加干预；在此期间还发生了横扫欧洲的1848年革命风潮，强烈冲击了欧洲旧秩序，英国也没有插手。

全球化

实际上，推动英帝国在19世纪大幅扩张的基本动力，是其上层精英努力将英国的市场与产业体系推广延伸至全球的强烈动机，因为从工业革命中源源涌出的技术与商业创新需要一个更大的市场来实现其价值最大化，这和最近一轮全球化中拥有优势技术和商业模式的跨国公司努力进入更多国家，开拓尽可能多的市场，有着同样动机。

要实现这样的开拓，目标社会必须具备某些基本条件：（至少是英国商人及其当地生意伙伴的）人身与财产安全得到保障，货物和资本不会被随意没收，契约会得到履行，债务不会随便赖掉，生意人无须时刻担心被敲诈勒索，关税和其他贸易壁垒足够低且透明……当跨国商业活动从商品贸易扩展到投资领域时，对制度环境的要求变得更高，铁路、轮船和工厂的投资会在当地形成大量不可移动资产，投资回报期可能长达数十年，若缺乏制度保障，他们在面临敲诈勒索、侵夺没收的威胁时将尤其脆弱无助。

如历史学家约翰·加拉格尔（John Gallager）所指出的，大英第二帝国[①]海外政策的核心关切，是如何让英国商人和资本所

---

① 大英第二帝国（Second British Empire）是指1783年美国独立战争结束之后的大英帝国，在此期间，帝国在大洋洲、印度次大陆、东南亚和非洲实现了巨大扩张。

流向的社会满足上述条件，为此英国政府遵循这样一条政策路线：假如当地政府是亲自由市场的，并且有能力维持起码的制度条件，那么重点就是与之签订贸易协定，谋求尽可能优惠的关税和准入条件，必要时给予财政和军事援助，19世纪后半期英国资本在拉美的扩张便以此方式展开；假如一个市场足够诱人而当地政府不愿开放贸易，则利用各种机会施压，迫使其开放，必要时使用武力（如果成本合理的话），例如在泰国和中国；假如当地政府愿意开放贸易，但其司法系统不足以保障商人与资本的安全，那就谋求治外法权和租界安全岛；假如当地自由贸易受阻于另一个强权，则设法打破其地区霸权，例如荷兰对南洋贸易的垄断；假如这是块可能被其他强国觊觎的肥肉，那就设法将其置于保护国地位，例如在中东和东非；假如当地有着极好商业机会也已投下了大量英国资本，却面临着陷入动荡和内战的危险，那就只好直接统治，例如在印度和南非，还有埃及（埃及的情况混合了上述多种因素，它当时面临内乱风险，不负责任的财政政策可能让英国的国债投资者蒙受重大损失，而苏伊士运河的战略价值可能诱使法国抢先出手）。[1]

由此可见，武力征服一个社会并实施直接统治，只是英帝国推动市场体系扩张的最终手段，只有在穷尽上述种种可能性却仍不如意，而目标市场又足够有价值时，才会使用。这是基于成本收益算计的结果，因为征服和统治都是高成本的，除非不得已尽

---

[1] John Gallagher, *The Decline, Revival and Fall of the British Empire* (Cambridge University Press, 2000), ch.1，这段文字是我对作者理论的个人解读，并有所发挥，并非对其原文的忠实复述。

量避免。所以在英帝国建立的全球市场秩序所覆盖的地区中，只有少数被纳入了帝国版图，其余部分被史家称为"非正式帝国"（informal empire），后者的重要性从几个数字可以看出：整个19世纪英国对殖民地的出口仅占其出口总额的1/3或更低；1880年时其12亿镑对外债权中，5/6以上借给了帝国以外的债务人；1913年时40亿镑海外投资存量中，一半以上投于帝国之外。①

即便迫不得已实施统治时，英国人也总是将自己的任务约束在最低限度，尽可能维持并利用原有的权力结构（除了将自己置于顶层），也尽量保留当地的文化、宗教、习俗和习惯法，避免推动社会改革（两个显著的例外是废奴和禁止烧寡妇）。选择这么做，既是因为他们本身就来自有着深厚地方自治传统的社会，而普通法对地方习俗的包容性也使得激进变革显得没有必要，同时也是因为他们手头用于统治的资源极为有限，伦敦当局（特别是财政部）对殖民事业非常消极被动，在花钱用于领地扩张和治理上更是万般不情愿。所以，尽管英帝国有着空前辽阔的领地，无与伦比的生态、经济和文化多样性，治理它的却只是一小群牛津、剑桥毕业生。以英属印度为例，它覆盖了当今印度、巴基斯坦、孟加拉和缅甸，还照管着帝国在中东、阿富汗和波斯的利益，甚至还要处理东非和太平洋的事务，但组成其政府的却只有不足一千名文官和数百名警察。②

然而，正是这种克制而保守的策略，反倒强化了维多利亚秩

---

① John Gallagher, *The Decline, Revival and Fall of the British Empire* (Cambridge University Press, 2000), ch.1.
② John Darwin, *Unfinished Empire* (Bloomsbury Press, 2013), ch.7.

序的扩张力，因为这种策略会为他们赢得当地权贵和精英的支持与配合，从而实现新秩序与旧体制的顺利对接。英国霸权所及之处，被打击、消灭或驯服的，通常都是高度压制性甚至掠夺性的旧帝国或地区霸主，这些顶级猎食者被掐掉之后，当地次级政权（例如印度的数百个土邦）的处境往往大幅改善，因为他们免除了向霸主的纳贡和战争开支（这通常是传统政权的最大负担），同时很大程度上保留了原有权益，而且市场秩序带来的经济增长将提升其税赋收入和地产价值。

一个突出的例子是海得拉巴，它原本是莫卧儿的附庸国，莫卧儿衰弱后又备受马拉塔（Maratha）帝国的攻击，被迫向其称臣纳贡，直到英国人消灭马拉塔，才得享安宁，此后又搭上帝国的工业化快车，经济发展虎虎有声，其末代王公阿萨夫·贾赫七世（Asaf Jah VII）竟然在1937年被《时代》（Times）周刊列为世界首富，据《福布斯》（Forbes）估计其净资产以2010年币值计高达2100亿美元。[①]

不仅旧权贵，多数中上层精英都会因市场化和工业化带来的大量新机会而获益（至少在经济发展导致的社会变迁达到足以冲击旧权力结构的程度之前），因为无论是让子女接受新式教育，还是为自己的生意引入新技术，或充当外来资本的中介人，或参与筹集新产业的启动资本，或通过地租、债券和股权而分享增长红利，他们都比中下阶层更有优势，所以很自然会成为新秩序的拥护者。

---

① Laurie Werner, "All Around India," *Forbes*, 9/10/2011.

首先赢得上层支持之所以极为重要，是因为这可以将当地社会原有的价值阶梯直接接入现代体系，从而让现代价值通过传统的效仿机制（见第13章）层层向下渗透，由此逐渐完成现代化。相反，假如首先吸引的是中下层，那么上层权贵就会将下层的转变视为对其权威的蔑视和挑战，对其所代表价值传统的背叛，是一种制造混乱的离心力量，因而会全力加以阻止。

1858年英国政府解散东印度公司而对印度实施正式治理后，仔细厘定了数百个大小土邦君主的头衔、权益和相对地位，并将由此排定的等级阶梯接入帝国阶序之中。有两项举措生动体现了这一意图：这些君主依地位高低而被封授不同等级的骑士荣衔，其中120个较大土邦依其重要性和对帝国的忠诚与效力程度而被授予不同的礼炮待遇，从最高的21响（21-gun salute）到19响、17响、15响、13响、11响和9响，其余400多个小邦则与礼炮无缘，而居于阶梯顶部的女王的礼炮待遇是101响（代表她的总督是31响）。①

对上层的笼络羁縻，稳定了当地的权力结构，但文化渗透的重点却落在阶梯中部，在市场秩序扩张所及的每个传统社会，都催生了一个新兴中产阶级，他们的上升途径或是参与现代部门，或是接受现代教育，而这两者都是殖民者所带来的，因而他们是帝国的天然盟友，他们说英语，读英文报纸，穿西服，效仿英国绅士的举止谈吐，把孩子送进英国公学，创办英式报刊、社团和学校，推进西化改革，用托马斯·麦考莱（Thomas Macaulay）

---

① Margrit Pernau, "India in the Victorian Age: Victorian India?" Martin Hewitt (ed.), *The Victorian World* (Routledge, 2012), ch.36. Wikipedia: Princely state#Precedence and prestige; Salute state.

的话说，他们已成为棕色英国人（Brown Englishmen）。[1]

尴尬的效仿者

英国的成就自然吸引了众多国家的效仿，然而成效却千差万别，成功完成转型者只是少数，许多国家在旧秩序崩溃后陷入长期动荡和惨烈内战之中，或跌宕徘徊于几条相互悖逆的路线之间。从1848年欧洲革命浪潮到第二次世界大战这一个世纪，世界不幸沦为各种社会蓝图和"药方"的试验场，革命频仍，主义横飞。不过，混乱归混乱，直到"一战"之前，各国各派追求的目标却多少是一致的：让自己的国家变得更像英国或美国。

对于传统社会的人们，如潮水般涌来的现代事物实在令人眼花缭乱，不知从何处下手。相较而言，器物层面的传播是最容易发生的，特别是武器、工具和日用品，其价值无须解释即可被众人领会，而当对这些器物的需求形成规模后，便会有人尝试在本地生产，于是开始逐步依次认识到技术、知识、工艺、企业组织、产业生态、教育体系和法律制度的价值。

随着现代部门的发育壮大，传统体制的局限一个个暴露出来，促使人们反思并努力寻找答案：为何我们找不到合格的技工、工程师和经理而只能高价聘用外国人？为何我们的企业效率低下，产品质量低劣？为何这里的贷款利率会这么高？为何在这

---

[1] Niall Ferguson, *Empire* (Penguin Group, 2003), ch.4; Margrit Pernau, "India in the Victorian Age: Victorian India?" Martin Hewitt (ed.), *The Victorian World* (Routledge, 2012).

里契约如同废纸，无法靠它来运营生意或建立组织？为何这里的公共和私人生活中总是充斥着腐败、阴谋、内斗和欺诈，让一项又一项事业最终化为泡影？为何这里的人们没有荣誉感，缺乏尊严和道德自律，对"不能当饭吃"的事情普遍缺乏热情和专注？为何人们早已同意某些权利和自由有着根本重要性，也早已将其写入法律，却仍然无法让它们得到保障？为何我们已如此忠实诚恳地几乎照抄照搬了美国宪法及其政府架构，却从未能将其变成现实？

假如我们对照上述问题浮现的顺序，以及本章第一节所罗列的现代体系诸元素的发展历史及由该体系催生的工业革命和市场全球化进程，便不难发现，两者的顺序恰好相反。若将现代体系比作一棵树，那么法治与宪政是其根，它们深深扎在英格兰的古老文化土壤之中，诺曼封建制、独立于王权的教会、单偶制婚姻和西北欧婚育模式等传统构成了这片土壤的最初培养基，而普通法实体规则以及由它们所确立的诸项自由与权利、丰满而开放的等级结构、代议制、地方自治和稳固的财政体制则是长出地面的树干，教育、科学、社团和公民社会构成其繁枝茂叶，宗教改革、文艺复兴、科学革命、启蒙运动和工业革命是盛开的鲜花，物质繁荣和精神成就则是最终结出的果实。

所以，在现代体系的发源地，人们（至少那些熟知历史的人）看到的是一组古老传统的有机生长，然而在盎格鲁世界之外的人们的认识中，上述过程被颠倒了过来：他们首先品尝到果实的甜美，然后才慢慢意识到结果之前的一轮轮鲜花盛开期，继续探索之后发现了承载和滋养花果的枝叶，接着顺藤摸瓜找到了支撑整个结构的树干和大分枝，最后才窥探到其根系和土壤。

正是这一颠倒让效仿者陷于十分尴尬的境地，随着认识的逐步深入，他们屡屡发现自己原本以为的忠实效仿其实根本没有抓住要点，而且随着因果链的延伸，有关"更深一层的要点究竟是什么"的意见变得纷纭不一，追问和探索越是深入，对之感兴趣的人就越少，能够达成的共识就更少，像托克维尔那样能够洞察深层制度与文化根源的人，可谓凤毛麟角，甚至那些成长于盎格鲁传统的人，例如以麦考莱为代表的自由派历史学家，也常常对其热情赞美的自由源自何处懵然无知。

认识上的障碍还是次要的，更大的障碍是文化与制度进化的路径依赖，即便一个社会的精英对现代体系的进化史有着充分理解和共识，他们也不可能将自己的社会一键重置到1066年的英格兰或墨洛温朝的封建状态，然后重演此后的整部历史，即便这是可能的，它也会在完成重演之前就被正在迅速变化的外部世界冲垮并消灭，那么，又该从何处着手呢？更何况，以人类社会之复杂混沌，利益关系之盘根错节，任何改革事业都不可能沿着预定轨道滑向目标状态。

唯一靠得住的出路，是为有机生长创造条件，让社会接入英帝国主导的全球秩序，让文化渗透和制度扩张顺利发生。然而这条出路面临着一个核心困难：它要求该社会的精英甘愿接受其自身所代表文化在新秩序中的从属地位，并且作为追随与效仿者，甘居于全球等级阶梯上最高不超过21响礼炮的受限地位；接受这一点并不容易，特别是对于那些文明古国的精英。

不过幸运的是，人类根深蒂固的势利倾向（至少在某些时候）

可以帮助他们克服心理障碍。他们或许不关心宪政与法治的要义,却很容易明白铁甲炮舰的威力,他们也可能不懂得自由市场的价值,却不会对财富榜上的排名无动于衷,所以只要英帝国仍然维持着霸权和推行市场秩序的意愿,仍在创造着惊人的财富,展示着无敌的军事力量,那么,基于人类数千年来早已习惯的声望机制(见第13章),这些社会的精英就会被吸引到正确轨道上,即便偶尔有所偏离也会被压倒性的外力强行矫正。

问题是,这一外部条件能存在多久?

IV 转向

16　人口转型

大约从19世纪70年代开始，在率先工业化的西欧各国，生育率开始下滑，除了两次大战后的反弹期之外，这一下滑过程延续至今，到20世纪70年代，它们的总和生育率都已降至替代水平之下；①较晚工业化的国家也重复了这一过程，而且转变更为猛烈，特别是在东亚和东南欧，生育率已远远低于替代水平，在韩国、新加坡和中国台湾已跌到1.0左右；近几十年来，这一趋势也蔓延到亚非拉不发达地区，带动全球生育率降至目前的2.4。②

放在整个生物史中看，当今富裕社会的生育模式显得极为奇特，甚至难以理解；在乐观的评论者看来，人类终于开始逃离马尔萨斯陷阱，让最低阶层也能分享经济增长带来的生活改善，而在此之前，无论生产率如何提高，最低阶层的实际收入水平总是处于生存线附近；对于环保主义者，这当然更是件大好事，人类自愿灭绝运动（VHEMT）貌似无须大力提倡便可自动实现了。

然而，人口转型还引出了另一些意义更为深远的后果，它彻底改变了本书前三部分所描绘的整个进化模式，将其中几个关键的选择机制颠倒了过来。

---

① 本章所引生育率数据除非特别说明皆指总和生育率（TFR），具体数值是我能找到的最新统计值，大多是2018年或稍早几年的。
② Wikipedia: List of sovereign states and dependencies by total fertility rate.

少生的理由

人们已提出许多因素来解释生育率的下降,其中有些具有普遍性,另一些则仅作用于特定时代的特定社会,这里仅做一个简单梳理,看看哪些变化和本书的主题更为相关。

死亡率下降 这是最容易理解的原因,因为低死亡率意味着较低生育数即可达到和以前一样的后代数量,而对于个体决策者,假如对后代数量的偏好不变,就会减少生育次数。

前现代社会,15岁前的死亡率为30%~50%(西北欧处于这一范围的下限,但这一优势被晚婚抵消了),所以大体上,将近一半人在结婚生育之前就死了,再加上小部分不婚不育者,一对夫妻要留下2个后代至少就得生4个,相比之下,在当代富裕社会,15岁前的死亡率仅为0.5%,每位妇女平均只需生2.075个便可留下2个后代。[1]

这么算起来,人口转型中的生育率下降大约有一半可直接归因于死亡率下降,而且这一改变从长期看只影响人口年龄结构,而不会拉低总人口规模。

得益于社会的和平化、经济增长带来的营养改善和日常卫生习惯的改进,英格兰的死亡率在18世纪便已开始下降,但婴儿和儿童死亡率却直到19世纪后期才开始显著下降,这是因为婴儿和

---

[1] OWID: Child & Infant Mortality; Lynda Payne, "Health in England (16th–18th c.)," in *Children and Youth in History*, Item#166.

儿童对传染病尤为敏感，而多数传染病是在公众对微生物传播和致病性的认识广泛建立之后才开始得到控制。19世纪40年代开始的公共卫生改良、疫苗接种的推广、含氯消毒水的运用、医护人员（特别是助产士）洗手消毒习惯的确立，都起了重要作用。下一个转折点是20世纪30年代起抗生素的全面普及，它最终将死亡率下降浪潮推及贫穷地区。①

避孕工具　方便而安全的避孕手段可让实际生育数更接近生育意愿，实际上，避孕措施的缺乏可能将英国的人口转型推迟了数十年。维多利亚时代恰好是个文化趋于保守严肃的阶段，避孕（和其他任何性活动一样）是人们竭力避免谈论的话题，这一禁忌后来因一些自由派评论家在报刊上大肆讨论此事——特别是在布拉德洛夫—贝桑特案（Bradlaugh–Besant trial）②的审理过程中——而打破。"二战"后印度政府推行鼓励节育政策时，社工们也遇到类似的文化阻力。③

不过，避孕工具的缺乏充其量只是稍稍推迟了生育率下降，只要节制生育的意愿足够强烈，人们总是能找出办法，例如法国的人口转型比其他发达国家早了约80年（这一独特现象迄今还没

---

① John C. Caldwell, *Demographic Transition Theory* (Springer, 2006), ch.8.
② 查尔斯·布拉德洛夫（Charles Bradlaugh）和安妮·贝桑特（Annie Besant）1877年因重印和散发查尔斯·诺尔敦（Charles Knowlton）讲解避孕方法的小册子而受审，罪名是违反《1857年淫秽出版物法》（Obscene Publications Act of 1857）。此案审理过程引发了英国社会对避孕问题广泛而热烈的讨论，也让两位被告成为英国家喻户晓的节育活动家，并促成了布拉德洛夫于四年后当选下院议员。此案也因此被一些社会学家视为英国人生育观念演变的一大转折点。
③ John C. Caldwell, *Demographic Transition Theory* (Springer, 2006), ch.9; Wikipedia: Charles Bradlaugh#Activism and journalism.

有令人满意的解释），他们的主要避孕手段是中断性交，而在世界其他地区，溺婴可能是更普遍的替代措施。[1]

人口密度　节制生育还是对高人口密度的一种反应，许多动物都会在群体密度升高到一定程度时减少生育，例如狮尾猕猴（lion-tailed macaque）。[2]这是因为，假如个体预期未来子女将面临一个资源匮乏、竞争激烈的环境，便可能更偏向少生精养的K策略，而对于人类，精养的主要方式便是帮助其建立社会地位。

虽然在现代工业社会的生产与运输条件下，局部人口密度已不是资源匮乏和竞争强度的可靠预测指标，极高人口密度的都市依靠现代物流系统仍可享受充裕的物资供给，但人类的认知系统不是在工业社会的环境中塑造的。事实也表明，人口密度与生育率呈显著的负相关，同一国家中，农村生育率总是高于城市，而城市郊区总是高于中心城区；[3]处于拓荒前线的殖民社区，生育率往往接近生理极限，移居北美和澳大利亚的早期英国殖民者，很快抛弃了其来源地的西北欧生育模式，适龄女性结婚率近百分之百，女性初婚年龄下降了6岁。[4]

---

[1]　John C. Caldwell, *Demographic Transition Theory* (Springer, 2006), ch.9.

[2]　Ajith Kumar, "Birth rate and survival in relation to group size in the lion-tailed macaque, *Macaca silenus*," *Primates*, January 1995, Volume 36, Issue 1, pp.1–9.

[3]　Wolfgang Lutz et al., "Population Density is a Key Factor in Declining Human Fertility," *Population and Environment*, November 2006, Volume 28, Issue 2, pp.69–81; Yasuhiro Sato, "Economic geography, fertility and migration," *Journal of Urban Economics*, Volume 61, Issue 2, March 2007, pp.372–387.

[4]　John C. Caldwell, *Demographic Transition Theory* (Springer, 2006), ch.9; 斯坦利·L.恩格尔曼、罗伯特·E.高尔曼主编：《剑桥美国经济史·第1卷》，中国人民大学出版社，2008，第4章第3节。

城市化　影响生育的并非实际人口密度，而是个人对密度的感知，而个人能够直观感知的，是其日常活动范围内的可见密度，所以当一国的人口向城市聚集时，即便总平均密度不变，生育率也会下降，这正是城市化进程带来的结果之一。人口越是向少数中心大都市聚集，生育率下降越是猛烈，例如韩国，其一半人口聚集在首尔都市区，而生育率已降至0.98。[1]

住宅类型　影响密度感知的更直接因素是住宅类型，是单户独栋房屋，或联排屋，还是公寓？这些类型之间的关键区别不是室内面积，而是居住者与邻居之间的距离。一份针对芬兰育龄妇女的历时性研究发现，住独栋房屋的生育率最高，联排其次，公寓最低，这一关系即便在控制了其他因素后仍然十分显著，更能说明问题的是，那些从公寓搬入联排或从联排搬入独栋住宅的妇女，搬家后初次或再次怀孕的概率大幅提升。[2]

童工禁限　如加里·贝克尔（Gary Becker）所指出的，和其他个人选择一样，生育决定背后同样有着成本收益权衡，例如，孩子抚养成本的加重会降低生育意愿。[3]当代各国政府和主流文化对童工的禁限，使得劳工阶层的孩子成为其父母更难承受的负担，这是推动生育率转折的一大动力，例证之一是英格兰产煤区的生育率下降比其他地区滞后许多年，因为煤矿广泛使用童

---

[1] Wikipedia: Seoul; Demographics of South Korea.
[2] Hill Kulu & Andres Vikat, "Fertility differences by housing type: The effect of housing conditions or of selective moves?" *Demographic Research*, 17（26）, April 2007.
[3] Gary S. Becker, *A Treatise on the Family*, Enlarged Edition (Harvard University Press, 1993), ch.5.

工,[1]而这可能是因为儿童的身材能让他们更方便将煤筐从狭窄坑道里拖出来。[2]

童工问题可能也在城市与农村的生育率差异中起了部分作用,因为无论法律还是道德规范,都不反对农村孩子在自家农场上干活,受限制的主要是城市劳工阶层。

学校教育 加重抚养负担的另一个因素是教育,全日制学校教育不仅给家长们施加了学费、书本、文具等与教育直接相关的成本,也进一步消除了孩子的劳动力价值:除了不能受雇打工,也不再能经常地在自家农场、作坊或店铺里帮忙,或帮助照顾弟妹,或承担家务,所以义务制教育的广泛推行是推动19世纪后期生育率转折的另一大动力,也是"二战"后发展中国家人口转型中的关键因素。

从长期看,教育年限拉长、负担加重,主要还是个体对劳动市场需求变化做出反应的结果,产业革命提高了对知识与技能的需求和报酬,于是父母们发现子女教育作为一种亲代投资变得更合算,国家强制推行义务教育只是提前和加速了这一过程。这一点从高等教育可以看出:它从未成为法定义务,而且往往所费不赀,但近几十年入学率一直在上升。

而且高等教育不仅加重父母的养育负担从而削弱其生育意愿,也推迟了孩子本身的婚育年龄,因而对生育率有着双重负面效果。

女性就业 虽然和其他动物相比,人类雄性在后代抚养上已

---

[1] John C. Caldwell, *Demographic Transition Theory* (Springer, 2006), ch.9.
[2] 罗杰·奥斯本:《钢铁、蒸汽与资本》,电子工业出版社,2016,第2章。

十分投入，但直接照顾的任务仍主要由女性承担，这一点在所有文化和社会形态中都向来如此，更不用说男性无法代劳的怀孕和哺乳，所以女性在外出工作和生养孩子之间存在天然的冲突。相比传统的采集和农耕劳动，现代工厂和办公室的组织与作息模式更加剧了这一冲突，正因此，女性劳动市场参与率的提高总是伴随着生育率下降。

一个突出的例子是爱尔兰，该国的人口史在西欧各国中显得十分独特，其生育率在1932年时已降至2.43，但此后一路回升到1964年的4.07；20世纪70年代初，刚刚经历了性解放运动的西方各国，生育率已普遍跌破替代水平，但爱尔兰却仍接近4，直到70年代中期才开始显著下滑，到1992年跌破2，比其他欧美国家晚了20年左右。①

导致爱尔兰出现持续40年的生育高涨期的一个原因可能是高移民输出率使得其人口规模长期保持稳定甚至有所下降，但更重要的原因是，爱尔兰在独立后于1925—1935年间制定了一系列法律限制已婚女性就业，②结果是其女性劳动参与率长期被压制在极低水平：1951年已婚妇女就业率仅为4.7%，比1926年还低一个百分点；1961年为5.2%。直到20世纪70至90年代间，上述法律限制逐渐被解除，已婚妇女就业率才开始显著上升，但1981年时

---

① Wikipedia: Demographics of the Republic of Ireland.
② Ashling Sheehan et al., "Changing role of women in the Irish society: an overview of the female consumer," *The Irish Journal of Management*, Volume 36, Issue 3, pp.162–171, 2017.

仍只有16.7%,[1]而英国在1975年时该数字已超过50%（其中有孩子者48%，无孩子者69%）。[2]

战争与危机　　大萧条期间发达国家的生育率皆大幅下跌,[3]以美国为例，1936年的谷底值2.15远远低于1920年的3.2和1957年的战后峰值3.77。[4]虽然这一下跌只是短期的，但它揭示了人类的生育决定确实会受资源条件的显著影响，类似的影响也可源自饥荒、战争和社会动荡，对于个体，它们都预示着未来的资源紧张和生存条件不可靠。[5]

有意思的是，战争只有在影响日常生活时才会在中短期内拉低生育率，那种绵延日久、不造成社会动荡、不打乱生活的低烈度战争，反而会抬高生育率,[6]例如以色列，有着当今发达国家中最高的生育率（3.11）。[7]这表明，战争对生育率的负面影响是通过改变人们对未来资源条件的预期而间接发生的，一旦该预期被事实所否定并纠正，影响便消除了，同时，战争还有着提高死亡率预期的效果（这一预期是难以被个体经验所修正的），而我们

---

[1] Tony Fahey, "Measuring the Female Labour Supply," *The Economic and Social Review*, Vol.21, No.2, January 1910, pp.163-191.
[2] Barra Roantree & Kartik Vira, "The rise and rise of women's employment in the UK," IFS Briefing Note BN234, 27 Apr 2018, The Institute for Fiscal Studies.
[3] Chiara L. Comolli, "The Fertility Response to the Great Recession in Europe and the United States: Structural Economic Conditions and Perceived Economic Uncertainty," *Demographic Research*, 36 (51), pp.1549-1600, 12 May 2017.
[4] Wikipedia: Demography of the United States.
[5] Kenneth Hill, *War, Humanitarian Crises, Population Displacement, and Fertility* (The National Academies Press, 2004), ch.6, 7, 9.
[6] 同上，第8、9章。
[7] Wikipedia: Demographics of Israel.

已经知道，高死亡率预期会抬高生育意愿。

对于获胜一方，战争或许还会以另一个理由鼓励生育：胜利让个体产生本群体即将夺取新领地的预期，那意味着更充裕的资源条件，尽管现代战争未必伴随领地扩张，即便有扩张通常也不会惠及战胜国居民，但在塑造人类心理机制的狩猎采集时代和前国家农耕时代，这一预期却是相当可靠的，那时的战争常伴随着人口替代（见第7章），即使在国家产生之后，伴随战争的人口替代也时常发生，并至少惠及一部分战胜国居民。

比较"二战"后各发达国家的人口史，很容易看出战胜国与战败国之间的差异：20世纪五六十年代的所谓战后婴儿潮，其实主要限于战胜国，法国的战后生育率峰值高达3.04，这是它此前半个多世纪从未达到过的高峰，英国的战后峰值2.95也达到了1910年的水平，美国则反弹至3.77，相当于19世纪90年代的水平，澳大利亚情况类似，相比之下，德国仅反弹至2.54，远远低于其"一战"前的水平，而意大利则几乎不存在战后生育高峰。

向上流动　近代以来，特别是工业革命后，技能与知识型劳动市场迅猛扩张，同时向上流动的通道也大幅拓宽（见第14章），导致大批下层人口向中上层移动，原本金字塔形的阶层结构向中层丰厚的橄榄形转变。中产阶级向来就更偏向于少生精养的K策略，而新晋中产更是如此；产业革命提高了对知识技能的报酬，因而让重视教育的精养策略变得更有利，新晋者本身往往就是这一策略的受益者，所以很自然会将其运用在子女身上。

这一效应可从如下事实中看到：在当今发达国家，收入越高，受教育程度越高，生育率就越低，而且差距十分显著。以美国为例，2017年按收入划分的10个组别，生育率几乎随收入升高而线性递减（唯一例外是第9组低于第8组），收入最高组的生育率比最低组低1/3，①而且这一关系自工业革命以来始终成立。一项研究分析了美国1828—1958年间17个同龄组（cohorts）的生育数量，发现所有同龄组的总和生育率都与收入呈几乎线性的负相关，最高生育率是最低生育率的1倍左右，同时，教育年限也与生育率强负相关，学校教育每增加一年，就平均少生0.1个孩子。②

中产焦虑

然而，仅仅从个体策略选择的角度并不能充分解释当代的低生育率，特别是东亚的超低生育率，生活优裕的中上阶层将生育率降至远低于替代水平的程度（其中许多干脆不生），无论如何都不可能是进化上的优势策略，必须另找原因。

依我看，当代的超低生育率只能归因于上层文化的向下渗透：中产上层乃至上层富豪的生活方式经由现代大众传媒而获得极高的曝光率，抬高了除底层之外整个人口对体面生活的认定标准，诱使他们将对自己和子女应有生活质量的期望设定在与其资源条件极不相称的高水平上，而当现实一再让他们失望，获取的资源

---

① Erin Duffin, "Birth rate in the United States in 2017, by household income," *Statista.com*, Aug 9, 2019.
② Larry E. Jones & Michèle Tertilt, "An Economic History of Fertility in the United States: 1826–1960," in Peter Rupert (ed.), *Frontiers of Family Economics* (Emerald Publishing, 2008), Volume 1, ch.5.

（包括财富和闲暇）迟迟不能达到预期水平时，便只好一再推迟生育，甚至完全放弃。

文化渗透本身并非新事物，如第13章所述，各阶层沿着社会阶梯逐级向上效仿，是文化进化的重要机制，区别在于，传统社会等级间樊篱森严，关系隔离度高，加上爬升速度缓慢，因而效仿对象通常只是比自己稍高一级的人，至于高出好几级的那些，其生活方式遥远而陌生，而且根本无望企及，贸然效仿只会沦为笑柄。

试想一个旧贵族家庭，有机会直接观察体验其生活方式的，要么是和他们地位相近的，要么是仆人，而后者既无能力也不被允许模仿，至于普通农民，可能一辈子没见过贵族是怎么过日子的，只有在少数公共场合远远地一睹风采；相反，在现代传媒的轰炸下，如今的普通人至少在物质层面对上层生活早已耳熟能详，已体验不到刘姥姥初进大观园时那种震撼与新鲜了，现代阶层隔离借助的是一些更隐秘的透明膜，例如口音、话题、生活经历和鉴赏力，但这些隔膜阻止不了物质上的模仿。

传媒过度抬高预期的类似例子是容貌通胀。少数身材容貌远离常规值的明星形象充斥公众视野，极大扭曲了个体对潜在竞争对手实力的判断，错误地以为自己是在和一群明星级对手竞争（无论是在择偶、社交，还是在雇佣市场上），于是推动了对美容、整容、减肥和塑身的狂热需求。造成这一认知扭曲的原因或许是，人类认知系统在做统计采样时，并不会区分样本来自现实生活还是影视画面，因为我们的祖先从未见过那么逼真的假象，没有机会进化出免于被它们欺骗的能力。

经由大众传媒而产生的文化潮流对生活与生育观念的影响，也可从几个人口转折点的同步性中窥见一斑。人口转型的第一次转折发生于19世纪70年代，在盎格鲁世界几乎完全同步，这一点用其他理由很难解释，因为当时英国、美国和澳大利亚与生育率相关的其他指标差异相当大，而转折之前的人口史也极为不同，生育率却不约而同地快速下滑。[1]

另一次转折始于20世纪60年代中期，这次同步范围更大，几乎囊括整个西方（爱尔兰是个例外），虽然转折之前各国情况十分不同，但它们的生育率却在20世纪70年代初齐刷刷跌破替代水平。两次转折的同步范围不同，或许是因为第一次起作用的关键传媒是报刊和小说，第二次则是电影和电视，后者在传播上更容易跨越语言屏障。

大众传媒的这一效果，或许也解释了后发国家人口转型的迅猛程度，不仅转型过程快于老牌工业国家，而且人口变迁常遥遥领先于其他社会经济指标的转变，往往直接跌入远低于替代水平的深谷，这是因为其他方面的变革与进步需要众多文化与制度条件的配合，而这些条件并不容易建立，但传媒影响却可以如洪水般涌入，让发达国家的中产生活方式在短时间内变得家喻户晓。

除了传媒导致的认知扭曲，对地位和生活水平的过高期望也源自社会流动模式的转变。传统等级樊篱的瓦解和上升通道的多样化（见第14章），使得一个人的关系网（亲戚、邻居、同学、儿

---

[1] John C. Caldwell, *Demographic Transition Theory* (Springer, 2006), ch.9.

时玩伴等）中总会有几个幸运儿出人头地，基于他和这些幸运儿的早期关系，后者的幸运将从三方面拔高他的期望：（1）他有充分机会直接观察体验后者发达之后的光鲜生活，因而后者比遥远对象更容易激起他的追赶模仿欲望；（2）由于发达者仍出没于他的社交圈内，追不上会导致更强烈的挫败感乃至羞辱感；（3）早期的共同背景让他更容易相信自己也完全有可能做到。

换句话说，在传统流动模式中，显达者要么父祖辈就已经显达了，要么刚从紧邻的下一梯级升上来（因为流动速度慢），这意味着他们在整个社会关系网中的分布相对集中，因而可能被其成就刺激而产生焦虑的人数十分有限，而在现代开放流动模式下，这些显达者广泛均匀地散布于整个人口中，并通过种种关系网曝光于各阶层成员的视野之中，因而几乎所有尚未显达者都有机会受其中某几个的刺激而产生焦虑。

而且显达者的生活状态在社交环境中的曝光度要比其他人高得多，因为有关他们的事情总是更容易吸引人们注意，更多被谈论，无论是出于好奇、羡慕、赞赏，还是嫉妒。这一点和他们的分布广度结合起来，会让身处这一环境的个体的认知系统发生严重的采样偏差，让他们大幅低估自身的社会地位和相对经济状况，许多明明已经跻身社会前10%的人，仍然觉得自己条件还很差，还远没有为孩子的未来做好准备，因而不得不继续将生育往后推。

中产焦虑也解释了中上阶层生育率的一个微妙特征：虽然按粗线条的收入分组（5等分或10等分）统计，收入与生育率呈强负相关，可是若将上层加以细分，景象却十分不同，那些最顶层的、真正不差钱的超级富豪，生育率并不低，例如1984年"福布斯400富豪榜"上的美国富豪平均有3.1个孩子，远高于同期全国均值2.1个，而且这一情况并未随生育率普遍下降而改变，2007年上榜富豪平均仍有3.2个孩子，与全国均值（1.9个）的差距扩大了（注意：上述富豪的孩子数是调查时的数字，考虑到许多富豪的生育期尚未结束，因而和全国均值的差距实际上比这些数字显示的更大）。如此看来，那些低生育的高收入者之所以节制生育，并不是因为他们不喜欢孩子，而是觉得自己的收入还是不够高。[1]

收入与生育率的粗线条关系在底部同样经不起放大镜下的细察。例如，美国各种族中，当前生育率最低的是印第安人，其生育率在1990年时还高于白人，约为2.2，但此后一路下滑到了2015年的1.3，[2]他们同时也是美国最贫穷的种族，1/4人口生活在贫困线之下，两倍于全国平均值。[3]这一逆转，或许也是因为印第安人在文化上更深地融入了美国主流社会，因而对生活水平的期望也随之提高。

上述对中产焦虑的分析，或许也可帮助我们理解各国人口变化中晚近出现的一些新趋势。在人口转型前期，收入增长、公共卫生改良、教育程度提升等等体现社会富裕化的线索，总是伴随着生育率的下降，而且从粗线条的世界全景看，生育率与人均收入迄今仍

---

[1] Joshua R. Goldstein & Felix Roessger, "The High and Increasing Fertility of American Billionaires," September 22, 2008.
[2] Sarah Cannon & Christine Percheski, "Fertility change in the American Indian and Alaska Native population, 1980–2010," *Demographic Research*, Volume 37, Article 1, pp.1–12, 4 July 2017.
[3] Wikipedia: Modern social statistics of Native Americans.

然是负相关的；可是当我们拉近镜头，仔细检查每个文化板块内部的各国数据，却很容易发现上述关系不再成立，甚至颠倒了过来。

当前欧洲生育率超低（低于1.5）的国家（波黑、意大利、希腊、波兰等）都位于南欧和东欧，明显比西北欧国家穷。冷战结束铁幕垮塌之后，东欧国家普遍经历了一个生育低谷期，这是典型的危机反应（见上一节），但危机不能解释30年后仍然远低于西北欧的生育率，南欧的情况更与此无关。依我看，这更可能是因为近几十年欧洲的经济与文化一体化程度提高，人口流动加速，东欧和南欧的中产阶级更全面地接纳了西北欧的生活方式，并据此调高了对自己和子女未来生活标准的期望，他们的转变继而会通过文化向下渗透影响更低阶层的生活方式和期望标准。

类似的例子也可在其他中等以上收入国家和地区中看到。美洲生育率最低的地区是波多黎各（1.1），[1]也是该洲生育率唯一低于1.5的。波多黎各人是美国公民，可自由前往美国本土生活和工作，其人均收入是美国均值的一半，远高于其他拉美国家，中产阶级已构成人口主体，其生活方式也早已美国化了。所以，假如我对东南欧低生育率的解释是对的，那么波多黎各这个乍看起来十分惊人的例子就容易理解了。

若剔除波多黎各这一特例，拉美生育率最低的是巴西（1.6），远低于邻国阿根廷（2.2）、乌拉圭（2.0）和智利（1.7），巴西同样是所在文化板块中的穷国，其几大邻国都比它富裕，但生育率却都维持在替代水平之上。

---

[1] Wikipedia: Demographics of Puerto Rico.

归结起来，像东欧、南欧、巴西、波多黎各这些超低生育率国家和地区有几个相通之处：（1）它们都已达到中等收入水平（姑且以人均GDP一万美元为标准）或更高，这意味着已经有了一个发育壮大的中产阶级；（2）它们在所处文化板块内已越过中等门槛的国家中都只能算穷兄弟；（3）它们与外部世界之间的文化流动不存在重大障碍。

这些共同特点提示了一种可能性：当一个社会达到中等富裕程度，在卫生、医疗、教育、城市化、女性就业等方面满足了上一节所罗列的各种条件，便触发了经典模式的人口转型（盎格鲁世界在1870年后经历的那种），当该转型完成之后，假如又恰好遇到一种极高渗透力的传播条件，令其新近壮大的中产阶级充分暴露在某种外部优势文化的影响之下，迅速拔高其期望标准，同时其经济增长又没有快到能让这些期望变成现实，便会触发另一轮性质不同的人口转型，将生育率拉低到发达国家从未达到过的极低水平。

瀑布的枯竭

人口转型带来的一个后果是逆转了人口沿阶梯流动的大势，以往的基本流动格局是汲泵加瀑布：地位竞争中的成功者被逐级向上抽吸，同时每个梯级上每一代都有部分成员向下跌落，而因为高地位者拥有更多后代，跌落者总是多于上升者，而且梯级越高，这一差异越大，因而总和效果是形成一种瀑布式的向下流动，下层人口不断被上方跌落者取代。

然而转型之后，上层不再因其资源条件优厚而拥有更多后代，结果瀑布枯竭，只剩下汲泵仍在抽吸。诚然，最顶层的富豪权贵生育力仍然旺盛，但那只构成人口的极小部分，从中渗出的只是一些涓涓细流，不足以改变整个流动面貌，处于橄榄形结构中部、占人口多数的中产阶级，则因为将生活期望抬得太高，或者将其他生活目标置于更优先的位置，而变成了遗传学上的黑洞，其规模之所以仍能维持，仅仅是因为来自下层的成功爬升者仍在为其提供源源不断的替补。①

需要强调的是，并未发生所谓的阶层固化，至少在中上层没有，虽然在橄榄形结构成形之后，上升机会已不可能像转型期那么充裕，但阶层间流动依然活跃，也仍不断有失败者从中上层跌落，只是由于数量关系的逆转，这种流动在宏观上不再表现为自上而下的瀑布和对下层人口的持续替代。

对于人类进化，瀑布枯竭是一项重大转变，它逆转了自然选择压力的作用方向，那些有助于地位竞争的个体禀赋（见第12章）不再受自然选择的青睐，尽管地位竞争仍然激烈，人们仍在为此而拼搏努力，其中成功者仍可享受由之而来的荣耀、乐趣和福利，但这些好处不再转变为遗传收益，反而让他们因此付出遗传代价，如此一来，这些禀赋在人口中的频率自然会下降。

有人可能觉得此类选择效果在可见未来是微乎其微因而不值得考虑的，未必如此，在高强度的选择压力下，遗传改变可以很快，而最高与最低收入组之间1/3的生育率差异是很强的选择压

---

① 我在2014年的《瀑布与汲泵》（HS: 5153）一文中提出了这对隐喻。

力，阿兹肯纳齐犹太人的智力与其他闪族群体拉开两个标准差，可能只用了几百年时间。[①]所以，在几代人中发生可察觉的变化，是完全有可能的。

上述转变也将引出文化上的后果，而且来势会更加迅猛。首先，上层文化向下渗透的力量将被削弱，以往这一渗透以两种方式发生：（1）向下跌落者携带着自幼习得的上层文化；（2）下层的向上效仿。如今，由于瀑布的枯竭，第一条渗透通道大幅收窄，这一点之所以重要，是因为，和自幼习得相比，成年后效仿的保真度要低得多，往往只是行动上亦步亦趋却未能将其变成偏好和习惯，或基于功利考虑勉力为之而不是内化为自己的价值观，有时甚至流于表面而不得要领。

其次，社会下层中努力向上爬也愿意积极效仿上层的人，比例会逐级降低。这是因为，随着瀑布枯竭，底层人口不再被持续替代，将会有越来越多不具备爬升潜力的人沉淀在阶梯下部，他们或因其人格特质而原本就缺乏向上爬的动力，或者从生活经历中很快认识到自己不具备成功爬升所需的能力，于是只能安于现状，因而也缺乏效仿上层的动机，也正因此，他们对生活的期望较低，反而会生育更多，而现代社会的物质与卫生条件让他们的高生育率直接对应更多后代数量。

对于这个群体，倒确实存在阶层固化的问题。一个不断沉淀壮大的底层将造成社会的文化断裂，因为他们没有效仿的需求，

[①] Gregory Cochran & Henry Harpending, *The 10, 000 Year Explosion* (Basic Books, 2009), ch.7.

上层文化便无法向其渗透。

可能的未来

那么，当前人类的低生育率会不会长期持续下去，因而人口压力将成为一去不复返的历史遗迹，就像耕牛、骡车和手写家书一样呢？可能不少人会这么认为，但那只是一种没有根据的想当然，如同在其他事情上一样，人们常被自己亲身经历、感受生动鲜活的新近潮流过度影响，以至不假思索地将其视为未来常态，而忽略其他可能性。

实际上，当前富裕国家中产阶级的低生育模式不太可能长期维持主流地位，因为这不是一种进化上的稳定策略（evolutionarily stable strategy，ESS），它之所以能在过去两代人（姑且从西方生育率滑向替代水平之下的20世纪60年代后期算起）中占据主流且至今仍势头不减，是因为该策略奉行者虽然后代数量不足，却因其巨大的文化影响力而能够不断从下层吸引来更多的奉行者。这就好比一种病毒，虽然会加害宿主，降低其适应性，但只要它们总是能在杀死旧宿主之前感染足够多新宿主，便可持续传播流行。

但这种流行的延续须满足一个条件：宿主群体不出现免疫变异。一旦部分宿主具有免疫力而不表现出传播所需要的症状（比如飞沫传染所需要的喷嚏与咳嗽），并且这一免疫力可（通过文化或生物学途径）传递给下一代，那么免疫变异就会随病毒传播而不断扩散，直到病毒再也找不到足够多传播通道和易感宿主。

于是我们的问题变成：是否会有一部分人免疫于现代文化的种

种诱惑——诸如与生养孩子争夺时间精力的享乐、兴趣和事业追求（特别是育龄女性的），以及被我归在中产焦虑之下的各种对自身和孩子未来生活标准的过高期望——而继续保持较高的生育率？

答案是肯定的，最显著的例子是一些保守教派：美国摩门教徒的生育率为3.4，[1]远高于美国平均水平；再洗礼宗（Anabaptism）的阿米绪人（Amish）生育率则高达5.8；[2]以色列极端保守的哈雷迪犹太人（Haredi Jews）更高达6.7。[3]一般而言，除佛教之外的所有宗教信徒，生育率都高于非信徒，教派越是保守，对信徒私人生活的规范越多，生育率就越高。

阿米绪和哈雷迪的"免疫力"源自他们对现代生活方式的主动拒斥，严格限制消费，衣食住行皆保持简单朴素，刻意停留在教派最初形成时的那种风格。做到这一点的关键是拒绝接受高等教育（初等教育也限制在社区内完成），并尽可能阻断外来信息的输入，包括报纸、杂志、电影、电视和互联网，阿米绪人甚至拒绝在工作场所之外使用电话、汽车和公共电网，也很少参与外部的社会与政治事务。[4]

---

[1] Michael Lipka, "Mormons more likely to marry, have more children than other U.S. religious groups," *Pew Research Center*, May 22, 2015; Wikipedia: The Church of Jesus Christ of Latter-day Saints membership history.

[2] Lyman Stone, "How Long Until We're All Amish?" *In a State of Migration*, Feb 9, 2018; Wikipedia: Amish#Population.

[3] Israel Kasnett, "Israel's haredi population: Is it growing or shrinking?" *Sun Sentinel*, Jun 05, 2018.

[4] 我曾在一篇旧文（HS: 5208）中简单介绍了阿米绪人的生活方式和社会组织，更详细的描绘可见 Charles E. Hurst & David L. McConnell, *An Amish Paradox* (Johns Hopkins University Press, 2010)。

摩门教徒在拒绝现代事物上虽然没那么刻意和严格，但他们早先身处犹他州荒远孤绝之地的历史，事实上也构成了一种对现代诱惑的隔离屏障。在较轻的程度上，当代农村和小城镇也存在类似的隔离，都市的种种荣华富贵、精彩刺激，乡村居民虽也有所耳闻，却因其遥远疏离而较少会激起竞逐的冲动。

这些保守教派的兴旺表明，确实有一些群体能够抵御文化潮流的影响而保持高生育率。当然，这种"免疫力"并不完美，每代都有相当比例的成员流失，摩门教的成员保持率（retention rate）约为2/3，意味着摩门家庭的孩子成年后约有1/3脱离教派，但同时他们也会吸引大致同等数量的新皈依者，阿米绪人的保持率更高（3/4），正因此，这些教派在向主流社会输出了大量人口的同时，仍保持自身的高速增长，在很长时期内每隔15~20年人口就翻一番。

所以，假如我们将眼光放远到百年跨度，就没有理由相信当前的超低生育率会一直持续下去，毕竟，这一史无前例的文化现象迄今只持续了两代人，我们尚无从知晓当迅猛扩张的免疫群体显露出取代主流之势时，后者会如何反应；在资源条件不构成约束时，这种势头会来得非常迅猛，而主流的低生育率恰恰为他们提供了宽松的资源条件，摩门人口在过去180年里增长了1000倍，阿米绪人口在过去100年里增长了67倍。

2012年当米特·罗姆尼（Mitt Romney）在共和党初选中胜出时，美国人蓦然意识到摩门教已不再是个边缘群体，过不了多少年，宾夕法尼亚、俄亥俄和印第安纳的选民也将经历阿米绪震撼，而在以色列这样的小国，保守教派的冲击会来得更快，自1980年以来,哈雷迪占以色列人口的比例翻了一倍,已达到12%,他们不仅在推高该国生育率水平上起了关键作用,也正在改变着该国的政治光谱。①

上述"免疫反应"将不仅仅是文化上的,也会伴随着遗传上的改变,因为个体的人格特质(以及它们的特定组合)会影响一个人是否容易受文化潮流影响而将更多时间精力投入地位竞争、事业追求和娱乐享受,将生活期望抬得过高,从而减少生育,也会影响那些保守教派和乡村居民中的特定个体有多大可能经不住现代诱惑,忍受不了平淡乏味,因而脱离教派或乡村;而我们知道,人格特质很大程度上是可遗传的,所以,在这些保守群体高速扩张同时流失大量成员的过程中,群体本身和整体人口的特征分布也改变着,那些让个体对现代诱惑更具免疫力的特质将受到青睐而扩散。

至少有两项人格特质与这一"免疫力"有着直接的关系:外向性和经验开放性。外向者爱交际,爱热闹,爱出风头,喜欢精彩丰富充满刺激的生活,也更热衷于追逐成就、荣耀和社会地位;经验开放性高的人则更喜欢探索新事物,寻求新型体验,因此也更多参与娱乐和游戏,更热爱音乐、艺术和文学,较难忍受重复乏味的东西(所以尽管他们热衷影视文学作品,却受不了老套的肥皂剧、口水歌和言情小说)。②

很明显,这两项(更准确地说是两组)特质上得分高的个体

---

① 以上三节援引的几个数字来源与前几节相同,见前注。
② Daniel Nettle, *Personality* (Oxford University Press, 2007), ch.3, 7.

更容易被导致当代低生育率的文化潮流所裹挟（也可以说他们正是推动这一潮流的主力）。效果类似但关系更为间接的另一项特质是智力，高智力者更可能上大学，从事学术或创造性活动，选择技术性和专业性职业，因为他们在这些事情上更可能取得成功因而得到正面反馈和激励，而所有这些活动都可能让他们脱离前述保守群体。

假如当前趋势持续，那么人口中上述几项特质上得分高的个体必定会持续减少，而免疫个体会越来越多，最终推动生育率回升。

但还有另一种可能，或许主流社会在被保守群体从物理上取代之前，自己便发展出了某种新的婚育模式，足以抵消上述特质目前所经受的负面选择压力，比如中上层男性的择偶偏好或许会向贤妻良母型转变，而不像目前那样更注重教育背景和职业身份上的般配，高智力或高进取心的女性或许会转向那些与生养孩子更为兼容的职业，中产阶级或许会掀起一股拒绝为子女提供优裕条件的穷养潮流……结果同样会是推高生育率。

虽然这些可能性在今天听起来就像天方夜谭，也完全看不到正在浮现的迹象，但文化潮流的逆转可以非常迅猛突然而缺乏预兆，20世纪60年代那场嬉皮士革命发生之前，恐怕谁也不会料到转变会如此迅速而彻底，所以，谁知道呢。

17　福利社会

在20世纪的前3/4，各发达工业国陆续建立了一整套覆盖全体国民的社会福利制度，其内容和慷慨程度有所不同，但大致都包括基本的营养和医疗保障、失业救济、基础教育、住房补贴。

福利制度不仅大幅扩张了国家权力，提高了税收和财政支出，而且和人口转型一样，它改变了社会竞争机制，进而也改变了社会结构。

不安的良心

在生活这个竞技场上，总有一些人会败下阵来，其中最不幸者将丧失生计或陷入无法逃脱的困境，这一点上，人类和其他生物并无差别，这也是人口压力和自然选择得以起作用的方式，不同的是，人类常会对他人（甚至陌生人）所遭受的苦难做出反应，产生同情与怜悯，以至施以援手，远在政府提供福利救济之前，私人之间便有着大量慈善行为，它们至少和文明一样古老。

揭示这一点的例证之一是乞丐职业，作为一种谋生之道，它广泛存在于每个文明社会，而它之所以可行，当然是因为有着足够多愿意为忍冻受饥者提供救济的施主。自轴心时代兴起的各大宗教中，向穷人施舍无一例外地构成了一项重要信徒实践，有些甚至是必须履行的义务，许多教派还有托钵僧，以游方行乞维持生存。同时，宗教机构也常成为替信徒发放救济的中介。

类似施舍、伤病救助和孤儿收养这样的慈善救助之所以如此普遍，根源于人类高度发达的社会性。在进化历程的绝大多数时期，人类都生活在关系紧密的小群体中，相互间有着很强的互惠义务，包括分享食物、互相照顾孩子、合作狩猎、共同对抗外敌……在这样的社会氛围中，人们常发现很难拒绝他人的请求，有富余的食物却拒绝分享，不肯把心爱的工具或武器借给朋友，抛下受伤落难的战友或狩猎伙伴，都会让一个人名誉扫地，陷入众叛亲离的孤立状态，以至沦为人所不齿的渣男。

人类救助贫病者的意愿还有着另一个基础：同情心。我们目睹他人遭受苦难时会产生共情（empathy），仿佛那就发生在自己身上，由此引发的痛苦和焦虑促使我们做点什么以抚平内心的不安。这一心理机能最初或许源自育儿需要，它让母亲对孩子的状况做出更敏锐而及时的反应，不过其用途并不仅限于此，实际上，如托马塞洛（Michael Tomasello）所指出的，共情和领会他人意图的能力与倾向，构成了人类全部交流与合作的心理基础，是人之社会性的根本所在。①

但问题是，人类个体间关系不仅有合作，更有竞争，准确说，是在某些情况下与某些人合作，以便更有成效地和其他人竞争，所以，选择何时何地与谁合作，向谁提供帮助，是个体随时

---

① 迈克尔·托马塞洛：《人类思维的自然史》，北京师范大学出版社，2017。

会面临的权衡，不加区别地满足任何请求，很快会耗尽自己为追求长期利益（特别是参与地位竞争）而积累的资源，甚至可能培植一个敌家或得罪一位朋友。

在小型熟人社会，这通常不是个难题，因为所有人都处于同一个互惠关系网中，互惠规范要求各方在长期实现予取平衡，那些只顾索取很少付出的人会遭受惩罚；对于游动性群体，问题就更轻微，携带局限让他们本来就不可能积累多少财富，因慷慨付出而可能造成的损失不会太大，相比之下，慷慨带来的声望和友谊等社会资本远更有价值。

可是大型社会就完全不同了，人口压力持续作用之下，一个人面对的几乎是数量无限的穷困者，若对每个值得同情的求助者做出响应，任何财富都会被一个无底洞迅速吞噬，更何况有些人会伪装（甚至制造出）各种可怜模样，以令人炫目的视觉效果冲击别人的柔软良心，招摇撞骗者也会乘虚而入，编造令人揪心、催人泪下的悲情故事，把整个交往圈搜刮一遍后换个地方重新开始。

而且发善心的人越多，就会吸引越多人走上这条谋生之道，各种诱发同情心的技术也会被开发出来，于是创造一个专以同情心为食的生态位，原本帮助人类养育后代、在小圈子内相互扶持、展开互惠与合作的这一心理机制，如今却暴露在了一个易受盘剥的新环境中，就像缺乏保护的柔嫩肌肤裸露于蚊蝇成群的沼泽地，难免会被吸个痛快。

所以生活在大型社会中的人们不得不找出某种防护机制，将心灵的脆弱部分遮盖起来，只在适当情境下有选择地对某些对象开放，这就好比当初人类发明遮羞衣物一样：躯体的性感妩媚仍然有其价值，但已不能再像过去那样不分场合地向任何人展露了——这项创新或许是应建立长期配偶关系的需要而出现。

解决这一问题的过程中产生了一套新的社会规范：私人财产权得以确立，别人的东西不能随便拿来享用了；家庭成为独立而排他的经济单位，社会的合格成员被期待有能力独立谋生，勤劳节俭、审慎经营家产成为受推崇的美德；家户被封闭起来，不受邀请不能随便进入，特别是用餐时间，因为如今食物分享通常被局限在家庭之内，家庭以外的分享仅限于节庆场合；互惠关系变得更正式，给予之物被规范化为礼物，每件礼物都是一笔需要偿还的债，被记在人情账本上，社群不再是一个公共互惠池，互惠关系更多向亲属网络收敛，而且随亲疏远近而区别对待。

这一系列转变的结果是，一方面，集体互惠变成了两两互惠，并且其平衡性被更加严格地执行，以避免同情心遭受盘剥，另一方面，由于贫富分化和地位竞争的加剧，平衡又常被打破，此时，单方面受惠者被要求接受更低的社会地位，向施惠者表达顺从、配合与追随的意愿（见第2章），而那些完全依赖他人提供生活保障的人，便成为寄人篱下的门客，随时准备为恩主出力效劳，甚至卖命。

然而，总还是有一些人，在上述结构中找不到自己的位置，他们还有条出路：成为乞丐。作为职业的行乞不同于随机偶发的讨要，它是以明确宣示自身社会地位为前提的：在这场地位竞争游戏中，我已经认输了，退出了赛场，甘愿接受最卑下的地位，只为继续活下去而乞求你们的怜悯。

所以乞丐需要在穿着打扮和身体姿态上与主流人群显著区

分，以标示其自认的卑下地位。托钵僧则更进一步，以剃度受戒出家等更鲜明决然的方式发布退赛宣言，有时还要加上像戒疤这样的防伪标识，而各种戒律中最关键的一条是独身禁欲，它消除了继续参与社会竞争的核心动机。

于是在新规范下，索要行为被从常规社会关系中隔离了出去，因为它和要求个人自食其力的新伦理不相容，是对同情心的滥用，只有那些明确退出常规交往，因而实际上放弃了共同体成员资格的人，其讨要行为才获得道德上的认可。重要的是，这种被隔离到特定情境中的索求，不会对被求者构成我们在集体主义分享传统中所见到的那种社会压力（因为索求者根本不是需要平等相待的共同体伙伴），而仅仅作用于同情心本身。

结果是，乞丐和托钵僧职业演变成了一种为大众提供同情心释放口的专业服务，因为如今同情心已不能随便暴露，否则极易被滥用和盘剥，只能在自如可控的情境下向特定对象展露，就像我们的性感躯体只能在特定场合向特定对象袒裎一样。这种高度提纯的，剥离了所有社会压力和义务羁绊的专业同情心按摩服务，让慈善消费变得简单纯粹且预算可控，这一点上它很像另一门古老职业——娼妓，后者也以一种纯粹化的专业服务帮助消费者避免了业余婚外关系中各种不可控的财务和情感陷阱。

人们需要这种服务，首先是因为他们确实能从施舍和援助中直接获得快感，那是一种先是因目睹苦难产生焦虑，然后又被自己的善举纾解而产生的宽慰；其次，这也会为他们带来一种良好的自我感觉：发现自己不仅能独立自足，还有余力接济他人，旁观者也会对他们有同样的评价，因而加固甚至提升其社会地位；

再次，慈善也是一种美德展示（virtue signaling），施善者借此告诉其社交伙伴：我富有同情心，会因为他人的苦难而痛苦，所以你不必担心我会伤害你，而且我不是个吝啬惜财之人，你可以相信我不会跟你斤斤计较，更不会为贪财而坑骗你。

济贫院

将索讨行为隔离在常规社会关系之外，解决了旧心理机制与新伦理规范之间的不兼容问题，但并未消除所有麻烦，大量乞丐在公共场合的存在仍会让许多人感到不适，这是因为慈善消费意愿在个体间存在很大差异，假如呈现于某人眼前的求助者数量远远超出他愿意伸出援手的次数，就会给他造成许多痛苦，因为施舍的快感是在先焦虑后纾解这一周期完成后产生的，若是缺了后一半，就只有负面效果了。

问题是，生活中遭遇乞丐的频率并非个人所能控制，而取决于社会的总施舍量所能养活的乞丐群体规模。对于施舍意愿低于一般水平的那些人，这一规模大得令人心烦。这和城市流浪猫所引发的冲突很像，社区内的流浪猫数量取决于善心人士的投喂量，而那很可能远超出其他居民的容忍限度。

这问题还会因乞讨行当的技能竞赛而恶化，一样比一样更具视觉冲击效果的惨相被创造出来，加剧着不愿给出更多施舍者的痛苦，有些乞丐还会故意将自己弄得极为肮脏恶臭，以迫使遭遇者尽快用施舍打发他们离开。这些困扰，加上卫生和治安上的担忧（很多乞丐同时也是小偷），使许多社会（特别是城市）都对流浪和乞讨行为加以限制，例如中世纪的英格兰城镇大多禁止流浪并实行严格宵禁，入夜后关闭城门，游荡在外或露宿街头者会被巡更者抓进监狱。①

《1349年劳工法》（Ordinance of Labourers 1349）禁止身体健全者流浪乞讨，也禁止他人向他们施舍。此类限制在都铎朝宗教改革期间大幅收紧，国会在1530、1531、1536、1547、1572等年份屡屡颁布流浪法（Vagabonds Acts），因健康原因无法自食其力而不得不乞讨者须取得行乞执照，非法行乞者先是被罚枷号三天后逐出城镇，后来又升级为鞭刑并罚做两年奴工，若没有雇主愿意用他，则在左耳软骨上打洞，屡犯者被处死刑。②

最初的济贫法正是在此背景下诞生的，其宗旨与今人对福利制度的一般理解迥然不同，它主要不是为了接济穷人，而是要让乞丐、流浪汉从公众视野中消失，救济只是达到这一目的的最后手段，例如被认为是济贫法之肇端的《1388年剑桥法令》（Statute of Cambridge 1388），要求各百户区管好区内穷人，阻止其外出流浪，只是顺便提到必要时为其提供救济，但并未规定具体措施。

直到宗教改革后的数十年间（也就是反流浪高峰期），具体救济措施才陆续制定出来。起先这一责任落在教区执事（churchwarden）头上，他们负责收集和分发给老弱病残穷人的捐助，并安排收容无家可归者的场所；1572年后，财产税开始

---

① Ian Mortimer, *The Time Traveler's Guide to Medieval England* (Simon & Schuster, 2010), ch.4.
② Wikipedia: Tudor Poor Laws; Ordinance of Labourers 1349; Vagrancy#United Kingdom; Vagabonds Act 1530; Vagabonds Act 1547; Vagabonds Act 1572.

代替自愿捐助成为济贫的财政来源，同时，管束和接济穷人的职责也逐渐转移到负责治安的太平绅士那里；1597年后又设立了专门的济贫官（Overseer of the Poor），他们对流浪汉进行检查甄别，非本地居民遣返原籍，身体健全者责令其工作，找不到工作或身体残病者送进济贫院，①在那里除了获得食宿之外，也会被要求工作，通常是最简单无技能的那种，例如敲碎铺路石和拆麻絮（picking oakum）。②

除了济贫院提供的院内救济（indoor relief）之外，还有一种院外救济（outdoor relief），受助者仍住在家里，定期从济贫官处领取一些实物或现金津贴。这看起来更像现代社会福利，但它仅限于声誉良好却因年老病弱丧亲而失去生计的孤寡老人，而身体健全者，或者那些被认为有道德瑕疵的生计无着者，诸如流浪汉、妓女、生下私生子的单身母亲等，则无缘享受，只能进入济贫院。

16世纪末英国的海外殖民事业开始之后，流浪汉又多了条出路：被流放到殖民地，这也是许多罪犯的免死选项。

英国的上层精英之所以如此不遗余力地压制和清除流浪乞讨行为，固然有治安上的考虑，但更多是为了强化勤劳安分、自食其力的伦理规范。正因此，都铎朝急剧强化的反流浪法和济贫措

---

① 这里说的济贫院专指英文中的 workhouse（又称 poorhouse），还有一种 almshouse，有时也被译作济贫院，它们不同于 workhouse，是单纯的慈善救济机构，受助者不需要工作。

② Peter Higginbotham, "The Old Poor Law," *The Workhouse*, 2019. Wikipedia: English poor laws; Poor relief; Workhouse.

施恰与清教主义的兴起相伴随,后者素以严谨克己、朴素勤劳而著称。类似的,1834年的济贫法改革也伴随着同样保守严谨的福音主义(evangelicalism)运动,它也是塑造维多利亚时代道德氛围的文化大潮流的一部分,改革后的新济贫法进一步收紧了反流浪措施,同时提高了济贫院内的工作强度,降低了伙食标准,并试图废除整个院外救济。①

不过依我看,这些道德整肃运动背后还隐藏着一个秘而不宣的动机:人们不愿看到凄苦悲惨的情景出现在自己视野之中,因为这会伤害他们的脆弱心灵,让他们产生难以释怀的痛苦和焦虑。类似动机我们从肉刑的历史中也可以看出,肉刑的消亡和废除远早于死刑,这并不是一个刑罚减轻的过程,实际上废弃的肉刑大多被死刑取代了,因为在现代以前,监禁不是常规的刑罚手段,其成本太高,现代财政体系建立之前,国家负担不起大规模的监狱系统。那些被判死刑的人若有机会选择,恐怕会有很多愿意接受肉刑而免死,但公众却不愿看到许多缺胳膊少腿的人在他们眼前晃悠。

同一心理机制也影响着人们看待动物屠宰的态度,很多人并不反对杀死动物,但忍受不了血腥场面出现在自己眼前,更不可能自己动手。孟子的"君子远庖厨"一语极好地揭示了人类同情心的要点:它是直觉的、感性的、针对具体特定对象的,而不是抽象的、理性的、普遍的,所以齐宣王下令用一只羊代替那头牛充当祭祀牺牲,在孟子看来完全合乎仁术,因为宣王目睹了牛的

---

① Wikipedia: Poor Law Amendment Act 1834.

战栗，而羊则不在其视野之中。①

新闻记者和慈善组织的募捐者也早已心知肚明，用统计数字是无法唤起同情心的，必须用生动鲜活的画面，必须突出正在承受苦难的特定个体，最好有一双直视观众的透亮眼睛，心理学家将这一现象称为可辨认受害者效应（identifiable victim effect），一张鲜活面孔的感召力远远超过冷冰冰无面目的数字，正如斯大林所言：死一个是悲剧，死一百万是统计。②

所以当苦难和不幸充斥社会，人们却又无力对之"做点什么"（do something）时，就只能尽力将其移出视野，无论以何种方式。

无尽的苦难

现代化的流动性大社会（特别是大都市）使得将苦难移出视野的任务变得更困难了。在等级森严的传统社会，阶层间无论在物理空间还是社会关系空间上的隔离度都很高，富人除非主动探访，没有多少机会目睹穷人如何劳动、如何过日子，但工业革命后的大规模社会流动和城市化打破了隔离，许多富人出身贫寒，不仅对贫穷有切身体会，而且还有很多老友和亲戚仍然身陷于困境，特别是庞大的新兴中产阶级，更是如此。

19世纪大众传媒的发展加剧了这一问题，扒粪记者

---

① 《孟子·梁惠王上》，第7章。
② Wikipedia: Identifiable victim effect.

（muckraker）和关注社会问题的小说家，例如狄更斯，热切地将隐藏在每个角落的丑恶、肮脏、不幸和悲惨挖掘出来，组织成最动人揪心的故事讲给读者听：煤矿工作何等艰辛危险，童工如何以漫长单调的劳动换取微薄收入，贫民窟如何肮脏拥挤，穷人的饮食如何粗粝而不卫生……尤其是在19世纪后期摄影技术成熟之后，照片被广泛运用于新闻报道，更为这些故事增添了生动鲜活的画面。

要害不在于痛苦与不幸是否增加了，实际上，维多利亚时代见证着前所未有的高速增长和持续繁荣，大批穷人享受到了产业革命带来的向上流动机会，即便停留在下层的那些，其状况也在改进。问题是，仍然存在的那些不幸，其曝光率急剧提升了，而与此同时，那些地位上升、生活大幅改善的幸运儿，突然发现这些以往被熟视无睹的不幸变得更难以容忍了，因为他们的评价标准提高了，而众多人生活正在迅速改善的事实也摧垮了旧时代所流行的那种将这些不幸视为无法摆脱之命运的宿命态度。

在此背景下，19世纪涌现出众多慈善机构和社会改革家，他们基于对苦难根源的不同诊断而拿出了各自的治疗方案。有人认为，穷人陷于贫穷是因为缺乏工作技能，也没有条件获得训练，因而致力于创办学校，为他们（特别是穷孩子）提供基础教育和职业培训。在此过程中，又发现许多穷人虽然有技能但因为社会关系的局限而找不到好工作，于是有些慈善家号召来自中上阶层的志愿者住进贫穷社区，将自己的社会关系网植入进去。

也有人认识到，很多人因为缺乏自律和节制而让自己和家人陷于贫困，最常见的是酗酒、赌博、犯法、婚外怀孕；有人进一步将这些视为更广泛的道德和生活态度问题的一部分，他们组织戒酒会，创建教规更严格的教会，发起自强运动，建立童子军，倡导以更健康积极的体育、文艺和娱乐活动取代那些让人沉沦堕落的腐旧消遣。

这些努力可谓成效卓著，在塑造维多利亚时代严肃积极、振奋向上的社会风尚中出了大力，也确实帮助了大批穷人摆脱困境，过上体面生活，甚至出人头地。

可是，所有这些都注定无法系统性地根除贫穷和苦难，这是因为：

（1）在现代社会过上好日子所需要的个体禀赋（及其组合）大不同于农业社会，更不同于前文明社会和游动性社会，虽然数千年的定居农业生活和文明历史已经大幅改变人口的特性分布（见第12章），但还远不足以消除人类对新环境的适应不良问题，何况许多群体很晚才转向定居农业，文明历史则更短，而工业社会才刚刚开始，所以，不可避免地会有相当比例社会成员因暴力倾向，低智力，缺乏耐心、责任心和工作纪律，不守规矩等问题而陷入困境，任何慈善活动或社会改良都不会消除这一根源。

（2）有些不幸并非适应不良，而是特定策略的伴生结果，例如有些个体偏向高风险策略，喜欢博大输赢，这没什么不对，在一个多样策略构成的动态均衡中，它和低风险策略在统计上可能并无高下之分，但他们中的失败者（连同其家人）常落得悲惨下场，毕竟中大奖的是少数；再如，一些男性采用广种薄收的策略，多多生育而在每个孩子身上投入较少，另一些甚至奉行浪子策略，热衷于四处留种而无心养育，这些策略未必有什么劣势，但无疑会产生大量不幸的孩子，而且对这些不幸的救济只会创造更多不幸，因为救济降低了高风险策略的成本，提高了广种薄收策略的预期收益，因而一方面鼓励更多人采用这些策略，另一方面增加了他们的后代数量，而由于人格的可遗传性，这些后代更可能采用与其父辈相同的策略。

（3）人间苦难的一大系统性来源是人口压力，挣扎在生存线附近的人们自然会遭遇诸多不幸，只要人口压力不消失，那么，将部分人口拉离生存线所腾出的位置，就很快会被（因地位竞争不利而）从上方滑落下来的人口再次填满，就好比从一条漏底船的船舱中往外舀水，是注定舀不完的。

（4）人类感受快乐与痛苦的心理机制，决定了我们感受到的苦难总量在长期将趋于恒定不变。进化赋予我们感受愉悦、痛苦、忧伤、恐惧、焦虑、消沉等情绪的能力，是为了让我们更敏捷高效地趋利避害，在各种特定情境下做出最有利的反应。这套系统若要良好工作，触发各种情绪的刺激阈值必须是可调的，假如阈值是固定的，它就只适用于范围十分狭窄的环境，当环境大幅变动时，会变得过于敏感或过于迟钝，比如，一个人若永远处于痛苦状态，那么痛苦对他的行动就没有任何指导意义，就像一个烟雾警报器，若是永远在鸣叫，其叫声便不传达任何有用信息。

实际上，人类情绪系统有着良好适应性，当条件改变时，很快会把阈值调至适当水平，高频率反复出现的状况将被视为常规因而不会触发强烈情绪，无论是正面的（如欣快）还是负面的（如痛苦），心理学家将此类调整过程称为习惯化（habituation）。相反，假如触发某种情绪的状况总是不出现，或频率过低，那么原本被漠视的、优先级较低的其他状况就会被注意到，并经历一个敏感化（sensitization）的过程而成为触发该种情绪的新诱因。

这就意味着，每当一种引发痛苦的状况（苦难）被消除后，情绪系统就会去寻找和监控另一种有待改善的状况，进而将其纳入苦难清单。这也是为何人类的欲望和追求永不知足，为何生活条件改善带来的幸福感提升很快又会消退，为何一旦享受上某种新便利，此前习以为常的匮乏或不便就很快变得难以忍受，也正是通过这种方式，情绪系统持续敦促和引导个体不断努力改善自身状况。从宏观上看，这也是推动文明持续进步的动力所在。

正因此，旨在通过慈善或社会改良而系统性根除苦难的努力注定会失败，除了正在经历习惯化和敏感化的那些短暂时期，从长期看快乐与痛苦的总量将大致恒定，而且无法消除的痛苦是情绪系统的关键特性（feature）而非缺陷（bug）。诚然，借助某些心理调控技术，或许可以减少一个人的负面情绪，这对某些无法将情绪系统调整到适宜状态的心理疾病患者当然是好事，可是对正常人却未必，就像失去痛觉会很危险一样，负面情绪的消失或过度减少同样会将人至于危险或不思进取的境地。

进步时代

当无尽的苦难因社会流动而无可逃避地展示在世人眼前，就迫使他们必须"做点什么"，而现代化带来的一大改变是，人们对"做点什么"的可能性有了全新的看法。在经历了印刷革命、地理大发现、科学革命、启蒙运动和工业革命所带来的一连串翻天覆地的变化之后,到19世纪后期,一些社会精英对自己改变世界状况和人类命运的能力表现得极为乐观:既然这么多令人眼花缭乱的变化都是人类努力的结果,为何我们不能主动采取行动消除世间的堕落、丑恶、混乱、低效与不幸呢?——改变世界的豪情壮志并非最近才在硅谷大亨和TED演讲者口中出现,一个多世纪以来已周期性喷发了许多次。

在某些意义上,随着知识、技术与财富的积累,人类左右自身命运的能力确实增强了。19世纪的一位年轻人,即便很穷,且生活在欧洲某个偏僻乡村,也有机会从报纸上了解世界另一个角落(比如北美)的生活状况,并有朝一日搭上火车轮船去开始追求新生活(正如数千万人曾经做过的那样),而在几百年前,这是绝大多数人做梦也想不到的事情。

不过精英和改革家们脑中所想的改变人类命运,通常不是这种经由无数个体利用新机会做出抉择而形成的总和效果,而是想按他们自己心目中的某种理想蓝图来改变人类或至少一个社会的某方面面貌。应该说,这么做的潜力也扩大了,因为随着知识与技术的发展,铁路、电报导致的市场一体化让一些个人积聚了空前庞大的财富,而且规模化也催生了大型组织,这两点,都急剧提升了个人改变世界的能力。

洛克菲勒凭借其雄厚财力和现代化的慈善基金组织,一手开创了系统性有计划消灭传染病的事业,在跨越数洲的广大区域内逐个制服了钩虫病、黄热病、疟疾、肺结核、斑疹伤寒、猩红热等流行病,这还只是他众多慈善活动中的一项;①安德鲁·卡内基在英语世界捐建了2509家公共图书馆,其中美国的1689家占当时该国公共图书馆的一半,在这项事业的高峰期,他对各地城镇的捐建请求几乎来者不拒。②他们都大幅改变了世界面貌,至少在某个侧面。

当然,更多的变革与改良是无数企业家和工程师的创造性活动的结果。虽然在绝大多数情况下,改变世界既不是他们的意图所在,也远非他们所能预见,但也有许多(且越来越多)并非如此,当瓦特、斯蒂芬森、摩尔斯(Samuel Morse),特别是伟大而多才的爱迪生,潜心于他们的创造工作时,是很清楚自己想要什么结果的,而且至少部分人预见到了其发明将给世界带来的革命性变化。

然而,如上一节所解释的,通过此类个体努力而系统性消除苦难是不可能的任务,许多人也开始认识到其中的根本障碍,于是开始寻求一种整体、全面、系统性的解决方案,或者叫社会工程,在19、20世纪之交前后数十年的进步主义(progressivism)运动中,涌现了众多改造社会的宏大方案,它们之间或并行不悖,或相互竞争,但都怀抱一扫社会痼疾的雄心。

一些改革者认识到人口压力在导致贫穷上的作用,因而成立像马尔萨斯联盟(Malthusian League)这样的组织,来推广避孕措施和倡导节育;③另一些人则看到,总有许多人经不住各种诱惑

---

① Ron Chernow, *Titan* (Vintage, 2004), ch.28. Wikipedia: Rockefeller Sanitary Commission; International Health Division.
② Wikipedia: Carnegie library.
③ Wikipedia: Malthusian League.

而陷于放荡、堕落、懒散的生活状态，而这些总是与贫困和犯罪相伴生，于是他们发动了一场社会净化（social hygiene）运动，旨在根除这些诱惑源，主张禁酒、禁赌、禁娼、禁麻醉品，倡导节欲、自律和性贞洁，做不到的那些人最好送进管教和矫治机构，而不要把他们留在社会上。①

随着这场运动的推进，还有些人逐渐意识到，针对环境条件和行为表现的净化措施并非根本之计，人性才是要害所在，遗传上的不利组合让一些人不仅自己陷于贫困与犯罪泥沼，还会将这些特性传给下一代，从而创造永无止境的苦难循环，他们因而发起了优生（eugenics）运动，希望通过绝育措施切断这一循环。

"二战"后人们常把优生和纳粹联系在一起，实际上该运动远早于纳粹，它是更广泛的种族净化（racial hygiene）运动的一部分，而后者是社会净化的逻辑延续，因为进步主义改革家发现仅仅从行为上净化社会无法根除问题，而必须深入生物学和遗传层面。所以不难理解，优生运动不仅在英美由进步主义者所倡导，在欧陆也是左派社会民主党的改良武器，社会民主党在北欧诸国上台后做的第一件事便是推行优生法和社会福利。②

从时间顺序看，以禁酒法为代表的社会净化是前期进步主义的重点，而以优生法为代表的种族净化则是后期重点，这一重点转移也导致进步主义者和保守派改革家的决裂，后者（特别是教会）强烈反对优生法。这次决裂也是当代美国政治中堕胎议题的

---

① Wikipedia: Social hygiene movement; Social Gospel.
② Gunnar Broberg & Nils Roll-Hansen (eds.), *Eugenics and the Welfare State* (Michigan State University Press, 2005).

历史渊源所在，堕胎曾被视为节育和优生手段，因而堕胎权受进步主义者支持，而当代自由派继承了这一衣钵，虽然支持的理由换成了女性的身体自主权。

不难看出，进步主义者的这些宏大社会工程，离开国家强制力是无法实施的，强制性是它们区别于以往私人慈善与改良运动的关键，正因此，进步时代见证了国家权力的大幅扩张和古典自由主义的终结。或许费边社（Fabian Society）主将萧伯纳（George Bernard Shaw）的两段名言最直白坦率地概括了当时社会精英面对贫穷苦难的焦虑，以及他们不惜用任何手段加以清除的决心：

> 库辛斯：你把贫穷叫作犯罪？
>
> 昂德沙夫特：是的，最恶劣的犯罪，与之相比，所有其他犯罪都算得上美德，所有其他无耻都堪称绅风，贫穷摧残城市，散播瘟疫，令人闻之丧魄……它从身体上和道德上毒害我们，毁灭社会的幸福，迫使我们偏离自由，行残忍无道之事，只因害怕自己也被其张牙噬咬，拖入无底深渊。[1]

另一段是：

> 在这种体制下，贫穷是不被允许的，你会被强行喂饱，穿暖，有房住，受教育，有工作，无论你愿不愿意，假如你被发现不具备值得如此对待的品质和勤勉，那么你就可能以

---

[1] George Bernard Shaw, *Major Barbara* (ICON Classics, 2005), Act III.

一种温厚的方式被处决,但只要你被允许活着,你就必须活得像个样子。①

虽然萧伯纳是位剧作家,但这些绝非戏言,作为墨索里尼和希特勒等独裁者的长期仰慕者,他在动用国家暴力改造社会与人性的问题上是决不会优柔寡断,心慈手软的。

假如你怀疑萧伯纳是否代表了进步派的主流,那不妨再听听费边社另一位主将赫伯特·韦尔斯(H. G. Wells)的说法,他把哪些人最可能被清除说得很清楚:

> 那么这个新共和国将如何处置那些劣等种族呢?它会如何对付黑人?如何对付黄种人?如何摆平那些被称为文明大厦之蛀虫的犹太人?他们肯定不会被以种族整体的方式对待。新共和国将致力于建立一个有着共同语言和规则的世界政权,将其道路、标准、法律和控制机器推行于全球。它将成倍放大那些落后于社会效率标准的人所承受的痛苦与困境……犹太人或许将很大程度上丢失他们的特殊性……那么,余下的那些无法满足新社会效率要求的人,那些乌泱泱的黑人、棕色人、白种垃圾和黄种人,又该如何呢?
>
> 唉,这世界是个世界,不是个慈善机构,要我说,他们不得不消失。依我看,这世界的全部意义和要旨便在于:他

---

① George Bernard Shaw, *The Intelligent Woman's Guide to Socialism and Capitalism* (Brentano's, 1928), p.670.

们必须消失。但凡他们不能成功地发展出明智、富有活力和独特的人格，以配得上这个未来的伟大世界，灭亡和消失便是他们的应得之分。①

这场社会运动最终在若干黑色乌托邦里化为灰烬，进步精英们被战争的惨烈和纳粹的暴行吓破了胆，再也不敢提社会工程、社会净化、种族净化和优生学了，可是他们内心仍然没有放弃当初促成这些暴行的逻辑：假如个体间和群体间确实存在可遗传的禀赋差异，并且这些差异让一些人更容易陷于贫困、犯罪和不良生活方式，那么种族净化和优生政策便是合理且必需的。

正是这一逻辑让当代自由派患上了达尔文恐惧症，他们坚守白板论（tabula rasa），竭力回避和排斥与影响经济/社会成就的生物学特性及其遗传基础有关的任何话题，压制相关研究和报道，用尽一切手段让敢于突破这一禁忌的人断送职业生涯。②与此同时，他们开始朝另一个方向探索应对苦难的方式，最后找到了一剂新药方：后现代主义，不过那将是下一章的话题，这里暂且按下不表。

福利国家

国家权力的扩张让一些人看到了面对苦难时"做点什么"的

---

① H.G.Wells, *Anticipations of the Reaction of Mechanical and Scientific Progress upon Human Life and Thought* (Chapman & Hall, 1901), ch.9.
② Steven Pinker, *The Blank Slate* (Penguin Group, 2002), Part II, V.

另一种可能性：借政府之手为自己创造做了点什么的感觉，这对于那些自身缺乏能力、天赋、资源、意愿和执着，因而未能从事传统慈善与改良活动的人，尤其有吸引力，他们既没有爱迪生那样的创造天赋，也没有洛克菲勒的财力，也未能像弗雷德里克·盖茨（Frederick T. Gates）那样说服一位大金主来支持他的改良事业，或者像童子军创办者罗伯特·贝登堡（Robert Baden-Powell）那样组织一场青少年独立自强运动，或像第二次大觉醒（Second Great Awakening）的先驱查尔斯·芬尼（Charles Grandison Finney）那样发动一次宗教复兴运动，感召数百万人振奋起来，改变自己的生活态度和道德状况。

若是在过去，当你发现在所有这些可能方向上都因自身能力和资源的局限而受阻，恐怕就只能收起自己的雄心壮志了，或者将目标收窄到力所能及的范围，从细微处入手，希望点滴涓露终可汇作江河，可是，在现代社会，你还有另一个机会——政府。实际上，在现代传播条件和政治游戏规则下，巧妙利用公众的同情心，以及政府面对公众压力的反应模式，时常会收获四两拨千斤的奇效，触发重大改变。

很多人可能还记得那几张曾震撼无数人心灵的照片：一只秃鹫盯着一个即将饿死的苏丹女孩，[1]一个赤身裸体的越南女孩哭喊着在公路上奔逃，[2]一位忧伤的母亲肩头靠着她的两个孩子，[3]还有那个倒

---

[1] Wikipedia: The vulture and the little girl.
[2] Wikipedia: Phan Thi Kim Phuc.
[3] Wikipedia: Florence Owens Thompson.

毙于土耳其海滩的库尔德男孩[①]……它们都曾大幅改变了公众在相关议题上的态度,继而影响政府政策,例如库尔德男孩的照片面世两天之后,默克尔便宣布让滞留于匈牙利和斯洛文尼亚的数万叙利亚难民穿过奥地利进入德国,这张照片还对一个多月后的加拿大大选产生了巨大影响,导致已执政九年的保守党惨败。

在这场前所未有的新游戏中,人们突然发现一个妙不可言的机会:你不必付出多少实质性代价,也可以对他人的苦难"做点什么",你只需要表达你的震惊和愤怒,在请愿书上签名,给你的选区议员打电话,把票投给拍胸许诺一定会"做点什么"的候选人,顶多再举块牌子去街头站一会儿,就履行完了你那一份道义责任,而主要成本要么由纳税人负担,要么由承受管制重压的企业和消费者负担,如此一来,你就再也不怕大量苦难出现在你眼前了,因为正如我之前所解释的,只要"苦难—同情—焦虑—施援—纾解"这一周期得以圆满完成,目睹苦难便可带来正收益,不仅不怕,甚至多多益善,而发达的现代传媒则保证了供给永远是充分的。

这种成本收益不对称结构将造成政府权力和福利开支的螺旋式膨胀,因为基于前文所列举的理由(见本章第3节),福利政策会自动创造更多福利需求,而其政治推动者自己不负担成本,因而缺乏预算约束。虽然许多选民同时也是纳税人、消费者或企业家,但投票权和纳税负担的比例远不是相称的,例如在当今美国,收入最高的5%纳税人负担了联邦所得税的59%,而收入低

[①] Wikipedia: Death of Alan Kurdi.

于中位数的那一半纳税人只负担了3%。①

1906—1914年间的自由党福利改革开启了英国的福利国家建设。②当时的福利开支约占GDP的0.5%，20世纪20年代增长到1.5%，30年代增至3.5%，"二战"结束时增至4%，到21世纪初已膨胀到了13%。与此同时，政府开支大约从GDP的10%扩张到了40%，而福利开支是其中最大一项。③在20世纪的前3/4，几乎所有发达国家都经历了类似过程，从摇篮到坟墓的福利保障已成为西方社会的标配，也被多数后发国家所效仿。

美国曾经是个例外，在那里，独立自强的传统实在太过强大，多数穷人也将接受福利救济视为耻辱而宁愿忍受贫困与艰辛，进步时代的改革家都将焦点放在如何通过惩戒、劝导、鼓励、施加道德压力、提供支持条件以让穷人获得自立自足的能力。然而，大萧条带来的挫败感最终将美国推向福利主义，即便如此，罗斯福新政（New Deal）仍与欧洲福利模式有很大不同，虽然在干预和支出上力度很大，但更多是以大批公共项目提供就业机会而非直接救济的方式帮助穷人，晚至20世纪50年代后期，福利政策的最积极倡导者仍然坚称，无论如何设计福利方案，都绝不能削弱穷人的工作激励。④

---

① Timothy Taylor, "Some Income Tax Data on the Top Incomes," *Conversable Economist*, October 17, 2019.
② Wikipedia: Liberal welfare reforms.
③ Clive Lee, *The Growth of Public Expenditure in the United Kingdom from 1870 to 2005* (Palgrave Macmillan UK, 2012), ch.3; Andrew Hood & Laura Oakley, *The Social Security System* (Institute for Fiscal Studies, 2014), ch.1, 2.
④ Charles Murray, *Losing Ground*, 10th Anniversary Edition (Basic Books, 1994), Part I.

然而，这条坚守了半个多世纪的防线在20世纪60年代中期轰然垮塌，民主党因肯尼迪遇刺而在1964年大选中赢得大量同情票，约翰逊在46个州取胜，民主党在国会两院皆获得2/3多数票，几乎可以通过任何他们想要的法案，而当时的最高法院由一批美国历史上最激进的能动主义（judical activism）法官所控制，将宪法裁判用作社会改革的工具。借着这股政治东风，约翰逊政府在短短几年内以迅雷之势推出了两百多条改革法案，在世人还没反应过来之前，便已建成了他的伟大社会（Great Society）。①

这次"大决堤"之后的近半个世纪中，美国福利项目增加到80多种，开支扩大了16倍（按固定币值计），达到GDP的8.4%、联邦预算的37%，超过1/3的美国人至少领取一种福利，平均每位受益者每年花掉纳税人9000美元，而花在每位穷人身上的钱更高达15000美元，比1965年提高了9倍，这还没有包括政府立法强制雇主为雇员购买的保险和提供的在职福利。②

伟大社会

福利制度从几个方面改变了社会结构以及塑造该结构的动力机制。

---

① Wikipedia: Great Society; Judical activism; Warren Court.
② Rachel Sheffield & Robert Rector, "The War on Poverty After 50 Years," *Backgrounder*, No.2955, The Heritage Foundation, September 15, 2014; Jackie Hicken, "Study: $15 trillion in welfare spending has had little impact since 1964," *Deseret News*, Jul 11, 2012; Wikipedia: Social programs in the United States.

首先,通过抑制穷人努力工作、追求职业成就以改善自身状况的动机,它部分阻断了社会下层的向上流动。有多种福利项目具有这样的抑制效果,例如:

(1)失业救济:它把失业者再就业的边际收益变得很小甚至变成负的,因而极大削弱了他们找工作的激励,他们从一份新工作中得到的薪水可能还不如因失业而得到的救济金,或者只多一点点,远不足以说服他们放弃闲暇,忍受劳累和束缚。许多精英不能理解或拒绝相信这种负面激励,坚称没人真的愿意靠救济生活而放弃工作带来的体面与成就感,他们想象中的工作或许充满了乐趣和成就,可是穷人能找到的工作却往往是辛苦、乏味、肮脏的,经常还是听人使唤、憋屈受气的。

结果,只有那些最珍视自食其力价值观,或最具天赋、远见和耐心,对职业前景最有信心的人,才愿意放弃眼前利益,努力工作,指望职业上的提升最终能将自己的生活状况提升至远高于救济金所能提供的水平,可是贫困阶层中具备这些素养的人恰恰是少数,因为很多人正是因为缺乏这些素养才陷于贫困的,激励结构的改变将把他们更深地锁在贫困状态中,而且脱离劳动市场越久,再找到好工作就越难,因而越没有动力去找。

(2)基本保障:对于那些最缺乏自立精神和工作意愿的人,即便没有上述负面激励,但只要温饱无虞,也不会努力工作,而保障型福利项目恰好创造了这样的条件,食品券、福利住房、免费医疗,皆属此类。这些完全放弃职业道路的人,除了买彩票中大奖,是没什么向上流动机会的。

(3)单亲补助:这可能是众多福利项目中杀伤力最大的一

剂猛药，不仅对就业动机的直接抑制效果强烈，而且对工作伦理和婚育文化造成了难以逆转的深远影响，因为它消除了下层男性（特别是未婚男青年）努力工作的最重要动机：娶妻生子，养家糊口。

单亲补助是发给贫困单身母亲的，这种补贴出现之前，下层男性要想找到女朋友，并说服她嫁给他、和他生孩子，就必须让她相信自己是个能干且负责任的男人，一个靠得住的丈夫和父亲，为此他不得不努力工作、学习技能、力求上进，以证明自己配得上这一信任。可是有了补助就完全不同了，年轻女孩不再那么苛求她的追慕者，也不那么担心未婚生子会给她带来难以承受的重负了，因为国家接管了丈夫和父亲的责任，她甚至不希望男友和她结婚并住在一起，这会让她失去单亲补助，即便丈夫贡献给家庭的收入足够补偿这一损失，她也会因此失去对家庭财务的控制权，因为福利支票是由她领取的，而丈夫的薪水却不会直接发到她手里。①

于是，只有那些有望找到一位收入远高于单亲补贴男性的贫穷女孩，才会仍然像过去那样小心翼翼，精挑细选未来夫婿，并保持矜持克制以充分考察对方的长期尽责承诺，以及避免未婚怀孕。可是，多数贫家女孩并不能指望有朝一日钓得金龟婿，而一位低收入的丈夫能提供的帮助还不如福利补贴来得轻松自在，况且手握财权至少还可以让男友对自己体贴顺从一点。

---

① 对这一得失权衡更细致量化的分析，见 Charles Murray, *Losing Ground*, 10th Anniversary Edition (Basic Books, 1994), ch.11。

另一方面，对于那些原本就没多少上进心和家庭责任感，仅仅因为怕找不到性伙伴留不下后代而勉为其难结婚的男性，上述转变无疑是一次让他们如释重负的大解放，而那些奉行广种薄收策略的花心浪荡子，更是如入仙境，乐开了花。

查尔斯·穆瑞（Charles Murray）的研究显示，上述几种激励结构转变的效果是立竿见影的。他对比了一组体现穷人社会经济状况的重要指标在伟大社会方案实施前后的表现，结果令人震惊，以1965—1969年的方案落实期为分界线，这些指标要么急剧恶化，要么此前正在改善的趋势戛然而止。

从1966到1980年，此前已在快速下降的黑人青年失业率上升了1/3，与白人青年之间的差距从1.8∶1扩大到2.2∶1。[1] 改革前，黑人青年的劳动参与率与白人青年相当甚至略高，而到1980年他们的差距已扩大到十几个百分点；同时，黑人的婚外生育率翻了一倍，从1963年的23%升至1980年的48%（2015年已升至77%）。[2]

在"二战"后的20年中，美国的贫困率（美国政府对贫困线的定义大致是D乘3，D是保证营养充足所需食品组合的当年市场价）持续下降，从1947年的32%降至1966年的14%。但这一改进过程随着伟大社会降临而终结，此后半个世纪，尽管福利开支

---

[1] 由于缺乏按收入分组的统计数据，穆瑞选择以黑人和白人分别近似代表穷人和非穷人，这一代表性并不完美，不过就我们感兴趣的大致趋势而言，已足够说明问题。
[2] Charles Murray, *Losing Ground*, 10th Anniversary Edition (Basic Books, 1994), ch. 4, 5, 9.

不断膨胀，贫困率却始终徘徊在10%到15%之间。[1]

福利制度造成的第二项结构性改变，是摧毁了下层社会的规范体系，解除了该体系施加于社会成员的行为约束，而以往正是这些约束使得那些自身缺乏勤勉、克制和上进心的人不至于陷入太坏的处境。

穷人的生活很不容易，他们不仅缺钱，也缺社会资本，所以经常需要寻求帮助，而以往能够提供重大帮助的，大多是社区中有声望的头面人物，诸如教会牧师、中学校长、警长、企业主、银行经理、商会领袖，还有本选区议员，他们可以帮你介绍工作，写求学或求职的推荐信，为贷款或租房提供担保，面临灾病困境时帮你组织募捐，有时还会自己掏钱直接资助。

但这些帮助都不是无条件的，你得让他们相信你是值得帮助的，不会让他们懊悔将一次宝贵的助人机会浪费在你身上，也不会让他们的名誉和信用因你而遭受连带损失，更不会因为你的胡作非为而被邻居们埋怨养活了一头白眼狼；不仅如此，要获得帮助，你最好表现得有望给他们带来正面回报：因为提携了一个有出息的孩子而欣慰，因为慧眼识珠帮一只金凤凰飞出鸡窝而骄傲，因为多了一位事业有成的朋友而扩大了社会资本，等等。

所以，为了不断绝自己的后路，在急需时能得到帮助，人们在平时就会小心翼翼维护自己的品行和名声，也会尊重这些未来很可能会求助的头面人物，听从他们的劝导和告诫。正是通过这

---

[1] Rachel Sheffield & Robert Rector, "The War on Poverty After 50 Years," *Backgrounder*, No.2955, The Heritage Foundation, September 15, 2014.

一机制,地方性大人物才得以建立其社区领袖的地位,并借此主导和执行社区的道德规范,约束那些潜在捣乱分子的行为。

然而,福利保障让这些都显得没那么必要了,虽然规范约束对那些有上进心、不甘于靠救济生活的人仍然有效,他们仍会珍惜获得社区领袖提携的机会,可是对其他人就不再管用了,和这些帮助相比,领取政府发放的无条件的、不区分特定个体的、不附带道德要求的救济金,要轻松自在得多,可是这些人恰恰是最需要规范约束的。

这一转变无疑会削弱社区精英的权威地位和执行规范的能力,严重的情况下将导致其地位完全瓦解,社会秩序被街头帮派接管,社区沦为暴力和犯罪的温床。1965年至1980年,美国的暴力犯罪增长了2.6倍,财产犯罪增长了1.7倍;黑人青年的犯罪率在20世纪50年代持续下降,1964年后却猛烈反弹,谋杀逮捕率在5年内上升了91%。[1]

这种溃败场面一旦出现,就会加速社区精英的逃离,因为他们已丧失原有高地位带来的好处,却要面对更多犯罪、更多令人揪心的苦难,以及自家孩子被带坏的风险,已没有任何理由让他们留在那里,而他们的逃离反过来又将加速和加剧社区的溃败。这正是人们在巴尔的摩、芝加哥和圣路易斯等美国都市的内城贫民区看到的景象。

福利制度带来的第三个后果,是改变了社会等级结构的形

---

[1] Charles Murray, *Losing Ground*, 10th Anniversary Edition (Basic Books, 1994), ch. 8.

状。如前文所述，福利救济抑制了部分下层人口向上爬升的动机，也解除了促使他们这么做的社会压力，诱使他们滞留在社会阶梯的底部，而且一个人只要甘愿让自己及其子女留在底层，依靠救济生活——无论是因为不思上进，还是因为对自身能力和运气缺乏信心——就没有任何经济上的动机节制生育，他们既不会被教育和工作拖累而没时间生养孩子，也不会像焦虑的中产阶级那样为了给孩子一个最好的前程而减少生育，这一点至少部分解释了人口转型后生育率与社会地位之间关系的倒转（见第16章）。

向上流动被抑制，加上下层更高的生育率，结果是底层的膨胀。城市贫民窟曾经是来自乡村和国外的贫困移民向上流动的跳板，如今却越来越像一潭死水，且越积越深。[①]20世纪60年代95%的美国人自认为中产阶级，虽然其中许多其实收入很低，实在要细分的话，他们也宁愿被称为中产下层（lower-middle class）或劳动阶层（working class），而拒绝承认自己是下层（lower class）。保持这一自信的关键，是他们能自食其力，无须依靠他人。然而到21世纪初，一个新的下层已悄然成形，正值壮年却不能自食其力者的比例翻了一倍，达到1/5，在人均收入处于底部30%的统计区中，这一比例更高达1/3。[②]

与此同时，因为社区权威的垮塌和下层精英的逃离，底层与社会其他部分的连接纽带被割断了，中上层的文化失去了向下渗透的通路，阶层间的社会隔离和文化隔膜日益加深，大批迁往郊

---

① 托马斯·索威尔：《美国种族简史》，中信出版社，2011。
② Charles Murray, *Coming Apart* (Crown Forum, 2012), Prologue, ch.13，穆瑞在该书中的分析专门针对美国白人，若算上其他种族，数字还要高一点。

区的中产阶级将自己圈围在同类聚集的安乐窝中，以躲避内城的贫困、拥挤、高犯罪率和失败的教育。为达到最佳隔离效果，确保将贫穷排除在视野之外，他们常常以严格的分区法（zoning laws）刻意抬高房价。

和人口转型一样，福利制度也逆转了施加于人类生物与文化特性的自然选择压力的作用方向，只是它们起作用的部位不同，前者削弱了中上层的扩张力，后者让下层积淀并膨胀，同时两者又合力切断了自上而下的流动。

18　道德弃儿

从进步时代到福利时代，上层精英看待下层的态度发生了微妙的转变，他们的共同之处是，都以一种从上向下俯视的姿态看待下层的命运，将自己视为大众福祉的负责人，不同的是，进步主义者像一位严厉的师傅，手执棍棒督促穷人振作精神，整顿风纪，以便活得像个人样，而福利主义者更像一位慈祥奶妈（nanny），百般呵护，有求必应，从不责备。

慈祥的"奶妈"

强烈的社会责任感是维多利亚时代精神的鲜明特征，上层精英普遍将帮助穷人视为自己的道德责任，现代慈善业也正是在这一精神的推动下发展了起来。然而不同于传统的施舍活动，这种慈善救济是附带着严厉道德条件的，受助者被要求严格自律，把家里收拾干净，定期去教堂，戒酒，严守性贞洁，救济发放者会经常走访受助家庭，以核查他们是否遵守了这些条件。[①]

[①] Susie Steinbach, *Understanding the Victorians*, 2nd Edition (Routledge, 2017), pp.4–5.

这一态度源自主导该时代的个人主义伦理，它要求个人对自己行动所引出的后果负责，慈善者乐意给那些因外部原因而陷于困境的人搭把手，但个人的前途命运终究还须掌握在自己手里，而不能由他人接管包办，那么做无论对受助者还是施助者都是不道德的，前者是堕落，后者是引诱纵溺他人堕落。

进步主义者从上述立场偏离了一步，他们认为有些人就是缺乏上进所需要的品质和意愿，所以有必要为其创造适宜的环境条件（社会净化），如果仍不管用就让他们从社会上消失（管教所），最好从遗传上加以消灭（绝育），甚至肉体上消灭他们（纳粹毒气室）。不过，尽管他们放弃了让个人为自己做主并负责的原则，但是对个体行为表现的期待却仍然和维多利亚时代的价值观保持一致：勤勉，审慎，自律，守规矩，珍视婚姻与家庭。

这一切在福利制度中被完全抛弃了，当代福利国家就像一个毫无节制宠溺孩子的"奶妈"，它发放的救济不附带任何道德要求，接受救济者无须表现出任何愧疚、不安和感激，也无须证明自己正在努力改善自己的境况，力争摆脱对他人的依赖。实际上，不做道德评价，不施加道德压力，已成为福利社工的通行工作准则。

福利国家的"奶妈"特性也表现在许多与救济无关的家长式管制上，其暗含的前提就是个人不懂得如何照顾自己，需要国家事事替他们操心：怕你抽烟损害健康，[1]怕你喝太多碳酸饮料，[2]怕

---

[1] Katherine T. Hirono & Katherine E. Smith, "Australia's $40 per pack cigarette tax plans," *Tobacco Control*, 10 April 2017.
[2] Wikipedia: Soda tax.

你吃牛排盐撒多了就把饭馆餐桌上的盐瓶收走,①不许家长让孩子自己从学校走回家,②强制系安全带,强制骑车人戴头盔,③强制在商品包装和说明书上附加各种假定消费者为白痴的警示标签(有趣的是,这些"白痴"被认为有很强的阅读兴趣)。④

同时,媒体和文化精英也主动担当起了大众"奶妈"的角色。实际上,他们正是"奶妈"国家(Nanny State)的主要推动者,除了调动公众情绪以促成各种爱心立法之外,还致力于从公共传播环境中消除任何可能伤及某颗柔嫩脆弱心灵的东西,聋子、哑巴、跛子等指向某种身心缺陷的传统称呼成为禁忌,继而,任何带有一丝道德贬责意味的形容词也逐个消失(除非它们被用于资本家),⑤包含血腥场面的新闻需要提前警示以免读者当场晕厥,⑥在大学课堂上,这种警示甚至延伸到了任何可能让一些学生不开心的叙述或观点。⑦

在学校,不仅体罚已完全不可接受,训斥、批判和负面评价也日益罕见,夸赞和抚慰成了家常便饭,如此一来,教师执行纪律的手段几乎丧失殆尽,特别是那些无权拒收学生的公立学校。然而"奶妈"们对此并不担忧,因为其并不觉得纪律是一种必要

---

① Kate Krader, "Why Salt Has Disappeared From Restaurant Tables," *Bloomberg*, 16 May 2018.

② Diane L. Redleaf, *They Took the Kids Last Night* (ABC-CLIO, 2018).

③ Miranda Devine, "Welcome to Australia: the world's most over-regulated nanny state," *Daily Telegraph*, August 12, 2015.

④ John Stossel, "Warning: Labels," *Reason*, 22 June 2016.

⑤ Helena Halmari, "Political correctness, euphemism, and language change: The case of 'people first'," *Journal of Pragmatics*, 43 (3), February 2011.

⑥ Wikipedia: Trauma trigger#Trigger warnings.

⑦ Greg Lukianoff & Jonathan Haidt, *The Coddling of the American Mind* (Penguin Press, 2018), ch.1, 2, 4.

的工具，可以帮助那些缺乏自律能力的孩子学好、向善、上进，或至少不拖累别人。①

同样的慈爱也被加诸成人身上，刑罚不断减轻，监狱福利持续改善，坐牢变得越来越不像是一种惩罚。众多理由被挖掘出来帮助罪犯减轻或逃避刑罚，许多城市甚至不再将小额偷盗、扒窃和破坏等财产类犯罪视为罪行，拒绝起诉或为其分配警力。② 更有趣的是，一些城市一边禁止毒品，一边却为瘾君子提供安全注射亭，以帮助他们避免因用药过量而丧命。

归结起来，"奶妈"们的种种努力都旨在为其心目中的弱者（无论孩子还是成人）掩盖一个冷酷事实：世界是危险的，生活充满了激烈竞争、敌意和对抗，会有许多挫折与失败，丑恶与肮脏、苦难与不幸是这个生机勃勃世界的一部分，其中有些会降临到你头上，有些就表现在你身上——"奶妈"们可不想做这一坏消息的报信人，也不会铁起心肠地告诉你：作为一个独立个体，你得学会面对它们，想清楚自己要什么，像一个成年人那样做出抉择，并为其后果承担责任。

且勿评判

上述道德纵容的结果很快展露无遗，许多下层不再效仿中上层，不再接受勤勉自律的布尔乔亚（bourgeois）价值观，不再仰

---

① Mary Hudson, "Public Education's Dirty Secret," *Quillette*, February 10, 2019.
② Christopher F. Rufo, "The Supermarket Sweep," *City Journal*, October 21, 2019.

慕中产生活方式，数千年来由地位竞争而形成的价值引力和道德约束对他们不再起作用。就帮助穷人摆脱困境这个目标而言，这无疑是一次大溃败，以往，正是这些吸引和约束促使下层努力改变命运，如今，这根绳索已经松脱了。

面对这一溃败，"奶妈"的反应不是改弦更张、亡羊补牢，而是从原有道德立场上进一步退却，干脆否定中产价值观本身，认为那是功利自私的、过度关注物质成就，并不值得下层效仿。

实际上，布尔乔亚文化向来就备受上层精英鄙视和嘲讽，在文学作品中总是被描绘为自私、势利、伪善、假正经、过度焦虑、谨小慎微、乏味无趣。这一点也不奇怪，毕竟中产阶级是最靠近上层的，因而也是上层精英最迫切需要与之撇清关系、拉开距离的，而赞美下层穷人则既可表现同情心，又足够安全，完全符合远交近攻的战略原则，所以在心理上，否定中产价值对他们是毫无困难的，只不过原先他们并不否认该文化对中下层本身是有益的，只是他们自己无须也不屑于受其束缚羁绊，这也正是他们的优越所在，而现在，他们连这点益处也否定了。

然而无法否认的现实是，下层的处境并未因放弃中产价值而有任何改善，他们既不会追随上层价值，也没有发展出自己的富有朝气、催人上进的文化。虽然好莱坞常会编造一些现代版灰姑娘的煽情故事，例如理查德·基尔（Richard Gere）主演的《风月俏佳人》（*Pretty Woman*），但那只是受挫"奶妈"的自我安慰剂，当代下层青年中流行的是最粗俗的物欲、放纵、拜金、暴力、性攻击和赤裸裸的丛林法则，听一听饶舌音乐（特别是gangsta rap）便可得到一个直观体会，他们确实不伪善，但绝非真善。

于是，这场道德溃败引出了下一个合乎逻辑的步骤：否认文化之间存在优劣高下，而既然没有高下之分，就没有理由将任何群体的文化奉为楷模，要求其他群体追随和效仿。这种文化相对主义（cultural relativism）兴起于维多利亚秩序崩溃之后，它起初源自以弗朗兹·博厄斯（Franz Boas）为代表的一些文化人类学家看待各族群不同价值体系的态度。但在现实政治中，它很快和反帝反殖民主义一起，被用作摧毁全球价值阶梯的文化批判武器。

当这种文化批判指向西方社会内部时，打击对象便是与社会地位、成就联系在一起的，由布尔乔亚所代表的传统主流价值观，例如博厄斯的学生玛格丽特·米德（Margaret Mead），便将批判矛头指向了主流婚姻家庭伦理，挑战传统贞洁观、性别角色和两性分工，这些质疑在20世纪六七十年代的性解放运动中得到热烈追捧，将米德推上众多学界要职，身后还被卡特（Jimmy Carter）追授总统自由奖章。

相对主义者的一句口头禅是"且勿评判"（Don't judge），这和"奶妈"避免批评或贬责弱者效果类似，但理据有所不同，后者是怕伤害弱者的感情，前者则要求人们收起自己的价值立场，至少在面对来自不同文化的人时，所以不仅贬义词逐渐被清除出公共话语，用于褒扬美德的词汇也越来越多被放弃了，甚至美德本身也成了个不合时宜的概念，因为赞美与贬责一样，也是基于特定价值标准的，你因某些表现而赞美某些人，就是在暗中贬责缺乏这些表现的人，这是断然不可的。

虽然相对主义听起来很有点哲学味道，但现实中告诫他人且勿评判的人，很少是出于哲学的理由，而且那在哲学上也是完全站不住脚的。首先，从承认不同人、不同群体可以持有各自不同的价值标准，并不能引出我们应收起自己价值立场的结论，就好比我承认不同人有不同口味，并不意味着我就不能感叹一道菜真难吃，当然，假如这道菜是一位朋友亲手做了和我分享的，那我可能出于礼貌而把差评憋在肚子里，可那是基于完全不同的理由。

且勿评判的哲学基础其实不是相对主义，而是虚无主义（nihilism），后者压根否认存在好坏高下善恶之分，因而评判没有意义。有意思的是，虚无主义通常是绝对主义幻灭的结果，他们骨子里就是绝对主义者，可是现实击碎了他们根深蒂固却未经审视的信念，例如，当他们看到许多民族或部落有着与他们截然不同的善恶观，就信念崩溃，三观尽毁了——原来上帝并没有为人类订下永恒普世的道德律令啊。

可是对于真正持有相对主义哲学的人（更不必说主观主义者了），这根本不值得大惊小怪，价值观原本就是五彩多样的，面对异类，完全可以泰然处之，不妨回到吃菜的例子，谁最容易因为他人对自己喜爱的菜打差评而感情受伤害并大叫"且勿评判"呢？显然是那些不相信每个人可以有不同口味的人，也就是绝对主义者。

其次，主张且勿评判的人其实从未放弃评判，他们避免或反对评判的对象是有选择的，通常是他们心目中的弱者，而对富人、资本家、跨国公司、殖民主义、帝国主义、男权，他们多半有着鲜明的价值立场，并且往往以非常激烈的言辞做出评判。另一方面，他们也从未放弃替弱者做价值判断，如此才会认为穷人的处境是糟糕的，是需要通过救助而加以改变的，可是他们何以认为自己有能力替别人认定什么才是好生活？

可见，所谓相对主义其实只是"奶妈"式慈爱的自然延伸，唯一不同是披上了一件哲学外套，当道德纵容的恶果尽显无遗，他们既不愿睁眼面对，也不许旁人将它道破，因为确保弱者感情不受伤害比什么都重要。

都怪他们

免受差评的特权当然丝毫无助于穷人表现的改善，可是既然当事人说不得，那就必须从其他地方找出罪魁祸首，才能将此困境合理化，就像那些向来坚信自家孩子从不会犯错的家长，必须为孩子卷入的每一次打斗、事故和失败找到其他主体来承担责任，有时他们甚至会因为孩子在桌角磕破了头而抽打桌子，以此抚慰痛哭中的可怜宝贝。

好在有的是候选罪魁，19世纪的主义家们早已为他们准备好了整套理论武器，它们在20世纪的现实运用中又得到了许多创造性发展。

怪跨国公司 资本家在劳动市场上的主要竞争者是其他资本家，他们若想多占工人便宜，就最好阻止其他资本家来跟他们抢工人，特别是那些效率更高，更具竞争优势，因而更有能力开出优厚薪水的企业，那些来自发达市场，正在扩张进入后发国家的跨国公司，恰恰处于这样的地位，他们为工人提供的待遇，无论是工资、工作环境、安全健康保护，还是对工人权利的尊重，都是当地企业远远无法企及的，因为他们已经在发达国家被更挑剔的工人和更严格的法规调教了几十上百年，在这些方面早已有了一套成熟做法，而且在做出投资决定时已将相关费用纳入了成本预期。

这种局面无疑让当地资本家备感压力，他们不得不提高待遇以留住工人，可是这些额外费用并不在他们原先的成本/收益平衡公式之中，突然加入很可能让本来有利可图的生意变成亏本买卖，所以确实有一些资本家会（和出于各种理由的其他人一起）煽动民族主义和民粹主义情绪，推动政府设置市场壁垒，以便将竞争者挡在门外，好让他们继续以较低待遇留住工人，当然，他们的同盟军中不乏为穷人利益鼓与呼的良心活动家。

怪种族歧视 这种理论认为，在欧美占人口多数且社会/经济状况更好的白人是统治阶级，而少数族裔是被压迫者，它为少数族裔相比多数族裔更为严重的贫困、失学、犯罪等社会问题找到了根源：种族歧视。

从统计上看，这种群体间的状况差异确实存在，而且也不乏与此相关的歧视，问题是，许多少数族裔，例如美国的爱尔兰人、意大利人、犹太人、华人，在历史上都曾备受歧视，华人不仅受歧视，还时常遭受欺凌，但这些族裔最终都实现了社会经济状况的提升，如今在统计上都不输于多数群体，其中犹太人和华人更是遥遥领先，在欧洲，恐怕没有其他族群比犹太人遭受了更多歧视和欺压，可他们也正是在学术和商业上取得最辉煌成就的族群。①

美国黑人的状况在"二战"后到20世纪60年代中期的20多年中曾经历了迅速改善,直到"伟大社会"终结了这一进程,而且正如穆瑞的研究所揭示的,"伟大社会"的"打击"对象并非仅限于黑人,福利制度在将贫困黑人困锁在内城贫民窟的同时,也创造了一个崭新的白人贫穷阶层。②

"奶妈"们对上述种种理论在逻辑上如何自洽,经验上是否得到支持,其实从来没多少兴趣,重要的是它们总是适时指明了方便的责怪对象,可以让她们替受委屈的宝宝出气,就像那张桌子,因为无论如何,受责怪的总不能是宝宝自己。

丧壳的寄居蟹

寄居蟹(hermit crab)是动物中利用外物来增强自身能力的杰出例子,它们借用海螺等软体动物留下的贝壳充当自身的第二套外骨骼,由于螺壳远比蟹甲更厚实坚固,因而提供了它们自己无法发育出的强大防御能力。为此,寄居蟹进化出了一个螺旋状的、没有甲壳的柔软腹部,以便将身体妥帖地套在螺壳里面,好带着它灵活移动。

人类同样懂得利用外物增强自身能力,并且将此艺术发挥到了出神入化的程度,利用工具、武器、火、衣服、房屋、车辆、

---

① 托马斯·索威尔:《美国种族简史》,中信出版社,2011;Thomas Sowell, *Migrations and Cultures* (Basic Books, 1997)。
② Charles Murray, *Coming Apart* (Crown Forum, 2012).

眼镜、手机……以至于现代人离开它们已无法生活，试想若将一名美军士兵的装备剥光，重置为一头裸猿，扔进荒野，他将如何生存与战斗？

而且人类还为自己创造了一种无形的外物——文化。每个人都会在成长时从所处社会环境中习得一套文化装备，这套装备赋予他许多如若脱离特定文化环境便没有机会获得的技能：算术让他会记账，处理复杂交易，制订精细计划；读写技能让他拥有了一种远程异步通信手段，并有机会访问一个庞大的知识库；计时和历法知识让他能与合作伙伴远程协调和同步多阶段任务；等等。

但文化装备不仅关乎技能，它还有另一方面的功用：引导和约束个体行为，使之更有效地趋利避害。这些约束有许多种实现形式，分别对应不同的心理机制，它可以是偏好和习惯，让个体习染于某些行为模式，以至于喜欢上它们，或将其视为理所当然；它也可以是价值观，让个体相信某些事物是值得拥有的，某些成就是值得追求的；还可以是道德观，让个体相信某些行为是不光彩的、可耻的，甚至邪恶的。

文化装备和我们的先天禀赋是相互协同配合、共同起作用的（就像寄居蟹的螺壳与其天生的螺旋形腹部相配合一样），在历史长河中，两者也是协同进化的。由于文化比基因的变异率更高、传播更快，所以它通常在这对协同关系中充当先行者，当环境的选择压力改变时，文化首先发生适应性调整，遗传上的适应则因变异率、繁殖差异率和代际更替节奏的限制而远远滞后于它。

以两性关系为例，不妨设想，在进化史的某个阶段，环境条件对父方的亲代投资施加了很强的选择压力，要求男性大幅提高对子女的投入，对此，文化首先做出反应，固定配偶关系开始流行，女性以性排他性承诺说服配偶加大投入，婚姻仪式被用于宣告这一排他性，性忠诚和贞洁观被纳入道德规范，以强化这一排他性，家庭逐渐取代社群成为生产/消费活动的中心，姻亲关系的重要性提升……

当这些文化模式持久存在，它们继而对人类心理构成了选择压力，因而遗传上的适应开始跟进：性嫉妒和对配偶出轨线索的敏感进化了出来，女性的发情期和性肿胀（sexual swelling）消失了，排卵周期被隐藏了起来，同时，两性的性快感变得更强烈，性交时间更长，体表的性敏感区增加，还出现了像热恋和爱情这样的独特心理模式……这些新特性，就像寄居蟹为适应螺壳而进化出的螺旋状腹部，会让个体更好地适应新的文化环境，在其中取得更高繁殖成就。[1]

类似的，人类历史上的一些重大转折，例如进入高纬度地区后面对的全新生态条件、后冰川期的食谱变化、向定居农业的转变、密集农业造成的高强度人口压力等等，都曾对人类构成了独特的选择压力，也都经历了文化适应先行、遗传适应继之的过程，在此期间，诸如勤勉、克制、节俭、审慎、有条理、守规矩等价值和道德元素逐渐确立，继而许多个体特性——诸如尽责性、宜人性、经验开放性和智力——发生了适应性改变（见第12章）。

文化与生物特性的协同进化，赋予了人类应对环境变化的无

---

[1] 该主题更详细的讨论见辉格：《沐猿而冠》，四川人民出版社，2015，第2章。

与伦比的适应能力,让我们成功适应了末次冰期以来的剧烈气候变动,并迅速征服了从极地苔原到热带雨林的所有生态区(在美洲,这种跨度的征服只用了一两千年)。可是,它同时也带给我们一种独特的风险:决定我们习得何种文化的教化与学习机制,并不总是能保证我们获取对自身最有利的那套文化装备,即便后者已存在于环境之中。

有几种情况会导致这一不幸。首先,个体在成长过程中可能会捡起一套并不适合他的装备穿在身上,并因此造成严重的适应不良,而且由于习得过程基本上是不可逆的,这个错误将遗患终身。犯这种错误是因为我们挑选装备的方式过于简单刻板,容易被愚弄,例如在价值观上,我们通常简单地效仿视野中声望高的成功者,或者同侪中相对地位较高者(见第13章)。

这套办法在熟人小社会十分有效,因为在职业和等级未经高度分化的群体中,适合成功者的装备通常也适合其他人,在流动性低、阶层间隔离度高的传统等级社会,它也足够有效,因为个人不太会错误地挑选与自己地位差距太大的人作为效仿对象,那要么明显行不通,要么因为缺乏了解而根本不可能。

可是在高流动性的现代开放等级社会,在发达的大众传媒环境中,它已经不那么有效了,个人被暴露在一个适当效仿对象很不明确的环境中,很容易挑错,例如你的高中同学中有几位已飞黄腾达,地位距离已拉得很远,你却仍在努力效仿他们,或者你在阅读了一本传记后将主人公奉为人生楷模,你甚至可能挑中一位小说或电影里的虚构人物。

这很像一些动物因其铭印(imprinting)本能而犯的错误,新生雏鸭会将自己孵化后睁眼看到的第一个活动物体认作母亲，此后就一直跟着它到处走，只要场景设置得当，铭印对象可以是一个人，或一条狗，甚至一架滑翔机。人类虽然没有那么刻板，但我们挑选效仿对象的方式显然也没老练到不会被一时一地的信息环境所摆布和愚弄，如我早先的分析所指出的，当代低生育文化或许就是此类错误效仿的结果（见第16章）。

野生自然条件下，雏鸭睁眼看到的第一个活动物体不是它母亲的概率很小，所以铭印不失为一种简单有效的策略，可是在人工饲养或实验室条件下，误认的概率就高得多，现代流动性大社会和大众传媒带给文化学习者的风险，与此十分相似。

其次，我们也可能因教化环境的改变而无法获取适当的装备，就像某些海域的寄居蟹因当地海螺种群衰减而难以觅得适宜螺壳一样。例如道德品行，我们认识和接受一种道德规范，并养成遵守它的习惯，是一个复杂的学习过程，其中既有对成功者的效仿，也离不开生活中实际遭受或目睹的奖励与惩罚，感受到的社会压力，对权威的敬重与顺从，对司法机器的忌惮，以及对刑罚的畏惧，等等。

这些条件中任何一项的削弱，都会妨碍个人领会并遵守既有的道德规范，削弱的原因可能是代表和执行这一规范的权威人物地位动摇，而挑战和取代者奉行的是另一套规范，一些部落社会在初次接触文明世界时，酋长的传统权威常遭受惨重打击，因为和传教士、殖民者和商人带来的现代医药、武器和经济机会相比，支撑酋长传统地位的那些能力和资源突然变得不值一提了。

削弱也可能是因为地方权威从社区消失了，例如一些社会在现代化过程中,地方精英受新兴的产业机会和城市生活的吸引而大批迁往城市,导致农村社区空心化、秩序瓦解、风俗败坏;另一个可能的原因是,地方权威乃至整个上层精英出于某种原因不再对下层施加道德压力,也不再利用他们掌握的资源(包括学校、慈善机构和司法机器)在下层社会推行规范了。

再次,危险来自寄生性文化。由于文化和基因有着相互独立的复制与传播通道,它们的进化利益并不一致,因而常会有一些文化模式以牺牲个体利益的方式促进自身的传播,它们就像传染性寄生物,只要能在杀死当前宿主之前成功感染上新的宿主,就不会为宿主利益而操心。一个可能的例子是独身禁欲主义,它显然牺牲了奉行者的利益,但增强了教派的组织与传播力。

同样,这个问题在流动性大社会出现之前也不严重,那时不仅群体规模小,相互间连通性也很弱,整个文化版图高度碎片化,体现这一点的证据之一是语言的马赛克分布,每种语言的平均母语人口只有小几千。[①]这种条件下,有害寄生性文化是无法持久存在的,它们很难在消灭宿主群体之前把自己传播出去。实际上,生理上的流行病也是伴随流动性大社会而出现的,一种病原体在人群中持续存在至少需要数十万级别的人口规模,而且需要足够频密的人口流动,以及若干中心传播节点(大城市或战场)。[②]

现代社会为文化流行病创造了前所未有的理想温床,并且很

---

① 辉格:《群居的艺术》,山西人民出版社,2017,第 II-2 章。
② William H. McNeill, *Plagues and Peoples* (Anchor Books, 1998), ch.1-3.

快被开发利用，各种成瘾性活动，狂热而病态的追星，强迫性的瘦身厌食，辟谷养生术，近乎变态的文身和身体穿刺，极度狂热的政治或宗教极端主义，其中最烈性的大概是那些邪教组织了，特别是自杀性教派，例如在1978年导致900多人集体自杀的人民圣殿教（The Peoples Temple）。

回到我的主题，当今下层贫困者的不幸在于，他们身处的文化环境囊括了上述所有妨碍他们获得适当文化装备的不利条件：国家以福利制度削弱其工作激励和对婚姻家庭的需要（见第17章），创造一个长期不工作、靠福利为生、藐视社会规范、不照顾孩子也不认真维持婚姻的群体，成长于由这样一个群体构成的文化环境中，他们的孩子是很难获得追求职业成就和稳固家庭所需文化装备的。

另一方面，过去数十年中，上层精英通过对学校、教会、慈善机构和司法系统实施的"奶妈"化改革，以及基于其政治正确标准的语言净化运动，全面解除了下层以往所承受的道德压力，也大幅减轻了他们触犯规则时可能遭受的惩罚，由此引发的贫民区混乱衰败和高犯罪率又吓跑了社区精英，完成道德教化所需文化环境于是被彻底摧毁，下层贫民由此沦为道德弃儿。

同时，文化潮流的走向也对他们极为不利：提倡让学生自由探索的宽松教育，对浪漫爱情的推崇，对注重经济安排的务实婚姻的轻蔑，任性放纵、及时行乐的嬉皮运动，性解放运动，教会权威的衰弱，以硅谷为代表的技术精英取代传统工商精英的文化英雄地位……还有毒品管制造就的庞大黑帮经济，概言之，传统文化装备的所有部件都在新潮流的冲刷下失去了光泽，沦为受人鄙弃的陈腐过时之物。

这些转变之所以对穷人尤其不利，是因为他们正是最需要这套装备的人。以教育为例，对一个家里摆满了书，父母常带他去图书馆、音乐会、博物馆，饭桌上谈论的都是高雅话题，邻居和往来宾客都是些事业有成者的孩子，宽松教育或许是有益的，可是对一个邻里社区中充斥着赌徒、酒鬼、毒贩和长期失业者的穷孩子，若不用一套充实饱满的课程与家庭作业占据其大部分时间，用具体明确的指示安排其学习任务，他很可能就被另一个学习环境带走了，让一个智商140的孩子自由探索，你可能得到一个爱迪生，可是让一个智商85且缺乏自制力的孩子自由探索，你可能得到一个"沙发土豆"或"网吧钉子户"。

婚姻也是如此。在现代社会，上层精英是最不需要稳固婚姻的，以婚姻扩大地产进而增强政治地位的封建制度早已瓦解，以姻亲网络维持权势的裙带政治也不再流行；当代产业生态和企业文化中，以家族联姻强化市场地位的古老做法也早已没有必要；而以上层的财力，婚姻破裂至少在财务上丝毫不会影响孩子抚养，他们在择偶时也无须考虑对方的资源条件和供养意愿，所以浪漫爱情和性自由是他们可以轻松享受的奢侈品，而且就算他们仍然珍视家庭，财力也可让他们内外两不耽误，一笔慷慨的抚养费可以迅速摆平婚外情惹出的麻烦。

穷人就不同了，特别是女孩，她们仍然需要一位可靠的丈夫一起抚养孩子，择偶时仍需将经济条件列为重要考虑，若条件允许，她们可能还希望借助婚姻在社会阶梯上攀升一两级，因为这是她们唯一能看到的上升机会。为此，她们仍需慎重择友，在确保对方做出可信承诺之前小心避免过早怀孕，除非甘愿沦为福利依赖者。在婚后，她们也仍需时时警惕，防备丈夫出轨，或提前为这一风险寻求物质保障。

下层穷人离不开适当教化环境来获取文化装备的最根本理由，是他们从父母处继承到优良禀赋的机会要小得多，因而往往缺乏自律、远见、判断力和自我学习能力，文化装备是对这一先天弱势的补偿性矫正，迫使他们在缺乏自行探索能力的情况下，仍可走在正确而有利的道路上。我曾经以同性恋为例解释了这一文化与基因的互补原理，在传统社会，迫于旧婚姻家庭伦理的强大压力，同性恋其实还是会结婚生育的，所以其性取向未必损及遗传收益，这也部分解释了为何同性恋相关基因未被自然选择剔除，然而一旦这一文化压力解除，他们可能就真的不生孩子了，于是走进了遗传死胡同。[①]

所以，如今的局面有点像：大家都卸掉装备，比拼裸实力，也就是先天禀赋，在这样的游戏中，下层显然会输得更惨。而且赛场上有一群选手并没有真的卸掉装备，他们只是口头上抛弃了它，暗地里却仍将它穿在身上，那就是中产阶级。当今中产子弟或许会在大学里尽情放纵，尝试各种新鲜花样，可是一临近毕业，面临生计和前途问题，就立马老实了，夹起尾巴系上领带投简历去了。

因为他们并不傻，人生重大关口拎得清什么才是对自己好的，他们也有足够自制力，在激素洪流过后能及时恢复冷静，在

---

① 辉格（HS: 471）。

玩够了之后知道赶紧收回心,他们的中产女友也没洒脱到放弃对配偶的财务要求。实际上,在经历了嬉皮士运动和性解放风潮之后,美国中产阶级的婚姻与家庭并未严重受损,例如,白人中产上层(以收入前20%为界)中,30至49岁的壮年人与配偶生活在一起的比例,从1960年的94%降至2010年的83%,而同时期下层白人(以收入末30%为界)的这一比例从84%骤跌至48%;同时,白人中产上层中生活在单亲家庭的孩子比例,从1960年的接近0升至2010年的3%,同期下层白人该数据从3%升至22%;而且中上层的这些变化主要发生在1985年之前,此后便保持稳定,而下层的恶化趋势则始终持续,迄今没有趋稳的迹象。[①]

中产阶级虽然行动上仍遵循着旧规范,可他们嘴上不会说,相反还可能装出一副赞同上层(约略相当于收入前1%者)树立的新规范的样子,这既是因为他们不想吃力不讨好地扮黑脸给下层施加道德压力,也是怕被上层瞧不起,因为这会暴露他们仍不得不勤勉工作、努力维护婚姻家庭而没有资格像上层那么任性洒脱这一无奈事实,而任性洒脱的资格正是上层与之拉开地位距离的关键所在。

这可真是一幅奇特的进化场面,寄居蟹曾从螺壳中得到了巨大利益,但也为此付出了代价,它们为配合螺壳而放弃甲壳保护的柔软腹部带来了一种独特风险:一旦丢失螺壳,或者因身体长大而需要换壳时找不到合适的新壳,就会变得异常脆弱,很容易被捕食者吃掉,如今下层穷人的处境,就像失壳的寄居蟹。

---

① Charles Murray, *Coming Apart* (Crown Forum, 2012), ch.8.

进化史上，也曾有一些寄居蟹抛弃螺壳，随后又在新的选择压力下逐渐恢复了腹部甲壳，例如椰子蟹（coconut crab），它们仅在未成年期需要螺壳保护，待腹甲发育成熟后便可抛弃。如今中产阶级的情况有点像椰子蟹，他们要么凭借优秀的先天禀赋或雄厚的资源实力而在抛弃文化保护壳后仍然地位稳固、事业有成，要么暗中仍保守着文化旧壳，只是秘而不宣，将它隐藏在新外套下面，而两者都做不到的个体则跌出了中产阶级。

但这一选择只是阶层筛选，而不是自然选择，跌落的个体被福利制度供养着，不仅未被淘汰，反而生育率更高，所以对于这个阶层，并不存在促使他们像椰子蟹那样重新长出腹甲的选择压力，在可见的未来，他们仍将长期暴露于让他们陷于贫困和福利依赖的文化影响之下而无力自拔。

19　断裂的阶梯

如前几章所述，人口转型削弱了中上层的地位竞争，截断了向下流动的瀑布，而福利制度则为地位竞争的败落者或弃赛者提供了一个安全港湾，让他们避免被命运的无情浪水冲刷而去，由此积滞而成一潭势渐漫漾的福利沼泽。这样一个奇特的，或许也是史无前例的进化局面，将带给我们什么呢？

锋芒向内

转变的第一个后果是，上层文化失去了外向张力。以往，由于中上阶层繁殖率高而容量又有限，因而总是有着强烈的扩张倾向，在不同的制度与地缘政治条件下，这一张力可能表现为地理上的拓殖与征服（见第7章），也可能表现为对事业发展空间的探索与开拓。

与外向张力相对应的，是一种自信而富有进攻性的上层文化，因为成功保持上层地位的人，往往也是（领地或事业空间的）成功开拓者，而成功将赋予他们自信，让他们相信自身文化优越于他种，有资格取而代之，或至少取得支配地位。当然，也有些社会的上层缺乏开拓倾向，主要通过内斗释放张力（见第8章）。

人口转型很大程度上消除了外向张力，然而人们相互争锋、一拼高下的本能却并未改变，结果是，攻击的矛头转向了社会内部，不过，这种相互攻击的性质不同于因压力过大而产生的内斗，后者是指向明确的：争夺资源、权力和地位，而前者攻击的方向和目标却是漂移不定的，它很像自体免疫疾病（autoimmune diseases）中免疫系统对自身组织器官的攻击，类似攻击也发生在各种过敏症（allergic diseases）中，差别只是后者需要某种外来过敏原的刺激，而前者不需要。

有意思的是，自体免疫和过敏（至少有一部分）是因为患者接触外来抗原的机会太少，免疫系统被过度闲置因而敏感度提得太高。① 这和一个群体对外扩张停止后内斗蜂起，在发生原理上十分相似：精英阶层中那些仍然好斗且富有进取心的成员，因为没有明显的外敌可以攻击，其战斗才能无处施展，于是开始内斗，诱发这种内斗的理由可以十分琐碎、无稽和任意，参与者也未必有明确而实际的目标或诉求。

正是在此背景下，西方文化卷入了一个自我否定和自我挫败的内塌漩涡，文化精英竞相攻击现代西方文明的核心价值，攻击出发点和理由五花八门，反基督教，反战，反帝国主义，反资本主义，反消费主义，反科学，反全球化，反大公司，相对主义，后现代主义，新女权主义，环保主义，文化多元主义，后结构主义，解构主义，新葛兰西主义，身份重叠主义（intersectionalism）……不一而足，往往相互间也是斗得不亦乐乎，只有在反西方反美帝这个核心问题上，才找到共同点，携起手来占领华尔街。

诚然，任何时代任何社会都有反建制的文化异类，而且总是

---

① Wikipedia: Hygiene hypothesis.

有小部分不得志的上层精英会将批判主流价值观用作与当权建制派展开地位竞争的手段，为此，有时他们会虚构一个其实从未存在过的黄金时代，或者将某个众人知之甚少的遥远社会描绘为桃源胜境。第二种做法背后还有个微妙动机：显示自己懂得欣赏异域文化，向来是上层博取声望的一种方式，因为这证明了他们有更大的活动范围、更广阔的文化视野、更多接触外来事物的机会，这些都与高地位联系在一起（见第2章），相反，下层在文化上总是更加狭隘和排外。

可是，即便考虑到这些动机，一大半有地位、有声望、生活优裕的文化精英都在痛斥支撑着他们所在社会的繁荣、让他们享受着无论以往或别处都从未有过的富足与自由的那套价值体系，却是史无前例的，而且这些精英的立场总是能得到年轻人特别是大学生的热烈追捧，而这些追捧者也都是该体系的受益者，绝非来自边缘或下层。

而且这些攻击者内心其实明白自己受益于该体系，他们足够诚实的身体暴露了这一点：那些免受其攻击甚至常得到其赞美的社会，并未吸引他们争相移居，虽然没人拦着他们。

要理解这一奇观，还需回到人类地位竞争的历史背景中。

在早期社会，一位有志青年若要为自己建立一个有分量的地位，就得"做出点事情"来证明自己，这可以是对敌对群体的一次清晨伏击（例如在安达曼人中），[1]或一次猎头[伊隆戈人

---

[1] Alfred Radcliffe-Brown, *The Andaman Islanders* (Free Press, 1964).

（Ilongots）]，①或贞操掠夺性强奸[萨摩亚人（Samoans）]，②或盗牛突袭（东非牧民），或盗马突袭（大平原印第安人），那些做不出什么事情的人会遭受同侪鄙视，在群体内人微言轻，抬不起头，甚至不被视为资格完备的成年人。

在这些社会，地位竞争的关键期是青春期和成年早期，此时，各种未经尝试的可能性还都开放着，你的许多重要社会关系（姻亲、工作伙伴、师傅和师兄弟、追随对象等等）都尚未绑定，他人也还没有对你抱定成见，因而正是放手一搏的时候，若是等到这些事情都已尘埃落定，再想争锋出头，改头换面，希望就太渺茫了。所以青春期躁动是十分普遍的文化现象，在暴涨的雄性荷尔蒙作用下，该年龄段的男性表现得极为狂躁不安、争勇好斗，因为这短短几年将很大程度上决定其未来一生的社会位置。③

可是在等级结构已牢固确立的大型社会，释放躁动的传统途径大多行不通了（除了在一些边境地带），地位竞争转向了更和平的事业：学门好手艺，找份好工作，组织一项工程，修条水渠，建座神庙，创造一部作品，考得功名，做上官……虽然这些事业同样得益于野心、冲劲和争强好胜心（它们也跟荷尔蒙有关），但更需要耐心、克制和自律。

和早先平等小社会不同的是，大型等级社会中，只有少数幸运儿能以某种事业而功成名就，多数人不得不接受平庸乃至卑下

---

① 罗纳托·罗萨尔多：《伊隆戈人的猎头》，北京大学出版社，2011。
② 辉格（HS: 5131）；德里克·弗里曼：《玛格丽特·米德与萨摩亚》，商务印书馆，2008，第 16 章。
③ 辉格：《群居的艺术》，山西人民出版社，2017，第 I-5 章。

的地位,他们并非没有憧憬过、躁动过,可是激烈严酷的竞争、资源的局限、等级樊篱的森严、对既得利益的武力捍卫,以及(在有些社会)对既有权利强有力的司法保障,迫使他们不得不收起锋芒,屈居于较为低下但至少还可立足的地位。

最近几代人中,这些条件都从根本上改变了,中上层的地位竞争因生育率下降而弱化,竞争仍然激烈,但不再那么严酷,失败者(或并未全力投入竞争者)有充足机会得到一个仍不失优裕自在的次优结果。从好的一面看,这鼓励一些人采取更大胆进取的策略,勇于探索、创新和挑战权威。但也有破坏性的一面,它让一些人肆无忌惮地寻找攻击对象,因为竞争虽已削弱,青春躁动本能却不会在短期内改变,同时,由于对外扩张已经停止,攻击往往指向内部目标。

不同于以往争夺资源和权力的常规竞争,这更像是一种游戏式竞争,如同体育竞赛一样,虽然参与者也不乏对权力快感和成就荣耀的追求,但脱离了现实功利性标准。正因为这种游戏性质,其目标飘忽不定,可以指向任何地方,只要足够刺激。

在20世纪上半叶的疯狂革命年代中,那些热衷于颠覆现有秩序的激进分子大多来自上层精英家庭,其中不乏贵族子弟,鲜有真正的无产阶级。若是在早先的严酷地位竞争局面下,如此胡闹的毛孩子会被其兄长们迅速而无情地镇压,可是如今却不同了,宽松的资源条件和社会的长期和平化提升了上层的地位安全感,因而变得更愿意容忍此类躁动行为,在更晚近的年代,这种容忍又因精英对待年轻人态度的"奶妈"化而愈加升级。

于是我们看到了一幅奇特的景象:决定社会地位的基本游戏

规则仍和过去大同小异，中产阶级仍在汲汲营营地维持体面生活，努力往上爬，而成功所需要的禀赋和行为准则也和过去一样。可是，每一代成功爬到上层的人，其子女中都会有相当一部分叛离那些当初帮助其父辈取得成就因而带给他们优越地位的价值与道德规范，成为一股攻击道德秩序的破坏性力量，尽管这些叛道者的人口比例并不很高，但是其财富、地位、良好的教育背景和艺术品位、广泛的社会关系，以及大量可自由支配的时间，让他们占据了学校、传媒、文艺、影视等最重要的传播节点，因而对文化潮流和意识形态走向有着压倒性的影响力。

叛逆英雄

上述趋势还得到了另一个因素的强化：现代的开放等级系统和发达的资本市场，创造了一些火箭般的高速地位蹿升通道。和过去的白手起家者走过的发家之路相比，这些高速通道对成功者禀赋组合的要求十分不同，变得更狭窄单一了，因为有了精细分工的市场，你只要有一项过人之处，并且其市场价值被投资者相中，他们就会帮你配齐所有你不具备的优势，打通所有你自己无法闯过的荆棘之路，无论对于发明家、商业模式创新者、演员、运动员，还是模特，都是如此（见第14章）。

这本身是件大好事，许多原本会被埋没的才华得以施展，许多原本挺不过艰难发育期的创新被发扬光大，可是它附带的文化后果却未必都是正面的，它让一些轻佻狂妄、漠视道德规范，甚至人格不健全、有着严重反社会倾向的天才，也有了功成名就的机会。而假如没有深度分工，没有律师、职业经理和投资者为他们铺路，让他们自己穿越荆棘丛丛的事业发展道路，与各色人等打交道，处理各种合作与交易关系，他们几乎注定会在某个环节上栽跟头，被淘汰出局。

这种情况最初出现在文学艺术界，然后是影视演艺界，接着是体育界。在当代，随着风险投资业的兴起，又扩展到了科技创新产业，两个显著例子是约翰·迈克菲（John McAfee）和埃隆·马斯克（Elon Musk）。此类反派明星在成功者中所占比例未必很高，但已足以为叛逆青年提供源源不断的效仿楷模，以及助长其"革命声势"的文化英雄。

精英气泡

竞争压力的减弱和对外扩张的停止，引出了另一个后果：文化日趋阴柔化（feminize）。中上层子弟变得日益娇嫩柔弱，这一点甚至从他们的躁动与叛逆行为中也可以看出：1936—1938年的西班牙内战中，来自数十个西方国家的五六万革命青年涌向伊比利亚，赴汤蹈火，15000多人死在那里；[1]20世纪70年代的愤怒青年虽然早已不那么爱打仗，却仍能零星地组织起一些像红色旅（Red Brigades）和地下气象员（Weather Underground）这样的暴力恐怖团伙；而当今的叛逆青年只会穿一身名牌坐在大街上自拍。

同时，他们也越来越不愿意离开自己熟悉的那片舒适小天

---

[1] Wikipedia: International Brigades.

地,去陌生世界探索闯荡。"一战"前的一个世纪中,两千多万英国人离开本土移居世界各地,其中70%的目的地处于英帝国之外。[①]众多名校毕业生将海外工作作为其职业生涯的起点,胸怀世界,四海为家,一时蔚然成风。然而"二战"后,这一传统迅速消退,精英和中产子弟日益龟缩到自己的安乐窝中,对外部世界既茫然无知,也缺乏兴趣。

这一退缩不仅发生在国际层面,即西方精英对第三世界丧失兴趣,也发生在西方社会内部,阶层间的文化隔阂不断加深,中上层搬进高度排他性的社区,组建自己的市镇和学区,去自己的教堂,下层的生活在他们视野中变得越来越遥远模糊,许多中上层对下层中最受欢迎的明星,最热爱的运动,最喜欢的车型,最普遍的娱乐消遣,最流行的电视剧、啤酒品牌、连锁快餐店,都茫然无知,闻所未闻,用查尔斯·穆瑞的话说,他们躲进了为自己构造的"精英气泡"(elite bubble)里。[②]

诚然,阶层间居住空间分化向来就有。不同的是,以往这种分化表现为一个相当连续的梯度,没有特别陡峭的断层,任何特定个体所生活的社区中,都存在一个局部的小阶梯,一位乡村自耕农的邻居中,既有比他地位高的乡绅和律师,也有低于他的雇农和铁匠,城市社区的地位梯度甚至更丰厚,虽然也能粗略识别出富人区和贫民区,但远没有20世纪的郊区化运动所产生的阶层隔离那样井然分明。

[①] John Gallagher, *The Decline, Revival and Fall of the British Empire* (Cambridge University Press, 2000), ch.1.
[②] Charles Murray, *Coming Apart* (Crown Forum, 2012), ch.3, 4.

有几个因素加深了居住空间上的阶层隔离(residential segregation):一是交通条件的改变(见第10章)。二是产业模式变迁,连锁零售/服务业的兴起,大批消灭了店主这一传统下层社区中非常重要的中产生态位,制造业的规模化也有类似效果,许多就近利用劳动力的作坊和小工厂不复存在,它们原先的老板也就没必要住在下层社区了。

三是福利制度,如我之前已解释的(第17章),福利制度让下层社区中的中上层个体丧失了社区领袖地位,而它带来的治安与道德问题则加重了他们留在那里的成本,因而加速其逃离。

四是平等主义文化,这可能有悖许多人的直觉,但其中道理并不玄奥:在一个社会经济状况注定不会平等的世界里,要想生活在一种高度平等主义的文化氛围中,就只能设法与自己状况近似的人住到一起。假如你相信每个人都有着相近的天赋与潜力,享受着同样的上帝恩宠,配得上同样的富足与荣耀,有着不分高下的生活情趣和艺术鉴赏力,奉行着同样的道德标准,因而谁也没有资格怜悯、鄙夷、斥责或教诲他的邻人,或以屈尊俯就的姿态表达友善,或在公共生活中拥有高于他人的支配力,那么,生活在一个状况差异巨大的社区就会让你很不舒服,因为你目睹的现实每天都在冲击着你的信念,让你忍不住冒出一些你向来讨厌的念头:他怎么就像个永远扶不起的阿斗?有些人怎么教都学不会,可能就是太笨?为何如此粗俗的东西竟然有那么多人喜欢?这些孩子也太可怜了,他们的父母难道不能更努力更用心一点?他连这样的事情都做得出来,简直禽兽不如!他们的头脑如此顽固封闭,总是被一些愚昧陈腐的念头占据,公共事务他们最好还是别瞎掺和了，可是他们竟然有投票权！

无论出于何种理由，一旦同类聚居的倾向出现，居住隔离是很容易经由个体分散选择而自发实现的。正如托马斯·谢林（Thomas Schelling）的分析所显示的，只要经济状况（或其他任何人口统计学指标）的分布在社区间存在初始差异（这可以只是随机出现而无须任何理由），并且有一些人不满意所在社区的分布，比如他觉得穷人太多，或者有艺术品位的人太少，就可能迁往该指标更符合其心意的社区，可是他们的迁出降低了该社区的这一指标值，于是剩下的人中有着类似倾向但不如他们强烈的那些，发现自己也待不下去了，也跟着搬走，如此循环加速，直至达到新的均衡点。[①]

躲进精英气泡的一个后果是，上层的意识形态和政治主张与社会现实日益脱节，由于对第三世界和本国中下层生活状态及真正困境所在极度无知，他们开出的旨在帮助中下层的药方往往散发着一股"何不食肉糜"的味道，最好的情况是不得要领、无济于事，最坏的情况则是严重恶化其处境。

例如，他们以为提高法定最低工资便可改善下层生活，可是在当今西方，下层最大的问题是失业，长期失业是一个穷人滑入贫困陷阱的主要通道，但凡有稳定工作者，即便薪水不高，也可过上体面生活，而最低工资法恰恰会将一些低技能工人赶出就业市场，推进贫困陷阱；类似的，他们在第三世界发动围剿血汗工

[①] Thomas C. Schelling, *Micromotives and Macrobehavior* (W.W. Norton, 1978), ch.4, 5.

厂和反对雇用童工的战斗，却不知道离开工厂的孟加拉女孩并未进入学校，而是上街做了妓女。[1]

他们将传统婚姻视为陈腐过时之物，努力为单身母亲"去污名化"（destigmatizing），也就是消除对婚前怀孕和婚外生育的道德压力，以为那会将女性从男权压迫中解放出来，这对他们自己或许是真的，可是对于下层女孩和她们的孩子，这是滑入贫困陷阱的另一条快速通道；[2]他们反对学校整肃课堂纪律，[3]以为下层孩子会和精英子弟一样聪明好学、自律上进，一样远离堕落、罪恶和街头帮派的诱惑。

他们推动政府对商品和服务质量实行越来越严厉的管制，推动司法系统对生产者施加不断升级的无过错责任（liability without fault），[4]而不会在乎生产者因此负担的成本最终都会体现在价格里，而穷人是最经受不起涨价的，所以这些管制的实际效果就是，以提高穷人生活成本为代价，减轻中上层对质量风险的甄别与警惕负担。

他们推崇有机食品，却不知道（或假装不知道）超市有机货架的价格标签让穷人只能绕着走，那些将麦当劳、肯德基斥为垃圾食品的人，恐怕没想过第三世界穷人不仅吃不起肉，牛奶、鸡

---

[1] Benjamin Powell, "A Case against Child Labor Prohibitions," *Economic Development Bulletin*, No. 21, July 29, 2014, Cato Institute.
[2] Douglas E. Schoen & Jessica Tarlov, *America in the Age of Trump* (Encounter Books, 2017), ch.4.
[3] Max Eden, "When Disruptive Students Are Coddled, the Whole Class Suffers," *Quillette*, December 1, 2019.
[4] 又称严格责任（strict liability）。

蛋都还是奢侈品，最急迫的问题是满足基本卡路里摄入，①为此几亿人还在冒着中毒风险以木薯为主食，②还有数亿人因过度依赖稻米而缺乏维生素A，导致每年数十万儿童死亡、更多人失明，而应对这一问题的方案——转基因黄金大米（Golden Rice）——在20世纪90年代便已开发成功，却因绿色有机运动的竭力阻挠而至今得不到推广。③

最近受到热烈追捧的反暖化斗士格雷塔·滕伯格（Greta Thunberg）堪当这一"何不食肉糜文化"的最佳形象代言人，这位来自瑞典精英家庭的16岁女孩竟然相信，配备卫星通信与导航设备的无动力帆船这种当代富豪的奢侈玩具，④是作为越洋旅行工具的商业客机的可行替代物，考虑到她家客厅里随便两把椅子就要花费18140欧元（不含运费），⑤这种魔幻念头或许并非那么不可思议。

与现实脱节的精英文化日益收缩为一种自娱自乐的封闭游戏，和圈外的世界变得不相干，因而失去了向下渗透的能力，因为忙于柴米油盐的大众根本不知道他们在说什么，也看不懂他们玩的是什么把戏，追随与效仿更是无从谈起。毕竟，又有多少人

---

① Derek Headey & Harold Alderman, "Why living in a poor country means you have bad food choices," *The Conversation*, August 29, 2019.
② Hipólito Nzwalo & Julie Cliff, "Konzo: From Poverty, Cassava, and Cyanogen Intake to Toxico-Nutritional Neurological Disease," *PLoS Negl Trop Dis*, 5(6): e1051, 2011 Jun.
③ Matt Ridley, "GM Crops Like Golden Rice Will Save the Lives of Hundreds of Thousands of Children," *Quillette*, December 1, 2019.
④ Wikipedia: Voyage of Greta Thunberg.
⑤ marioalonso187, "Greta Starter Pack," *reddit.com*, Dec 4, 2019.

有兴趣弄清楚 cultural appropriation 或 intersectionality 是什么意思，或 LGBTTQQIAAP 这一大串字母里的每个代表什么呢；纽约长岛市的穷人大概也很难想明白，把亚马逊轰走[①]会以何种方式给他们带来好处。

歧路滋蔓

人类固有的地位竞争本能让他们在每个局部小生态中都要争出个强弱高下，假如已经有一部社会大阶梯从外部世界延伸进了这个小生态，那么竞争的焦点就会聚集于如何沿着这部大阶梯往上爬，当地社会的价值标准也会沿该阶梯的引力梯度而被重塑，假如不存在这部大阶梯，那么一部独立的小阶梯便会从本地竞争中浮现，并且创造其独特的价值体系（见第13章）。

不过，现实情况大多介于这两种纯粹状态之间，即，虽然有一部大阶梯伸进了当地，但并非所有人都有望沿着它往上爬，或甘愿接受较低的位置，于是那些有能力也有野心却无望挤进主路的人，便在体系之外另辟竞技场，在等级结构上形成一条分支岔路，对主流价值构成一股离心力量。

就特定社会局部，哪股力量占上风，在多大程度上成为支配性力量，取决于哪条道路对那些力争上进但尚未选定奋斗方向的年轻人更具吸引力。在古代，妨碍人们踏上主路的，往往是主路本身的狭窄拥堵，以及重重路障，现代社会的等级开放将主路变

[①] Wikipedia: Amazon HQ2#Long Island City.

得极为畅通，造就了几轮社会大流动，也吸干了许多岔路支流。可是好景不长，最近几代人中，朝向主路的流动再次受阻，但这次的原因却和以往全然不同，并非因为主路变得更拥挤，而是上层的退缩令阶梯下部因失于维护而朽坏，不再能帮助年轻人踏足上攀。

这一朽坏表现在几个方面：（1）当中上层退缩进他们的舒适气泡之后，下层失去了引导他们进入主路的效仿楷模，也没有了迫使他们走在阳光大道上的道德约束；（2）上层精英整天用高音喇叭告诉他们，主流中产价值是坏的，甚至是邪恶的，根本不值得效仿，而那些仍然奉行着这套价值的中产多数，已乖乖闭上了嘴；（3）几乎所有本可帮助下层中有潜力者向上爬升的文化与制度元素（例如婚姻伦理和学校纪律），都遭受着上层精英的无情批判，其中许多已被消灭殆尽。（见第18章）

当通往主路的匝道堵塞，地位竞争便很自然地转移到其他方向。在西方下层，最常见的岔路是街头帮派，在帮派世界中，自文明起源以来所确立的美德都变得一文不值，竞争将依循古老的丛林法则展开，暴力、凶狠、狡诈和残忍将帮助你赢得老大地位。阿列克斯·科特洛维茨（Alex Kotlowitz）描绘了居住在芝加哥贫民区是何种感觉：整个生活被笼罩在无休止帮派战争的恐怖阴影之中，母亲们整天提心吊胆，不知何时会传来儿子的死讯，活生生就像前文明时代的丛林社会。①

和古代丛林社会一样，当代城市丛林中，随老大地位而来的

---

① Alex Kotlowitz, *An American Summer* (Nan A. Talese, 2019).

是权力和财富，以及更重要的——性伙伴与后代数量，几乎所有相关研究都显示，下层社会中，犯罪倾向与性伙伴及后代数量呈显著正相关，帮派地位同样如此：老大最多，帮派成员其次，非帮派成员最少。一份英国的同龄组研究发现，反社会倾向最高的10%的男性，其后代在下一代中的比例高达27%，这一繁殖优势，比第11章极简模型中假设的数字，要高得多。①

---

① Anthony Walsh, *Social Class and Crime* (Routledge, 2010), ch.3.

20　美丽新世界

过去几万年中逐渐涌现的等级结构，构造了一个进化的全新舞台，在其中，地位竞争成为一种新型选择压力，它既塑造着社会的文化形态，也改变着我们的生物学特性。过去几千年间，这一进程随定居农业的发展而急剧加速，最终，文明之花从中盛开。

自然界的生存竞争是严酷无情的，可是正因此，它创造了复杂精妙、美丽多彩的生命世界，其中也包括我们体验和赞赏这些美丽的能力；人类社会的地位竞争曾经同样严酷无情，可是也正因此，它塑造了我们追逐声望和追求卓越的本能，以及鼓励这些追求的文化结构。

和生存竞争一样，地位竞争中既有对抗，也有合作，哪一种更多，取决于具体的博弈条件——选择劫掠或勒索，还是选择分工与交易，哪个胜算更大？有些社会很幸运，走上了一条让分工与交易变得越来越合算的制度发展之路，将地位竞争的努力引向了创造与建设的方向；在一个自由市场中，越来越多（虽然从来不是全部）出人头地、飞黄腾达者，他们因为创造了对他人有价值的东西而成功。

市场在过去数百年间所造就的开放等级系统，引发了如洪水般的社会流动，让无数原本会被埋没于下层的才俊大显身手，挥洒其创造力，而且其中许多并不热衷于地位竞争，因为创造过程及其成果本身已提供了足够激励，在地位竞争这一原初动力为创造活动搭起了所需的心理和文化结构之后，即便没有它的直接推动，创造热情也不会消逝。

文明的退潮

然而，正当文明以不可阻挡之势喷薄绽放时，驱动它的基础引擎却开始慢慢失去动力。虽然它凭着惯性和余热仍在释放着耀眼光芒，仍在不断涌现出激动人心的创造，登上一个又一个成就巅峰，可是当我们近探细察孕育这些果实的文化条件时，却不难看出，其中许多正在显露颓势。

曾经是现代文明孳蓄故苑的欧洲，已日渐丧失创造力，自"二战"结束以来涌现的文明成就中，来自欧洲的越来越少了；盎格鲁世界本身依然活力充沛，但它引领和改变世界其余部分的作用已远不如前，它已不再年复一年地将大批雄心勃勃的青年才俊送往世界各地，相反，如今它更像一部巨型抽水机，将各国才俊吸入其繁华都市和学术中心。这种内向收缩同样发生在发达社会内部，中上层仍然在吸纳下层中的优秀者，但向下流动的瀑布已经枯竭，精英躲进舒适气泡，不再理会下层（虽然他们仍假装在关心）。

据查尔斯·穆瑞的量化分析，人类在文学和艺术上的创造力于19世纪中期达到巅峰，此后便走上了下坡路（音乐的下坡还要来得更早），尽管自那时以来社会富裕程度已成倍提高，有条件参与创作的群体和文艺作品的消费市场，都扩大了几个数量级，可是产生传世杰作和天才巨匠的频率却降低了；巨匠减少的趋势也存在于科学界，只是科学成果的可积累性和科学工作的集体合作性质，让它在缺少巨匠的情况下仍可在前人基础上凭借从业群体的巨大规模而维持高速发展。[1]

这些下滑趋势并不出人意料，因为有助于个人取得成就的各种个体特质——智力、好奇心、勤奋、争强好胜心，在过去一个世纪中都经历着不同程度的负面选择，简单说，成就越高者，生孩子越少。文化环境同样在向不利于成就的方向转变，特别是阴柔化，在阴柔文化中，人们更关注人际关系的和谐和情绪状态的舒适，照顾好每个人的情绪、确保当下的快乐与幸福，是高于一切的诉求，进取开拓、追逐成就则是次要甚至不受鼓励的，因为那总是与野心、好强、竞争、拼搏、对抗联系在一起，并且不可避免地伴随着危险、痛苦、受伤、焦虑、挫折和沮丧；"奶妈"社会只是文化阴柔化的一种表现。

文化的阴柔化和内缩倾向，都源自社会上层地位竞争强度的减弱，而后者又起因于生育率下降。试想，假如每代上层子弟都不得不努力拓展新领地——无论是地理上的还是事业空间上的——才有望避免地位大幅跌落，他们就必须鼓起勇气走出自己的舒适区，关注气泡之外的广阔世界，因而其文化不可能是阴柔内缩的。对比一下20世纪两个世代的文化气质，或许可以帮助我们理解这组因果关系。

---

[1] Charles Murray, *Human Accomplishment* (Harper Perennial, 2004), ch.21, 22.

当代内缩文化的许多特征最早出现于美国所谓"迷失的一代"（The Lost Generation），这代人在"一战"后开始成年，所以刚好躲过了战争，又赶上了20世纪20年代的经济繁荣，比他们大几岁或十几岁的兄长们大批死于战场，上层的比例尤其高，结果，当他们进入就业市场时，发现竞争环境极为宽松，往往年纪轻轻就能坐上前辈奋斗十几年才可能挣到的好位子。例如生于1909年的彼得·德鲁克（Peter Drucker），20出头就担任了一份大报的资深编辑，这在早先几乎不可能，据他回忆，这并非因为他表现多出色，而是当时他身边根本见不到30多岁的人，他们都躺在墓地里了。[1]

当这一代人在20世纪20年代步入青壮年期时，带来了一种叛逆、享乐、放纵和玩世不恭的文化，史称"咆哮的二十年代"（Roaring Twenties），爵士乐和蓝调大为风靡，常用于为慵懒或迷醉的舞蹈助兴，女性裙子迅速变短，衣服变得松垮，严肃积极的维多利亚遗风备受评论家嘲讽，传统性伦理与性角色也开始遭受冲击，在许多方面与40多年后的那场运动颇为神似（一个显著差异是当时还没有后来那种"奶妈"式溺爱）。[2]

这个年代随大萧条降临戛然而止，随后成长起来的是"最伟大的一代"（The Greatest Generation），他们在青少年期承受了大萧条的艰辛磨难，接着又在"二战"中越洋跨海，经受战火考

---

[1] Peter F. Drucker, *Adventures of a Bystander* (Transaction Publishers, 1994), ch.4.
[2] David J. Taylor, *Bright Young People* (Farrar, Straus and Giroux, 2010). Wikipedia: Lost Generation; Roaring Twenties.

验,这些经历使得他们的文化气质与上一代形成了鲜明对照,道德上保守严谨,工作上勤勉上进,珍视传统婚姻与家庭,热心社区事务;与这些相伴随的,是大幅反弹的生育率。或许得益于海外作战经历,以及民用航空让世界变得更小,这一代也异乎寻常地关注外部世界,这是帮助美国在战后建立霸权并最终打赢冷战的一个不可忽视的因素。

像大萧条这样的极端经济困境,会让人们切身体会到地位竞争的严酷,而全面战争则会从心理上强化他们对资源竞争强度的感知,这些将激发他们进入战斗状态,准备好迎接痛苦和磨难,挥洒汗水与鲜血,一旦切换到这种斯巴达模式,社会的阴柔气将被一扫而空。在人类历史上,此等高强度竞争始终是主导个体行为和文化模式的基础背景条件,而如今,至少在人们的感知和预期中,这似乎成了一种非常状态。

平克式乐观主义

在他最近的两本书里,斯蒂芬·平克收罗了大量数据和图表,力图展示自文明诞生以来,特别是过去几百年间,人类境况所经历的巨大改善:暴力活动成数量级地减少,寿命大幅延长,饥荒、瘟疫、自然灾害、慢性病、事故等苦难根源一个个得到控制,技术进步和市场发展不仅带来了前所未有的物质财富与科学艺术繁荣,也惠及了远离这些创造活动的地区和人群,体现为绝对贫困的持续减少。基于这诸多方面的持续改善向好趋势,平克对未来满怀乐观,因为在他看来,帮助人类取得这些进步的基础力量——科学、理性和人本主义（humanism）——仍在发扬光大。①

对于那些不遗余力攻击现代文明，将整个近代史描绘为充斥着罪恶、压迫、杀戮、欺凌和剥削的黑暗年代的后现代进步主义者，以及众多被他们蛊惑裹挟的愤怒青年，即平克所称的进步恐惧症（progressophobia）患者，平克的著作不失为一支及时的清醒剂。尽管他选取和组织材料的方式有不少可议之处，但他指出的基本事实却是无法否认的：文明诞生和现代化，确是人类状态的两次大跃进。

问题是，对以往成就的肯定能否简单外推为对未来的乐观？平克的两部皇皇大作堆满了数据，却几乎没有任何因果分析，他对进步的归因只是一种信念表达，没有任何严肃论证，甚至没有一个理论模型来说明他的三大法宝（科学、理性和人本主义）会以何种机制经由何种路径导致进步，更不用说以经验证据来支持这种理论了。②

缺乏因果分析的结果是，在平克描绘的进步故事中，完全没有生长发育的过程，鲜花与果实无缘无故就冒了出来。他确实为进步安置了一个基础：理性（另外两大法宝其实只是换了名字的同一个东西）。可是，理性并不是最近才发育出来的人类禀

---

① Steven Pinker, *The Better Angels of Our Nature* (Penguin Group, 2011); Steven Pinker, *Enlightenment Now* (Viking, 2018).
② 许多评论都指出了这一缺陷，例如：Craig S. Lerner, "Have a Nice Millennium," *Claremont Review of Books*, Vol.XII, No.1, Winter 2011/12; John Gray, "Unenlightened thinking," *New Statesman*, 22 February 2018。

赋，前文明或前现代社会的困境也并非因为缺乏理性，正如对人类合作与冲突的博弈分析所揭示的，陷于囚徒困境和霍布斯陷阱（Hobbesian Trap）的博弈各方可以是完全理性的，而真实世界中的尔虞我诈者、背信弃义者、谋财害命者、施展马基雅维利伎俩的阴谋家、冷酷无情的暴君、你死我活赶尽杀绝战略的奉行者，也都可以是高度理性的。

个体理性并不会自动带来社会的整体向善，后者需要以一整套特定的制度与文化结构为前提，而如我一再解释的，这些结构是在极为特殊的文化土壤中，沿着一条独特的成长路径，经历了数百年漫长历史，才逐渐发育成形的，而由这套结构孕育出经济繁荣、工业实力、组织效率，并最终转变为武力优势和政治霸权，从而将其推展到全球，又花了几百年，所以当我们追溯这根发育链条时，会发现各环节上的改进与成熟，有着非常大的时间差；反过来同样如此：当系统从根基上出现锈蚀病变时，其上层表现的退化也会滞后好几代（虽然这两种时间差并不会对称）。

正是在因果关系问题上的漠视与轻率，让平克式乐观主义者对深层病变缺乏起码的敏感与警惕，他们自然也无法理解，为何在他们看来正当理性光芒空前耀眼之际，进步恐惧症却如此流行，而且最流行的地方，恰恰是他们眼中理性浓度最高的群体：学术界和文化精英圈。

本笃选项

近年来，一些保守派人士对西方传统的衰微和制度基础的腐蚀深感痛心疾首，甚至惊恐绝望，其中以文化/宗教保守派最为悲观，一个极端例子是所谓"本笃选项"（Benedict Option）。在一部同名著作中，罗德·德雷尔（Rod Dreher）宣称，保守派已毫无悬念地输掉了当前这场文化战争，因此他号召基督徒认清现实，准备好迎接黑暗时代的来临，就像努西亚的本笃（Benedict of Nursia）在罗马崩溃后所做的那样，礼失求之于野。

德雷尔的意思倒不是让大家遁入山林过苦修生活，而是放弃与自由派的意识形态缠斗，将重点从全国性政治舞台上的角逐转移到自治社区的建设上来，重建教会，重塑行为规范和生活方式，自办学校，在文化上与主流社会全面脱钩，准备好承受异端地位带来的所有负担、苦难，甚至迫害，通过这些努力，力求让传统在丧失其主流地位后仍可在局部延续香火，指望以其活力逐渐吸引更多人加入，期待有朝一日传统得以复兴。①

可惜，这种想法太天真了。确实，建立自治社区，脱离主流文化，不失为保持传统的一条出路，现实中也并非不可行，阿米绪人便是个成功例子，而且他们的社区相当健康兴旺。问题是，这需要一个容忍异端存在的大环境，不是所有社会都容得下阿米绪人的，只有像美国这样的自由社会，才可能容纳贵格派、震颤派（Shakers）、阿米绪人、胡特尔派（Hutterites）、门诺派、摩门教、哈雷迪犹太人等众多生活方式迥异于主流的异端群体。果若自由基石垮塌，黑暗时代降临，以现代国家机器的暴力强度和权力渗透度，是不会给另一位本笃留下存身之地的。

---

① Rod Dreher, *The Benedict Option* (Sentinel, 2017).

但其实我们不必这么悲观。

德雷尔式悲观主义源自另一种简单外推,不过并不像平克式那么简单,它认识到了文化/制度基础与文明成就之间的因果关系,以及两者在兴衰起伏上的时间差,但它忽视了反馈机制的作用——各种负反馈的存在,让某些趋势不会无限延续。在大型社会这个复杂系统中,因果链不是单线索单方向的,而是有着众多反馈回路,当基础条件的锈蚀导致状况恶化时,人们会对之做出反应,调整自身行为,幸运的话,这种调整可能会逆转文化潮流和政治风向,因而重新修复加固正在朽坏的基础。

当然,此类反馈通常不会很灵敏,有时状况恶化到非常严重才引起反弹,而且往往需要某种像大萧条、珍珠港事变或"911"那样的震撼性事件来触发,还有些调整则只能随世代更替而发生,这也是文化长期演变的基本节奏,因为中老年人的观念与习惯已很难改变,这就注定调整过程会十分漫长,而且,如同任何复杂系统一样,依靠负反馈实现自我稳定的有效区间总是有限的,当反馈调节在状况越过临界点之前未能及时将其遏制扭转时,系统就会崩溃,这种风险是永远存在的。

不过,即便考虑到所有这些局限,我们仍有理由对未来保持适度乐观,因为目前所能观察到的种种腐蚀性因素,追根溯源,都和文明本身过于成功有关:世界太和平了,安全感太高了,中上层生活太优裕舒适了,资源条件太宽松了,地位竞争强度太低了……一旦状况开始大幅恶化,这些条件都会逆转,另一方面,历史经验已经展示了,确实存在一些反馈调节器。

退行的挡板

有几种机制会阻止系统在通往自我毁灭的道路上滑得太远。

财政危机　福利制度会削弱工作激励,并创造一个不断壮大的福利依赖群体,因而总是会自动膨胀(见第17章),同时,财政收入受拉弗极限①制约,不可能无限扩大,最终必将导致财政困难,而且这种困难往往会以债务危机或政府破产等爆炸性方式发生。这是因为福利项目的增加和财政负担的提高之间有很长的时间差,而政治家几乎没有任何动机控制未来的财政负担,却有极大激励在当下讨好选民。

同样,当财政困境日益逼近时,政治家都会倾向于能拖就拖的办法,因为只要预算里还能挤出一分钱,主动提出砍福利就是政治自杀。结果,虽然大家都心知肚明财政已不可持续,却都宁愿等着让危机来解决问题,只有当选民相信政府口袋里真的没钱了,砍福利在政治上才变得可行,即便那些改革决心十分坚定的政治家,也需要借助危机东风来推动改革议程。

在美国,福利制度的恶果在20世纪70年代后期便已展露无遗,主张小政府的里根主义也在此时兴起,但里根(Ronald Reagan)任内并未拿福利制度开刀,其改革重点放在减税和去管制上,实质性的福利改革一直等到20世纪90年代中期纽特·金里奇(Newt Gingrich)领导的"与美国立约"(Contract with

---

① Wikipedia: Laffer curve.

America）运动才开始。因为此前减税的好处已深得人心、难以撤回（老布什因为后退了一小步就输掉了选举），于是福利膨胀只能导向财政危机，金里奇改革最终是在克林顿政府两次关门（分别关了5天和21天）之后才大功告成。①

有时危机会因外部条件变动而以更突然更激烈的方式发生，一个颇富戏剧性的例子是新西兰，该国从20世纪30年代起便亦步亦趋地照搬了英国的整套福利制度，而且得到主要党派的一致拥护，但20世纪70年代的一系列变故——新西兰主要出口市场因英国加入欧共体而突然竖起壁垒，羊毛降价，石油危机——让新西兰财政濒临破产，迫使工党政府在20世纪80年代实施了一系列相当激进的市场化改革。②

犯罪 "所谓自由派就是还没被抢劫过的保守派"——这句俗话虽很粗糙，却道出了一些真相：当一个社会变得越来越舒适安全时，对其成员的道德约束便会松弛，治安与司法系统也将随之而颓弱懈怠，因为人类的道德感和司法系统就是在逃离霍布斯陷阱的努力中发展出来的，因而约束与惩罚规范偏离者的意愿总是与不安全感联系在一起。当道德纵溺让治安恶化到一定程度时，会自动触发矫正过程，例如20世纪七八十年代纽约市的猖獗犯罪便促成了朱利安尼（Rudy Giuliani）任期内的改

---

① Wikipedia: Newt Gingrich; Contract with America; Government shutdowns in the United States.
② Wikipedia: Rogernomics.

弦更张。①

但这一矫正机制已不如过去灵敏，因为阶层间居住隔离的加深，使得贫民区的治安恶化不容易被中上层直观感知到，进而难以触发其安全焦虑，虽然在芝加哥差不多天天有人被谋杀，但该市中产社区的居民并未感觉很不安全，因为绝大多数凶杀案都发生在贫民区，而且通常双方都与街头帮派有些牵连。由于舆论和政治议程皆由精英所主导，只要他们无动于衷，事情就不会有转机。

这就意味着，局面必须恶化到犯罪行为大量溢出贫民区，才能触动中上层做出反应。溢出程度和滋生于下层社会的平行阶梯的深度有关，假如禁毒禁赌禁娼等政策创造了一个庞大的黑色经济，帮派就会繁荣兴旺，形成丰厚等级，其中的权势大佬凭借雄厚资源足以在主流社会兴风作浪，并渗透进司法系统和政府机构。

战争 战争或许是最有效而全面的退行阻挡器，一场存亡攸关的大战（只要不打输）将迅速扫除文化中的委顿阴柔娇纵之风，逆转内缩倾向，以及最根本的：重新拉高生育率——就像"最伟大的一代"所创造的神奇大逆转那样；在一定程度上，战争是治安问题的国际版，但它对人心理上的冲击力是后者无法比拟的，罗伯特·帕特南（Robert Putnam）在《独自打保龄球》(*Bowling Alone*)一书中描绘了战后美国社会心理与文化的独特气质，以及

---

① George L. Kelling, "How New York Became Safe: The Full Story," *City Journal*, Special Issue 2009.

这些特质随"最伟大的一代"退场而逐渐衰微的过程，这一代创造的文化与前后几代都形成了鲜明对比。①

文化冲突 价值阶梯断裂的一个后果是，西方社会越来越难以在文化上同化其源源不断输入的移民人口了，这是价值歧路蔓生的国内版，考虑到移民规模和巨大的生育率反差，两种文化的力量对比将会加速改变，最终必将爆发冲突。实际上，这一冲突已经开始，只是目前尚未发展到内战的程度。

同化发生障碍的原因和下层文化脱离主流的原因一样：上层文化失去渗透力，上层解除对下层的道德压力，以及福利制度的纵溺效果。假如你不需要努力找工作挣钱养家糊口，就没有了融入主流文化的动机，要知道，融入是要付出很多代价的，不仅需要艰苦的学习和调适，往往还要忍受种种误解、尴尬、歧视，甚至屈辱，这是一场持续突破心理舒适区的长期奋斗，若非生活所迫，许多人宁愿躲在同乡社区的安乐窝里。

更糟糕的是，随着未融入群体的壮大，拒绝融入的成本也在降低，因为躲避融入者不仅比以前更容易找到文化安乐窝，也更容易在同源群体内工作挣钱和施展事业雄心了，于是新移民的融入动机就会进一步削弱。

和战争一样，未来的文化冲突将重塑社会的文化面貌，因而成为退行的挡板，但它也可能是退行的加速器，这取决于哪一方在冲突中取胜。一个乐观因素是，欧洲国家足够多，其移民比例和融入障碍都差异很大，那些冲突最早爆发的国家，特别是其中

---

① Robert D. Putnam, *Bowling Alone* (Simon & Schuster, 2000).

某个若是输掉的话，将拉响一支高分贝的警笛，足以在其余国家激起连锁反应，让它们在尚未太晚之前完成逆转。

从历史中学习？

上述各种机制似乎暗示着，未来的文明进程将是一种周期性的摆动，一定程度上可能确会如此。但我们也需考虑到，人类是有记忆和反思能力的动物，有潜力从历史中学到点东西，无论这种能力多么粗陋、脆弱和拙劣，历史都不会简单地重复自己。

没错，集体历史健忘症是人类常态而非例外，苏联解体曾被认为终结了一场重大意识形态对抗，可是这枚棺材钉子的寿命只有十几年，消沉一时的意识形态很快又在知识界满血复活，杰里米·科尔宾（Jeremy Corbyn）和伯尼·桑德斯（Bernie Sanders）也赢得了新一代革命青年的热烈追捧。健忘症表现最淋漓尽致的，大概要数拉美了，那里的选民对上一次灾难的集体记忆很少会超过一个选举周期。

不过好在，集体行动上表现出的健忘并不等于历史记忆的彻底抹除，人类有着海量个体，而发达的现代文明确保了历史会被以大规模分布式存储的形式记录，并且这些记忆会在足够多样的理论框架下，从足够多样的视角被整理、叙述、解读、回忆和运用。那些有益的历史经验或许会长期遭受冷落，但只要还有那么一小群学者记得它，时不时提及和运用它，甚至还在持续打磨、精炼和发展它，那么，当下一场灾难来临时，这一知识传统便有机会跳出它藏身的阴暗角落，大放异彩，而有了这样的知识准备，危机中的调整就不会是简单地退回老路，人们会寻求一些制度安排以预防灾难再次发生，当然那不可能是完美的，而且任何调整都可能引出新问题，但进化向来就是以修修补补的方式进行的。

不同社会（或民族）从历史中学习的能力有着巨大差异，尽管技术上早已没什么障碍，但并非每个民族的知识精英都那么执着于理解和反省自己的历史，就像英国人在滑铁卢已过去两百年后仍在孜孜不倦地努力弄清那场战役的每一个细节，这种差异最终将体现在一个社会或一种文化的自我更新、自我完善的潜力上，以及在经历每一次兴衰轮回之后，是否能学到一点教训、做出一些改进上。

文化再适应

在更长的时间跨度上，这种基于历史经验的有意识调整或许还不是最重要的，更深层的调整将以文化自发演变和遗传再适应的方式发生。我们无从猜测演变的具体过程与结果，不过大概可以框定一些边界条件，一种新文化若要脱颖而出，成为主导未来文明进程的新力量，它看来至少需要具备这样一些特征：（1）有助于其成员参与现代市场，在其中取得经济成就，创造文明成果，并依此获得声望与地位；（2）愿意且能够继承和维护现代文明的制度基础；（3）令其成员的生育率显著高于替代水平。

许多保守教派都满足第三个条件，最突出的是阿米绪人和哈雷迪犹太人，但两者都不满足第一个条件，事实上他们的独特文化和高生育率都是依靠将自身刻意隔绝于现代文明而维持的，而且都在其内部压制地位竞争。不过并不能排除这样一种可能：此类教派未来会走向主流化，同时又保持一些关键文化特性，而这些特性将确保其较高的生育率。

摩门教便是展示这一进化路径的典范，它曾经是一个非常旁门左道的边缘教派，但历经一百多年的分化演变，如今已高度主流化，同时又成功保守了有关婚姻家庭和勤勉朴素的传统价值观，其生育率虽已大幅下降，但仍高达3.4，近两倍于美国全国水平。

实际上，当一个异端群体的人口迅速膨胀时，主流化是不可避免的，因为他们的独特生活方式只能在一些特殊生态位中才能维系，当这些生态位日益拥挤时，就不得不做出妥协和调整。阿米绪人原先都以传统家庭农业为生，可是现代产业体系留给家庭农业的空间十分狭窄，随着获取新土地的成本日益上升，越来越多的阿米绪人不得不转向制造业和服务业，有些阿米绪社区的农业人口已不足1/3。[①]

谋生手段的转变迫使他们更深地卷入现代世界，面临文化冲击，结果是一系列的妥协与折中，例如阿米绪教规原本禁止使用电力、汽车和电话，可是这种排斥让工商活动无法进行，妥协的结果是工作场合可以用柴油发电机（但不接通市电）和电话，为推销产品甚至可以建立网站，为生意上的事情出门可以坐出租车（平时仍只能坐马车），他们的特殊需求还催生了一种功能被严格

---

① Tim Stuhldreher, "The Amish Effect: Unique cultural strengths help Plain Sect businesses thrive," LancasterOnline.com, Mar 19, 2016.

限定、只能用于工作的电脑。①

有意思的是，这些妥协既不是全体转变，也不是单纯的个体分散决定，而是以教派分裂（schism）的方式发生。每当一种新的现代元素被引入时，便会引发争议，假如社区长老无法就是否接纳新元素达成一致，部分成员就会分裂出去另立门户，或者加入某个合其心意的既有支派。随着对现代经济的卷入日益加深，这样的分裂每隔若干年便发生一次，久而久之，产生了众多保守程度不一的阿米绪支派，形成了一个从最保守到最开明的连续光谱。②

这一光谱被社会学家称为"再洗礼宗自动扶梯"（Anabaptist Escalator），处于保守端的社区往往地处偏僻，以务农为生，生育率也最高，越靠近开明端的，经济越多样化，生育率也越低。随着扶梯底部的人口增殖，源源不断地有人沿着扶梯往开明端走，从扶梯顶部再往上的那些，便进入了主流社会，但和其他主流群体相比，他们在文化上仍然十分保守，往往会成为福音派基督徒（evangelicals）。

"再洗礼宗自动扶梯"演示了一种极具潜力的文化进化模式，它就像一种并行搜索算法，众多支派分头朝不同方向小步试探，尝试旧传统与现代元素的各种可能组合，由此找出那些能让社区繁荣兴旺的文化模式。这一过程无须一位伟大先知的远见卓识和

---

① Charles E. Hurst & David L. McConnell, *An Amish Paradox* (Johns Hopkins University Press, 2010).
② 各阿米绪支派对现代元素的接纳情况可参见 Wikipedia: Subgroups of Amish#Use of technology by different Old Order Amish affiliations。

组织策划，他们甚至不需要有意识地追求繁荣兴旺，因为自然选择会自动剔除那些导致衰败的组合方案。更重要的是，在一个和平与法治的大环境中，脱颖而出的成功方案不会是靠掠夺欺诈而成功的，而只能是靠有效参与市场活动。

当然，我并不是说未来希望就寄托在阿米绪人身上了，毕竟他们还要一百多年才能达到摩门教的规模。况且阿米绪人走的是一条社群主义（communitarianism）路线，与现代文明的个人主义内核是格格不入的，未来当他们完成主流化时，是否能在接纳个人主义的同时保持足够的独特性（特别是高生育率），尚未可知。但他们的故事至少可以拓宽我们的想象力，帮助我们辨识文化进化的各种可能模式与路径。

新教革命以及此后的历次大觉醒运动（Great Awakenings）中诞生了众多教派，而且同样经历了持续的分支裂变，形成了一部部从保守到开明的小扶梯，他们并非都像再洗礼宗那么社群主义，却都在一个或大或小的局部改变了文化面貌，并留下了持久影响。就分头并行探索尝试这一点而言，他们可以说是在更大人口规模上、更广阔的可能性空间中上演了阿米绪式的进化历程。

除了宗教，类似的文化进化也发生在人类生活的其他领域，例如近些年来正在美国蓬勃兴起的特许学校（charter school）运动，连同已经存在的私立学校，它们也在朝不同方向并行探索，有强调经典和通识教育的，有侧重艺术品位的，有开拓文化视野的，有激发公共事务参与兴趣的，有注重培养工作伦理的，有提倡自由探索宽松教育的，也有营造高强度竞争氛围以追求学业成就的，有专门针对问题儿童的，还有一些是实行军事化管理的少年军校。[①]

社群还是个人？

文化进化的一个障碍是规模门槛，当一些个人尝试一件新的文化套装、实践一种新生活方式时，若不能找到足够多的同道，就会非常艰难，因为他们会被视为异类，遭受冷落和排斥，招来敌意，陷于孤立，他们的美德与精致在他人眼里只是古怪离奇，甚至荒唐可笑。正因此，历史上各种基于个人自由组合的实验性社区大多无疾而终，热情过后很快回归主流，只有像阿米绪人这样紧紧抱团的社群主义群体，才能长期维持其文化独特性。

社群主义区别于个人主义的关键是，它施加于其成员的，是一套覆盖生活所有方面的整体性规范，他们不能只接受其中一些而拒绝其余部分，这就确保只要是愿意留在群体内的人，文化上都是高度同质的。高同质性和全面覆盖的社会规范，构成了凝聚社区的坚韧纽带，让成员的各种社会性需求得到满足，避免个体被主流社会的文化潮流裹挟而去。

尽管有这样的优势，社群主义仍无法创造复杂的文化结构，当阿米绪群体面临内部纷争时，他们只是简单地分手了事，通过不断分裂来保持群体同质性，而不会设法找出某种制度性安排，确立某些共同认可的宪法性原则，以便容纳差异同时维持共

[①] 美国企业研究所的这份报告辨认了特许学校的几种主要类型：Nat Malkus & Jenn Hatfield, "Differences by design? Student composition in charter schools with different academic models," *American Enterprise Institute*, February 7, 2017。

同体的存续,而这种努力正是导向一个大型异质社会所必需的。

这就意味着,我们不能期待一种沿着社群主义路线进化的文化,能为文明贡献一些新颖的、用于支撑复杂社会的结构性元素,它们确实可能创造有价值的元素,但那是用来指导个人生活的或规范个体间关系的,不是用来构造社会的。

和同质化小群体相反,在个人主义的现代主流社会中,个体不会被单一整体规范笼罩,他可以从生活的不同侧面进入不同圈子,遵循不同规范。这些规范大多不是严格绑定的,因而可以分别选择,他可以在工作场合接受某种职业文化,在邻里间遵循另一种文化,他选择的社区文化可以和同事们十分不同,他们加入的教会和接受的意识形态更可大异其趣,在婚姻和亲属关系上,他可能还遵循着从老家带来的旧传统,所有这些差异,确会造成一些隔膜与摩擦,但不会让他四处碰壁、寸步难行,或孤立无援。①

在一条个人主义的进化路线中,规范生活不同侧面的文化结构将各自独立进化。幸运的话,这将带来一些结构组件上的改进,特许学校或许就是其中一例,聚居形态沿价值观而发生的大分拣可能是另一例(见第10章第4节),大分拣将提高地方社区的文化同质程度,因而增加居民就社区事务达成一致的机会,增强其集体行动能力,这将帮助他们按自己的意愿推进地方性制度变革。

---

① 我把文化系统各部分之间的非绑定关系称为"松耦合",并认为大型复杂社会进化的第三阶段为解耦的过从。

在《美国3.0》(America 3.0)的作者詹姆斯·本内特(James C. Bennett)看来,互联网经济的去中心化特性将提高居住地选择自由度,并导致权力重心的下移,因而未来将有更大规模的大分拣,并在联邦以下的所有层次引发制度变革与竞争的热潮。由于地方政府所受的财政约束远比联邦政府所受的严格,因而将面临更高强度的选择压力,迫使它们朝更务实、更贴近选民真实需要、更能促进繁荣的方向变革。①

我们不必像本内特那么乐观,不过在联邦制下,地方间制度竞争确实一直在进行,大分拣或许会加剧和拓宽这一竞争,这也是经由并行探索而实现文化进化的另一条路径,只是眼下还无从知晓从中会产生何种结果。

孤独的星球

自从无线通信在地球上诞生以来,就有一大批人满怀热情、孜孜不倦地寻找地外文明的蛛丝马迹。他们对存在这种文明的可能性十分乐观,例如天文学家弗兰克·德雷克(Frank Drake)在1961年首次SETI(Search for Extra Terrestrial Intelligence,地外文明搜寻计划)会议上给出的估算是:仅在银河系便可能有一千到一亿颗行星上存在着高级到足以向外发射无线信号的文明,下面是他用来估算的算式,即著名的德雷克等式(Drake equation):②

---

① James C. Bennett & Michael J. Lotus, *America 3.0* (Encounter Books, 2013), ch.8.
② Wikipedia: SETI; Fermi paradox; Drake equation.

$$N = R_* \cdot f_p \cdot n_e \cdot f_l \cdot f_i \cdot f_c \cdot L$$

逐个评价这些参数非我能力所及，不过其中两个吸引了我的注意，德雷克为f_i和f_c给出的估算值分别是1和0.1~0.2，意思是，他相信所有出现了生命的星球，都会出现智慧生命和文明，而出现了文明的星球中，有10%~20%会拥有向外太空发射无线信号的能力。

可是，智力只是无数可能的生存竞争手段之一，尽管地球生命系统通过大规模并行搜索找到了它，并沿着提升它的方向走出了很远，但并没有理由认为其他生命系统在不同的环境设定下也都会找到这一方案，并朝该方向走得足够远。况且，从具有一般智力的动物到人类这种有着自我意识和反思能力、能够经由社会化学习而获得文化套装的格列高利造物（Gregorian creature）[1]，是一次大飞跃。我们同样没有理由认为这一定会发生，毕竟，自寒武纪大爆发（Cambrian Explosion）以来的数亿年间，人类这种智慧只产生了一次，而不像视觉系统那样被独立创造了十几次。

更扎眼的是，德雷克将智慧生命完全等同于文明，所以甚至懒得把f_i拆成两个参数，即生命系统中产生智慧生物的概率、智慧生物创造文明的概率。这比假定生命必定导向智慧更加离谱，因为文明是一种宏观的文化结构而不是微观的个体禀赋或文化元素，而宏观结构不是自然选择作用于其上的进化单元，它不是进化搜

---

[1] 对格列高利造物的解释见 Daniel C. Dennett, *Darwin's Dangerous Idea* (Simon & Schuster, 1995), ch.13, 或丹尼尔·丹内特：《自由的进化》，山西人民出版社，2014，第327页译注1。

索算法寻找的东西，因而不存在让它随时间推移而改进的机制，更不要说一定会朝着文明的方向改进了，要知道，自文明诞生以来遗传上最成功的个体，也是文明的最大破坏者——成吉思汗。

远非宿命，文明是一系列机缘巧合的结果，自然选择在亿万条进化路径中的一条上找出了一些特定元素，它们恰好构造了一种极为独特的激励结构和文化积累机制。同样，现代文明也是在一条极为特殊的文化进化路线上诞生的，假如1066年秋天哈罗德（Harold Godwinson）没有被挪威人拖累在斯坦福德布里奇（Stamford Bridge），并因此而赢得了黑斯廷斯战役（Battle of Hastings），历史将会如何？

实际上，这种高度偶然性适用于任何复杂宏观结构，德雷克（以及其他众多SETI迷）在这一点上所犯的错误和盖亚假说（Gaia Hypothesis）十分相似。地球生化系统确实处于一种可自我调节的反馈平衡之中，可是达致这一特定平衡是一系列巧合的结果，远非必然，从不同的初始状态出发，或中间加入某些扰动，它完全可能走向另一种平衡态，其中或许没有生命，或只有简单生命。

确实，若环境条件长久稳定，生命系统的复杂度和适应度倾向于随时间而提升。①但复杂度提升可以有各种可能方向，就人类走上的这条进化路线而言，若历史进程有所不同，复杂度提升也完全可能朝真社会性（eusociality）的方向发展，进化出像蚂

---

① 很多人不同意进化具有这种意义上的方向性，我在《"进化"还是"演化"》（HS：5583）一文中曾回应了这种反对意见。

蚁和蜜蜂那样的超有机体，个人在其中只是一个个功能性组件，没有利益，没有意志，没有悲欢苦乐，更没有自由。

可是既然我们走过了这条特定路线，我们的口味就不可逆转地被严格限定了，浩瀚宇宙的另一个角落，或许也有着复杂生命，或许他们也创造了某种复杂宏观结构，但我们无从知晓那会是什么样子，而几乎可以肯定的是，其中不会包含我们最珍爱的那些。

参考书目

Anthony, David W., *The Horse, the Wheel, and Language: How Bronze–Age Riders from the Eurasian Steppes Shaped the Modern World*, Princeton University Press, 2007[1]/2007.

Axelrod, Robert, *The Complexity of Cooperation: Agent–Based Models of Competition and Collaboration*, Princeton University Press, 1997/1997.

Barry, Jonathan & Brooks, Christopher (eds.), *The Middling Sort of People: Culture, Society and Politics in England, 1550–1800*, Macmillan Education UK, 1994/1994.

Becker, Gary S., *A Treatise on the Family*, Enlarged Edition, Harvard University Press, 1993/1993.

Bellwood, Peter, *First Farmers: The Origins of Agricultural Societies*, Wiley–Blackwell, 2004/2004.

—————*First Migrants: Ancient Migration in Global Perspective*, Wiley–Blackwell, 2013/2013.

Bennett, James C. & Lotus, Michael J., *America 3.0: Rebooting American Prosperity in the 21st Century*, Encounter Books,

---

[1] 第一个出版时间指原书首版的出版时间，下同。——编注

2013/2013.

Bernstein, William J., *A Splendid Exchange: How Trade Shaped the World*, Atlantic Monthly Press, 2008/2008.

Bettinger, Robert L., *Orderly Anarchy*, University of California Press, 2015/2015.

Bishop, Bill, *The Big Sort: Why the Clustering of Like-Minded America Is Tearing Us Apart*, Houghton Mifflin Harcourt, 2008/2008.

Boehm, Christopher, *Hierarchy in the Forest: The Evolution of Egalitarian Behavior*, Harvard University Press, 2001/2001.

Boorstin, Daniel J., *The Discoverers: A History of Man's Search to Know His World and Himself*, Random House, 1983/1983.

Broberg, Gunnar & Roll-Hansen, Nils (eds.), *Eugenics and the Welfare State: Norway, Sweden, Denmark, and Finland*, Michigan State University Press, 2005/2005.

Burling, Robbins, *The Talking Ape: How Language Evolved*, Oxford University Press, 2005/2005.

Buss, David M., *Evolutionary Psychology: The New Science of the Mind*, 6th Edition, Routledge, 1998/2019.

Cain, P.J. & Hopkins, A.G., *British Imperialism: 1688–2015*, Routledge, 2016/2016.

Caldwell, John C., *Demographic Transition Theory*, Springer, 2006/2006.

Chacon, Richard J. & Dye, David H. (eds.), *The Taking and Displaying of Human Body Parts as Trophies by Amerindians*,

Springer, 2007/2007.

Chagnon, Napoleon, *Noble Savages: My Life Among Two Dangerous Tribes–the Yanomamo and the Anthropologists*, Simon & Schuster, 2013/2013.

Cheney, Dorothy L. & Seyfarth, Robert M., *Baboon Metaphysics: The Evolution of a Social Mind*, The University of Chicago Press, 2007/2007.

Chernow, Ron, *Titan: The Life of John D. Rockefeller, Sr.*, Vintage, 1998/2004.

Christakis, Nicholas A., *Blueprint: The Evolutionary Origins of a Good Society*, Little, Brown Spark, 2019/2019.

Christian, David, *Maps of Time: An Introduction to Big History*, University of California Press, 2005/2005.

Christiansen, Eric, *The Northern Crusades*, 2nd Edition, Penguin Books, 1980/1997.

Chua, Amy, *World on Fire: How Exporting Free Market Democracy Breeds Ethnic Hatred and Global Instability*, Anchor Books, 2002/2004.

Clapson, Mark, *Suburban Century: Social Change and Urban Growth in England and the USA*, Berg, 2003/2004.

Clark, Gregory, *A Farewell to Alms: A Brief Economic History of the World*, Princeton University Press, 2007/2007.

————*The Son Also Rises: Surnames and the History of Social Mobility*, Princeton University Press, 2014/2014.

Cochran, Gregory & Harpending, Henry, *The 10, 000 Year*

Explosion: How Civilization Accelerated Human Evolution, Basic Books, 2009/2009.

Collins, Philip (ed.), *Charles Dickens: The Critical Heritage*, Routledge, 1996/1996.

Coxon, Anthony P.M. & Jones, Charles L., *The Images of Occupational Prestige*, Palgrave Macmillan UK, 1978/1978.

Cronk, Lee et al. (eds.), *Adaptation and Human Behavior: An Anthropological Perspective*, Aldine de Gruyter, 2000/2000.

Cronk, Lee & Leech, Beth L., *Meeting at Grand Central: Understanding the Social and Evolutionary Roots of Cooperation*, Princeton University Press, 2012/2012.

Darwin, John, *Unfinished Empire: The Global Expansion of Britain*, Bloomsbury Press, 2012/2013.

Dash, Mike, *The First Family: Terror, Extortion, Revenge, Murder and the Birth of the American Mafia*, Random House, Inc., 2009/2009.

Dawkins, Richard, *The Blind Watchmaker: Why the Evidence of Evolution Reveals a Universe without Design*, Norton & Company, Inc., 1986/1986.

————*The Greatest Show on Earth: The Evidence for Evolution*, Free Press, 2009/2009.

Dennett, Daniel C., *Darwin's Dangerous Idea: Evolution and the Meaning of Life*, Simon & Schuster, 1995/1995.

Dessalles, Jean-Louis, *Why We Talk: The Evolutionary Origins of Language*, Oxford University Press, USA, 2007/2007.

de Vries, Jan & van der Woudem, Ad, *The First Modern Economy: Success, Failure, and Perseverance of the Dutch Economy, 1500–1815*, Cambridge University Press, 1997/1997.

Deaton, Angus, *The Great Escape: Health, Wealth, and the Origins of Inequality*, Princeton University Press, 2013/2015.

Diamond, Jared, *Guns, Germs, and Steel: The Fates of Human Societies*, W.W. Norton & Co., 1997/1997.

————*Collapse: How Societies Choose to Fail or Succeed*, Penguin Books, 2005/2005.

————*The World Until Yesterday: What Can We Learn from Traditional Societies*, Viking Press, 2012/2012.

Dreher, Rod, *The Benedict Option: A Strategy for Christians in a Post–Christian Nation*, Sentinel, 2017/2017.

Drucker, Peter F., *Adventures of a Bystander*, Transaction Publishers, 1978/1994.

Duffy, Kevin, *Children of the Forest: Africa's Mbuti Pygmies*, Waveland Press, 1984/2013.

Dunbar, Robin, *How Many Friends Does One Person Need: Dunbar's Number and Other Evolutionary Quirks*, Harvard University Press, 2010/2010.

Dyer, Christopher, *Standards of Living in the Later Middle Ages: Social Change in England c.1200–1520*, Cambridge University Press, 1989/1998.

————*Everyday Life in Medieval England*, Hambledon and London, 1994/2000.

Earle, Timothy K., *How Chiefs Come to Power: The Political Economy in Prehistory*, Stanford University Press, 1997/1997.

Earle, Timothy K. & Ericson, Jon (eds.), *Exchange Systems in Prehistory*, Academic Press, 1977/1977.

Ellis, Lee et al., *Handbook of Crime Correlates*, Academic Press, 2009/2009.

Everett, Caleb, *Numbers and the Making of Us: Counting and the Course of Human Cultures*, Harvard University Press, 2017/2017.

Fagan, Brian, *Cro–Magnon: How the Ice Age Gave Birth to the First Modern Humans*, Bloomsbury Press, 2010/2010.

Ferguson, Niall, *Empire: How Britain Made the Modern World*, Penguin Group, 2003/2003.

————*Colossus: The Rise and Fall of the American Empire*, Penguin Books, 2004/2005.

Findlay, Ronald & O' Rourke, Kevin H., *Power and Plenty: Trade, War, and the World Economy in the Second Millennium*, Princeton University Press, 2007/2009.

Flannery, Kent & Marcus, Joyce, *The Creation of Inequality: How Our Prehistoric Ancestors Set the Stage for Monarchy, Slavery, and Empire*, Harvard University Press, 2012/2012.

Fonseca, Isabel, *Bury Me Standing: The Gypsies and Their Journey*, Vintage, 1996/1996.

Forgeng, Jeffrey L. & Mclean, Will, *Daily Life in Chaucer's England*, Greenwood, 1995/2008.

Fox, Yaniv, *Power and Religion in Merovingian Gaul: Columbanian Monasticism and the Frankish Elites*, Cambridge University Press, 2014/2014.

Freeman, Michael J. & Aldcroft, Derek H. (eds.), *Transport in Victorian Britain*, Manchester University Press, 1988/1991.

Friedman, David D., Leeson, Peter T. & Skarbek, David, *Legal Systems Very Different from Ours*, Self-published, 2019/2019.

Fuglestad, Finn, *Slave Traders by Invitation: West Africa in the Era of Trans-Atlantic Slavery*, Oxford University Press, 2018/2018.

Fukuyama, Francis, *The End of History and the Last Man*, Free Press, 1992/1992.

Gallagher, John, *The Decline, Revival and Fall of the British Empire: The Ford Lectures and Other Essays*, Cambridge University Press, 1982/2000.

Garland, Robert, *Daily Life of the Ancient Greeks*, Greenwood, 1998/2008.

Garrard, John, *Democratisation in Britain: Elites, Civil Society and Reform Since 1800*, Macmillan Education UK, 2002/2002.

Gat, Azar, *War in Human Civilization*, Oxford University Press, 2006/2006.

Gat, Azar & Yakobson, Alexander, *Nations: The Long History and Deep Roots of Political Ethnicity and Nationalism*, Cambridge University Press, 2013/2013.

Gold, Dore, *Hatred's Kingdom: How Saudi Arabia Supports the*

New Global Terrorism, Regnery, 2003/2012.

Grantham, George & MacKinnon, Mary (eds.), *Labor Market Evolution: The Economic History of Market Integration, Wage Flexibility and the Employment Relation*, Routledge, 1994/1994.

Grinnell, George B., *The Fighting Cheyennes*, University of Oklahoma Press, 1915/1983.

————*The Cheyenne Indians: Their History and Lifeways*, World Wisdom, 2008/2008.

Hale, Monty Minyjun, *Kurlumarniny: We Come from the Desert*, Aboriginal Studies Press, 2012/2012.

Hansen, Mogens H., *Polis: An Introduction to the Ancient Greek City–State*, Oxford University Press, 2006/2006.

Harriss, G.L., *King, Parliament, and Public Finance in Medieval England to 1369*, Oxford University Press, 1975/1975.

Harrison, Simon J., *Stealing People's Names: History and Politics in a Sepik River Cosmology*, Cambridge University Press, 1990/2006.

Hart, C.W.M. et al., *The Tiwi of North Australia*, Holt, Rinehart and Winston, 1960/1988.

Hayden, Brian, *The Power of Feasts: From Prehistory to the Present*, Cambridge University Press, 2014/2014.

Haynes, Gary (ed.), *American Megafaunal Extinctions at the End of the Pleistocene*, Springer, 2009/2009.

Heather, Peter, *The Fall of the Roman Empire: A New History of Rome and the Barbarians*, Oxford University Press, 2005/2007.

————*Empires and Barbarians: The Fall of Rome and the Birth of Europe*, Oxford University Press, 2009/2009.

Henrich, Joseph, *The Secret of Our Success: How Culture Is Driving Human Evolution, Domesticating Our Species, and Making Us Smarter*, Princeton University Press, 2015/2015.

Herrnstein, Richard & Murray, Charles, *The Bell Curve: Intelligence and Class Structure in American Life*, Free Press, 1994/2010.

Hewitt, Martin (ed.), *The Victorian World*, Routledge, 2012/2012.

Hill, Charles W.L. & Jones, Gareth R., *Essentials of Strategic Management*, Cengage Learning, 2011/2011.

Hill, Kenneth, *War, Humanitarian Crises, Population Displacement, and Fertility: A Review of Evidence*, The National Academies Press, 2004/2004.

Hood, Andrew & Oakley, Laura, *The Social Security System: Long–term Trends and Recent Changes*, Institute for Fiscal Studies, 2014/2014.

Hook, Jason, *The American Plains Indians*, Osprey Publishing, 1985/1993.

Howell, Nancy, *Life Histories of the Dobe! Kung: Food, Fatness, and Well–being Over the Life Span*, University of California Press, 2010/2010.

Hudson, John, *The Formation of the English Common Law: Law and Society in England from King Alfred to Magna Carta*, 2nd Edition, Routledge, 1996/2018.

Hurst, Charles E. & McConnell, David L., *An Amish Paradox: Diversity and Change in the World's Largest Amish Community*, Johns Hopkins University Press, 2010/2010.

Imber, Colin, *The Ottoman Empire, 1300–1650: The Structure of Power*, Palgrave Macmillan, 2002/2002.

Itzkowitz, Norman, *Ottoman Empire and Islamic Tradition*, University of Chicago Press, 1973/1980.

Jenks, Albert, *The Bontoc Igorot*, Johnson Reprint Corporation, 1905/1970.

Johnston, Murray, *The Watford Knight's Fee: The Manors of Medieval Watford, Northamptonshire*, Salem Publishing Solutions, 2018/2018.

Jones, Garett, *Hive Mind: How Your Nation's IQ Matters So Much More Than Your Own*, Stanford University Press, 2015/2015.

Jones, Martin, *Feast: Why Humans Share Food*, Oxford University Press, 2007/2007.

Jordan, Peter D., *Technology as Human Social Tradition: Cultural Transmission among Hunter–Gatherers*, University of California Press, 2015/2015.

Keeley, Lawrence H., *War Before Civilization: The Myth of the Peaceful Savage*, Oxford University Press, 1996/1996.

Kennett, Douglas J. & Winterhalder, Bruce (eds.), *Behavioral Ecology and the Transition to Agriculture*, University of California Press, 2006/2006.

Kotlowitz, Alex, *An American Summer: Love and Death in Chicago*, Nan A. Talese, 2019/2019.

Lane, Joan, *Apprenticeship in England, 1600–1914*, UCL Press, 1996/1996.

Larsen, Randy J. & Buss, David M., *Personality Psychology: Domains of Knowledge about Human Nature*, 4th Edition, McGraw-Hill, 2001/2010.

Lay, M.G., *Ways of the World: A History of the World's Roads and of the Vehicles That Used Them*, Rutgers University Press, 1992/1992.

Lee, Clive, *The Growth of Public Expenditure in the United Kingdom from 1870 to 2005*, Palgrave Macmillan UK, 2012/2012.

Lee, Molly & Reinhardt, Gregory A., *Eskimo Architecture: Dwelling and Structure in the Early Historic Period*, University of Alaska Press, 2003/2003.

Lenihan, Padraig, *Consolidating Conquest: Ireland 1603–1727*, Routledge, 2008/2008.

Lieven, Dominic, *The Aristocracy in Europe, 1815–1914*, Palgrave Macmillan UK, 1992/1992.

Lukianoff, Greg & Haidt, Jonathan, *The Coddling of the American Mind: How Good Intentions and Bad Ideas Are Setting Up a Generation for Failure*, Penguin Press, 2018/2018.

Lynn, Richard, *Race Differences in Intelligence: An Evolutionary Analysis*, Washington Summit Publishers, 2006/2006.

——*The Global Bell Curve: Race, IQ, and Inequality*

Worldwide, Washington Summit Publishers, 2008/2008.

Macfarlane, Alan, *The Origins of English Individualism: The Family, Property, and Social Transition*, Cambridge University Press, 1979/1979.

————*The Riddle of the Modern World: Of Liberty, Wealth and Equality*, Palgrave Macmillan, 2000/2002.

Krupnik, Igor & Levenson, Marcia, *Arctic Adaptations: Native Whalers and Reindeer Herders of Northern Eurasia*, University Press of New England, 1989/1993.

Marlowe, Frank, *The Hadza: Hunter–Gatherers of Tanzania*, University of California Press, 2010/2010.

McGhee, Robert, *The Last Imaginary Place: A Human History of the Arctic World*, Oxford University Press, 2005/2005.

McNeill, William H., *Plagues and Peoples*, Anchor Books, 1976/1998.

Milisauskas, Sarunas (ed.), *European Prehistory: A Survey*, Springer, 2011/2011.

Miller, Geoffrey, *The Mating Mind: How Sexual Choice Shaped the Evolution of Human Nature*, Anchor Books, 2000/2001.

————*Spent: Sex, Evolution, and Consumer Behavior*, Viking Adult, 2009/2009.

Milsom, S.F.C., *Historical Foundations of the Common Law*, 2nd Edition, Butterworth–Heinemann, 1969/1981.

Morris, Desmond, *The Naked Ape: A Zoologist's Study of the Human Animal*, Delta, 1967/1999.

Mortimer, Ian, *The Time Traveler's Guide to Medieval England: A Handbook for Visitors to the Fourteenth Century*, Simon & Schuster, 2010/2010.

Murray, Charles, *Losing Ground: American Social Policy, 1950–1980*, 10th Anniversary Edition, Basic Books, 1984/1994.

——————*Human Accomplishment: The Pursuit of Excellence in the Arts and Sciences, 800 B.C. to 1950*, Harper Perennial, 2003/2004.

——————*Coming Apart: The State of White America, 1960–2010*, Crown Forum, 2012/2012.

Nettle, Daniel, *Personality: What Makes You the Way You Are*, Oxford University Press, 2007/2007.

North, Douglass C., Wallis, John Joseph & Weingast, Barry R., *Violence and Social Orders: A Conceptual Framework for Interpreting Recorded Human History*, Cambridge University Press, 2009/2009.

Oldham, James, *English Common Law in the Age of Mansfield*, University of North Carolina Press, 2004/2004.

Ostler, Nicholas, *Empires of the Word: A Language History of the World*, HarperCollins Publishers, 2005/2005.

Ozden, Cyglar & Schiff, Maurice (eds.), *International Migration, Remittances, and the Brain Drain*, Palgrave Macmillan, 2006/2006.

Pavlac, Brian A., *A Concise Survey of Western Civilization: Supremacies and Diversities throughout History, Volume 1: Prehistory to 1500*, 2nd Edition, Rowman & Littlefield, 2011/2015.

Perkins, Adam, *The Welfare Trait: How State Benefits Affect*

Personality, Palgrave Macmillan UK, 2016/2016.

Pinker, Steven, *The Blank Slate: The Modern Denial of Human Nature*, Penguin Group, 2002/2002.

——*The Better Angels of Our Nature: Why Violence Has Declined*, Penguin Group, 2011/2011.

——*Enlightenment Now: The Case for Reason Science Humanism and Progress*, Viking, 2018/2018.

Plomin, Robert, *Blueprint: How DNA Makes Us Who We Are*, Allen Lane, 2018/2018.

Popper, Karl, *The Open Society and Its Enemies: The Spell of Plato*, Princeton University Press, 1971/1971.

Putnam, Robert D., *Bowling Alone: The Collapse and Revival of American Community*, Simon & Schuster, 2000/2000.

Rae, John, *Life of Adam Smith*, MacMillan & Co., 1895/1895.

Radcliffe-Brown, Alfred, *The Andaman Islanders*, Free Press, 1922/1964.

Rath, Jan (ed.), *Immigrant Businesses: The Economic, Political and Social Environment*, Palgrave Macmillan UK, 2000/2000.

Redleaf, Diane L., *They Took the Kids Last Night: How the Child Protection System Puts Families at Risk*, ABC-CLIO, 2018/2018.

Reich, David, *Who We Are and How We Got Here: Ancient DNA and the New Science of the Human Past*, Pantheon Books, 2018/2018.

Richerson, Peter J. & Boyd, Robert, *Not By Genes Alone: How Culture Transformed Human Evolution*, University of Chicago Press,

2005/2005.

Roberts, M.J.D., *Making English Morals: Voluntary Association and Moral Reform in England, 1787–1886*, Cambridge University Press, 2004/2004.

Rubin, Miri, *Charity and Community in Medieval Cambridge*, Cambridge University Press, 2002/2002.

Rumrill, Alan, *Monadnock Moments: Historic Tales from Southwest New Hampshire*, The History Press, 2009/2009.

Rupert, Peter (ed.), *Frontiers of Family Economics*, Emerald Publishing, 2008/2008.

Sandberg, Eric, *A History of Alaska Population Settlement*, Alaska Department of Labor and Workforce Development, 2013/2013.

Scheidel, Walter, *The Great Leveler: Violence and the History of Inequality from the Stone Age to the Twenty–First Century*, Princeton University Press, 2017/2017.

Schelling, Thomas C., *Micromotives and Macrobehavior*, W.W. Norton, 1978/1978.

Schoen, Douglas E. & Tarlov, Jessica, *America in the Age of Trump: Opportunities and Oppositions in an Unsettled World*, Encounter Books, 2017/2017.

Schlosser, Eric, *Fast Food Nation: The Dark Side of the All–American Meal*, Harper Perennial, 2005/2005.

Schmitt, Robert C., *Historical Statistics of Hawaii*, The University Press of Hawaii, 1977/1977.

Scott, H.M. (ed.), *The European Nobilities in the Seventeenth and Eighteenth Centuries*, Version 2, Basingstoke UK, 1995/2007.

Shackelford, Todd K. & Hansen, Ranald D. (eds.), *The Evolution of Violence*, Springer–Verlag, 2014/2014.

Shaw, George Bernard, *Major Barbara*, ICON Classics, 1905/2005.

———*The Intelligent Woman's Guide to Socialism and Capitalism*, Brentano's, 1928/1928.

Shea, John J., *Stone Tools in the Paleolithic and Neolithic Near East: A Guide*, Cambridge University Press, 2013/2013.

Shettleworth, Sara J., *Cognition, Evolution, and Behavior*, 2nd Edition, Oxford University Press, 1998/2010.

Simmons, Alan H., *The Neolithic Revolution in the Near East: Transforming the Human Landscape*, University of Arizona Press, 2007/2007.

Smith, Brendan, *Colonisation and Conquest in Medieval Ireland: The English in Louth, 1170–1330*, Cambridge University Press, 1999/1999.

Soffer, Olga & Praslov, N.D. (eds.), *From Kostenki to Clovis: Upper Paleolithic–Paleo–Indian Adaptations*, Springer Science+Business Media, 1993/1993.

Sowell, Thomas, *Migrations and Cultures: A World View*, Basic Books, 1997/1997.

Steinbach, Susie, *Understanding the Victorians: Politics, Culture and Society in 19th Century Britain*, 2nd Edition, Routledge, 2012/2017.

Stone, Lawrence, *The Family, Sex and Marriage in England, 1500–1800*, Harper & Row Publishers, 1977/1977.

Strathern, Andrew, *The Rope of Moka: Big–men and Ceremonial Exchange in Mount Hagen New Guinea*, Cambridge University Press, 1971/2007.

Sugar, Peter F., *Southeastern Europe under Ottoman Rule, 1354–1804*, University of Washington Press, 1977/2014.

Taylor, David J., *Bright Young People: The Lost Generation of London's Jazz Age*, Farrar, Straus and Giroux, 2007/2010.

Toch, Michael, *The Economic History of European Jews: Late Antiquity and Early Middle Ages*, Brill, 2013/2013.

de Tocqueville, Alexis, *Democracy in America*, 4 volume set, Liberty Fund, 1840/2010.

de la Vaissière, Étienne, *Sogdian Traders: A History*, Brill, 2004/2005.

Vaggioli, Domenico F., Crockett, John & Simmons, David, *The Maori: A History of the Earliest Inhabitants of New Zealand*, Edwin Mellen Press, 2010/2010.

Wade, Nicholas, *A Troublesome Inheritance: Genes, Race and Human History*, Penguin Press HC, 2014/2014.

Wall, L. Lewis, *Tears for My Sisters: The Tragedy of Obstetric Fistula*, Johns Hopkins University Press, 2018/2018.

Walsh, Anthony, *Social Class and Crime: A Biosocial Approach*,

Routledge, 2010/2010.

Wells, H.G., *Anticipations of the Reaction of Mechanical and Scientific Progress upon Human Life and Thought*, Chapman & Hall, 1901/1901.

Wrangham, Richard, *Catching Fire: How Cooking Made Us Human*, Basic Books, 2009/2009.

Zuehlke, Mark, *Scoundrels, Dreamers and Second Sons: British Remittance Men in the Canadian West*, Dundurn, 2001/2001.

埃德蒙·R.利奇：《缅甸高地诸政治体系：对克钦社会结构的一项研究》，商务印书馆，1954/2010。

埃里克·H.克莱因：《文明的崩塌：公元前1177年的地中海世界》，中信出版社，2014/2018。

安东尼·瑞德：《东南亚的贸易时代：1450—1680年》，商务印书馆，1993/2010。

奥斯温·默里：《早期希腊》，上海人民出版社，1993/2008。

巴巴拉·W.塔奇曼：《远方之镜：动荡不安的14世纪》，中信出版社，1978/2016。

保罗·福塞尔：《格调：社会等级与生活品味》，中国社会科学出版社，1983/1998。

彼得·沃森：《大分离：旧大陆与新大陆的历史与人性》，格致出版社，2012/2015。

布鲁斯·G.崔格尔：《理解早期文明：比较研究》，北京大学出版社，2003/2014。

曹树基：《中国移民史·第5卷》，福建人民出版社，

1997/1997。

池田雄一：《中国古代的聚落与地方行政》，复旦大学出版社，2002/2017。

崔瑞德、鲁惟一编：《剑桥中国秦汉史：公元前221年至公元220年》，中国社会科学出版社，1986/1992。

大卫·哈克特·费舍尔：《阿尔比恩的种子：美国文化的源与流》，广西师范大学出版社，1989/2018。

丹尼尔·J.布尔斯廷：《美国人：民主的历程》，上海译文出版社，1974/2012。

丹尼尔·丹内特：《自由的进化》，山西人民出版社，2007/2014。

道格拉斯·诺斯：《经济史的结构与变迁》，时报文化，1981/1995。

德里克·弗里曼：《玛格丽特·米德与萨摩亚：一个人类学神话的形成与破灭》，商务印书馆，1983/2008。

弗朗斯·德瓦尔：《黑猩猩的政治：猿类社会中的权力与性》，上海译文出版社，2007/2009。

弗雷德·E.弗尔德瓦里：《公共物品与私人社区》，经济管理出版社，1994/2007。

富谷至：《文书行政的汉帝国》，江苏人民出版社，2010/2013。

葛剑雄：《中国人口史·第1卷》，复旦大学出版社，2002/2002。

―――《中国移民史·第2卷》，福建人民出版社，1997/

1997。

――《中国移民史·第1卷》,福建人民出版社,1997/1997。

宫崎市定:《九品官人法研究:科举前史》,中华书局,1956/2008。

――《中国史》,华世出版社,1978/1980。

亨利·皮雷纳:《中世纪的城市》,商务印书馆,1927/2006。

辉格:《沐猿而冠》,四川人民出版社,2015/2015。

――《群居的艺术》,山西人民出版社,2017/2017。

加藤繁:《中国经济史考证·第1卷》,商务印书馆,1952/1959。

经君健:《清代社会的贱民等级》,中国人民大学出版社,2009/2009。

科大卫:《皇帝和祖宗:华南的国家与宗族》,江苏人民出版社,2007/2009。

孔飞力:《中华帝国晚期的叛乱及其敌人:1796—1864年的军事化与社会结构》,中国社会科学出版社,1970/1990。

勒内·格鲁塞:《草原帝国》,商务印书馆,1939/1998。

李峰:《西周的灭亡:中国早期国家的地理和政治危机》,上海古籍出版社,2006/2007。

李剑农:《宋元明经济史稿》,生活·读书·新知三联书店,1957/1957。

路易·杜蒙:《阶序人:卡斯特体系及其衍生现象》,浙江大学出版社,1966/2017。

罗宾·贝克:《精子战争》,海南出版社,1996/2004。

罗德尼·斯塔克:《基督教的兴起:一个社会学家对历史的再思》,上海古籍出版社,1996/2005。

罗杰·奥斯本:《钢铁、蒸汽与资本:工业革命的起源》,电子工业出版社,2013/2016。

罗纳托·罗萨尔多:《伊隆戈人的猎头:一项社会与历史的研究(1883—1974)》,北京大学出版社,1980/2011。

罗威廉:《汉口:一个中国城市的冲突和社区(1796—1895)》,中国人民大学出版社,1984/2008。

马克·布洛赫:《封建社会》,商务印书馆,1939/2004。

马立博:《虎、米、丝、泥:帝制晚期华南的环境与经济》,江苏人民出版社,1998/2011。

马凌诺斯基:《西太平洋的航海者》,华夏出版社,1922/2002。

迈克尔·托马塞洛:《人类思维的自然史:从人猿到社会人的心智进化之路》,北京师范大学出版社,2014/2017。

麦金托什:《探寻史前欧洲文明》,商务印书馆,2006/2010。

梅天穆:《世界历史上的蒙古征服》,民主与建设出版社,2012/2017。

牟复礼、崔瑞德编:《剑桥中国明代史·上卷》,中国社会科学出版社,1988/1992。

尼古拉斯·塔林主编:《剑桥东南亚史》,云南人民出版社,1992/2003。

彭凯翔:《从交易到市场:传统中国民间经济脉络试探》,浙江大学出版社，2015/2015。

尚会鹏:《种姓与印度教社会》，北京大学出版社，2001/2001。

施坚雅主编:《中华帝国晚期的城市》，中华书局，1977/2000。

————《中国农村的市场和社会结构》，中国社会科学出版社，1993/1998。

斯波义信:《宋代江南经济史研究》，江苏人民出版社，1988/2001。

斯坦利·L.恩格尔曼、罗伯特·E.高尔曼主编:《剑桥美国经济史·第1卷:殖民地时期》，中国人民大学出版社，1996/2008。

————《剑桥美国经济史·第2卷:漫长的19世纪》，中国人民大学出版社，2000/2008。

田中健夫:《倭寇:海上历史》，社会科学文献出版社，1982/2015。

童书业:《春秋史》，中华书局，1946/2006。

托马斯·巴菲尔德:《危险的边疆:游牧帝国与中国》，江苏人民出版社，1992/2011。

托马斯·索威尔:《美国种族简史》，中信出版社，1981/2011。

威利斯顿·沃尔克:《基督教会史》，中国社会科学出版社，1969/1991。

吴楚材、吴调侯:《古文观止》，中华书局，1695/1987。

小艾尔弗雷德·D.钱德勒:《看得见的手:美国企业的管理革命》，商务印书馆，1977/1987。

许烺光:《宗族·种姓·俱乐部》，华夏出版社，1963/1990。

许理和：《佛教征服中国：佛教在中国中古早期的传播与适应》，江苏人民出版社，1959/1998。

亚历山大·H.哈考特：《我们人类的进化：从走出非洲到主宰地球》，中信出版社，2015/2017。

伊沛霞：《早期中华帝国的贵族家庭：博陵崔氏个案研究》，上海古籍出版社，1978/2011。

约翰·麦克曼勒斯主编：《牛津基督教史》，贵州人民出版社，1990/1995。

赵冈、陈钟毅：《中国土地制度史》，新星出版社，2006/2006。

赵冈：《中国城市发展史论集》，新星出版社，2006/2006。

———：《中国历史上生态环境之变迁》，中国环境科学出版社，1996/1996。

茱蒂·哈里斯：《教养的迷思：父母的教养能不能决定孩子的人格发展？》，商周出版，1998/2000。

F.W.梅特兰：《英格兰宪政史：梅特兰专题讲义》，中国政法大学出版社，1908/2010。

M.M.波斯坦、E.E.里奇、爱德华·米勒编：《剑桥欧洲经济史·第3卷：中世纪的经济组织和经济政策》，经济科学出版社，1963/2002。

M.M.波斯坦、爱德华·米勒编：《剑桥欧洲经济史·第2卷：中世纪的贸易和工业》，第2版，经济科学出版社，1987/2004。